I libri di Viella
272

Claudia Tripodi

Prima di Amerigo

I Vespucci da Peretola a Firenze alle Americhe

prefazione di Luciano Formisano

viella

Prima edizione: febbraio 2018
ISBN 978-88-6728-897-7

Questo volume è stato pubblicato nell'ambito del programma biennale delle Celebrazioni Vespucciane (1512-2012) finanziato dall'Ente Cassa di Risparmio di Firenze per iniziativa del Dipartimento di Storia, Archeologia, Geografia, Arte e Spettacolo dell'Università degli Studi di Firenze.

viella
libreria editrice
via delle Alpi, 32
I-00198 ROMA
tel. 06 84 17 758
fax 06 85 35 39 60
www.viella.it

Indice

Luciano Formisano

Prefazione

Molto si è scritto sul trasferimento di Amerigo Vespucci a Siviglia, con quello che ne è seguito, che non è solo, nell'ottica della "grande storia", la scoperta intellettuale di un nuovo continente, ma l'adozione di una nuova cittadinanza e la definitiva sistemazione in terra spagnola ormai con l'incarico prestigioso e redditizio di *piloto mayor*. È comunque certo che quel trasferimento, che col senno di poi rischia di apparirci addirittura "fatale", non sarebbe stato possibile senza la felice combinazione di una serie di circostanze. Se ad esempio Amerigo non fosse stato l'uomo di fiducia di Lorenzo di Pierfrancesco dei Medici Popolani, che a Siviglia possedeva un banco gestito da Giannotto Berardi, già agente a Lisbona del mercante e schiavista fiorentino Bartolomeo Marchionni, e se quel banco, col Berardi che stava allargando il suo personale giro di affari, non avesse avuto bisogno di un cogestore fidato e capace. Né quel banco ci sarebbe stato se la penisola iberica tra Siviglia e Lisbona (lascio da parte le città marinare del regno d'Aragona) non fosse divenuta un terreno propizio per la finanza e il commercio, calamita di tante compagnie di sede fiorentina, genovese, veneziana, che nelle due città aprivano le loro filiali, attratte non solo dai traffici già collaudati tra il Mediterraneo, l'Inghilterra e il Mare del Nord, ma soprattutto da quelli più recenti con gli avamposti portoghesi di Madera e delle Azzorre e, per il commercio degli schiavi, con le Canarie e le coste occidentali dell'Africa, lungo la rotta che alla fine del Quattrocento avrebbe portato a Calicut. Si spiega così che Amerigo sia entrato a far parte della comunità dei «nostri fiorentini di Siviglia» (sarà poi, per un breve periodo, anche tra «i nostri fiorentini di Lisbona»), secondo un'espressione all'epoca corrente, forse non ignota allo stesso Boccaccio, se è grazie ai Bardi che ha potuto prendere visione della lettera che il 15 novembre 1341 «certi mercanti fiorentini residenti a Siviglia» avevano spedito a Firenze e che, volta in latino, sarebbe divenuta famosa col titolo *De Canaria*. Le vicende immediatamente successive all'arrivo a Siviglia, tra il 10 novembre 1491 e il 10 marzo 1492, sono ben note: Giannotto Berardi socio e finanziatore di Colombo, di cui contribuisce ad allestire il primo viaggio, Amerigo socio e procuratore dello stesso Giannotto, con cui fa in tempo a partecipare a quell'allestimento; i Re Cattolici che nel maggio del 1493 commissionano l'armamento di una nave allo stesso Berardi, che nell'aprile del 1495 contratta con la Corona l'invio a Haiti-Española di dodici caravelle nel quadro di quel servizio regolare di navette che durante il secondo viaggio dell'Almirante, con la colonizzazione dell'isola, cominciano a fare la spola tra la Spagna e il Nuovo Mondo (all'epoca ancora localizzato nei pressi del Catai e del Cipango). Se Berardi non fosse improvvisamente morto il 15 dicembre di quello stesso anno, soprattutto se le prime quattro caravelle previste dal contratto non fossero naufragate nel febbraio successivo, è possibile che la vicenda americana di Amerigo si sarebbe limitata a una gestione meramente commerciale sulle rive più tranquille del Guadalquivir. Di fatto, l'incontro con Giannotto Berardi si è risolto in un disastro finanziario: costretto a liquidarne l'azienda, senza riuscire a rivalersi sui debitori (oltre agli eredi di Giannotto, anche Colombo), Vespucci «si trovò senza lavoro» (I. Caraci), o, come all'epoca si diceva, «scioperato» (tale si era dichiarato il fratello Girolamo pur iscritto all'Arte della lana). Tornare a Firenze, dove la nuova situazione politica dopo la morte del Magnifico e la cacciata di Piero aveva ridimensionato il peso dei Popolani, dal 1497 costretti all'esilio nelle loro ville di Castello e di Cafaggiolo? O appunto imbarcarsi? Come si legge nella *Lettera a Piero Soderini*, cioè come scrive, in un caratteristico "itagnuolo", lo stesso Amerigo o l'anonimo rimaneggiatore che dalle sue lettere originali ha tratto il gradevole e fortunato libretto:

> Magnifico Signor mio, Vostra Magnificenza saprà come el motivo della venuta mia in questo regno di Spagna fu per trattare mercatantie, e come seguissi in questo proposito circa di quattro anni, ne' quali viddi e conobbi e' disvariati movimenti della fortuna, e come promutava questi beni caduci e transitorii, e come un tempo tiene a l'uomo nella sommità della ruota, et altro tempo lo ributta da sé e lo priva de' beni che si possono dire imprestati; di modo che, conosciuto el continuo travaglio che l'uomo pone in conquerirgli con sottomettersi a tanti disagi e pericoli, deliberai lasciarmi della mercantia e porre el mio fine in cosa più laudabile e ferma: che fu che mi disposi d'andare a vedere parte del mondo e le sue maraviglie.

La *Lettera* ci invita dunque a riaprire il *dossier* fiorentino: senza il banco di Lorenzo di Pierfrancesco, niente Siviglia, niente Berardi, niente lavoro né ricerca di «cosa più laudabile e ferma» del commercio e della finanza come il mettersi in mare per «andare a vedere parte del mondo e le sue maraviglie». Da Siviglia torniamo così a Firenze, all'amorevole protezione del «venerabile religioso frate di San Marco fra' Giorgio Antonio Vespucci» (così nella stessa *Lettera*), lo zio umanista e ficiniano, precettore di Amerigo e poi procacciatore del suo primo lavoro come "uomo di negozi" al servizio di Lorenzo il Popolano, nella cui villa mugellana di Cafaggiolo zio e nipote si trovano riuniti nel 1476 per sfuggire alla peste che imperversava a Firenze; ma torniamo anche all'esperienza acquisita come segretario di Guidantonio Vespucci, ambasciatore del Magnifico presso la corte di Francia. Torniamo, insomma, alla famiglia, a quella casa Vespucci "prima di Amerigo" di cui in questo libro Claudia Tripodi indaga e magistralmente ricostruisce la storia a partire dal primo inurbamento a Firenze alla fine del Trecento. Una casata complessivamente «di piccole dimensioni» (p. 17), che per di più, nel caso del futuro navigatore, è direttamente interessata per uno dei suoi nuclei meno importanti, una «famiglia di inurbamento molto recente, dalle contenute possibilità economiche e non particolarmente addomesticata alla politica» (p. 242). Ciò che non spiegherebbe né l'affermazione dello zio Giorgio Antonio né la stima di cui Amerigo dovette godere nei quasi quarant'anni trascorsi a Firenze, per non dire della sicurezza economica raggiunta dal fratello Antonio, il primogenito, notaio anche lui come il padre Nastagio e i due nonni, Amerigo di Stagio e Giovanni Mini, se non si tenesse nel debito conto il correttivo dell'appartenenza a un comune ceppo familiare, il senso della condivisione di una storia e di una tradizione che i vincoli di sangue si limitano a incarnare, e quindi anche di una "narrazione" atta a tramandare quella storia e quella tradizione, che nel caso della famiglia Vespucci non sarà certo mancata, anche se non sembra aver prodotto una documentazione scritta. Per il nucleo ristretto di cui stiamo parlando, un nucleo dalla situazione economica alquanto precaria, quella tradizione trovava un suo monumento tangibile nello Spedale fondato da Simone Vespucci nel popolo di Santa Lucia Ognissanti, con il quale, non a caso, avrebbe poi confinato la casa acquistata in via Borgognissanti da ser Amerigo di Stagio, al momento del trasferimento da Peretola a Firenze: la stessa dove avrebbero continuato ad abitare il figlio Nastagio con la sua famiglia: la moglie Lisabetta di ser Giovanni Mini, i loro cinque figli, il terzo dei quali, nato nel 1454, è il futuro navigatore, più la moglie del primogenito, Caterina. Claudia Tripodi sottolinea a ragione il significato dell'insediamento in Ognissanti (p. 219), così come sottolinea i rapporti di solidarietà che non mancarono di instaurarsi all'interno della casata o di uno dei suoi nuclei, compreso quello di ser Amerigo e poi del figlio, e come questi rapporti assumano la tipologia "avuncolare" caratteristica delle famiglie di ascesa recente (p. 224), dove lo zio, pur non convivente e non facendo parte del nucleo fiscale,

> spesso aveva un peso (e non di minore importanza) come referente sociale. Valeva, insomma, come figura di riferimento in grado di introdurre ad ambienti nuovi, offrendo alle giovani leve le stesse garanzie di affidamento che avrebbe offerto loro la figura paterna, e agiva a tutela degli interessi dei nipoti più giovani non necessariamente sostituendosi a un genitore morto ma, piuttosto, alternandosi a lui su piani più congeniali (pp. 224-225).

Appunto il rapporto tra Giorgio Antonio e Amerigo, che nello zio trovò il «primo lasciapassare per l'ambiente dei Medici Popolani che avrebbero poi fatto la sua fortuna» (p. 222), ma anche tra Giorgio Antonio e un altro nipote, Giovanni di Bartolomeo di ser Amerigo:

> Nonostante la prematura scomparsa di entrambi i genitori, la sorte arrise a Giovanni nella forma di quell'assistenzialismo parentale che ancora animava la casa e che, in questo caso, aveva il volto e i mezzi dello zio Giorgio Antonio. Invece di condurre un'esistenza di stenti e di miserie Giovanni venne accolto sotto la sua ala protettiva e sicuramente anche sotto i suoi insegnamenti attenti e preparati; nel giro di qualche anno anche lui fu introdotto all'ambiente ecclesiastico e proprio come canonico del Duomo lo ritroviamo menzionato, all'età di 25 anni o circa, in uno dei primi testamenti stesi da Giorgio Antonio alla data del 15 maggio 1497. Al nipote, come lui canonico fiorentino, Giorgio Antonio lasciava una ricca serie di mobili e masserizie, sopravesti da indossare orlate di pelliccia presumibilmente di un certo valore [...] e, infine, quella che ai suoi occhi figurava certo come la parte più cospicua del suo patrimonio, la libreria: il testamento elencava tra i lasciti destinati con formula esclusiva al nipote, una ricca serie di testi che spaziavano dal diritto canonico alla filosofia (p. 223).

Se si tiene conto che nel testamento di Giorgio Antonio «si faceva riferimento a una cappella dei Vespucci nella Chiesa di Ognissanti» e che questa chiesa «costituiva uno tra i più significativi spazi identitari dei vari rami della famiglia» (p. 225), è interessante vedere come tutti i tratti qui elencati continuino a coesistere nell'Amerigo ormai spagnolo e sivigliano, quasi un patrimonio genetico trasmesso da ser Amerigo di Stagio ai suoi figli e da questi all'omonimo e più famoso dei suoi nipoti. Com'è noto, dopo la parentesi portoghese, e comunque almeno dal 5 febbraio 1505, Amerigo torna a Siviglia, dove vive con la moglie María Cerezo (morta nel 1524); qui il 24 aprile del 1505 viene naturalizzato cittadino spagnolo e il 22 marzo del 1508 è insignito dell'incarico, appositamente istituito per lui, di *piloto mayor* della Casa de la Contratación. Senza figli, Amerigo si fa raggiungere dal nipote Giovanni, figlio del fratello primogenito Antonio, che a Firenze ha continuato a esercitare la professione di notaio e di cui ci restano numerosi documenti relativi agli anni 1472-1532 che lo mostrano in rapporto con vari mercanti spagnoli; tra questi anche Juan Sánchez, fratello di quel Gabriel Sánchez di Saragozza a cui Colombo aveva inviato una copia della lettera del 1493 con l'annuncio della scoperta, personaggio che col nome di Giovan Sancio troviamo menzionato nella lettera del 3 ottobre 1502 con cui Piero Rondinelli, noto mercante fiorentino residente a Siviglia, già socio di Giannotto Berardi e futuro esecutore testamentario di Amerigo, dà come prossimo il rientro del navigatore in Spagna dopo la parentesi portoghese. Di fatto, come lo zio Giorgio Antonio era stato per Amerigo precettore privato, forse anche maestro nel disegno delle carte geografiche, favorendone poi l'ingresso nell'ambiente dei Popolani, così Amerigo introdusse il nipote Giovanni allo studio dell'astronomia e della cartografia, certo favorendone indirettamente la nomina a *piloto real*, che gli venne concessa il 22 maggio 1512 (con registrazione il 18 settembre successivo; Amerigo era morto il 22 febbraio dello stesso anno) ma che, per aver esercitato lo spionaggio a favore dei Medici (così dalle ricerche di Consuelo Varela), gli venne revocata nel 1525, tre anni prima che se ne perdano le tracce. A questo punto il gioco delle analogie va avanti da solo. Nel testamento stilato il 9 aprile 1511 e revocato il 21 ottobre successivo (dovevano esserne esecutori il già ricordato Rondinelli e il genovese Manuel Cataño, *alias* Emanuele Cattaneo, canonico della Cattedrale di Siviglia), Amerigo ricorda la chiesa di Ognissanti, dove chiede che si celebri una messa di *requiem* cantata e si dicano trentatré messe ordinarie per la sua anima, ricorda, insomma, la "patria piccola" della casata. Quanto ai suoi averi, distinguendo tra la famiglia sivigliana, nominata per prima, e quella fiorentina, lascia i beni da lui posseduti a Firenze alla madre nel caso che sia ancora in vita, in caso contrario ai fratelli Antonio e Bernardo perché li dividano in parti eguali (ignora dunque Girolamo, anche lui fattosi domenicano in San Marco, guarda caso come lo zio Giorgio Antonio), mentre nomina la moglie erede dei beni spagnoli e il nipote Giovanni erede di tutti i suoi libri «in latino e in volgare o in qualsiasi altra lingua» e di tutti i suoi «strumenti, quali che essi siano, e l'astrolabio di metallo»; tra questi libri, certo anche i giornali di bordo con l'indicazione delle rotte seguite, sulla cui scorta lo stesso Giovanni, in una deposizione del 15 dicembre 1515, potrà confermare il calcolo della latitudine del Capo di Sant'Agostino in 8° sud.

Ma l'indagine sui Vespucci "prima di Amerigo" spiega anche altri aspetti, e non dei meno importanti. Si prenda il passaggio progressivo dal commercio alla navigazione, diciamo dall'attività di mercante-armatore esercitata durante gli anni della società col Berardi a quella di navigatore imbarcato sulle flotte dirette al Nuovo Mondo (non come comandante di navi, ché Vespucci non lo fu mai, semmai come "ufficiale di rotta"). Si rileggano in proposito le pagine su Piero di Simone Vespucci, in particolare sulle sue esperienze di navigazione proprio in quanto mercante che lo portarono per ben due volte, nel 1427 e nel 1435, alla carica di Console del Mare, «segno della sua consolidata familiarità con la navigazione e con i commerci marittimi» (p. 45), tanto più trattandosi di un ufficio istituito solo nel 1420, quattordici anni dopo la conquista fiorentina di Pisa, e «modellato sulla base della medesima magistratura della repubblica pisana, volto a facilitare i commerci via mare e la nuova impresa della flotta fiorentina» (p. 76). Si aggiunga che nel 1447 il cugino e socio Giuliano di Lapo ricoprì il medesimo ufficio e che il figlio di questo, Piero, «ebbe nel febbraio del 1463 l'incarico, in seguito più volte reiterato, di Capitano di una delle galee dirette verso Oriente» (p. 82), l'ultima volta nel 1467 quando fu "padrone" della galea *Ferrandina* e capitano della galeazza *Sancto Iacomo* di Jacopo III Appiano Aragona, signore di Piombino, ma anche suocero di Lorenzo di Pierfrancesco dei Medici Popolani, *patron* di Amerigo e artefice del matrimonio di Simonetta Cattaneo appunto con il figlio di Piero, Marco. Ma si potrebbe risalire al 1421 quando Giovanni, fratello di Piero di Simone e padre di quel Guidantonio che Amerigo ebbe ad accompagnare nell'ambasceria a Parigi, tenne l'incarico di Castellano della Rocca Nuova di Livorno (p. 59), o ancora scendere fino al 1475 quando il figlio maggiore di Piero di Simone, Bernardo, fu Console del Mare per un semestre. Dal canto mio, ricordo che nel 1467 sulla galea *Ferrandina*, padroneggiata da Piero di Giuliano, era imbarcato anche il pisano-fiorentino Giovanni di Piero Vaglienti, futuro compilatore di una delle più antiche e importanti raccolte di viaggi, soprattutto portoghesi, del primo Cinquecento, viaggi appunto di mercanti-navigatori fiorentini o finanziati da mercanti-banchieri fiorentini, tra i quali un ruolo importante è espressamente riconosciuto al già menzionato Bartolomeo Marchionni. Non è certo un caso che la raccolta dei viaggi contemporanei si apra, contravvenendo all'ordinamento cronologico prevalente, con le tre lettere familiari di Amerigo (della seconda delle quali l'antologia è peraltro latore unico), né che il compilatore e suo fratello Bernardo si mostrino legati ai Medici, esercitando a Pisa la professione di "merciaio" e "cambiatore" in un fondo di proprietà di Lucrezia Tornabuoni, madre del Magnifico. Arriviamo così alla questione, sollevata nelle pagine conclusive del libro, dell'eventuale rapporto tra le esperienze di navigazione e di imprenditoria marittima di casa Vespucci e le relazioni dirette che questa intrattenne con gli Aragonesi di Napoli: relazioni antiche che risalgono all'ambasceria di Giovanni di Simone, ma che verranno consolidate soprattutto con Piero di Giuliano e che tanta parte avranno nel favore o, viceversa, nel disfavore accordato ai membri della famiglia dal potere mediceo. Claudia Tripodi ritiene a ragione che la progressiva apertura della famiglia al commercio marittimo (già evidente all'epoca dell'avo Simone) deve essere stata la causa piuttosto che il risultato dell'intensificarsi di queste relazioni e che in ogni caso queste devono essere nate in àmbito privato e commerciale. Altrettanto a ragione si mostra scettica sulla possibilità di leggere «in un'ottica finalistica [...] il sostegno di Ferdinando il Cattolico, un altro aragonese, nella spedizione verso le Indie occidentali che Amerigo intraprese alla fine del secolo» (p. 235). Quale che sia la risposta, gli studiosi di Amerigo non potranno che esserle grati per aver riesumato l'inventario dei beni di Piero di Simone stilato nel 1437, facendone emergere una *bossola ad navigandum* (p. 55) di significato altamente simbolico quando la si metta in relazione con gli strumenti di navigazione che nel testamento del 1511 Amerigo avrebbe legato al nipote Giovanni. I rapporti con gli Aragonesi sono del resto solo uno degli aspetti della storia della famiglia. Con Piero di Giuliano e Guidantonio di Giovanni di Simone le vicende di casa Vespucci si inseriscono nel quadro più ampio della politica fiorentina al tempo del regime mediceo, con un progressivo allargamento dello spazio geografico e sociale, in un vigoroso contrappunto di luce e ombra, tra l'ascesa irresistibile dell'abile "oratore" Guidantonio e la fine infamante del pasticcione, vanesio e petulante Piero, per il quale è tuttavia impossibile non provare, insieme all'Autrice, almeno una parte della simpatia che ha saputo suscitare in Benedetto Dei e in Luigi Pulci. Ricollocato in questo contesto, il trasferimento di Amerigo a Siviglia con quello che ne è seguito, per quanto difficilmente immaginabile senza il concorso di circostanze fattuali, e prescindendo da quelle che possono essere state le motivazioni strettamente personali, è il risultato di un'intraprendenza e di un'ambizione, anche intellettuale, in cui si rispecchia il ritratto, finora assai sbiadito, di un'intera famiglia. A Claudia Tripodi la gratitudine dei "vespuccisti" per aver compiuto il restauro, vagliando sapientemente con lo sguardo dell'archivista e dello storico un complesso di fonti documentarie non omogenee tra loro, disperse e per lo più inedite, che, ancorandola in un contesto di storia anche locale, dànno sostanza a un'impresa che altrimenti avrebbe del miracoloso.

Introduzione

Questo non è un libro su Amerigo Vespucci.

Anche se, certo, difficilmente questo libro avrebbe visto la luce se Amerigo non fosse esistito. È un libro, insomma, senza Amerigo ma che pure dipende dalla sua esistenza, così come un libro sul Rinascimento è necessariamente obbligato alla storia di Firenze o un libro sul teatro inglese di età elisabettiana è per forza condizionato dall'opera di Shakespeare pur non essendo espressamente dedicato al grande Bardo.

L'idea di questo volume è nata nel 2012, all'interno di un più ampio programma di celebrazioni vespucciane: l'intento iniziale, trattandosi di una ricorrenza legata al navigatore, era quello di approfondire lo stato della documentazione storica nelle fasi di vita di Amerigo che ne avevano preceduto il ben noto andare per mare. Tuttavia, come spesso accade, la ricerca sul campo ha presto condotto altrove rispetto all'idea. Ha rivelato una consistenza documentaria piuttosto esigua in merito al vissuto ancora sconosciuto di Amerigo che pochissimo avrebbe aggiunto a quanto già scandagliato e analizzato con successo dalla storiografia precedente, ma ha portato alla luce, d'altro canto, un'abbondanza di informazioni sul suo contesto di appartenenza, ovvero sulla famiglia dei Vespucci intesa nel suo senso più ampio e ramificato. Abbandonando dunque la via dell'ennesima biografia che avrebbe sostanzialmente replicato quanto studiato e divulgato dagli storici e dai geografi negli ultimi due secoli, è emerso a poco a poco un tracciato nuovo fatto di altri profili biografici vespucciani che la documentazione superstite consentiva di recuperare, talora anche con ricchezza di dettagli, e disegnare intorno a quello del parente più noto. Nasce così questa nuova rappresentazione: un libro sugli altri Vespucci, quelli che prima di Amerigo conobbero l'urbanizzazione, la ricchezza, il successo e la popolarità. I Vespucci che non conobbero il nuovo mondo e che pure lasciarono il loro segno in uno dei centri più dinamici del vecchio, i Vespucci di cui Amerigo con le sue imprese, probabilmente, poté soppiantare la fama, ma anche i soli che, forse, sarebbero stati in grado, in sua assenza di assicurare alla famiglia una certa notorietà.

Il contesto che viene esaminato, per quasi centocinquanta anni si snoda dunque nel vecchio mondo, precisamente tra Firenze, Peretola e l'intera penisola italica, dalla seconda metà del XIV secolo fino alla fine del successivo. Si tratta di un contesto dal quale forse Amerigo avrebbe anche potuto prescindere per diventare quello che fu (se accettassimo una ricostruzione storica fatta con i "se" e necessariamente non deterministica), ma si tratta anche, realisticamente di tutto quanto la memoria storica ci ha trasmesso e lasciato a disposizione per comprendere quale fu il suo ambito di appartenenza. Certamente, vale per i Vespucci quanto vale per molte altre famiglie le cui sorti si svilupparono a Firenze tra Tre e Quattrocento: al di là della coralità (più o meno spiccata) che la ricostruzione storica riesce ad individuare complessivamente nella famiglia presa in analisi, è la famiglia stessa, per sua stessa natura, a porsi come un oggetto di studio difforme, dove alcuni individui spiccano in maniera distinta mentre altri rimangono nell'ombra. Pertanto, accanto ai Vespucci cittadini che si inurbarono nel corso del XIV secolo, e ai quali si dedicherà un più largo spazio, ve ne furono altri che ancora nel Quattrocento rimasero legati al contado. Individui che gli alberi genealogici disegnati intorno al medaglione del navigatore non si curano neanche di segnalare proprio in ragione della loro distanza (soprattutto per scelte e tenore di vita), e che tuttavia non erano davvero così distanti, per lo meno a guardarli sul piano biologico/biografico delle ramificazioni parentali. In questa sede, l'attenzione alla dimensione urbana come contesto preferenziale per lo studio della mobilità, e la consistenza della documentazione superstite hanno certamente influenzato la scelta di dare spazio soprattutto ai Vespucci di città, lasciando solo poche pagine ai rami più marginali. In particolare, poi, tra i cittadini su cui si è appuntato l'interesse della ricerca proprio perché è il loro legame col tessuto urbano, con la trama politica della Firenze Quattrocentesca, medicea e laurenziana, a farne risaltare ancora di più la peculiarità, si è scelto di privilegiare alcune specifiche figure secondo uno schema narrativo che, quando possibile, predilige il taglio biografico. Il percorso, a tratti, si è rivelato poco omogeneo e non sempre agevole, tenuto conto che non abbiamo a disposizione un archivio di famiglia o un fondo, e che dunque tutto quanto di questi Vespucci delle origini si conosce è il risultato di una paziente e frammentaria ricostruzione conseguita annodando fili spesso sparsi tra settori documentari disparati: lettere pubbliche, assegnazione di pubblici incarichi, testamenti (in più versioni spesso rimaneggiate) dichiarazioni fiscali, lettere private e così via. L'assenza di libri di famiglia, ricordanze, libri di conto privati (o aziendali) rende più difficoltosa la ricostruzione del tessuto di relazioni interfamiliari e naturalmente impedisce qualunque approccio all'approfondimento del profilo economico o finanziario. In aggiunta, il fatto che non si disponga di una conservazione del materiale documentario operata dall'interno della famiglia stessa fa sì che le testimonianze superstiti siano assolutamente disomogenee e che dunque la memoria di alcuni individui sia decisamente meglio conservata rispetto a quella di altri familiari. Al di la della differenza, per quantità e per caratteristica, del materiale documentario a tutt'oggi acquisibile che caratterizza tutti i Vespucci di cui si ha memoria, va precisato che non tutti i membri della famiglia ebbero lo stesso peso. Quando si studia una famiglia oggi come ieri – e perfino i genealogisti di età moderna ne erano consapevoli – si deve fare i conti con un limite intrinseco al tipo stesso di studio, ovvero che storicamente non tutte le esistenze sono uguali, non tutte hanno lo stesso peso nella storia (non solo rispetto alla storia degli eventi pubblici, ma anche a quella interna alla casata di appartenenza) e non tutte lasciano dietro di sé le stesse tracce documentarie in termini di qualità oltre che certamente di quantità. Sottraendosi alla tentazione di un approccio che fosse il più possibile esaustivo, in base a cui a ogni individuo menzionato avrebbe dovuto corrispondere il maggior numero di informazioni reperibili, la ratio organizzativa di questo libro si è ispirata invece a una selezione volontaria. Si è pensato in questo caso, all'interno di una casata di piccole dimensioni come tutto sommato fu quella dei Vespucci (e che consente, proprio per la modestia numerica, che a tutti i suoi membri cittadini sia dedicato un piccolo spazio) di approfondire in particolare i personaggi più in vista. Non necessariamente dunque quelli più legati ad Amerigo (che rappresenta invece l'elemento trainante per cui si tende a dare risalto alla casata), bensì quelli in cui sembra di poter intuire un certo livello di protagonismo rispetto al loro tempo e alla loro epoca. La casa dei Vespucci, comprensiva di tutte le sue diramazioni, rivela al suo interno oltre che una familiarità col mondo mercantile, con i commerci e con la navigazione, anche una forte predisposizione per la carriera politica, fenomeno documentabile soprattutto dalla tarda età cosimiana in avanti. Per quanto la via della partecipazione pubblica venne perseguita dai Vespucci vissuti nel XV secolo in maniera continuativa e coerente, non sempre tale via riuscì a produrre esiti positivi: al contrario, in diversi casi, diede adito a smottamenti e derive pericolose, con la sola eccezione di Guidantonio di Giovanni che, come si vedrà nel dettaglio, fu l'unico che seppe riscuotere un successo duraturo e soddisfacente da questo tipo di attività e dedizione. Dunque, all'interno di un percorso scandito cronologicamente e strutturato intorno alla ramificazione genealogica, il lettore troverà pagine dedicate a pochi specifici personaggi le cui vicende biografiche ebbero un peso significativo nella Firenze del tempo. Partendo dai due rami originari si è scelto cosi di dare spazio ai "capostipiti" vissuti tra la fine del Trecento e il primo XV secolo, Simone, Piero, Lapo, Giuliano, Giovanni e poi, con un evidente sbilanciamento per eccesso, ai due Vespucci più noti del pieno Quattrocento, Piero di Giuliano e Guidantonio, forse i più conosciuti della casa tra quelli che precedettero Amerigo, celebri l'uno per essere stato coinvolto nella repressione a seguito della congiura dei Pazzi, l'altro per essere stato un ambasciatore di spicco in eta laurenziana, per concludere con brevi cenni a ser Nastagio e ai suoi parenti più poveri vissuti sul finire del secolo.[1]

Nelle numerose trascrizioni si è cercato di rimanere il più possibile aderenti alla grafia originaria, adottando tuttavia qualche criterio di uniformazione: scioglimento delle abbreviazioni, separazione delle parole, uso moderno delle maiuscole e della punteggiatura, caduta di vocale in inizio o in fine di parola indicata con apostrofo così come la caduta di vocale posta tra due parole; uso del punto in alto per la separazione di parole nei casi di assimilazione fonosintattica e in quelli analoghi seguiti da scempiamento ma non in quelli di semplice raddoppiamento fonosintattico, senza assorbimento di consonante, dove si è adottato la semplice separazione (dunque pe.llui nel caso di pe<r> lui e a fFirenze); uso delle vocali accentate ò e à per le forme verbali di avere che iniziano con l'h: ò per ho, ànno per hanno.

Le date, ove non dichiarato diversamente, sono tutte riportate allo stile moderno.

1. Resta invece a margine di questa rassegna la figura di Giorgio Antonio che pure sarebbe stato degno di una biografia dettagliata al pari di Piero e Guidantonio, almeno a giudicare dal materiale documentario superstite che lo interessa e dal ruolo che ebbe nella società del tempo e come mentore nella vita del nipote Amerigo. Dovendo operare una selezione per limiti di spazio e nella consapevolezza che Giorgio Antonio, non solo è probabilmente il Vespucci più studiato dopo Amerigo, ma è anche da tempo oggetto delle accurate ricerche di K. Schlebusch, si rimanda per un approfondimento della sua figura agli studi di questi (vedi bibliografia).

***

Prima di chiudere e lasciare spazio al testo vorrei spendere alcune righe per ringraziare tutti coloro che con il loro supporto e i loro consigli, con il loro incoraggiamento, con l'esperienza e la competenza che mi hanno messo a disposizione, hanno contribuito alla realizzazione di questo libro. Un particolare ringraziamento, tra costoro, va infine a Leonardo Rombai e Giuliano Pinto per avermi coinvolto qualche anno addietro in questa avventura vespucciana, per avermi offerto l'occasione di una ricerca che si è rivelata, certamente, più lunga e dispersiva del previsto ma, altrettanto certamente, prodiga di inattese scoperte e soddisfazioni in corso d'opera.

1. Da Peretola a Firenze

Memoria e urbanità

A distanza di più di un secolo le molte pagine della *Storia di Firenze*, alla cui stesura Robert Davidsohn dedicò dal 1896 in avanti la sua intera esistenza, restano ancora un adeguato, e spesso obbligato, punto di partenza per chi voglia avvicinarsi alla Firenze medievale, alla storia della sua struttura sociale e della sua configurazione politica dalle origini fino ai primi decenni del Trecento.[1] Rimarrebbe dunque sorpreso chi, andando a cercare il nome dei Vespucci nel volume degli indici, si trovasse a verificare che esso non vi compare affatto, non essendo mai menzionato in alcuno dei sette volumi precedenti. Lo stupore verrebbe certo molto mitigato dal fatto che, come la storiografia ha ormai chiarito da tempo, nonostante la celebre levatura che qualche erudito di età moderna può avergli attribuito, quando Amerigo venne alla luce il 9 marzo del 1454 nella casa di Ognissanti, la famiglia in cui nacque, per quanto potesse già contare su qualche parentela eminente, non poteva considerarsi tra quelle dei maggiorenti cittadini. Soprattutto non poteva considerarsi tra le più antiche.

Sebbene ormai da alcune decine di anni, a quel tempo, ci fossero diversi nuclei Vespucci residenti nell'area di Ognissanti, nel quartiere di Santa Maria Novella, la loro presenza in città non era di antica data come quella delle piu celebri casate – Scali, Spini, Gianfigliazzi, Tornabuoni, per citarne solo alcune – che in quello stesso quartiere avevano la residenza. I Vespucci infatti si erano inurbati solo nel secolo precedente, quando uno

1. La prima pubblicazione, in lingua tedesca venne completata tra il 1896 e il 1927. Si veda Pinto, *Robert Davidsohn e la memoria storica della Firenze medievale*, pp. 163-168.

dei loro antenati, originari dell'area comitatina di Peretola, si era stabilito a Firenze nel popolo di Santa Lucia Ognissanti, popolo che costituiva la naturale proiezione in città dal borgo di Peretola sulla direttrice urbana di Porta al Prato, e che sarebbe diventato da quel momento in avanti la loro sede di riferimento cittadina.[2] Si trattava di una zona popolare, tradizionalmente residenza di tessitori e lavoranti della lana. Ad essa faceva capo, in origine, la chiesa di Santa Lucia sul Prato di Ognissanti, costruita all'esterno della seconda cinta muraria, inizialmente come una semplice cappella. Nel 1251 il vescovo di Firenze la concesse ai frati Umiliati: la presenza di questi religiosi, esperti nella lavorazione della lana, e la prossimità del fiume, fonte di energia preziosa per tale attività, richiamarono nella zona molti operai tessili, con un conseguente aumento della popolazione. Pochi anni dopo fu edificata dagli stessi Umiliati la chiesa di Ognissanti che, col loro trasferimento, nel 1256, iniziò ad avere un'attrattiva sempre maggiore sui residenti che finì col sostituirsi a quella esercitata fino ad allora da Santa Lucia sul Prato.[3]

Per i Vespucci, dunque, diversamente dalle molte famiglie che erano state protagoniste dell'ascesa di Firenze nell'età di Dante, spesso responsabili del fazionalismo che divideva la città dugentesca, casate delle cui prodezze belliche e delle cui virtù mercantili Dino Compagni e Giovanni Villani, ci hanno lasciato vivaci testimonianze, si deve considerare un'origine meno antica e, dunque, una storia urbana decisamente più recente.[4] Si deve addirittura fare i conti, per questa famiglia, con un'autentica marginalità, almeno fino ai primi decenni del XV secolo, vista la modestissima incidenza che i suoi membri ebbero nella vita sociale della città e la loro scarsa influenza politica almeno fino alla piena età cosimiana.[5]

2. Si veda Richa, *Notizie istoriche delle chiese fiorentine*, tomo IV, pp. 205-219; Paatz, *Die kirchen von Florenz,* pp. 619-626; Cirri, *Porta al Prato e il suo rione*; Trotta, *Il Prato d'Ognissanti a Firenze*.

3. Sulle trasformazioni ad opera degli Umiliati nella zona di Ognissanti alla metà del Duecento cfr. anche Sznura, *L'espansione urbana di Firenze nel Dugento*, pp. 78 e ss.

4. Villani, *Nuova cronica* e Compagni, *La cronica delle cose occorrenti ne' tempi suoi*.

5. Si ricorda a questo proposito la critica di Brucker, *Renaissance Florence*, p. 95, alla fantasiosa ricostruzione di German Arciniegas che attribuisce ai Vespucci un'origine feudale, probabilmente attinta da qualche poco attendibile genealogista dell'età moderna. Totalmente assenti dalla storia di Firenze nei principali studi anglofoni sulla società di fine Trecento (Najemy, Brucker, Kent, Martines) i Vespucci, inizieranno ad esserne protagonisti solo dalla seconda metà del Quattrocento, soprattutto, in età laurenziana.

Se l'area di insediamento urbano era, come si è visto, assai popolare, Peretola, la zona da cui provenivano, era percepita nel Trecento come una tra le più povere del contado: le cronache trecentesche la descrivono come un luogo acquitrinoso ai margini della città, sovente utilizzato, certo per la sua morfologia ampia e pianeggiante, come alloggio per le milizie e gli sbanditi, come teatro di scorribande e perfino come sfondo ideale per la corsa di un infamante palio delle prostitute.[6]

Sebbene, in quest'ottica, il caso dei Vespucci e di Amerigo meriti una menzione particolare rispetto ai molti fiorentini che hanno attraversato i secoli, almeno per quella sua rilevanza intercontinentale che ne ha distinto la fama e ne ha fatto il simbolo – anche banalmente (top)onomastico – di un vincolo di filiazione tra la storia di Firenze e quella del Nuovo Continente, l'origine comitatina dei Vespucci è una caratteristica che li accomuna a molte di quelle famiglie fiorentine che godettero di popolarità e fama nel Quattrocento e che, tuttavia, ancora alle soglie del Trecento risiedevano fuori dalle mura. È il caso dei Serristori, che provenivano dall'area figlinese, dei Morelli, dei Niccolini, dei Cambini, dei Neroni, dei Ginori, in parte degli stessi Medici.[7] Famiglie, insomma, il cui protagonismo urbano risaliva all'epoca successiva alla peste del 1348, quando alcuni dei loro membri andarono incontro a un rapido e dinamico sviluppo sulla scena politica e sociale del Rinascimento ma che, diversamente dai grandi casati mercantili – Scali, Acciaioli, Mozzi, Spini, per citarne alcuni – risiedevano alla periferia urbana negli anni in cui Firenze aveva conosciuto la sua massima espansione.

Va detto che l'antica origine cittadina era sempre stata, in ogni epoca, un motivo di vanto per i fiorentini. Dante alle soglie del Trecento guardava con sospetto e indignazione a quelli che erano considerati i nuovi

6. Villani, *Nuova Cronica*, Lib. IX, c. 317. Cfr. anche Repetti, *Dizionario* alla voce *Peretola nel Val d'Arno fiorentino*.

7. Sui Serristori e Cambini cfr. Tognetti, *Da Figline a Firenze;* Id., *Il Banco Cambini;* sui Morelli si veda Pandimiglio, *Giovanni di Pagolo Morelli e la continuità familiare*, pp. 129-181; Id., *Giovanni di Pagolo Morelli e la ragion di famiglia*, pp. 553-606, Id., *Giovanni di Pagolo Morelli e le strutture familiari*, pp. 3-55 (saggi ora raccolti in Pandimiglio, *Famiglia e memoria a Firenze. I secoli XIII-XVI*) e anche Tripodi, *"Tieni sempre con chi tiene il palagio e la signoria";* sui Niccolini, Bec, *Libro di Lapo dei Niccolini dei Sirigatti;* sui Ginori, Kent, *Household and Lineage in Florence* e Passerini, *Genealogia e storia della famiglia Ginori* (secondo cui i Ginori si inurbarono nel XIV secolo con Gino Ginori). Si vedano anche le considerazioni complessive di Kent, *The rise of Medici.*

ricchi della sua epoca – si pensi per esempio ai Cerchi –, famiglie che un secolo prima, ai tempi virtuosi del suo avo Cacciaguida ancora risiedevano in contado. Nel Paradiso, attraverso il pesante giudizio dell'antenato, Dante dava voce al suo personale sdegno per la maniera repentina in cui famiglie di bassa levatura ascendevano al potere decretando il venire meno di stirpi cittadine ben più antiche e nobili. E così ai Cerchi, nella critica che il poeta affidava alla voce del probo Cacciaguida, era toccato un posto di rilievo: se la corruzione e il disordine morale non avessero aperto la strada a una "balorda" mobilità sociale capace di consentire persino l'ascesa di chi era dedito ad arti vili come quella del cambio e della mercatura, «sarieno i Cerchi nel pivier d'Acone e forse in Valdigrieve i Buondelmonti».[8] Di fatto, agli inizi del Trecento, Dante si trovava costretto a riconoscere come i Cerchi originari della Val di Sieve fossero ormai a tutti gli effetti rappresentativi della élite urbana più selezionata. Talmente rappresentativi che nel giro di due secoli la loro visibilità sociale si sarebbe addirittura marcata di un segno opposto, al punto da indurre un altro celebre intellettuale, Leon Battista Alberti, negli anni Trenta del Quattrocento, ad annoverarli tra quelle famiglie che se pure «antichissime e nobilissime di virtù», attraversavano un evidente declino a causa dei rovesci imprevisti della sorte.[9] Dunque, al tempo dell'Alberti quando i Cerchi avevano a pieno titolo conquistato la gloria di una consolidata antichità cittadina, i nuovi arrivati erano appunto i Morelli, i Vespucci e quei molti altri inurbatisi tra la fine del XIII e l'inizio del XIV secolo e non per questo destinati a minor fama.

Anche alla luce di queste considerazioni è facile capire quanto fosse rilevante comprovare la propria datata appartenenza cittadina e, conseguentemente, come l'origine relativamente recente di una famiglia fosse vissuta, non di rado, dai suoi membri più ambiziosi come un fattore limitante capace di offuscarne la fama e la grandezza a venire. Per tale motivo spesso diveniva fondamentale arrabattarsi alla ricerca di carte private e documentazione pubblica che facessero fede della propria antichità, che permettessero di risalire indietro nel tempo per documentare con la più verosimile precisione (ma al contempo con molta approssimazione), la propria

8. Dante Alighieri, *Divina Commedia, Paradiso,* XVI, 63.

9. Leon Battista Alberti, *I libri della famiglia,* p. 176. Sulla mobilità sociale di alcuni Cerchi, vedi anche Tripodi, *I Cerchi tra trasmissione documentaria e oscillazioni sociali.*

ascendenza e l'epoca a cui risaliva il primo insediamento in città.[10] Si badi bene che questa necessità non era indotta da motivi pratici: di fatto l'origine recente non poneva alcun ostacolo reale alle possibilità di ascesa di un individuo. Una volta ottenuta la cittadinanza e l'iscrizione tra i contribuenti non vi era operativamente nessun limite per chi, anche di recente ascesa, avesse voluto partecipare alla vita politica o concorrere all'assegnazione di cariche e uffici pubblici dell'esecutivo.

Si trattava però principalmente di una questione di prestigio formale. Era dunque soprattutto l'ambizione di dimostrare in maniera trasversale la propria ascendenza antica, la propria datata "fiorentinità" che induceva i cittadini più recenti a ricostruire la memoria delle proprie origini e a corredarla di date. Ce ne offre un bell'esempio, uno dei più noti in verità, Giovanni Morelli mercante e scrittore, per l'appunto, di una famiglia emergente, vissuto alla fine del Trecento.[11] Nel suo libro di ricordi, nel rammentare le origini della sua casa che al tempo in cui Giovanni scriveva (tra l'ultimo decennio del Trecento e i primi del Quattrocento) era ormai divenuta fiorentina a tutti gli effetti, Giovanni opera da abile narratore. Non potendo ometterle ricorda le origini mugellane del proprio casato, facendo però del Mugello una sorta di paradiso terrestre: lo descrive dunque come una campagna idilliaca, adorna di alberi da frutto e vigneti, dove zampillano corsi d'acqua e svolazzano pernici, starne e fagiani, punteggiata da castelli e *nobili abituri*, tappezzata di erbe aromatiche, corsa da lepri e altra ghiotta selvaggina.[12] È un Mugello altamente scenografico, insomma, quel teatro che Giovanni allestisce, nella sua narrazione, per offrire un degno contesto alle origini della sua casata. E se altrove, nello stesso testo, egli manifesta una forte diffidenza verso il mondo del contado e la rude bestialità degli uomini che lo popolano, qui avviene il contrario e del Mugello si dettagliano bellezza e nobiltà, si lodano la laboriosità e l'onestà dei suoi abitanti, se ne ammira la potenza. Nell'impossibilità di vantare antichità di origine in Firenze, il Morelli inserisce il principio della genealogia dei suoi avi in un piccolo cosmo rurale, delizioso specchio di virtù cittadine: la devozione religiosa, la fedeltà guelfa (manifesta nella sollecitudine dei

10. È il caso del Morelli, di Donato Velluti, di Lapo Niccolini dei Sirigatti. Si veda Giovanni di Pagolo Morelli, *Ricordi*; *La cronica domestica di messer Donato Velluti*; *Il Libro degli affari proprii di casa di Lapo di Giovanni Niccolini de Sirigatti*.

11. Morelli, *Ricordi*.

12. Ivi, pp. 106-115.

suoi abitanti che combattono contro i tirannici – e ghibellini – Ubaldini), la laboriosità dei paesani, che raccolgono in abbondanza i frutti della terra da destinare ai consumi fiorentini e che esercitano, nelle fiere bisettimanali, la nobile arte della mercatura.

Se i libri di ricordi come questo del Morelli, funzionavano, è noto, anche come strumento per la creazione di una propria storia, come tappa importante nel processo di nobilitazione del passato familiare e di costruzione della memoria collettiva, le scritture domestiche, in generale, erano fortemente legate all'identità.[13] Tanto che, anche in contesti famigliari più titolati di quello a cui faceva capo il Morelli, si guardava come al limite del sacrilego colui che avendole ereditate, non esitava a sbarazzarsene. Il caso più noto in questo senso è quello di un cugino di Bonaccorso Pitti, Ciore di Lapo di Ciore, che entrato in contrasto con la famiglia, non solo aveva lasciato i suoi averi a una figlia che poi aveva preso il velo, ma aveva addirittura distrutto tutte le carte concernenti la memoria del casato. Quando alla sua morte, Bonaccorso e altri parenti, recatisi nella sua abitazione, avevano chiesto alla figlia notizie di quelle scritture che sentivano come patrimonio dell'intera casata, la giovane aveva risposto loro «che poco dinanzi alla sua morte aveva veduto ch'egli aveva arse assai carte e scritture». Il fatto era di una gravità enorme poiché rappresentava, a ben guardare, una sorta di *damnatio memoriae* delle proprie origini. Per quanto animata da un desiderio di vendetta o di rivalsa, la scelta di dare fuoco alle carte private, patrimonio memoriale dell'intera stirpe, si configurava, da parte di Ciore, come una reazione quasi criminale tanto da indurre Bonaccorso Pitti a concludere che dalla vicenda appariva chiaramente come «il detto Ciore fosse di malvagia condizione a non volere che di lui né de suoi antenati rimanesse alcuna scrittura ch'egli avesse nelle mani».[14]

Avendo la conservazione di tali scritture un fortissimo peso anche in casate di datata tradizione come appunto potevano essere i Pitti a fine Trecento, ancora di più si può comprendere la considerazione di cui esse godevano in famiglie di ascesa recente proprio per il loro valore fondativo. Nella narrazione del Morelli infatti l'identità della casa, che passava attraverso la memoria degli antenati, si sdoppiava fin dall'inizio in due canali:

13. In generale sull'argomento, cfr. Klapisch Zuber, *La famiglia e le donne nel Rinascimento*, e Pandimiglio, *Memoria familiare e nobilitazione: esempi fiorentini.* Si veda anche il recente Chabot, *Ricostruzione di una famiglia. I Ciurianni.*

14. Bonaccorso Pitti, *Ricordi*, pp. 350-351.

quello del luogo di provenienza, il Mugello, e quello degli avi. Così egli sottolineava il momento esatto in cui la famiglia si era inurbata, rammentava la nascita dell'avo Calandro in città, e da lì proseguiva con sempre maggior dettaglio nel ricordo delle parentele eminenti stabilite dai suoi antenati per via matrimoniale, fino a suggellare definitivamente l'esibizione pubblica dell'acquisita cittadinanza con il ricordo della prima occasione in cui un membro della casa dei Morelli era stato estratto a ricoprire un pubblico ufficio.

Data la larga diffusione delle ricordanze presso la cittadinanza fiorentina, proprio in ragione della forte familiarità con la scrittura che il ceto mercantile aveva acquisito, sarebbe molto interessante poter contare anche per i Vespucci su una testimonianza documentaria che fosse anche lontanamente simile ai *Ricordi* di Giovanni Morelli.[15] Purtroppo invece, dei Vespucci non si possiede, per lo meno per questa epoca, neanche un banale appunto di memorie di un lontano avo che si preoccupi di registrare i principali eventi biografici (nascite, matrimoni e morti) occorsi al suo nucleo famigliare, men che meno dunque si può fare conto su un libro che ricordi intenzionalmente le origini della casata e dei suoi capostipiti e che, magari, affreschi il borgo di Peretola come una sorta di Paradiso terrestre. Tuttavia si può verosimilmente immaginare che anche per i Vespucci il percorso di avvicinamento alla città non sia stato troppo dissimile, se pure posteriore di qualche decennio, da quello che interessò i Morelli e molte altre famiglie.

Alla mancanza di libri di ricordi conservati per i Vespucci fa eco l'assenza di un fondo documentario facente capo alla famiglia stessa, costituito dalle origini e sedimentatosi con il passaggio delle generazioni, che conservi le scritture private prodotte dai suoi membri, i libri di conti, i quaderni di amministrazione e la copia delle carte pubbliche ad essa relative. La presenza di archivi di famiglia o piccoli fondi ad essa pertinenti agevola naturalmente la ricostruzione della sua storia: per lo meno consente, sulle prime, di tracciare una bozza, certo non esaustiva ma sufficientemente verosimile, del quadro famigliare completo. L'assenza di una tale concentrazione di risorse, tuttavia, è compensata, nel caso dei Vespucci come di molte altre case fiorentine, dall'abbondanza di documentazione, pubblica e privata, che si conserva nell'Archivio di Sato di Firenze, e spesso si incro-

15. Non risulta niente a carico dei Vespucci nello spoglio dei libri di ricordi esistenti in area toscana curato da Pezzarossa, *La tradizione fiorentina della memorialistica*, pp. 39-148.

cia al materiale documentario prodotto da altre casate, una documentazione varia ma sparpagliata tra fonti fiscali, registri notarili, contratti, confessioni di doti, testamenti, vendite e negozi privati, epistolari, incarichi diplomatici, assegnazioni di uffici pubblici e così via. E proprio a proposito della partecipazione alla cosa pubblica, va precisato che se la presenza in città dei Vespucci data certamente agli inizi del XIV secolo, per quella negli uffici pubblici si deve attendere un altro po'. Nelle ripartizioni per sestiere, le circoscrizioni amministrative laiche in cui ancora la città era divisa nel Trecento, che indicano gli eletti al priorato tra il 1320 e il 1340 non figura neanche un Vespucci, invece esattamente un secolo dopo, quando ormai i quadri di riferimento erano divenuti i quartieri (e al loro interno i gonfaloni), tra il 1420 e il 1450 si trovano almeno cinque Vespucci che avevano ottenuto l'incarico di Gonfaloniere di giustizia, massimo grado dell'esecutivo a cui un cittadino potesse accedere.[16]

La loro fu dunque un'ascesa tarda ma piuttosto repentina, come andremo adesso a vedere.

I Vespucci delle origini

Nell'Archivio di Stato di Firenze, tra le *Carte Pucci* ora catalogate come fondo *Manoscritti*, si conserva un bellissimo albero genealogico della famiglia Vespucci che risale alla prima età moderna.[17] Si tratta di un manufatto pregevole e noto agli studiosi di Firenze, poiché, tra le altre cose, esso mostra in basso a sinistra un piccolo disegno dell'ospedale di Ognissanti (Santa Maria dell'Umiltà) come doveva essere nel suo aspetto originario, ossia nei tempi precedenti alla ricostruzione della facciata settecentesca alla quale siamo oggi abituati ad associarlo.

Secondo la ricostruzione illustrata da questo albero, della casata si conoscono due rami principali, le cui origini vengono fatte discendere da Vespuccio e da Spinello senza tuttavia avere individuato un antenato comune.[18]

16. Si veda http://cds.library.brown.edu/, *Florentine Renaissance Resources: Online Tratte of Office Holders 1282-1532*, a cura di David Herlihy, R. Burr Litchfield, Anthony Molho e Roberto Barducci (d'ora in avanti Tratte Online).

17. ASF, *Manoscritti* 603, inserto 28 (ex Carte Pucci).

18. Si vedano le tavole genealogiche in Appendice.

Il più antico tra i due rami è probabilmente quello derivante da Vespuccio, padre di un unico figlio maschio, Lapo. A questo ramo appartenne ser Cisti di Lapo Vespucci, pioniere della casa nella sua apertura agli uffici, noto per essere stato, nel 1312, notaio della Signoria.[19] Ser Cisti morì senza discendenza diretta. Come lui nessuno dei suoi tre fratelli, Giraldo, Salvi e Lorenzo, sebbene tutti padri di figli maschi, potè fare conto su successioni durature in grado di garantire la continuità della stirpe.[20] L'intero ramo originato da Vespuccio, insomma, fu caratterizzato da una straordinaria brevità di durata e si estinse nel giro di tre generazioni, precisamente con il bisnipote di Lapo, Domenico, vissuto nella prima metà del XV secolo. Il padre di Domenico, Giovanni di Salvi di Lapo, un nipote del notaio ser Cisti, venne eletto al Priorato nel 1388. Il conferimento di una tra le massime cariche dell'esecutivo cittadino, sebbene egli fosse qualificato come un modesto artefice ossia come *ferraiuolo* o *ferrovecchio* (la professione del nonno materno), rivela come Giovanni avesse evidentemente beneficiato di quell'apertura degli incarichi dell'esecutivo ai lavoranti minori che il regime dei Ciompi aveva promosso.[21] Si può dunque ritenere che, almeno dalla metà del Trecento, questo ramo della famiglia godesse della cittadinanza fiorentina, requisito primo, insieme al regolare pagamento delle imposte, perché i suoi membri fossero immessi nelle borse, cioè avessero diritto all'inserzione del proprio nome tra gli eleggibili agli uffici esecutivi del Comune. Nonostante ciò, ancora negli anni Trenta del secolo la memoria dell'origine comitatina dei Vespucci restava viva e ben presente agli occhi dei concittadini: in alcune carte dei Del Bene, mercanti e prestatori a interesse, i due fratelli Naddo e Francesco di Lorenzo Vespucci (anch'essi, come ser Giovanni, nipoti del notaio ser Cisti), che figuravano

19. Si veda Tratte Online.

20. Cfr. ASF, CC SS, II, 76, c. 463: in un libro di denari imprestato a diversi da Lapo Malacoda Mazzinghi (1302-1317) si nominano Lenzo di Lapo Vespucci, Pazzino Vespucci e anche Vespuccio di Dolcebene del popolo di Santa Maria a Peretola, emancipato dal padre nel 1295. Salvi era già mancato nel 1370 quando sappiamo che la vedova «domina Ghita uxor Salvi Lapi Vespucci», gia figlia del ferraiolo fu Nuto Righi fece testamento lasciando erede il figlio Giovanni. L'atto venne rogato dal notaio ser Pietro Mezzetti di Talento da Sesto, vedi ASF, *Notarile Ante Cosimiano* (d'ora in avanti *NAC*), 21458, c. 61v.

21. La cedola col suo nome venne nuovamente estratta per gli uffici dei XII Buonuomini e di Gonfaloniere di Compagnia, nel 1405, quando era ormai mancato. In una di queste occasioni Giovanni di Salvi figurava non più come ferraiolo bensì come vinattiere, anch'esso un mestiere umile più diffuso però nell'altro ramo della famiglia (era vinattiere, infatti, il cugino Lapo di Biagio).

come beneficiari di un modesto prestito in contanti, venivano rammentati come «Vespucci da Peretola», a dimostrazione che ancora nel 1333 la loro provenienza comitatina valeva come contrassegno della loro identità.[22]

Se fu sufficiente tuttavia una cinquantina di anni per far sì che questo ramo dei Vespucci facesse il suo primo ingresso, seppure marginale, sulla scena politica cittadina, esso era talmente esiguo che, come poteva facilmente accadere a famiglie dal ridotto numero di membri, bastò una generazione priva di eredi maschi per decretarne la rapida estinzione.

Gli eredi di Vespino tra mercatura e politica

Decisamente più ampio, ramificato e – in conseguenza di ciò – dal destino duraturo, si rivelò invece l'altro ceppo Vespucci anch'esso originario di Peretola, quello da cui si staccò, alla metà del Quattrocento, la figura di Amerigo. In questo caso le origini vanno fatte risalire al (quasi) eponimo Vespino dal quale si erano diramate le linee dei due fratelli Bruno e Bartolo. Se è proprio in Bartolo che si deve riconoscere l'avo in linea diretta di Amerigo – era il bisnonno del nonno del viaggiatore –, fu però soprattutto la linea discesa da Bruno a rendere inizialmente celebre presso i contemporanei il nome del casato.

Suo nipote Lapo di Biagio, nato negli anni Sessanta del XIV secolo (precisamente tra il 1362 e il 1367), visse tra la fine del Trecento e gli inizi del secolo successivo e fu uno dei primi individui della casa degno di rilievo pubblico. Lapo fu membro delle arti minori, iscritto alla corporazione dei vinattieri prima, a quella dei ritagliatori poi, in entrambi i casi rivelando delle origini decisamente umili, e fu il primo di questo ramo ad essere immesso nelle borse da cui gli ufficiali del comune estraevano i futuri Gonfalonieri di giustizia e di compagnia, i Priori e i Dodici Buonuomini.

Venne eletto agli uffici dell'esecutivo diverse volte, così come alle cariche per l'Arte dei Vinattieri. Minore nel 1392 alla prima estrazione per il Priorato, fu dei Dodici Buonuomini nel 1397. Fu Gonfaloniere di compagnia (ma stavolta indicato come «ritagliatore» di professione) nel 1400, Priore e ancora dei Dodici Buonuomini nel 1402 e di nuovo Gonfaloniere di compagnia (in questo caso invece come «vinattiere») nel 1403; nel 1405 fu di nuovo Priore, dei Dodici nel 1412, ancora Priore nel 1415 e infine

22. Sapori, *I mutui dei mercanti fiorentini del Trecento*, p. 196.

Gonfaloniere di compagnia nel 1420. Un'ultima estrazione per i Buonuomini nel 1423 lo trovò a specchio, ossia insolvente col fisco. Per il resto ricoprì cariche nell'Arte dei Vinattieri nel 1399, nel 1401 e nel 1404. Una successiva estrazione per l'arte del 1405 lo colse malato o impedito.

Dopo l'iscrizione all'Arte del Cambio, finalmente un'arte maggiore, databile probabilmente ai primi del Quattrocento, ricoprì per quella l'incarico di Console nel 1421 (un'estrazione per il Cambio dell'anno precedente fu probabilmente invalidata perché Lapo era già in carica come Gonfaloniere di compagnia). Le estrazioni successive lo davano ormai per morto almeno dal 1426.[23]

Dal primo decennio del Quattrocento fino alla metà degli anni Venti il nome di Lapo ricorre inoltre con regolarità nella copertura di uffici intrinseci in ruoli di carattere amministrativo e finanziario: fu Ufficiale dei castelli della città di Pistoia dal 1 giugno del 1402 fino alla fine dell'anno, Ragioniere del Comune dal 15 dicembre del 1407, Camerario delle gabelle e dei contratti dal febbraio del 1409, Ufficiale dei difetti dall'aprile al luglio del 1411, Ufficiale delle torri per un semestre dal 1 aprile 1413, Ufficiale della carne dal 28 gennaio al 1414 al giugno dello stesso anno, Soprastante alle Stinche dal 1 ottobre 1414, Ufficiale delle castella dal 5 novembre del 1415, Capitano del Bigallo per un semestre a partire dal 18 marzo del 1417, ancora Camerario della Camera del Comune nel bimestre aprile-maggio del 1419 e, pochi mesi dopo, dalla metà di settembre fu uno degli Otto di custodia.[24]

Se ancora nelle estrazioni a Ragioniere, Ufficiale dei difetti, delle torri e delle Stinche, che ebbero luogo tra il 1407 e il 1414, il suo nome era associato alla qualifica di vinattiere, l'attività di Lapo come cambiatore appare definitivamente decollata pochi anni dopo: i registri dell'Opera del Duomo lo indi-

23. Cfr. Tratte Online. Secondo quanto riportato in ASF, *Manoscritti* 542, *Matricole dell'Arte del Cambio dal 1299 al 1598*, carte non numerate, con una lieve discrasia rispetto ai dati forniti dalle Tratte, Lapo fu console dell'Arte del Cambio nel gennaio 1419; nel maggio del 1421 e nel gennaio 1424. Vi sono in questa testimonianza delle imprecisioni derivanti dal fatto che il copista ha evidentemente preso per buone anche le estrazioni che furono invalidate.

24. Il suo nome compare inoltre tra gli Offertori per la Pasqua e la Natività nell'aprile del 1419 e, l'anno successivo, nel dicembre del 1420. Fu poi eletto Ufficiale della gabella del vino, dal 29 aprile al giugno del 1420, al posto di Luigi di Raimondino Vecchietti deceduto in carica, e rivestì un altro ufficio di cui non mi è stato possibile individuare la natura a causa della erasura della carta, nell'ottobre del 1423. Si veda, per le estrazioni alle cariche di Lapo di Biagio Vespucci, ASF, *Tratte, Intrinseci*, 900, cc. 127v, 227v, 230r, 242v; 901, cc. non num., cc. 19r., 78r, 129v, 148r, 146r, 156v, 218v, 283r, 388r, 391r, 396r.

cavano come *campsor*, fideiussore per il comune di Cigoli[25] in due occasioni, nel novembre del 1418 e nel giugno del 1420, oltre che come garante di un privato cittadino, Bernardo di Bartolomeo Niccoli, nel maggio 1419.[26]

Non dissimile, per lo meno all'apparenza, il profilo di suo fratello Piero, al quale le fonti pubbliche si riferivano, almeno dal 1402, con la qualifica di *mercator*. Iscritto all'arte di Calimala dal 17 novembre del 1404 e, successivamente, a quella del Cambio,[27] Piero venne estratto un discreto numero di volte agli incarichi per le arti e per gli uffici dell'esecutivo. Nei fatti, tuttavia, l'accesso a tali cariche fu praticamente nullo, perché, proprio in ragione della sua fiorente attività mercantile, Piero si trovava quasi sempre fuori città.[28]

Secondo gli studi di Francesco Guidi Bruscoli, infatti, «a cavallo del 1420 Piero Vespucci era socio di Giovanni Orlandini a Bruges; dopo la morte di questi e la liquidazione della compagnia, Vespucci rimase nella stessa città legandosi ai Borromei».[29] A Piero, come socio dei Borromei, fu intestata almeno dal 1423, per decisione di Alessandro Borromei, la filiale di Bruges della compagnia insediata a Londra.[30] La scelta di Piero come responsabile della branca aziendale di Fiandra non incontrava il favore di

25. Dovrebbe trattarsi di Cigoli, presso San Miniato, vedi Repetti, *Dizionario geografico*.

26. Si veda Archivio Opera Santa Maria del Fiore (d'ora in avanti AOSMF), II, 1, 74, c. 52v (24 novembre 1418); II, 1, 75 c. 75v (11 maggio 1419) e II, 1, 77 c. 86v (15 giugno 1420), qui archivio.operaduomo.fi.it/cupola/ITA/IN/INlist16075S0.HTM.

27. ASF, *Manoscritti*, 542. L'iscrizione all'Arte del Cambio avvenne «per beneficio fratris», il 31 marzo del 1421. Ivi.

28. Piero di Biagio Vespucci, *mercator*, nelle estrazioni per i Tre Maggiori risulta ineleggibile dal 1394 fino al 1407 perché costantemente fuori città; eletto Gonfaloniere di compagnia nel 1407, fu di nuovo assente dalla città per i successivi diciannove anni finchè dall'aprile del 1426, le estrazioni lo danno ormai morto (cfr. Tratte Online). Siamo informati di un suo testamento rogato nel mese di febbraio a Londra (ASF, *NAC*, 21426, c. 74) «Piero di Biagio Vespucci fe' suo testamento a di 19 di febbraio 1425 nella citta di Londra per mano di … notaio e lasciò soldi venti alle mura e soldi venti all'opera et soldi venti resta a dare alla sagrestia».

29. Guidi Bruscoli, *Mercanti banchieri fiorentini*, pp. 11-44. Sui Borromei e su Piero di Biagio Vespucci, in particolare le pp. 22, 23 e 33.

30. ASF, *Corporazioni religiose soppresse dal governo francese* (d'ora in avanti *CRS*), 78, 313, c. 214v.: «Poi a dì 1 d'aghosto 1423 quelli di Londra fenno compagnia chon Piero Vespucci di Brugia e misono chorone seimila e Piero corone quattromila e per metà aveva a seghuire il bene e male chome apare per scritta fatta e il nome di Brugia dice Piero Vespucci e compagni el segnio è (+) p (è una piccola crocetta con le grazie alle estremita inserita in

Londra che avrebbe preferito affidare quel ruolo a Galeazzo Borromei.[31] Un corrispondente da Venezia invece, nell'apprezzare la scelta di Piero, profetizzava che con lui si sarebbero fatti grandi affari «perché 'gli è una coppa d'oro» riferendosi forse al capitale di cui disponeva, forse al suo talento negli affari, forse ad entrambe le qualità.[32]

Alla morte di Piero, però, nell'agosto del 1425 la compagnia si sciolse.[33] È possibile che al suo posto sia subentrato il fratello Lapo, forse proprio in veste di esecutore, ma poiché anche costui venne a mancare l'anno seguente, tutto si venne presto a concentrare nelle mani del figlio di Lapo, Giuliano.

Proprio l'ultimo giorno di marzo del 1421 Giuliano si era immatricolato all'Arte del Cambio, insieme allo zio Piero. Per l'arte fu poi chiamato a ricoprire la carica di Console almeno quattro volte nei decenni successivi, tra il 1439 e il 1460.[34]

un cerchietto, con accanto una p minuscola) siché la metà tocca a la ragione di Londra dove io Piero <Borromei> sono e resto compagno per lo 1/8, come detto di sopra».

31. Sulle cattive voci messe in giro cfr. ivi, c. 230v. Si tratta della copia di una lettera di Lazzaro di Giovanni a Piero Borromei al tempo della cooptazione del Vespucci, dalla data illeggibile: «[...] Piero tu ssai che in ogni luogo siano delle invidie e tengho che costì sieno di quelli che veghono Piero Vespucci sì bene apogiato e sì bene fondato che gli portano invidia perciò dubitano toglia delle faccende a degli altri sono là, e perciò vanno seminando parole e dicendo tal compagnia essere acomanda e fannola molto debole [...]».

32. Guidi Bruscoli, *Mercanti banchieri fiorentini*, p. 22. Vi furono comunque questioni perché Piero insisteva perché gli fosse riconosciuto il nome nella compagnia; così una lettera del 13 aprile 1423: «Vedesti quanto ti dissi de' fatti di Piero Vespucci che avendo il maestro nostro l'animo a porsi là che sperava s'achosterebbe piutosto con noi che con altri, e da domino Alexandro ebbi risposta ch'era bene contento ma non vorrebbe dare il nome di Galeazzo ma che Piero facesse in suo nome e Piero a questo non s'accorda perché non gli pare per se medesimo sufficiente a ritornare in sull'essere suo per più chagioni e à in gran parte ragione, e di nuovo se n'è scritto a Vinegia e volendo a questo consentire dell'altre cose credo saranno bene d'accordo», ASF, *CRS*, 78, 313, cc. 237v. e ss. Copia de' capitoli di lettere scritte sopra i fatti della Compagnia).

33. «Morì Piero di Biagio Vespucci in Bruggia a di 15 d'agosto 1425 e per la morte di detto Piero Vespucci si finì detta compagnia di Piero Vespucci e tutto il traffico di detta compagnia vecchia di Piero per li suoi esecutori fu asegnato a Galeazzo Borromei et Antonio di Francesco e compagni in Bruggia per la compagnia nuova», ASF, *CRS*, 78, 313, c. 240. Per la citazione di questa fonte (anche alle cc. 214v, 215, 229, 232 233 e 235v-242v), cfr. Guidi Bruscoli, *Mercanti banchieri*, p. 23.

34. Secondo quanto si legge in ASF, *Manoscritti*, 542. Giuliano fu Console del Cambio nel maggio del 1439 per la prima volta, poi nel settembre del 1442, nel gennaio del 1452 e infine nel settembre del 1460. Tuttavia, le ultime due cariche del 1452 e del 1460 non risultano dalle schedature delle Tratte Online.

Al Catasto del 1427 Giuliano figurava già come capofamiglia del suo nucleo. Il padre Lapo, infatti, era morto l'anno prima.[35] A suo carico vi erano anche le due sorelle minori: Giovanna, detta Nanna, di 10 anni e la piccola Antonia di 6.[36] Nel dichiarare di avere 22 anni di età, Giuliano aveva certamente mentito agli Ufficiali del Catasto: nato nel gennaio del 1410, egli era in realtà ancora minorenne alla data del primo rilievo fiscale. Poiché anche la madre era già mancata, è verosimile che Giuliano avesse barato sull'età per potere assumere su di sé il carico del resto della famiglia senza dover passare, anche solo per pochi mesi, dall'ingombro del Magistrato dei Pupilli alla cui tutela, per legge, erano sottoposti gli orfani minorenni. L'effettiva minore età di Giuliano spiegherebbe anche come mai, nella sua casa di abitazione in Borgo Ognissanti, si trovasse eccezionalmente a risiedere, insieme a lui, il cugino Piero di Simone Vespucci.[37] Come frequentemente accadeva, anche in questo caso la qualifica di cugino, era usata un poco a sproposito: per essere cugini, Piero e Giuliano lo erano, in verità, molto alla lontana, dal momento che non i loro padri bensì i loro bisnonni erano stati fratelli. Ma questa distanza – inoppugnabile a voler giudicare sulla carta delle ramificazioni genealogiche – veniva certo colmata da una sostanziale e quotidiana familiarità di rapporti, dovuta certo anche alla contiguità delle loro abitazioni e delle loro attività. È dunque ragionevole ipotizzare che Piero si fosse trasferito ad abitare con il giovane Giuliano per agevolarlo nella gestione domestica nel periodo immediatamente successivo alla morte del padre. La dichiarazione stessa di Piero, del resto, confermava che il trasferimento a casa del "cugino" era cosa tanto recente quanto provvisoria e che nel giro di un anno egli intendeva tornarsene a casa sua.[38]

35. Lapo di Biagio Vespucci fece testamento il 23 febbraio del 1424 per mano del notaio ser Cristofano da Vitulino, e lasciò erede il figlio Giuliano. Il testamento fu successivamente integrato da codicilli in data 14 marzo; il 12 agosto del 1429, quando Lapo era già morto, Giuliano provvide a pagare l'imposta sull'accettazione dell'eredità, vedi regesto in ASF, *NAC*, 21426, c. 49. Non è stato possibile reperire l'originale dell'atto nel solo registro che avrebbe potuto contenerlo, ASF, *NAC*, 5865 (anni 1416/1466).

36. ASF, *Catasto*, 75, c. 173v e ss. Una sorella maggiore, Francesca era sposata oramai da più di dieci anni (almeno dal 1416) con Domenico di Niccolo di Cione Pollini (cfr. ASF, *Manoscritti,* 361, c. 611v).

37. È da notare che Giuliano dichiara di non avere masserizie e di utilizzare quelle di Piero che con lui convive.

38. ASF, *Catasto*, 75, c. 175r. Parlando in terza persona, Piero precisa di possedere una casa in Borgo Ognissanti, casa che è da intendersi come sua residenza, «ecetto che da

Alla data del primo Catasto, le proprietà dichiarate da Giuliano erano piuttosto modeste. Oltre alla casa in città, possedeva beni intorno a Peretola, la zona da cui la sua famiglia proveniva: principalmente vigne e terre a grano in località *isola* e *le casacce* lavorate da contadini locali. A Peretola era proprietario anche di una casetta «assai trista» nella quale consentiva, sulla scorta di quanto aveva già fatto suo padre Lapo, che abitassero i figli di Stagio di Michele Vespucci. Si trattava precisamente di uno dei fratelli del notaio ser Amerigo, nonno del più famoso navigatore. A questi cugini, che economicamente non se la passavano troppo bene, pare che Giuliano non richiedesse alcuna pigione («dice non n'à nulla») se non la conduzione di alcune vigne alle *casacce*. Dalle dettagliate voci che occupano le sezioni relative ai debiti e ai crediti, d'altronde, è evidente come la vera ricchezza di Giuliano non facesse conto sulla proprietà immobiliare ma fosse piuttosto legata all'esercizio dell'attività mercantile. Ereditando la posizione del padre Lapo, anche Giuliano figurava come socio dei Borromei in attività sparse per l'Europa continentale e mediterranea: Bruges, Valencia, Londra. Se ne ha conferma dai rilievi fiscali successivi: in quello del 1431, tra i debitori più significativi dichiarati da Giuliano, figuravano Pagolo Vettori e la sua compagnia di lanaioli per 450 fiorini oltre che il cugino Piero Vespucci per un ammontare di più di 1592 fiorini.[39] Il Catasto ci informa inoltre di come Giuliano attendesse la riscossione delle valute investite sul Monte comune e dei prestanzoni. Dall'imponibile, infine, andavano scorporati quasi 50 fiorini per il riassetto delle strutture che possedeva nel contado e gli incarichi con Santa Trinita e con la chiesa dei Santi Jacopo e Filippo ereditati in grazia delle ultime volontà del padre e della madre, che ricadevano su di lui per un terzo del totale.

Già a questa data, nel 1431, Giuliano risultava sposato con Bice Salviati e padre della piccola Tommasa. Con loro continuava ad abitare la sorella Nanna, al tempo ancora minorenne.[40] La casa di Giuliano era confinata con la via, il notaio ser Giovanni Bencini e il bicchieraio Antonio di Michele di

due anni in qua che è tornato chon Giuliano Vespucci ma che ora, a Ognissanti che viene a uno anno si tornerà in detta chasa». Sulla contiguita di abitazione che accorciava le distanze tra consanguinei e i gradi di parentela, si vedano anche i casi della famiglia Spini studiati in Tripodi, *Gli Spini tra XIV e XV secolo*, pp. 83-94.

39. ASF, *Catasto*, 404, c. 233v.

40. Ivi, c. 234v.

Nese. Nel giro di qualche anno Giuliano si dedicò ad acquisti nel tentativo di ampliare questa proprietà, non senza imbattersi in complicazioni e ritardi: nell'aprile del 1435, in seguito a un arbitrato risalente a due anni prima, uno dei suoi vicini, il bicchieraio Leonardo Nesi, gli aveva venduto una casa nel popolo di Santa Lucia Ognissanti, probabilmente contigua a quella che già deteneva come abitazione; a due anni dall'avvenuta acquisizione formale, tuttavia, Giuliano non era ancora riuscito a farlo sgomberare e sappiamo che per estromettere Nardo dalla casa fu necessario ricorrere alla forza pubblica, nell'aprile del 1437.[41]

La dedizione alla professione e l'esercizio della mercatura, diversamente dal caso appena visto dello zio Piero di Biagio, non ebbero l'effetto di tenerlo troppo a lungo lontano dalla sua Firenze. Si aprirono così, per Giuliano, quelle possibilità di carriera nell'esecutivo e nella copertura di uffici di governo, che erano state precluse, per forza di circostanza, allo zio Piero. Già estratto al priorato quando era minore dell'età richiesta nel 1430 e nel 1434, Giuliano fu eletto Gonfaloniere di compagnia nel 1440, nel 1452 e infine nel 1460, fu dei Dodici Buonuomini nel 1444 e nel 1449 e Priore nel 1443, nel 1448 e nel 1454. Fu infine lui, il primo Vespucci a ottenere la carica di Gonfaloniere di giustizia nel 1462. Questo prestigioso incarico per i Tre Maggiori fu probabilmente anche l'ultimo della sua carriera, perché alle elezioni successive, ovvero dal 1466 in avanti, Giuliano risultava già deceduto.[42]

Si può ragionevolmente ipotizzare che una partecipazione politica così continuativa, negli anni in cui il governo di Cosimo si affermò e si radicalizzò definitivamente nella città, anche a spese dei molti cittadini illustri fatti allontanare come nemici – Peruzzi, Bardi, Albizzi, Castellani, ecc. – era chiaro indice, tra le altre cose, di come tra Giuliano Vespucci e l'ambiente mediceo corressero eccellenti rapporti di fiducia.

41. ASF, *NAC*, 1213, Inserto I, c. 2r e ss. (la carta di cessione, rogata da ser Mariotto di Giovanni Bencini faceva riferimento a un arbitrato del giugno 1433. La casa, confinava con la via, l'Arno, beni già di pertinenza di Giuliano e il notaio ser Filippo di ser Ugolino). Vedi anche ASF, *NAC*, 15593, c. 5r e ss.

42. Giuliano morì probabilmente proprio sul finire dell'estate del 1466: si conosce infatti una sua lettera inviata da Pistoia a Lorenzo dei Medici il 19 luglio del 1466 (ASF, *Mediceo Avanti il Principato*, d'ora in avanti *MAP*, XX, n. 220) ma sappiamo che era già morto all'estrazione per la Mercanzia del 22 settembre.

Simone di Piero Vespucci, il capostipite di Ognissanti...

Quando, alla morte dello zio Piero, Giuliano venne nominato esecutore testamentario insieme al Borromei, vi era con loro un altro membro della famiglia, certamente da tempo coinvolto nello stesso giro di affari: Piero di Simone Vespucci, quel cugino alla lontana che abbiamo già incontrato nelle vesti di tutore informale di Giuliano e delle sue giovani sorelle alla data del primo catasto.

Piero, setaiolo, era nato dall'unione tra Simone Vespucci e Giovanna di Francesco da Sommaia. Suo padre Simone, anch'egli mercante e uomo d'affari, era probabilmente, al tempo, il Vespucci più noto alla cittadinanza da quando aveva fatto edificare a sue spese l'Ospedale laico di Santa Maria dell'Umiltà che nel testamento del 1400 aveva poi affidato in gestione alla Società del Bigallo. La fama dell'edificio, poi conosciuto come ospedale di Ognissanti, sarebbe rimasta a lungo associata alla famiglia Vespucci.[43] Accanto a quello di Lapo di Biagio Vespucci, il nome di Simone era l'unico della casa a comparire nelle borse per gli Uffici intrinseci dalla fine del Trecento. Setaiolo di professione, come veniva indicato nelle fonti, venne chiamato a rivestire incarichi amministrativi di un certo livello – soprattutto in campo annonario – come dimostrano le sue elezioni, tutte dalla durata semestrale, a Ufficiale delle Torri dal 1 aprile del 1393, Ufficiale delle Quattro Monete dal 1 marzo del 1395 e Ufficiale delle Castella dal 1 giugno del 1400. Fu inoltre Capitano della società di Santa Maria della Misericordia dal maggio al novembre del 1399 e Ufficiale dell'abbondanza, della carne e del pesce dall'aprile al luglio del 1400.[44] Come suo cugino Lapo, inoltre, anche Simone ricoprì incarichi nell'esecutivo.[45]

Sull'attività mercantile di Simone non si conosce molto. Conservate tra la corrispondenza datiniana, nel fondaco di Genova, si rintracciano solo tre lettere che portano la sua firma.[46] Un numero talmente esiguo che, come

43. Si veda il testamento contenente una descrizione nel dettaglio della struttura e il suo affidamento al Bigallo in ASF, *NAC,* 14943, cc. 12v-17v. Ringrazio Veronica Vestri per avermi messo a disposizione la sua trascrizione integrale del documento.

44. Per le cariche ricoperte da Simone di Piero Vespucci, cfr. ASF, *Tratte, Intrinseci,* 900, cc. 44v, 60r, 85r, 101r, 105v, 214r.

45. Cfr. Tratte Online. Brucker, *Civic World*, p. 124 lo ricorda anche intervenire in una pratica il 25 novembre del 1388.

46. Archivio Datini, *Fondaco di Genova, Carteggio commerciale*, 798.01.50 / 313450; 758.28 / 313451; 761.41 / 313452.

è ovvio, ci consente di ricostruire solo un piccolo frammento di quella che dovette essere un'attivita strutturata e redditizia. In questo caso la traccia lasciata dalla corrispondenza è quella di un disguido nella consegna della mercanzia che rischiava di creare a Simone un problema serio. Nella prima lettera, inviata da Firenze ad «Anbruoggio di Meo e Andrea di Bonano di ser Benizzo e chonpagni in Genova», in data 25 febbraio 1392, Simone lamentava come, nonostante i pagamenti già effettuati, «conto, spese e sicurtà sopra a' carateli», la merce di cui attendeva il recapito sembrasse essersi volatilizzata.[47] A poco più di un mese ancora la faccenda non si era conclusa e il Vespucci tornava a sollecitare Andrea di Bonanno per avere lumi sull'esito della consegna:

> ò lettere da Roma fatte di 25 di marzo e niuno sentore àci di detta barcha che mi pare gran fatto, e però sentite quel ch'è di questo fatto e se fosse ancora chostà o per errore o per altra cagione n'avendo la sicurta mandatelomi a Pisa. Piaciavi chiarimi que' che n'è.

A complicare ulteriormente la faccenda, si aggiungeva il ritardo nel recapito di un nuovo carico: «Le iii balle che mandaste per lasciare a Pisa anche non vi sono mai giunte. Se fosono ancora costà piaciavi mandarle».[48]

Anche se non sappiamo se e come la vicenda giunse a conclusione, sappiamo sicuramente che i rapporti di affari che legavano Simone alla compagnia di Andrea di Bonanno non si interruppero. Quasi un anno e mezzo più tardi infatti, una lettera datata agosto 1393 testimoniava di un nuovo complicato affare: il sequestro di un'imbarcazione che trasportava, tra le altre cose, un carico di tessuti di pregio destinati a manufatti cerimoniali da chiesa che, nelle intenzioni del Vespucci, doveva essere recapitato ad Avignone. La lettera allarmata che Simone inviò il 2 di agosto da Firenze dopo avere appreso la cattiva nuova, giunse a Genova con straordinaria rapidità, appena quattro giorni dopo. La cassa era contrassegnata da un *signum* preciso che Vespucci riportava disegnato sulla carta,[49] perché fosse chiaro, come si affrettava a precisare, che si trattava di merce che gli appar-

47. Ivi, 798.01.50/ 313450.

48. Ivi, 758.28 / 313451.

49. Vespucci lo ridisegna come un grosso asterisco privo del tratto orizzontale; in ognuno dei settori delimitati dai raggi dell'asterisco vi è un puntino, mentre alla base del tratto verticale dell'asterisco vi è una sorta di "s" schiacciata e allargata – che ricorda quella dell'attuale brand "Esselunga" – della quale il tratto verticale prolungato costituisce l'asse. Ivi, 761.41 / 313452. Sui signa mercantili vedi Cecchi Aste, *Datini Avignone.*

teneva («e tutte queste chose dicho per pruova chome mia»). Per certificarne ulteriormente l'appartenenza il Vespucci specificava che era

> invogliata di cerato e di canovaccio e dentro pialata, la chassa è fasciata di fogli [...] e quello v'è entro è questo: viii chopie di veluti in accia azurri e vermigli e neri; ii chopie di veluti vermigli e neri in filugello; ii chopie di veluti neri tutti di seta fine queste ii copie e ongni chopia magiore che l'atra cioè bracia 33 e 1/3 e 1/2 ongnuna dove l'atre sono da xxvii in giù tutte; iiii fregi da pianeta aricho involto in peza e gli altri involti in carte.[50]

Anche in questo caso l'esito della vicenda resta in sospeso, per quanto attiene alle nostre conoscenze. Possiamo tuttavia supporre che l'attività di Simone sia andata avanti, per qualche altro anno, fino quasi alla fine dei suoi giorni, anche se nelle sue ultime volontà non si faceva menzione di niente che la riguardasse. Sette anni dopo infatti, nell'estate del 1400, Simone, oramai malato, dettava il suo testamento nella casa di Borgo Ognissanti. Fatta eccezione per il ben noto passaggio in cui si stabiliva la gestione dell'Ospedale da lui fondato, si trattava di un testamento dai contenuti estremamente sobri, fortemente ispirato alla *ratio* che nessun bene immobile dovesse uscire dalla famiglia. La chiesa di Ognissanti (se si esclude la voce, obbligata, della nuova sacrestia di Santa Reparata) era praticamente l'unico ente ecclesiastico destinatario dei lasciti di Simone: nella forma di un *rinnovale* per la sua anima, del valore di 5 fiorini all'anno, da celebrarsi nella cappella di famiglia lì edificata e di un'elemosina perpetua di un fiorino d'oro con cui i frati di Ognissanti avrebbero dovuto ogni anno accendere un doppiere di cera per la celebrazione della Pasqua.

Per quanto riguardava la ripartizione del patrimonio internamente alla famiglia, Simone lasciava alle sue tre figlie Filippa, Lorenza e Caterina, 600 fiorini di dote a testa sia che si fossero sposate sia che fossero entrate in convento (in caso di prematura scomparsa di una delle tre la somma sarebbe salita a 900 fiorini cadauna per le due rimaste, e a 1000 se solo una fosse rimasta in vita). Alla vedova Giovanna restituiva la dote, e lasciava l'usufrutto di un podere nel popolo di Santo Stefano a Pozzolatico. Al figlio Antonio, emancipato, spettavano la metà di una delle 48 parti dei mulini di Ognissanti in suo possesso, e l'uso della casa con corte e pozzo presso la residenza di famiglia dove Antonio abitava. Se fosse morto anzitempo, le quote dei mulini e la casa sarebbero dovuti pervenire

50. Ivi, 761.41 / 313452.

all'Ospedale di Santa Maria dell'Umiltà. Simone prevedeva inoltre il diritto di *tornata*, in caso di vedovanza, per le donne di casa, ivi comprese, oltre alla moglie, sua sorella Santa e una tale Caterina, moglie di Cristofano di Vanni (probabilmente un'altra sorella). Infine nominava eredi universali i suoi quattro figli Andrea, Giuliano, Giovanni e Piero, previo impegno da parte loro a non vendere né alienare, nemmeno parzialmente, alcun immobile che fosse parte dell'eredità. In caso di morte prematura di costoro, i diritti sui beni a Santa Maria a Peretola sarebbero passati a suo fratello Giovanni di Piero, e poi, in seconda battuta, ai parenti Piero e Lapo figli del fu Biagio Vespucci. Piero e Lapo erano gli eredi privilegiati: a loro se fossero mancati tutti gli eredi su nominati, sarebbero dovute pervenire tutte le proprietà di Simone, sempre fatto salvo il veto dell'alienazione. Contravvenendo a tale divieto, tutto sarebbe spettato all'ospedale di Santa Maria dell'Umiltà. A Piero e a Lapo, inoltre, Simone dava incarico di agire, insieme alla moglie Giovanna, come tutori e curatori dell'eredità dei figli. Gli altri curatori invece vennero scelti al di fuori del cerchio parentale, segno che la fiducia che Simone accordava ai Vespucci si esauriva con i due figli del (bis)cugino Biagio.[51]

D'altronde Piero e Lapo erano anche i soli della casa con cui Simone condivideva al tempo l'attitudine al commercio e la residenza stabile in città. Gli altri Vespucci di cui si ha memoria a questa altezza cronologica, infatti, avevano un profilo decisamente più modesto e periferico. Il ramo di Bartolo, dal quale Simone discendeva, era il tronco più esteso dei Vespucci (quello di Biagio viceversa, si riduceva ai soli suoi figli Piero e Lapo e alla discendenza di questo), e forse proprio in virtù di questa sua ampia ramificazione, comprendeva al suo interno individui dal diverso profilo. Al tempo in cui Simone trafficava col Datini e accumulava quelle risorse che poi sarebbero state investite nella committenza dell'Ospedale di Ognissanti molti dei suoi parenti più stretti vivevano ancora una dimensione almeno parzialmente extraurbana. Si pensi al caso di Vespuccio di Dolcebene Vespucci che di Simone era cugino di primo grado. Sebbene il suo nome compaia tra i cittadini all'interno di un elenco che raccoglieva tutti coloro che,

51. Tra i fiduciari tutti definiti «onorevoli cittadini fiorentini», è probabile che si trovassero – sebbene Simone non lo espliciti – soci o colleghi in affari: il suocero Amerigo di Francesco da Sommaia, Giovanni di Guido Falconi, Signorino di Nanni Signorini, Cristofano di Vanni (probabilmente un altro cognato) e Guerrante di Jacopo ritagliatore da Empoli. Vedi ASF, *NAC*, 14943, cc. 12v-17v.

tra il 1338 e il 1343, dovevano avere restituite alcune somme dal Comune di Firenze,[52] e sebbene ancora in un *accatto* del 1352 egli figuri come vinattiere del popolo di santa Lucia Ognissanti,[53] al momento di dettare il suo testamento nel 1364, veniva ancora indicato come *Vespuccius quondam Dolcibenis de Vespuccis de Peretula.*[54] Si pensi poi all'altro cugino, Stagio di Michele, i cui figli ancora nel 1427 continuavano a risiedere a Peretola ospiti, come si è appena visto, di una casa di proprietà del congiunto Giuliano di Lapo. E a dieci anni dalla data del primo Catasto, per esempio, si ha notizia di un nipote di Michele ancora completamente estraneo all'ambiente cittadino: il 1 aprile del 1437, nel popolo di Santa Maria di Peretola, Biagio, figlio del fu Francesco di Michele Vespucci, del medesimo popolo, entrava in tenuta dei beni della madre, Fia del fu Vanni di Marco. L'eredità della donna consisteva in poche staia di terra vignata in località *gondilagi* a cui si aggiungeva una casa a Peretola, «loco detto *el chiasso de' Giannetti alla piazzuola*» con terre, palco, corte, orto e annessi.[55]

Tornando dunque a Simone, vediamo come le sue ultime volontà contribuiscano a definire il quadro piuttosto articolato del complesso dei Vespucci. In mezzo a un'ampia casistica di nuclei parentali che, ancora alle soglie del XV secolo vivevano lontano dalla vita cittadina e dai suoi network, emerge il ritratto di un mercante di nuova generazione, teso all'accumulo di risorse immobili, moderatamente presente in politica come rivela la sua partecipazione al governo (e anche ai consigli): un individuo che, all'interno della sua casa, poteva fare affidamento solo su due cugini professionalmente affini (come lui mercanti e imprenditori, e inseriti nelle liste elettorali), che poteva contare su grandi disponibilità economiche ma su una scarsa tradizione urbana, come dimostrano da un lato le ricche asse-

52. ASF, *Monte Comune*, 3949, c. 883r.

53. ASF, *Estimo*, 306, c. 103v (si tratta in realtà, nonostante la dicitura della classificazione d'archivio, di un *Libro della sega* del 3 marzo 1352). Ringrazio Francesco Bettarini per la segnalazione.

54. Di lui non sappiamo granché tranne che con questo atto, rogato il 5 aprile del 1364 dal notaio *ser Johannes ser Cursi de Raseno* a carico del quale non sembra si siano conservati registri, Vespuccio istituiva erede il figlio Biagio: ASF, *NAC*, 21446, c. 174v.

55. Vedi ASF, *NAC*, 15593 cc. 3v-4r. Si trattava di beni che a sua volta monna Fia, aveva ricevuto in eredità, come unica figlia, dalla madre Tessa mancata più di 35 anni addietro, dunque almeno dal 1402. Fia, morta intestata nei primi anni Trenta, aveva lasciato, tra i parenti prossimi, i suoi due figli Biagio e Ambrogio nati dal matrimonio con Francesco Vespucci, già mancato dall'ottobre del 1433.

gnazioni dotali per le figlie e la selezione dei curatori, dall'altro l'assenza totale di attenzione, nella sezione dei lasciti ed elemosine, almeno per i grandi templi cittadini (Santa Maria Novella e Santa Croce) a cui spesso i fiorentini eminenti rivolgevano in punto di morte più di un pensiero tangibile. È proprio di fronte a questa commistione tra l'assenza nella propria tradizione famigliare di una dimensione cittadina strutturata e la tensione verso di essa, che si comprende ancora di più l'ambizione che Simone veicolò nel progetto di fondazione dell'ospedale di Ognissanti. Un progetto che rivela la volontà di lasciare, nel tempo, un segno del proprio senso di appartenenza cittadino oltre che della propria presenza e che ricorda quelli di altri mercanti, come lui, iniziatori di stirpi durature.[56]

...e suo figlio Piero di Simone

Per quanto il testamento di Simone facesse riferimento, oltre ad Antonio, a ben quattro figli maschi, Piero, Giovanni, Andrea e Giuliano, non sappiamo quasi niente di loro fatta eccezione per i primi due.[57] Antonio che le fonti definiscono *mercator*, proprio come il padre, dovette venire a mancare pochi mesi dopo di lui, perché le due sole estrazioni ai Tre Maggiori a suo carico (una per i Dodici Buonuomini, l'altra per l'ufficio di Gonfaloniere di compagnia) entrambe del dicembre del 1400, lo davano già morto a quella data; i nomi di Andrea e Giuliano non compaiono neanche nelle Tratte. È dunque in Piero e Giovanni che, almeno per quanto consentono le tracce documentarie, si può individuare una prosecuzione della stirpe di Simone.

Piero si immatricolò all'Arte del Cambio il 30 aprile del 1417, all'età di 21 anni.[58] Nella denuncia fiscale presentata al Catasto del 1427, a conferma di quanto dichiarato dal "cugino" Giuliano, Piero affermava di abitare

56. Si pensi, per esempio, al capostipite dei Serristori, ser Ristoro da Figline, fondatore dell'ospedale che porta ancora oggi il suo nome: Tognetti, *Da Figline a Firenze*, p. 33 e ss.

57. Giovanni e Piero di Simone Vespucci sono ricordati in una lista di contribuenti del 1403, ma che attinge verosimilmente a un elenco del 1401 o forse persino agli ultimi anni del XIV secolo: cfr. ASF, *Prestanze*, 1992, c. 84v. Nella stessa lista sono menzionati altri individui della famiglia Vespucci: Biagio del Vespa, Domenico di Piero, Piero e Lapo di Biagio e Salvi di Giovanni: ivi, cc. 34r, 55r, c.156v. c. 182r.). Ringrazio Francesco Bettarini per la segnalazione.

58. ASF, *Manoscritti*, 542.

altrove e di avere ceduto la sua casa a due affittuari temporanei.[59] Insieme a lui, la moglie Piera di nove anni più giovane, i due figli Bernardo e Simone (nato dopo la dichiarazione, nel giugno del 1428) e la madre Giovanna. Nel contado Piero dichiarava un podere a Santa Lucia a Bisticci con casa, terre, boschi e vigne stimato al catasto 234 fiorini, un poderetto a San Miniato a Signa valutato 221 fiorini, e, infine, un terzo podere a Giogoli, nel popolo di Santo Alessandro. Questo terzo podere, sul quale la madre Giovanna godeva di un usufrutto vitalizio, sarebbe rimasto dopo la sua morte, a Piero e a suo fratello Giovanni.[60]

La portata del Catasto successivo rende conto di uno stato di cose che si era progressivamente evoluto. Piero era ormai tornato, con la sua famiglia, a risiedere nella sua casa nella *via nuova di Ognissanti*. Insieme a loro anche l'anziana madre Giovanna (Nanna) alle cure della quale adesso provvedeva una vedova indigente, monna Pippa; in cambio Piero le concedeva, senza percepirne alcuna quota di affitto, l'uso di una casetta affiancata alla sua.[61] Ai terreni denunciati nel primo Catasto si erano aggiunti un secondo podere a San Miniato in Signa con casa da signore, che Piero aveva acquistato l'anno prima da Santa Maria Nuova per almeno 400 fiorini,[62] alcune terre a Petriuolo e 2 delle 48 quote in cui erano divise «le mulina d'Ognissanti de' consorti d'Ognissanti, poste in sul fiume Arno luogho detto *sardignia* co loro confini».[63] Si trattava, come è noto, di un complesso di edifici industriali, indicati come mulini ma sostanzialmente impiegati come gualchiere, posto alla confluenza tra Arno e Mugnone, proprio presso Ognissanti, sulla cosidetta isola d'Arno, che era stato fatto

59. Si trattava di «una chasa con una casetta da lato, posta non sia divisa se none chon uno tramezzo di matoni. Questo dice perch'è medesima chasa e così solea essere, posta nella via Nuova d'Ognissanti; la quale chasa dice è sempre stata a suo uso, eccetto che da due anni in qua che è tornato con Giuliano Vespucci, ma che ora a Ognissanti che viene a uno anno si tornerà in detta casa. Stavi dentro al presente Francesco di Marco Bartoli a fiorini 18 l'anno, e nella chasetta da lato sta Berardo di ser Giovanni d'Alinari e danne fl. 7 l'anno», ASF, *Catasto* 75, c. 175r.

60. «Dopo sua vita rimane al detto Piero e a Giovanni suo fratello», ASF, *Catasto*, 75 c. 175r. Anche questo dato sembrerebbe confermare che gli altri fratelli fossero già venuti meno.

61. «E dicie non gli da nulla di pigione che è poverissima persona e dicie ve la tiene perch'ella governi sua madre», ASF, *Catasto*, 404, c. 325v e ss.

62. Tale, almeno, la somma che ancora doveva corrispondere al precedente proprietario, ivi, c. 327r.

63. Ivi, c. 326r.

edificare alla metà del Duecento dagli Umiliati per la lavorazione della lana.[64] Il complesso di edifici era di pertinenza di un gruppo di famiglie che si definivano la *Consorteria delle molina di Ognissanti* e che probabilmente avevano alle origini quelle casate (Frescobaldi, Rossi, Jacoppi e Tornaquinci) che avevano preso in enfiteusi dai frati umiliati i terreni prossimi all'Arno nella seconda metà del XIII secolo.[65]

La presenza di numerosi vaiai e ritagliatori tra i "debitori buoni", insieme ad altri individui di spicco, per cifre anche ragguardevoli a scadenza ravvicinata, era senz'altro indice della fiorente attività di Piero nel commercio di lusso.[66]

A Piero di Simone e compagni era intestato un fondaco sul quale Piero deteneva un capitale di qualche centinaio di fiorini (e in riferimento a questa attività Piero ricordava una *ragione* con Niccolò di Piero Popoleschi, lanaiolo in San Martino, della quale ancora non era in grado di quantificare il guadagno).[67] Anche nel lungo elenco a seguire in cui venivano enumerati i debitori presumibilmente insolventi, erano numerosi, tra cittadini e non, i mercanti coinvolti nel traffico della lana.[68] Altre voci di incarico tradivano compravendite e stretti rapporti di affari: con Niccolò di Brancazio Rucellai a cui Piero doveva restituire 600 fiorini, con i Borromei di Bruges per i quali si occupava di riscuotere crediti assicurativi, col cugino Giuliano di Lapo (a cui era vincolato da una *ragione* di oltre 1500 fiorini), con Andrea dei Pazzi, e con Antonio di Salvestro e compagni per il traffico di merci

64. Davidsohn, *Storia di Firenze*, vol. VII p. 530-531 e anche vol. VI p. 111. L'isola d'Arno era spesso indicata nelle fonti col termine di «Sardegna» con un uso che si protrasse sicuramente fino al pieno Quattrocento (lo si ritrova frequentemente nel Catasto).

65. Si veda Sznura, *L'espansione urbana,* p. 79, n. 150: una carta del 99 settembre del 1277 riporta il *Contratto delle mulina delle porticciola d'Arno concesse a "consorti a livello"*. Ancora nel 1427 tra i proprietari di quote dei mulini residenti nel quartiere di Santa Maria Novella il Catasto ricordava Niccolò di Domenico Pollini, Piero di Mariotto Dell'Amorotto, messer Palla di Nofri Strozzi, Filippo e Taddeo Migliori e monna Zanobia vedova di Domenico Pollini (ASF, *Catasto*, 76, cc. 148r e ss., 164v, 169 v e ss.; *Catasto*, 77, cc. 62r e ss. e 373r).

66. Si nominano Zanobi e Domenico di Jacopo del Rosso, Bencivenni di Cristofano Bencivenni, Niccolò Carducci e compagni ma anche Tommaso Bartoli, debitore di 212 fiorini entro giugno, Francesco degli Strozzi per 207 entro settembre, Carlo di Nicola dei Medici per 52, Jacopo Cavalcanti per 402 ecc., ASF, *Catasto* 404, c. 326r-v.

67. *Ibidem.*

68. I fratelli Niccolò e Salvestro di Giovanni Unghero per più di 195 fiorini, Chiarozzo di Piero di ser Chiaro, Luca di Giovanni Strozzi, Simone di Francesco Guiducci, Antonio di Niccolò Castellani, e ancora Francesco di Piero del Rosso, Bartolo di Giovanni Rucellai, Ghino di Michele Rondinelli, ivi, c. 326v.

su alcune galee.[69] Tra le voci di spesa che confermavano l'alto tenore di vita della famiglia, due fantesche che Piero teneva in casa e un inserviente per la cura della villa. Negli anni che intercorsero tra la presentazione della denuncia fiscale per il secondo e il terzo Catasto, Piero provvide ad ampliare i suoi possedimenti nel contado: un contratto datato 11 dicembre 1432, rogato a Firenze nel popolo di Santa Lucia Ognissanti, testimonia che egli aveva acquistato dal cognato Nastagio del fu Simone Guiducci, *iure proprio et in perpetuo*, alcuni immobili a Santa Maria a Signa, cioè nel castello di Signa, confinati con beni già in suo possesso.[70]

Dalla metà degli anni Venti in avanti Piero ottenne anche diverse cariche intrinseche da parte del Comune di Firenze, tutte strettamente connesse alle sue competenze finanziarie e assicurative nonché alle sue evidenti esperienze di navigazione: fu Maestro delle porte per un semestre a partire dall'ottobre del 1425 e degli Otto di Custodia l'anno seguente; per tutto il 1427 ebbe l'incarico della durata annuale di Console del Mare, incarico che si trovò a reiterare nel 1435, segno della sua consolidata familiarità con la navigazione e con i commerci marittimi.

Fu tra i Conservatori del contado (dalla fine di agosto del 1430) e Conservatore delle leggi l'inverno successivo, dal 13 febbraio 1431. Tra il 1436 e il 1437, prima di morire, ebbe anche l'incarico di Provveditore della gabella del sale e delle porte di Pisa e di Provveditore alle torri.[71]

Il legame tra Piero e Giuliano di Lapo Vespucci, sviluppatosi di certo per motivi professionali, e basato sulla condivisione di interessi materiali, aveva, come si è visto, sicuramente anche un fondamento più propriamente famigliare ed emotivo, che sembra emergere anche al momento di dettare le ultime volontà.

Alla data del suo primo testamento, almeno il primo di cui si ha notizia, il 25 agosto del 1429, Piero, 35 anni, era ancora piuttosto giovane per preoccuparsi dell'esito che i suoi beni avrebbero avuto alla sua morte. Tut-

69. «Dicie che à riscossi da piu assicuratori che ànno avuto a rendere indrieto, per perdita feciono in sulla nave di Luigi Alfonsons e di Nicholaio Ulivieri e quali à riscossi per commessione de Borromei di Bruggia [...]. Dice à a dare a' Borromei di qui pe' Borromei di Bruggia e di Londra fl. 750», ivi, c. 327r.

70. ASF, *NAC*, 1213, c. 14r.

71. ASF, *Tratte, Intrinseci*, 901, cc. 100v., 22v., 95r e 902, cc. 402r, 416v., 390v., 307r, 300r.

tavia può darsi che qualche variazione nell'assetto familiare o dell'impresa, o ancora qualche sua imminente partenza, gli avessero imposto questa sorta di lungimirante forma di prudenza. Così, di fronte a molti testimoni, frati in prevalenza, nel refettorio della chiesa di Ognissanti, nei pressi della sua abitazione, Piero, definito nell'occasione «providus vir» e al tempo perfettamente in salute, dettava il suo testamento al notaio ser Mariotto Boldesi.[72] Raccomandava l'anima a Dio e alla Vergine, lasciava i legati consueti alle mura e al Duomo e chiedeva sepoltura, come i suoi famigliari, nella chiesa di Ognissanti nella tomba dei suoi avi (il riferimento nello specifico era alla tomba del padre Simone, il primo tra i Vespucci ad aver edificato in Ognissanti una cappella per sé e per i suoi discendenti). Come era consuetudine del suo ambiente, Piero specificava la volontà che dei suoi beni fossero soddisfatti tutti i creditori, con riferimento a quanto riportato nel suo libro, fedele testimone dell'attività commerciale e di credito di tutti gli operatori come lui. Di seguito chiedeva che l'Ospedale dei Vespucci in borgo Ognissanti, fatto edificare per volontà di suo padre (che «hodie est sub protectione et cura Capitani societatis Misericordiae et Bigalli»), continuasse a ricevere la somma di 100 fiorini come disposto per legato testamentario dall'avo Piero di Biagio Vespucci (lo zio, in linea diretta di Giuliano di Lapo), e aggiungeva, a suo nome, un legato di altri 50 fiorini alla medesima condizione. Sempre in salvezza dell'anima Piero destinava una somma per le nozze di un certo numero di fanciulle indigenti. I legati più cospicui, però, li indirizzava anche lui su Ognissanti: 50 fiorini per un *rinnovale*, ossia una cerimonia annuale nel convento di Ognissanti per i venti anni successivi alla sua morte, e un legato di 200 fiorini d'oro da investire per far affrescare la cappella che vi aveva fatto costruire suo padre Simone.[73] Lasciava poi erede di tutti i suoi beni, il figlio Bernardo, unico maschio in vita al tempo del testamento. Sebbene, infatti, la dichiarazione presentata agli ufficiali del Catasto appena un anno prima elencasse, tra i figli avuti dalla moglie Piera, anche un Simone, nato in "corso d'opera" il 5 giugno del 1428, il piccolo doveva essere morto nei primi mesi di vita.

Lo conferma, oltre all'assenza di riferimenti in questa sede, il fatto che il nome Simone venne scelto ancora una volta per il maschietto che Piera

72. ASF, *NAC*, 1218, c. 33r. e ss.

73. «pro faciendo pingi et ut pingatur cappella dicti testatoris et suorum constructa et fieri seu construi facere per patrem dicti testatoris sita in ecclesia Omnium Sanctorum», *ibidem*.

partorì, qualche anno dopo, nel maggio del 1431.[74] La richiesta di privilegiare il nome dell'avo per il nascituro era esplicitata nella clausola di un nuovo testamento che Piero dettò pochi anni dopo.

Si tratta di un atto di cui possediamo una trascrizione in sintesi, in volgare, eseguita poco di seguito a quello del 1429, nello stesso registro.[75] La pagina si apre con una P in testa e, sebbene il nome del testatore non sia mai reso esplicito, è certo che si tratti del nostro Piero di Simone Vespucci: il contenuto, infatti, riporta, con maggiore precisione, dettagli del testamento del 1429, integrati da aggiunte posteriori.

Anche in questa occasione Piero ribadiva che «se caso viene ch'i' manchi, lascio mio erede Bernardo mio figliuolo, di tutto cio ch'i ò» ma, nel sospetto che la moglie Piera fosse «grossa», specificava che «s'ella fusse, e facesse fanciullo maschio», il bambino avrebbe dovuto chiamarsi Simone, come suo padre, e come il piccolo prematuramente scomparso.[76] In tal caso, i suoi beni sarebbero stati ereditati da entrambi i figli maschi ed equamente ripartiti tra i due. Se invece Piera avesse partorito una femmina, Piero chiedeva che la fanciulla fosse battezzata col nome della madre, Nanna (Giovanna), e che, al compiere dei 2 anni, le fossero posti «in sul monte» 150 fiorini di contanti in grado di maturare fino alla somma di 1000 nel giro di quindici anni: alla dote cosi costituita si sarebbero aggiunte le «donora». Chiedeva anche, che essendo ancora in vita Bernardo, egli «le

74. Il Catasto del 1431 aggiungeva infatti, alle bocche a carico di Piero, un figlio Simone, nato l'8 maggio, poco dopo la consegna della denuncia fiscale. Sarebbe ragionevole immaginare che anche questo secondo nato, cui di nuovo fu imposto il nome di Simone, non sia andato oltre i primi anni di vita, dal momento che nel luglio del 1434 nacque un terzo Simone di Piero Vespucci che verrebbe da supporre sia stato quello definitivo. I libri delle eta riportano effettivamente un Simone di Piero di Simone Vespucci nato «a dì viii di luglio mccccxxxiiii», c. 160v. cfr. anche Tratte Online. Più di venti anni dopo, il 10 maggio del 1454, Bernardo e Simone, figli entrambi di Piero di Simone (ormai morto da tempo) e suoi eredi, ognuno per la terza parte, per sua volontà testamentaria, immettevano un terzo fratello Francesco, coerede e figlio di Piero, a partecipazione della eredità e della riscossione dei crediti pertinenti (ASF, *NAC*, 1226, cc. non numerate). Si noti che Francesco, se pure ammesso per ultimo a godere dell'eredità paterna, non era il più giovane dei figli di Piero: il minore era infatti Simone nato nel 1434.

75. ASF, *NAC*, 1218, c. 36v. e ss.

76. Il dettaglio della gravidanza di Piera contribuisce a datare questo atto tra la fine del 1430 e i primi del 1431 (al tempo cioè in cui Piera era incinta) ma prima del maggio 1431 (quando nacque Simone). Escludiamo che si tratti della gravidanza del terzo Simone, nel 1433/34, perché a quella data Piero avrebbe dovuto per lo meno nominare l'altro figlio, Francesco, nato nel 1432.

desse la casa»; in caso contrario Piero, da padre scrupoloso, stabiliva che alla fanciulla spettassero altri 300 fiorini d'oro «oltre al credito del monte e le donora». Ancora, se la figlia fosse sopravvissuta a Bernardo, Piero predisponeva che fosse usufruttuario dei suoi beni (il suo podere da signore con casa da padrone e da lavoratore e i molti terreni ad esso accorpati «chosi quegli conperati prima come que' conperati poi») il cugino Giuliano di Lapo. Solo alla morte di Giuliano, i poderi sarebbero passati nelle mani dei suoi nipoti, figli di suo fratello Giovanni, e in loro assenza in quelle dei suoi eredi.[77] Anche ammettendo, come già ipotizzato, che gli altri fratelli fossero deceduti, stupisce come a questa data (non oltre i primi mesi del 1431) Piero non considerasse il fratello Giovanni come suo eventuale erede ma ne tenesse in conto invece i figli. Se ne deduce l'assenza patente di eredi legittimi nella discendenza degli altri fratelli e certo la consapevolezza che il solo fratello da cui potersi ragionevolmente attendere degli eredi, per età e condizioni, fosse proprio Giovanni (se pure non ancora sposato). A costui tuttavia Piero sembrava essere meno legato di quanto non fosse al "cugino" Giuliano di Lapo. L'affezione verso Giuliano, di cui Piero era stato, oltre che socio in affari, una sorta di tutore alla morte del padre, era sicuramente ben più forte e può darsi che questa familiarità concreta avesse fatto maturare in capo al cugino un diritto di prelazione che lo poneva in vantaggio rispetto ai consanguinei più stretti.

L'attenzione di Piero, infine, si concentrava sulla vedova. Se Piera, come negli auspici della stragrande maggioranza dei testatori, avesse scelto di restare a fianco degli orfani («con Bernardo o con altro fanciullo») senza passare a seconde nozze («voglio che la Piera mia donna rimangha se la vuole, e così la priegho e così vorrei in ogni modo»), Piero stabiliva che fosse considerata «ghovernatore della casa di tutto e cosi di tutte mie possisioni», precisando che tali beni avrebbero dovuto «ben bastare alla vita di casa per loro» e che degli eventuali avanzi si facesse a piacere e giudizio di Piera senza che nessuno potesse mettere bocca o intervenire per correttivi a suo pro (unica clausola, quella di offrire ospitalità perpetua, per tutta la durata della sua vita, all'anziana madre Giovanna, figlia di Amerigo di Francesco da Sommaia).[78]

77. Anche questo dato conferma una datazione anteriore al 1436, anno di nascita del primogenito di Giovanni, Guidantonio.

78. «se v'avanzasse ne facci come a lei pare, per bene dell'anima mia e così metere a' avanzo per chi di me rimanesse; e che di questo niente l'abi a essere riveduto conto alchuno,

Per tutto quanto riguardava gli aspetti economici e aziendali, gli eredi materiali preposti al disbrigo e alla gestione delle vicende tributarie che certo si sarebbero aperte dopo la sua morte, venivano individuati nel già menzionato socio e cugino Giuliano Vespucci, e nell'altro suo «compagno al fondaco» Giovanni di Guglielmo Altoviti.[79] Tuttavia, se Giuliano fosse morto mentre i suoi figli erano ancora minorenni, Piero affidava il suo patrimonio in gestione agli Ufficiali dei Pupilli fintanto che il primogenito Bernardo «od altri fanciullo maschio» nato da lui, non avessero raggiunto i 22 anni di età. In caso poi di morte prematura di Bernardo e in assenza di altri figli, il primo pensiero di Piero tornava ancora una volta a tutelare la vedova cui assicurava la restituzione della dote e un gratificante conguaglio di 200 fiorini, sempre a patto che la donna avesse scelto di restare coi figli. In caso contrario, cioè «s'ella non volesse rimanere con Bernardo o con altre mie 'rede, che credo vi rimarrà, riabi ella la sua dote e non più un danaro». La fiducia che Piero nutriva nella fedeltà incondizionata della moglie fa pensare che si trattasse solo di clausole dettate dallo scrupolo più che da un reale sospetto («che farebe male a non rimanere, ma credo rimarrà, e così la prieghо quanto più posso, e così sto a fidanza facci»).[80] Se inoltre Bernardo, morendo anzitempo, avesse lasciato in vita una sorella, negli auspici del testatore la vedova Piera era tenuta a rimanere al fianco della figlia fino a che non si fosse sposata: «stia tanto in casa co' lei la fanciulla si mariti». In cambio, le destinava l'usufrutto della sua casa di abitazione fino alla fine dei suoi giorni.[81]

Come già nel precedente testamento, si precisava che ogni creditore fosse pagato secondo le indicazioni riportate nei suoi libri («come la ragione gitta e al mio libro ò fatto ricordo del forte»), che l'ospedale di famiglia

e solo alla sua parola stia di tutto e che a chasa mia vada e stia chi a lei pare e non altrimenti, ecietto che monna Nanna, mentre ella vive, senpre vi stia e stia attesa bene d'ogni chosa come a suo bisogno richiede», *ibidem.*

79. *Ibidem.* Il "fondaco del taglio" di Piero Vespucci e Giovanni Altoviti è ricordato anche da Giovanni di Matteo Corsini per acquisti da lui effettuti nel 1428 (Petrucci, *Il libro di Ricordanze dei Corsini*, p. 128).

80. ASF, *NAC*, 1218, c. 36v.

81. «E per compensazione de la faticha de la Piera voglio che, oltre ogni chosa le lascio, se così intervenisse, abi da potere rimanere in chasa mia per tutta la vita sua e ch'ella ne sia usufrutaria e possavi stare come a llei piacie mentre lei vive e che niente le possi essere detto né di pigione né altro, e rimancha con tutti e lasci e efetti come di sopra si dicie», *ibidem.*

ricevesse i 100 fiorini predisposti da Piero di Biagio, ai quali andavano aggiunti i suoi 50 e che si osservassero i lasciti per le fanciulle da maritare e il legato per la cappella da affrescare.[82]

Solamente al termine di tutte queste disposizioni, Piero introduceva un'ultima variante: se, per fatalità, il destino imperscrutabile avesse agito in modo tale che di lui non fosse rimasto alcun figlio, allora e solo in tal caso, acconsentiva a che il resto del suo patrimonio andasse a suo fratello Giovanni Vespucci.

Per i fatti del fondaco invece si lasciava responsabile, anzi, come Piero specificava, «lo si prieghi» di restare tale,

> Giovanni Altoviti che che riman di me vi rimancha co' lui conpagno, e perché lui è persona di buona discrezione dico si rimetta in lui e lui lo debbe volere fare sendo a lui quello sono; e se pure non volesse, lui dovrà dire come stanno le cose apunto e apresso e' libri sono in piè, ed èvi uno libro secreto overo ragionamento, oltre agli altri libri dove aparisce tutto e ancora il mio libro, però che ffia in casa, chiariscie apunto tutto. Ma io ò gran fede lui farebe il dovuto di tutto e a suo consiglio voglio si stia d'ogni chosa perché è persona se ne puo fidare, secondo mio credere.[83]

La fiducia che il collega e amico Giovanni Altoviti si era guadagnato in vita, induceva insoma Piero a individuare in lui il più idoneo amministratore dei suoi beni al momento della dipartita, e persino a fare conto sulla sua disponibilità nel ricercare e indottrinare un eventuale terzo incaricato in caso di rifiuto ad occuparsene in prima persona.

A conferma della stretta familiarità, anche professionale, che legava Piero al suo parente e pupillo, Giuliano di Lapo, nello stesso giorno in cui Piero dettò il suo testamento anche il giovane Giuliano fece lo stesso.[84] È

82. «E perché n'è che lo spedale nostro de' avere fl. 100 per lascio di Piero di Biagio, voglio gli abi con la condizione lasciò Piero e più fl. 50 di mio con la condizione fé Piero detto. E piu quelle fanciulle s'ànno a maritare come dicie il mio libro si maritino e oltre a quelle voglio che ogni anno si dia per l'anima mia a una fanciulla che si mariti fl. 20 e questi siano x anni in tutto fl. 200. E più voglio che per 20 anni si facci ogni anno una pietanza di fl. 5 l'anno in Ognisanti per l'anima mia, in tutto fl. 100; e più che fl. 200 si spenda nel dipignere la chapella nostra come parrà a chi la farà», *ibidem*.

83. *Ibidem*.

84. Alla c. 35v. troviamo il testamento di Giuliano del fu Lapo di Biagio Vespucci. La stesura è inframezzata dalla c. 36 che riassume in volgare e in mano più ordinata il contenuto dei due testamenti e poi riprende alla c. 37r., ASF, *NAC*, 1218, c. 36v. e ss.

probabile anzi, che i due testamenti, quello di Piero di Simone e quello di Giuliano di Lapo, siano stati stesi insieme, contestualmente, perché a una prima trascrizione in latino delle volontà di Piero seguono una copia in volgare, senza data ma con gli stessi contenuti, del medesimo testamento e poi una copia di quello di Giuliano. Oltre ad essere frutto di una stesura contigua per la vicinanza fisica e per la mano che li contraddistingue nel registro, i due atti mostrano di essere, in un certo modo, complementari anche nel contenuto. Essi infatti si integrano vicendevolmente, rivelando l'intenzione che alla morte di uno dei due, sia l'altro ad occuparsi di quanto lasciato dal defunto e dimostrando così l'esistenza di un vincolo fiduciario, di stima e di affetto che andava ben oltre la mera e, in questo caso neanche troppo diretta, consanguineità.

Anche Giuliano indicava Ognissanti come suo luogo di sepoltura e, sulla scorta di Piero, anche lui lasciava la bellezza di 300 fiorini da impiegare per far affrescare la cappella, oltre a certe somme da distribuirsi alla chiesa e da destinarsi alle nozze di alcune fanciulle povere.[85]

Giuliano a questa data – che non viene mai espressa ma che, come si è detto è ragionevole collocare verso la fine del 1430 e l'inizio del 1431 – doveva essersi sposato da poco e, probabilmente, non aveva ancora compiuto trent'anni. Così ancora privo di discendenza, ma evidentemente già titolare di una non modesta disponibilità economica, lasciava eredi gli eventuali figli maschi ciascuno per la sua quota, e disponeva, per le possibili femmine, fino a un massimo di tre, che ognuna dovesse ricevere una dote pari a 1000 fiorini più le *donora*.[86]

In ogni caso chiedeva che, alla sua morte, i suoi figli rimanessero sotto la tutela di Piero («a ghoverno di Piero di Simone Vespucci sendo lui vivo») e, solo in seconda istanza, sotto quella del Magistrato dei Pupilli («e se non fusse vivo, sieno ne' popili del suo quartiere»).

In assenza di eredi diretti Giuliano lasciava a Piero (e in caso di morte prematura di Piero, ai suoi eredi, ossia ai suoi figli legittimi e naturali) la sua casa di Firenze «con tutte le masserizie, posta in Borghognisanti a lato

85. «300 fiorini [...] per dipignere la chapella che ffe' Simone Vespucci in Ognissanti; [...] e più fiorini 5 l'anno per una piatanza a Ognisanti per lui per tempo d'anni 20 [...] e più maritare x fanciulle che a chatuna si dia fl. 20 per l'anima sua e de' sua pasati e questo si facci infra x anni cioè ogni anno una»), *ibidem*.

86. In caso di quattro o più femmine Giuliano precisava che «et sendo più e avendo lui fanciulli maschi sia da quello in su a chi rimarrà di lui e non avendo fanciulli maschi non manchi a chatuna la detta dota per insino vi sia del suo da farla», *ibidem*.

alla fornace e a ser Giovanni Bencini», il podere a Signa «conperato per a tempo da Nicholò di Branchazio <Rucellai> il quale è vicino a Piero detto» (e per il quale lo stesso Piero doveva avere anticipato del capitale se ben si interpreta quella voce al catasto del 1431 che lo vedeva indebitato di almeno 600 fiorini proprio con Niccolò Rucellai) e tutte le sue terre a Peretola. I restanti possedimenti di Giuliano dovevano essere divisi tra Piero e suo fratello Giovanni. Ma anche Giuliano, insistendo sull'esempio tracciato da Piero, poneva la clausola che, prima di entrare in possesso dei suoi beni, Giovanni dovesse essere sposato e avere già generato degli eredi: «con questo che Nanni non possa averne nulla se prima non à tolto moglie e poi ché l'arà tolta, non possa avere se non la rendita per insino a tanto che lui non à fanciulli maschi legittimi e naturali».[87]

Giovanni dunque avrebbe potuto mettere le mani sull'eredità di Giuliano solo nel rispetto di tali condizioni, e a patto, inoltre, di espletare alcune formalità relative alla tutela del patrimonio e del benestare di Bice, vedova del testatore.[88]

A queste disposizioni faceva seguito un sommario riferimento, privo purtroppo di una spiegazione dettagliata, al fatto che consapevolmente si sceglieva tra i due cugini, di dare priorità a Piero, che pure era il minore dei due, nel diritto all'eredità. Piero infatti, in una qualche circostanza non specificata, ma che si può presumere legata alla minorità di Giuliano alla morte del padre, e alla sua partecipazione alla società dello zio coi Borromei nelle Fiandre, doveva avere agito con forte determinazione nell'interesse di Giuliano e a difesa del suo patrimonio. Ciò gli aveva guadagnato la profonda riconoscenza del cugino, che, nella pratica, si traduceva in una sorta di priorità ad acquisirne i beni, rispetto al fratello maggiore Giovanni:

> E questo che prima si lascia a Piero, si è perché mi pare Piero l'abi molto bene meritato, però che nulla ci sarebbe se lui non fusse che me l'à difesa. E acconcisi la cosa in modo che se 'l caso venisse, che prima Piero abi e la casa e il podere e le terre dette, come detto è, con tutte masserizie fusino, in ogni luogho e di che ragione si fusino, così da uso di case come da ogni altra cosa. E questo voglio in ogni modo e che lui ne facci bene per l'anima mia, come gli pare.[89]

87. *Ibidem.*

88. «con questi carichi, che alla Bice mia donna sia dato la sua dote come di ragione si debbe e più fl. 50 oltre alla dota», *ibidem.* Il riferimento a una Bice non fa che confermare, se ve ne fosse bisogno, che il testatore era proprio Giuliano di Lapo Vespucci, sposato a Beatrice (Bice) di Marco di Forese Salviati.

89. *Ibidem.*

In ultima istanza, se al momento della morte di Giuliano, non fosse rimasto in vita neanche uno degli eredi designati (né figli suoi, né di Piero, né di Giovanni né di qualsiasi loro discendente), Giuliano lasciava l'intera sua eredità al famigliare più prossimo («al più presimano parente») a patto che si impegnasse a rispettare i legati da lui predisposti («ogni anno a l'ospedale e a la cappella d'Ognissanti fl. 25 per uno per dire messe e mettere in punto lo spedale di quello avesse bisogno») e che la sua casa di abitazione non fosse mai alienata ad individui esterni al casato dei Vespucci cioè «che la chasa mia in eterno, per niuno modo, mai possa essere d'altri se non di mie rede per niuna via o modo che dire in contrario si potesse».

Infine, ancora in assenza di eredi, disponeva che la dote di sua sorella Nanna fosse accresciuta della somma di 200 fiorini rispetto a quella già indicata.

Al tempo di questo testamento, nel 1429, Piero aveva appena 35 anni. Meno di dieci anni dopo, nel dicembre del 1437, un documento ci informa che egli era ormai morto da una ventina di giorni.[90] Gli sopravvivevano la vedova, Piera figlia del fu Francesco di Simone Guiducci, il loro figlio Bernardo, ormai emancipato, e gli altri due, ancora infanti, Simone e Francesco.[91]

È probabile che l'ultimo testamento valido, Piero lo abbia dettato quasi in punto di morte: nello stesso registro notarile in cui si trova l'inventario dei beni della casa stilato dalla vedova e dagli eredi, infatti, appena qualche carta più indietro, si menziona un suo testamento rogato dallo stesso notaio, ser Nicola del maestro Piero da Pescia che porta la data del 24

90. ASF, *NAC*, 15593, c. 78v, «mortus est et decessit iam sunt viginti dies et ultra». Nell'estate del 1435 Piero venne inviato oratore a Francesco Sforza (ASF, *Signori, Legazioni e commissarie, Missive, Istruzioni e lettere a oratori*, 10, c. 7v e ss, e anche il registro ASF, *Signori, Dieci di Balia, Otto di Pratica, Legazioni e commissarie, Missive e responsive*, 1), incarico rinnovato nel settembre del 1436 (Fubini, *Classe dirigente ed esercizio della diplomazia*, pp. 151-152). Non si trattava comunque della prima ambasceria che gli venne assegnata: poco tempo prima nel novembre del 1433 Piero venne scelto come «ambasciatore ai Signori Malatesti e al Conte di Poppi», ASF, *Signori, Legazioni e commissarie, Missive, Istruzioni e lettere,* 9, c. 86 v e ss. Al momento della morte Piero deteneva eccezionalmente due cariche amministrative per il comune di Firenze: quella di Provveditore della gabella del sale e delle porte di Pisa e quella di Provveditore alle torri dal gennaio dell'anno dopo; accanto ad entrambe i registri delle Tratte riportano l'annotazione che egli era morto in carica, ASF, *Tratte, Intrinseci,* 902 cc. 300r e 307r.

91. ASF, *NAC*, 15593 c. 78v.

novembre.[92] In questa occasione Piero aveva stabilito un lascito di 500 lire per maritare dieci fanciulle, oltre a vari altri legati; in tutti i suoi beni, diritti e azioni aveva nominato eredi universali i figli legittimi Bernardo, Francesco e Simone in parti eguali. Come curatori *pro tempore* dei due piccoli, Francesco e Simone, aveva infine incaricato la vedova Piera, Giuliano di Lapo Vespucci suo famigliare e socio, il linaiolo Jacopo del fu Paolo, e il cognato Simone Guiducci fratello di Piera.[93] Aveva inoltre indicato in Matteo di Tommaso degli Schiattesi, famiglia del popolo di San Lorenzo di Firenze ma, come i Vespucci, originari di Peretola, la persona più adatta a cui dovevano rivolgersi i tutori.[94]

Seppellito solo da poche settimane il consorte, la vedova Piera insieme ai tutori designati (Giuliano Vespucci e Jacopo, linaiolo del popolo di Santi Apostoli), procedeva, come era consuetudine, a inventariare i beni contenuti nella casa che il marito le aveva lasciato. La casa «que continuo edificatur», segno che era ancora parzialmente in costruzione, si trovava nella via di borgo Ognissanti e confinava con la via, la casa di Giuliano Vespucci, il fiume Arno, e i beni di ser Filippo di ser Ugolino.

In questa circostanza, per la prima e forse anche l'unica volta, ci viene offerta la descrizione particolareggiata degli spazi di questa abitazione e del loro contenuto. Se il riferimento a un'attività di edificazione protrattasi nel tempo lascia supporre che la dimora avesse subito ripetuti interventi, il dettaglio degli arredi ci fa comprendere che la casa in cui Piero aveva abitato doveva essere di un certo livello. Oltre alla volta, per il ricovero di botti e barili di vino e cataste di legna, e un pianerottolo o mezzanino (terreno «ad medias scalas»), anch'esso impiegato come disimpegno

92. Un riferimento a questo testamento (mancante) nello stesso ASF, *NAC*, 15593, c. 71r. con la data e la specifica «hic condidit testamentum Pieri Simonis de Vespuccis».

93. Nel dicembre del 1432, un altro Guiducci, Nastagio di Simone, aveva venduto a Piero di Simone Vespucci alcuni beni immobili già confinanti coi beni dell'acquirente (ASF, *NAC* 1213, c 14r.) Nastagio Guiducci era lo zio di Piera: nato nel 1379, e più volte eletto all'esecutivo tra il 1424 e il 1438 (Priore nel 1424, nel 1429 e nel 1435, dei XII Buonuomini nel 1436 e Gonfaloniere di compagnia nel 1438, fino a che, dal 1443 in avanti, non risultò "a specchio") era stato insieme a Giovanni di Simone Vespucci, e a molti altri, uno dei membri della Balia del 1434 per il quartiere di Santa Maria Novella (Cavalcanti, *Istorie fiorentine*, Firenze, 1838, p. 594; Rinuccini, *Ricordi Storici*, p. LXIX e Tratte Online.)

94. Vedi Carocci, *I dintorni di Firenze, Vol. 1,* pp. 356 e 344 ss. che indica come «famiglie originarie del luogo (Peretola) i Baccelli, gli Schiattesi, i Perondoli» oltre ai Vespucci «vanto di questo luogo» e anche Cecchi, *Documenti sugli Schiattesi*, pp. 265-271 (in particolare su Matteo, pp. 269-270).

per conservare assi di legname e varie masserizie d'uso, si distinguono spazi residenziali che rendono conto di uno stile di vita piuttosto elevato. Tra questi in particolare una camera «que dicitur la camera de gilgli», che si può ipotizzare così indicata, forse per le sue decorazioni parietali e lo *scrittoio*, nel quale si conservavano oltre ai tipici elementi scrittori, anche diversi interessanti strumenti da viaggio e da navigazione:

> [...] Una coraza ad galeam coperta de panno lino,
> una balista cupertata,
> una tascha plena libris et ationis,
> tria infiascatores de vitreo,
> unum par bilanciarum ottonis,
> una bossola ad navigandum,
> unum moderatorem,
> unum par forbiciarum,
> duo calamaria,
> una predella forata [...].

La casa comprendeva inoltre una camera inferiore (dove si trovava, tra le altre cose, «una tabula auri picture Virginis»), una sala superiore, una loggetta sul terrazzo, una camera sala (con «unus colinus cum pictura Virginis et cum armis et tabernaculo» e corredata di casse, cassetti, cassoni, letti e spalliere, alari, molle, palette, stadere, coltelliere e utensili con varia destinazione che andavano dalla bilancia alla scodellina per il denaro, dai coltelli al rinfrescatoio in maiolica e via dicendo. Vi erano poi «la guardaspensa», una cucina inferiore dove quasi certamente si trovava, come d'uso, l'area di cottura (e lo confermerebbe il fatto che vi erano stipati moltissimi attrezzi da fuoco), e una cucina superiore, adibita probabilmente a dispensa, con barili, botticelle, archette, staia da farina, ecc. Infine gli ambienti per la servitù: una camera superiore per la famula («ubi stat famula»), un'altra guardaspensa, una camera del famulo, ecc. Il lungo inventario proseguiva poi con l'elenco di numerosi panni vesti e abiti a uso personale che non facevano che sottolineare il raggiunto livello di benessere di questo nucleo.[95]

95. ASF, *NAC*, 15593, c. 78v. e ss.

2. Ascesa e declino tra Albizzi e Medici

Giovanni di Simone Vespucci

L'esperienza personale di Giuliano, almeno come la si interpreta dal suo testamento del 1431 visto nel capitolo precedente, sembrava privilegiare Piero, tra i due figli del vecchio Simone Vespucci, come vero erede del talento del padre in merito ad affari e finanza. Infatti, sebbene minore di età, Piero veniva preferito nella gestione dell'eredità, al primogenito di Simone, Giovanni. Questi sembrava invece maggiormente orientato per l'attività politica verso la quale, come rivela il suo curriculum, non sembra di poter escludere che possedesse anche una certa predisposizione.

Al catasto del 1427, Giovanni Vespucci, 37 anni, dichiarava tra i suoi possessi, un podere a Santa Maria a Padule, in località *padule,* diverse staia di terra a Peretola «di rimpetto alle fornaci», confinate coi beni dell'ospedale di Santa Maria Nuova, e, nella stessa zona, una terra a grano in località *casacce* e una vigna in *prete monaci*;[1] possedeva inoltre 5 parti delle 48 in cui era diviso il complesso di gualchiere ormai noto come *le mulina d'Ognissanti*.[2]

Oltre alle quote dei mulini, uno dei beni più significativi che contraddistinguevano gli eredi di Simone tra i Vespucci di città, Giovanni condivideva con la sua casa la scelta del luogo di residenza, se pure con una lieve eccentricità rispetto ai parenti. Accatastato nel quartiere di Santa Maria Novella, abitava in contiguità col resto della famiglia (il fratello, i cugini, e tutti quei parenti di inurbamento più o meno recente, che lì si concen-

1. ASF, *Catasto* 75, c. 309v e ss.

2. «Dice à l'anno di rendita in su le mulina d'Ognissanti delle 48 parti le 5 che sono fl. xx l'anno in sua partite vagliono, a 7 per cento, fl. 500», ivi, c. 310r. Tra i Vespucci le quote di mulino appartenevano principalmente alla linea di Simone di Piero: da lui infatti vennero trasmesse ai figli Piero e Giovanni fino ad arrivare poi a Guidantonio.

travano), mantenendo una casa in affitto, dove stava da solo, a poca distanza, nel popolo di santa Trinita, in *via di lungarno*, per la quale pagava annualmente una pigione di 28 fiorini.[3] Tra i creditori di Giovanni oltre al banco di Andrea dei Pazzi, e a Francesco di Tommaso Giovanni, spiccavano diversi professionisti e Cante Compagni proprietario della casa in cui abitava. Inoltre Giovanni era tenuto a fare ogni anno in perpetuo per lascito del padre Simone, un *rinnovale* in Ognissanti del valore di 5 fiorini a metà col fratello Piero.[4]

Ancora scapolo a quarant'anni,[5] Giovanni si sposò certamente in età matura. Le nozze con Antonia, figlia di Uberto di Domenico Ugolini, di 18 anni più giovane di lui, ebbero luogo probabilmente entro la metà degli anni Trenta poiché già il 24 marzo del 1436, la donna dava alla luce il primogenito Guidantonio.[6] Un anno dopo, nel marzo del 1437, nasceva il secondo figlio della coppia, Simone, e ancora a distanza di un anno, l'8 aprile del 1438, il terzo e ultimo, Piero, così chiamato quasi certamente in ricordo dello zio scomparso alla fine del 1437.[7]

Nel 1442 la dichiarazione fiscale di Giovanni aggiungeva ai beni già dichiarati un podere a San Felice a Ema, interamente coltivato a vigna («che altro non mi rende») ricevuto dalla moglie come parte della dote e appartenuto al primo marito della donna, Gherardo Canigiani.[8] Nella casa

3. La casa era confinata con la via, Bartolomeo e Dino di Neri Perini, e su due lati, con Piero di Neri Ardinghelli. Un debito con Cante Compagni, come indicato dal Catasto, di 37 fiorini «per pigione della chasa di due anni passati» ne rivela la scarsa regolarità nel versare la sua quota di affitto. ASF, *Catasto*, 75, c. 310r.

4. *Ibidem*. Al rilievo fiscale di tre anni dopo la situazione era pressoché immutata, si era aggiunto solo un podere nel popolo di Sant'Alessandro a Giogoli, successivamente ampliato con l'acquisto di alcuni terreni adiacenti, cfr. ASF, *Catasto*, 619, c. 552r e ss. La sua quota dei mulini di Ognissanti («le quali si dicie le mulina di *sardignia* de' consorti che s'aluoghano a più persone») era indicata in breve come 1/16 del totale del complesso.

5. ASF, *Catasto*, 404, c. 291r e ss.

6. Vedi Tratte Online.

7. ASF, *Libri delle età*, 80, c.160v.

8. ASF, *Catasto*, 619, c. 552v. Fu probabilmente tra la nascita di Simone e quella di Piero, che Giovanni potè ricevere il saldo della dote della moglie. Il 10 ottobre del 1437, infatti, nel popolo di San Felice a Ema, Antonia, agendo tramite il suo mundualdo Arnolfo del fu Guidone di Piero del popolo di Santa Maria del Fiore, concedeva al marito Giovanni Vespucci, a titolo di dote, un podere con casa signorile, confinato con la via e la chiesa di San Felice a Ema, provvisto di «pratellis, citerna, canalibus et aliis hedifitiis», con terre da lavoro, vigne e uliveti, e con numerosi altri alberi, da frutto e non, stimato di comune accordo per la somma di 700 fiorini, a cui si aggiungevano due case contigue con corte, pozzo ed

che aveva infine acquistato in Borgo Ognissanti, comprandola dalle figlie di Adimari Cavalcanti, abitavano insieme a lui e ad Antonia i figli Guidantonio di 6 anni, Simone di 5, Piero di 4 e l'ultima nata, Nanna, di 3 anni.

La presenza di Giovanni nelle cariche dello stato risaliva a qualche anno prima dell'istituzione del Catasto. Già nell'aprile del 1419 era stato eletto come ufficiale di Buggiano, ma il primo incarico di rilievo fu, probabilmente, quello ottenuto due anni dopo, nell'estate del 1421 a Livorno, come Castellano della Rocca Nuova.[9] Si trattava, oltre che di una carica di recente creazione (il castello di Livorno era stato acquistato da Firenze proprio nel giugno di quello stesso anno) di uno dei cosiddetti uffici estrinseci, remunerato sì, ma anche periferico e lontano da Firenze, e può darsi che a condurre Giovanni a questo ufficio avesse contribuito anche la familiarità con le politiche marittime acquisita in casa grazie alle esperienze commerciali del padre e soprattutto del fratello Piero. Giovanni, che al tempo doveva avere pressappoco 31 anni, rimase in carica, come l'ufficio prevedeva, per un intero semestre.

Rientrato a Firenze, non mancarono le occasioni di partecipazione alle cariche amministrative, così come, ben più importante, all'esecutivo. Da un confronto con i *curricula* dei Vespucci presenti nelle borse dalla generazione precedente alla sua (Simone di Piero ma soprattutto Lapo di Biagio) gli incarichi intrinseci che Giovanni si trovò a ricoprire appaiono più selezionati, sia come frequenza che come tipologia: fu tra i Dieci di Pisa per un semestre dall'aprile del 1423, dei Dieci di Libertà nell'aprile del 1425, Regolatore per un bimestre dal 18 ottobre del 1432 e Ufficiale di Condotta per 4 mesi dal 19 novembre del 1439.[10] Esperienze, queste, che rivelano complessivamente, fin dagli inizi della sua carriera, una predisposizione di Giovanni per gli incarichi di controllo e di polizia. Le estrazioni per i Tre Maggiori, infine, lo videro presente nelle cariche di governo dall'anno precedente al primo Catasto, almeno fino alla metà degli anni Quaranta: dei Dodici Buonuomini nel 1426, Priore nel 1430, Gonfaloniere di Compagnia nel 1432, ancora dei Buonuomini nel 1433,

altri edifici, nel popolo di Santa Lucia a Massa Pagana e una terra da lavoro e vignata che, insieme alle case, era valutata sui 180 fiorini d'oro. La totalità di questi beni doveva colmare la somma complessiva di 880 fiorini d'oro: ASF, *NAC*, 1213, Inserto I, cc. 19r-21v.

9. ASF, *Tratte, Estrinseci*, 984 c. 77v, e anche Goro Dati, *Istoria di Firenze, dal 1380 al 1405*, p. 177.

10. ASF, *Tratte, Intrinseci*, 901, cc. 50v, 240v ; 902, cc. 23r e 51r.

nel 1436 e nel 1439, estratto per l'Arte della Seta nel 1440 e infine, di nuovo Gonfaloniere di Compagnia nel 1443.[11]

Giovanni continuò comunque, forse per necessità economiche, più probabilmente per definire con completezza – anche sulla base delle proprie attitudini – il suo *cursus honorum*, ad inframezzare la detenzione di uffici estrinseci a cariche nell'esecutivo. Formatosi durante il regime albizzesco, il suo profilo politico ebbe modo di consolidarsi e acquisire un certo rilievo, in quegli anni, anche fuori dai confini cittadini. Può darsi che ancora una volta abbia influito sul suo destino la fama dell'abilità del fratello o comunque l'esperienza famigliare da cui egli discendeva direttamente. Non bisogna dimenticare, del resto che proprio Piero suo fratello fu probabilmente uno dei primi della casa ad essere scelti per missioni diplomatiche per conto del Comune di Firenze: ambasciatore ai Malatesti e al Conte da Poppi con incarico del novembre 1433, neanche due anni dopo, nell'estate del 1435 la sua missione in Romagna proseguì come Commissario della Signoria presso il conte Francesco Sforza.[12]

Ilaria Luzzana Caraci ricorda che fu Giovanni il primo Vespucci per il quale sono documentati rapporti con gli Aragonesi di Napoli e che il 10 giugno del 1428 Alfonso di Aragona lo nominò suo consigliere, concedendogli inoltre di aggiungere allo stemma della sua famiglia una coppa di fiori con vaso in argento.[13]

11. Tratte Online (un'ulteriore estrazione ai Buonuomini del 1438 fu vanificata perché Giovanni si trovava fuori città).

12. Vedi *supra*, nota 90. Si veda in particolare il registro di lettere a carattere pubblico interamente a suo nome che copre il periodo dal 20 giugno all'11 agosto 1435 conservato in ASF, *Signori, Dieci di Balia, Otto di Pratica, Legazioni e commissarie, Missive e responsive*, 1. Il registro, ricordato da Senatore, *"Uno mundo de carta"*, p. 131 è erroneamente attribuito, per un probabile *lapsus mentis*, a Simone Vespucci anziché all'effettivo Piero (di Simone) Vespucci.

13. Caraci, *Per lasciare di me qualche fama*, pp. 47-48. L'episodio, avvenuto «prope Capuam», è quasi certamente ripreso da Bandini, *Vita e lettere di Amerigo Vespucci*, p. xiv ma è privo di un congruo riferimento documentario, a parte un generico cenno alle Carte Strozziane. Tuttavia vi è incertezza sulla presenza dell'Aragona in Italia nel 1428: la corrispondente voce del DBI a cura di R. Moscati, vol. 2 (1960), afferma infatti che Alfonso V di Aragona nel 1423 tornò in Spagna dove rimase per otto anni, per poi fare ritorno definitivo nell'Italia Meridionale solo nel 1432. Non credo, comunque, che l'occasione che pose Giovanni al cospetto dell'Aragona fosse un incarico ufficiale poiché non sono riuscita a trovarne traccia documentaria nelle istruzioni agli ambasciatori conservate per quegli anni (*ASF, Signori. Legazioni e Commissarie. Missive. Istruzioni e lettere*, 7 (14 giugno 1422-28 dicembre 1432); ASF, *Signori, Legazioni e Commissarie, Missive, Istruzioni e lettere a*

La devozione allo Stato

Quella del 1421 non fu l'unica esperienza livornese. Giovanni ottenne l'incarico di Commissario di Livorno, almeno in una seconda occasione, esattamente a dieci anni di distanza. Come certificato dai brevi stralci di corrispondenza superstite con Averardo dei Medici, Commissario a Pisa nell'estate del 1431, il Vespucci era nuovamente sul campo in una delle difficili fasi della guerra che il governo fiorentino aveva ingaggiato contro Lucca.[14] Le tre lettere di cui siamo a conoscenza, inviate a poche settimane l'una dall'altra, tra il mese di luglio e quello di agosto del 1431, hanno quel tono, tipicamente serrato che sembrava in qualche modo accomunare molti dei dispacci scritti dai commissari della Repubblica operanti nelle zone di guerra. Tra le righe infatti, emergevano sempre il forte senso di provvisorietà e l'urgenza manifesta di allontanarsi, quando possibile, verso zone più sicure.[15] A tali caratteristiche, consuete in queste lettere, era tuttavia commisto e intricato un sentimento civico dello stato, reso esplicito nella consapevolezza che ad esso non fosse possibile derogare se non, appunto, con l'avallo dei superiori o delle magistrature centrali. Ciò rende in verità piuttosto difficile stabilire in che misura il tono di questi commissari distaccati fosse lo specchio reale della loro coscienza civica e quanto invece non fosse solo apparenza o, quanto meno, una dovuta osservanza formale delle gerarchie. Sicuramente per quanto formali, il contenuto di queste lettere era innervato da quel minimo di senso pratico, in assenza del quale non sarebbe stato possibile affrontare le molte emergenze che di continuo si presentavano: perciò esse riportavano i necessari riferimenti al passaggio e ai movimenti delle imbarcazioni nemiche, e sovrapponevano di frequen-

oratori, 6 (1411-1442). In generale sui tormentati rapporti tra Firenze e il Regno di Napoli si veda il recente Goldthwaite, *L'economia della Firenze rinascimentale*, pp. 192-199.

14. Per le tre lettere che Giovanni Vespucci, Commissario di Livorno inviò ad Averardo dei Medici, Commissario in Pisa, si veda ASF, *MAP*, III, nn. 193, 10 luglio 1431 e 214, 12 luglio 1431; IV, n. 12, 5 agosto 1431).

15. «Questa mattina ò lettera da' Dieci ch'io mi debba partire e tornare alla lor presentia; et più volte ò chiesto loro licentia perché qui comincia a esser mala aere. Vogliono di qui non mi parta per insino Nanni da Cascia non c'è con la sua compagnia. Se fusse in campo detto Nanni o dove vi ritrovassi, vi priego in servigio di me lo facciate sollecitare vengha; et se il Capitano terminasse ritenerlo non vi paia fatica farmi fare due versi, perch'io possa pigliar forma al partirmi di qui, che ci sto malvolentieri», ASF, *MAP*, III, n. 193, 10 luglio 1431.

te elementi politico-diplomatici a dettagli tecnici.[16] A moderarne il tono e l'allarmismo e forse anche, banalmente, a rimarcare un attaccamento alle dinamiche ordinarie, così da restituire una sorta di quotidiana regolarità dell'esistenza anche a circostanze che di regolare e pacifico avevano molto poco, non mancavano, anche in questo caso, le consuete richieste di raccomandazione per gli amici, spesso, magari, professionisti nel settore tecnico o militare, che si coglieva l'occasione per mettere in buona luce.[17]

Sul fronte della politica interna, sebbene il profilo politico di Giovanni fosse quello di un individuo cresciuto nel pieno della repubblica albizzesca, egli partecipò, come *arroto* per il suo quartiere, alla balia del 1434, che la casualità dell'estrazione volle favorevole ai Medici e che provvide a richiamare a Firenze Cosimo che ne era stato esiliato l'anno precedente.[18] Al rientro di Cosimo il livello di partecipazione e interazione col governo da parte di Giovanni rimase lo stesso, almeno sulle prime. Nei primi anni del regime mediceo Giovanni continuò ad alternare incarichi nell'esecutivo con ruoli amministrativi o di rappresentanza nel territorio. Nel gennaio del 1436, Giovanni fu inviato a Borgo San Sepolcro come agente della Repubblica.[19] Come risulta dagli studi di Gian Paolo Scharf, lo scopo della missione rientrava nel quadro della politica di controllo dell'area della Valtiberina, e mirava ad «appianare le divergenze fra il pontefice ed il conte Guidi», cioè tra il papa appena eletto, Eugenio IV, e Francesco da Battifolle dei conti Guidi da Poppi, che aveva occupato il Borgo con la scusa di recuperare la dote della figlia, vedova del condottiero Niccolò Fortebracci, che nel 1432 si era insignorito di Borgo San Sepolcro e che era venuto recentemente a mancare. La «temporanea amministrazione fiorentina» che transitò sulla figura di Giovanni non fu priva di complicazioni, che si tradussero, all'atto pratico, in ritardi e dilazioni nella corresponsione degli stipendi dovuti al Vespucci e alla sua équipe.[20] L'operato di Giovanni nei

16. ASF, *MAP*, IV, n. 12, 5 agosto 1431.

17. ASF, *MAP*, III, n. 214, 12 luglio 1431.

18. Nello stesso anno, il Vespucci fu eletto, per vigore di Balìa, da settembre fino al marzo dell'anno successivo, Vicario del Valdarno Superiore in sostituzione di Tinozzo di Niccolò Guasconi che la stessa balìa aveva privato dell'incarico perché antimediceo, vedi ASF, *Tratte, Estrinseci* 984, c. 18v.

19. ASF, *Signori, Legazioni e commissarie, Missive, Istruzioni e lettere a oratori*, 10, c. 35r. e ss.

20. Scharf, *Borgo san Sepolcro a metà del Quattrocento*, pp. 31-32 e anche Scharf, *Fra economia urbana e circuiti monetari*, pp. 447-477.

confronti dei borghesi fu invece decisamente fruttuoso, forse grazie anche alla sua capacità di esportare nel Borgo quella pratica clientelare che caratterizzava la gran parte dei rapporti di valore nella dominante e che presto sarebbe divenuta una qualifica indispensabile per tutte le relazioni cittadine.[21] Il rapporto privilegiato che pareva essersi stabilito con successo tra il Vespucci e la comunità locale ai tempi del suo mandato,[22] dovette tuttavia guastarsi piuttosto rapidamente. Sebbene il Vespucci fosse stato in certa misura il pioniere delle relazioni clientelari tra locali e ufficiali di città (e in tale quadro rientra anche il fatto che la comunità del Borgo ne avesse tenuto a battesimo il primogenito Guidantonio), egli non fu mai tra i referenti fiorentini a cui i locali scrissero per ricevere assistenza.[23] Le ragioni di tale rottura potrebbero essere da ricercarsi, secondo quanto ipotizza lo Scharf, negli esiti di una controversia che oppose proprio il Vespucci al comune di Borgo.

Due anni dopo, nella primavera del 1438 Giovanni veniva selezionato per una missione diplomatica presso il re di Aragona. Come spiegato nella commissione ufficiale di incarico, egli venne inviato come ambasciatore del Comune di Firenze all'Aragonese «per cagione de le robbe de' nostri mercatanti prese da' suoi in su la galea vinitiana» col compito di certificare «che buona parte di dette robbe furono cariche in su detta galea per porre a Palermo et a l'altre sue terre et luoghi de l'isola di Cicilia, per la qual cosa può esser manifesto a ciascuno la buona et perfecta sincerità de' mercatanti nostri, perché mandando nelle terre non facevano pensiero d'alcuna cosa sinistra».[24] Come la Signoria precisava, il sequestro di panni e drappi operato dagli Aragonesi in maniera del tutto inattesa oltre che incidere direttamente sui commerci dei fiorentini («le dette robbe sono panni et drappi et altre cose cariche in su detta galea in porto Pisano per Palermo et altri luoghi di Cicilia. Et questo è per la maggiore somma di quello che v'è di fiorentini») si scontrava con gli interessi di tutti quegli operatori che avevano assicurato la merce diretta a Venezia, «robbe di messer Salvestro

21. Scharf, *Borgo san Sepolcro a metà del Quattrocento*, pp. 197-207.

22. Si veda per esempio il dono onorifico del palio di seta ricamato con lo stemma del Comune di cui Giovanni fu uno dei primi a beneficiare, ivi, pp. 200-201.

23. Ivi, p. 205.

24. ASF, *Legazioni e Commissarie, Missive, Istruzioni e lettere a oratori,* 10 c. 154 e ss. («Commissione a Giovanni di Simone Vespucci ambasciatore del Comune di Firenze al re di Ragona, 18 maggio 1438»).

e di messer Carlo Morosini et d'altri viniziani le quali robbe andavano a Vinegia» per un importo di 4.000 fiorini larghi «le quali robbe come può vedere la Sua Serenità per detta somma apartengono a mercatanti fiorentini, perché di loro sarebbe ogni danno et pericolo che di dette robbe a divenisse per la somma predetta». Nell'auspicio che i rapporti con Firenze proseguissero eccellenti, al Vespucci – che con l'Aragona aveva familiarità – toccava dunque di "pregare e supplicare" la maestà del Re di

> voler conservare e' nostri mercatanti et cittadini, così quelli di cui erano le robbe mandate come quelli che avevano asicurato, dimostrando alla sua serenità la grande speranza che questa Signoria et tutto il popolo nostro ha sempre avuto et ha nella Serenità Sua, et l'amore grandissimo e la devotione che la città nostra porta al detto Re.[25]

Al Vespucci si chiedeva di argomentare in maniera convincente, «senza alcuna dubitatione di honestà et di giustizia, come chiaramente si vede», soprattutto per rassicurare l'Aragona che, in merito alle merci dirette a Venezia e a Napoli, esse non erano «cariche et sicurate per nuocere alla Sua Serenità ma semplicemente per guadagnare come è usanza mercantile»). L'ultimo scrupolo della Signoria, infine, riguardava un episodio che rischiava di tramutarsi in uno scivolone diplomatico agli occhi dell'Aragonese, ovvero gli onori tributati da Firenze a Renato d'Angiò nel suo recente passaggio in Toscana:

> Se il re o l'infante o altri di quelli signori parlasse alcuna cosa de l'onore facto al re Renato nel posto nostro, dirai che gli è usanza della nostra città, capitando alcuno di sangue reale ne' nostri luoghi, visitarlo et honorarlo, ma favore alcuno non se gli è prestato né prestarebbe contra il re di 'Ragona.[26]

Nel prendere le misure da una vicenda che rischiava di compromettere il fragile equilibrio che legava l'Aragona alla Repubblica, i Signori istruivano il Vespucci raccomandandogli di giocare questa carta solo nel caso in cui «ne fosse dimandato e non altramente».[27]

Al ritorno dall'incontro con il re, una nuova missione diplomatica attendeva Giovanni: ancora nel dicembre del 1441 egli venne incaricato come ambasciatore fiorentino a Siena e presso Aldobrandino Orsini, conte di Pitigliano.[28] Temendo per le sorti del bestiame che i fiorentini

25. *Ibidem.*
26. *Ibidem.*
27. *Ibidem.*
28. ASF, *Legazioni e Commissarie, Missive, Istruzioni e lettere a oratori*, 10 c. 166v e ss.

possedevano in Maremma si chiedeva all'Orsini la garanzia che «per sue genti o per altri che avessino ricepto ne' luoghi suoi decto bestiame non fusse tolto ne' predato ne' molestato». All'ambasciatore si chiedeva inoltre di recarsi presso il Pazzaglia, condottiero già al soldo dei senesi e poi passato all'avversario, la cui recente iniziativa di occupare il castello di Orvieto Firenze non aveva affatto apprezzato. Non intendendo mettersi in urto col pontefice, la Signoria invitava dunque il condottiero, tramite le debite istruzioni al Vespucci, a tornare sui suoi passi:

> di poi andrai al Pazaglia, il quale sentiamo che ha preso certo castello del Papa in quel d'Orvieto et esso Pazaglia saluterai et conforterai per parte nostra et richiederalo instantissimamente chi si voglia levare dall'offese ed danni del Papa et di santa Chiesa, dimostrandoli che essendo lui sottoposto nostro, non passa sanza graveza di questa Signoria l'offendere che fa delle terre del papa e di santa Chiesa. Et in questa parte farai diligenzia che seguiti l'effecto per lo quale tu se' mandato.[29]

L'abilità diplomatica di Giovanni e, soprattutto, i buoni rapporti con gli Aragonesi erano certo preziosi agli scopi della Signoria come porterebbe a credere il fatto che proprio lui fosse stato scelto per la missione presso il re. Può darsi tuttavia che in ragione di quella stessa familiarità con un potente non sempre in linea con la politica fiorentina, egli si sia trovato a subire, in circostanze meno propizie, una dequalificazione progressiva agli occhi di un regime ormai propenso a cogliere nella sua condotta tratti di ambiguità.

Le cronache stesse, spesso molto attente, soprattutto dal ritorno di Cosimo in avanti, a dettagliare con rigore i nomi e le responsabilità di amici e oppositori, non si esprimono con chiarezza sulla sorte di Giovanni. Per quel poco che è stato possibile ricostruire sembra che, in effetti, si debba ascrivere alla carriera del Vespucci una condotta non sempre cristallina nei rapporti coi ceti eminenti, caratterizzata da un'alternanza tra complicità e rotture, che ebbe come risultato un soggiorno (o forse più di uno) nelle carceri delle Stinche e, infine, un esilio a Roma.[30]

A qualche anno dalla conclusione del suo incarico nel Borgo, poco dopo l'ambasciata in Maremma, Giovanni era di nuovo in carica nel ter-

29. *Ibidem.*

30. Di Giovanni, Luciano Formisano ricorda che fu due volte in carcere perché avverso a casa Medici, Formisano, *Amerigo Vespucci. La vita e i viaggi,* pp. 71-72.

ritorio, stavoltà come Podestà di Arezzo.[31] Lo ritroviamo, come già dieci anni prima a Livorno, in corrispondenza con i Medici in Firenze ma il panorama che ora faceva da sfondo a questo piccolo nucleo di missive era completamente cambiato rispetto a quello livornese del 1431. Il tono della prosa suonava assai più colloquiale. Non era più tempo di guerra e il fronte del porto si era fatto distante: allo sguardo apprensivo sui movimenti delle *galeazze* nemiche e sui dispacci militari, si era sostituito l'entroterra. Forse non molto più confortante quanto a sicurezza pubblica, ma sufficientemente prossimo ai boschi e ai monti per ricordare quel territorio ideale per la caccia che agli occhi dell'ufficiale cittadino aveva il sapore di un meritato diversivo.[32] Ed era proprio per declinare, se pure con grandissima cortesia, l'invito che il figlio di Cosimo, Giovanni dei Medici, gli aveva appena fatto pervenire per la battuta di caccia a Cerbaia prevista per il 10 venturo del mese («una tua lettera a me gratissima»), che il Vespucci gli scriveva, nel novembre del 1443. Giovanni, purtroppo non avrebbe potuto partecipare perché, esattamente quel giorno, destino voleva che dovesse entrare in servizio il nuovo Capitano di Arezzo. Era evidente che non farsi trovare ad accoglierlo sarebbe stato un gesto troppo villano:

> Io vi sarei venuto molto volentieri sì per ritrovarmi techo e per essere alla caccia, ma il Capitano che de' venire qui, devi fare l'entrata quel dì della caccia e per questa casgione me àrai per iscusato, perché mi conviene esser qui a fare e' convenevoli. Se non fussi questo, sarei venuto e menati parecchi vantaggiati.[33]

L'occasione tuttavia si prestava propizia per ricambiare la cortesia: il Vespucci precisava come la caccia nella zona in cui si trovava fosse, praticamente, un passatempo quotidiano («noi di qui facciamo ogni giorno simile exercitio») e se, a conclusione della battuta di Cerbaia, il Medici avesse avuto la bontà di raggiungerlo, Giovanni era pronto ad assicurargli due settimane di indimenticabile attività venatoria:

> farò fare la caccia di Montarfone e Niccholo Tornabuoni è stato qui e dicemi, di certo, se tu vieni, farà fare la caccia di Selva Piana. Attenderò la tua

31. ASF, *Tratte, Estrinseci*, 984, c. 41v. L'elezione è del luglio 1443; già nell'aprile del 1441, Giovanni era stato Podestà di Pratovecchio e di Romena, ivi, c. 33r.
32. ASF, *MAP*, V, n. 487, 6 novembre 1443.
33. *Ibidem*.

risposta avanti che pigli partito della mia caccia grande, se tu vieni faremo quindici dì di buon tempo e mena quella compagnia a te pare.[34]

L'apparente affettazione dell'incipit, come si vede, cede presto il passo alla leggerezza e all'entusiasmo della condivisione. Ma questo clima lieve di familiarità, anche di piacevole complicità, se vogliamo, che legava il Vespucci al figlio di Cosimo, non era destinato a durare a lungo. La relazione tra i due era evidentemente troppo fragile, e la fiducia nel Vespucci altrettanto debole per resistere alle intemperie di un momento cosi delicato in cui il *pater patriae* aveva deciso di stringere la morsa dei meccanismi elettorali per meglio controllare simpatizzanti e oppositori. Così, la balia del 1444 decisa a isolare i nemici di Cosimo e a comminare l'esilio a numerosi fiorentini colpevoli di non averne appoggiato il governo o di aver sostenuto la scelta di chi, undici anni, prima lo aveva allontanato dalla città, giocò a sfavore del Vespucci. È Niccolò Machiavelli a raccontare come questa balìa «prolungò il tempo de' confini a' confinati, pose Giovanni di Simone Vespucci nelle carceri, privò degli onori gli accoppiatori dello stato nimico e con quelli i figliuoli di Piero Baroncelli [...]»[35] in una stretta di irrigidimento e repressione la cui *ratio* è ben sintetizzata dalle parole del segretario fiorentino: «E con questi modi a sé renderono autorità e reputazione ed ai nimici e sospetti tolsero l'orgoglio».[36]

Perché Giovanni Vespucci fosse giunto al punto di essere considerato un nemico è un fatto che resta da chiarire.

Il cronista Giovanni Cavalcanti, che dinanzi a vicende di questo genere non riusciva mai a mantenersi distaccato, lo descrive al centro dell'avversione di un manipolo di cittadini, precisamente quattordici congiurati, radunatisi in Santa Trinita nella cappella di messer Palla Strozzi allo scopo precipuo di farlo fuori. All'accusa iniziale formulata contro Giovanni, cioè quella di aver rubato, frodato e rapinato, secondo la testimonianza riportata dal cronista, se ne aggiungeva una seconda ben più grave, quella di aver tramato contro il governo ossia di aver «tenuto stretto ragionamento con Alessandro degli Alessandri per rimuovere la repubblica da tranquillità ad avversità contro al pacifico e tranquillo stato».[37]

34. *Ibidem.*
35. Machiavelli, *Storie fiorentine*, Libro VI, cap. 7, p. 582.
36. *Ibidem.*
37. *The Trattato politico morale of Giovanni Cavalcanti,* pp. 82 e 196-197. Sulla prigionia del Vespucci del 1444, cfr. anche Domenico Buoninsegni, *Storia della città di*

Secondo l'autore questa era una calunnia, messa in piedi per infangare l'immagine pubblica di un cittadino irreprensibile come Giovanni doveva apparire ai più. Così il mordace Cavalcanti, ben più che scettico in merito alla colpevolezza del Vespucci, sceglieva addirittura di ritrarlo, nel suo *Trattato Morale*, come un'icona di virtù civile volutamente modellata sugli esempi degli antichi. Allo scopo riportava gli stralci di un dialogo immaginato, e certo ben teatralizzato, che contrapponeva un probo Giovanni Vespucci forte della consapevolezza di essere nel giusto, a un Capitano (manovrabile ma protetto, nel testo, da un generico anonimato) che si apprestava a condannarlo. Secondo il Cavalcanti: «queste sì fatte calunnie accagionavano perché il detto fu eletto ad andare alla conservazione d'un legno convenuto con molta violentia a uno Giovanni Bandini nostro ciptadino».[38]

Con meno gusto per l'eccesso, come era caratteristico della sua persona o, per lo meno, dell'immagine pubblica che si adoperava di trasmetterne, anche Giovanni di Pagolo Rucellai dedicò una pagina del suo *Zibaldone* alla balìa del 1444 e alla condanna del Vespucci.

> Nel 1444 [...] essendo Gonfaloniere di Giustizia Giuliano di Tommaso di Guccio Martini, feciono certa novità nella terra e fu chasso dalla signoria ser Filippo di Ugolino Pieruzzi notaio delle riformagioni et fu confinato a Roma Giovanni di Simone Vespucci. Et ferono nuova balìa per tempo di cinque anni et lle borse del priorato a mano per cinque anni et posono a sedere per dieci anni tutti gli acchoppiatori suti nel 1433 e 'loro figliuoli e nipoti, ecc.[39]

Dalla vivace testimonianza del Cavalcanti a quella più prudente del Rucellai (che neanche faceva menzione della fase di prigionia) le fonti, insomma, sembrano concordi nel lasciare intendere che l'allontanamento del Vespucci avvenne per una banale, e fin troppo ordinaria, questione di epurazione politica. Fu il legame stretto tra il Vespucci e gli aragonesi il cui potere si faceva sempre meno controllabile (pochi anni prima, nel 1442, Alfonso di Aragona aveva sconfitto gli angioini e assunto il controllo del regno di Napoli) ad avere probabilmente le maggiori responsabilità nel suo allontanamento dal regime. Anche se non sappiamo cosa esattamente

Firenze dall'anno 1410 al 1460, Firenze 1637, p. 79. Si veda anche Brown, *Insiders and Outsiders*, p. 382 dove risulta che Giovanni fu incarcerato alle Stinche con una sentenza di tre anni del 1444.

38. *The Trattato politico morale of Giovanni Cavalcanti*, pp. 196-197.

39. Rucellai, *Zibaldone*, p. 170.

avesse fatto scattare le leve del potere contro di lui, è certo che la faccenda si protrasse e che la sua incarcerazione fu presto commutata in un esilio a Roma.[40] La vicenda ebbe però un forte contraccolpo sulla sua immagine sociale e sulla sua carriera: le ultime due estrazioni per i Buonuomini, nel 1446 e nel 1447, effettuate ormai non più nell'anonimato della Tratta come doveva essere all'origine ma nella piena discrezionalità del potere centrale, certificano che la cedola col suo nome era stata «rigettata e dilaniata».[41] Poiché sappiamo che la Balìa risaliva al maggio del 1444, è plausibile immaginare che nel giro di un paio di mesi Giovanni Vespucci fosse finito in galera, da dove il 19 ottobre dello stesso anno scrisse per appellarsi, se pure con toni estremamente misurati, a Giovanni dei Medici e a suo padre Cosimo. A suffragare l'ipotesi che, al tempo, il Vespucci fosse già agli arresti, il passaggio in cui chiedeva al Medici che si recasse da lui visto che, al contrario, un suo spostamento non era praticabile:

> Vir nobilis frater honorande. Intesa la tua ritornata la quale con grande desiderio aspettava per conferire teco, ti priego, da che a te venire non posso, ti piaccia, quando t'è meno sconcio, venire insino et racomandarmi spesso a Cosimo, che in ciascuno di voi è la speranza mia. E a te mi raccomando, a dì 19 d'ottobre 1444.[42]

È ragionevole ipotizzare che a distanza di un anno il Vespucci non avesse ancora riacquistato la libertà: infatti, in una lettera scritta a Piero di Cosimo, dalle Stinche, alla metà del mese di settembre (e di cui non si conosce l'anno) affermava di trovarsi in prigione da 14 mesi:

> Honorevole maggiore mio, pochi dì fa ti scrissi, e potrami dire ch'io sia importuno in darti tanta molestia ma la sinciera fede me fa essere presuntuoso, e il disiderio che i' ò d'uscire di questa miseria ché ci sono stato xiiii mesi passati. Per l'ultima ti scrissi tu mi volessi avere per racomandato, e così mi volessi racomandare al tuo magnifico padre perché tutta la mia fede si è nella sua Magnificenzia e nel sommo suo aiuto e così tuo, e se da voi non sono bene atato, qui poso dire avere a finire mia vita a stento, e di questa miseria non

40. «Nel 1444 non piacciendo a' principali cipttadini che governavano che gli andasse innanzi cierta agiunta d'una gravezza che s'era ordinata per gli opportuni Consigli, essendo Gonfaloniere di Giustizia Giuliano di Tomaxo di Guccio Martini, feciono certa novità nella terra, et fu chasso dalla Singnoria ser Filippo di ser Ugolino Pieruzzi notaio delle rinformagioni et fu confinato a Roma Giovanni di Simone Vespucci», *ibidem*.

41. Vedi Tratte Online.

42. ASF, *MAP*, V, n. 533, 19 ottobre 1444.

> avere mai a uscire, e ogni mio bene e salute l'ò a rriconoscere principalmente da Dio, poi da voi. Piero mio, io conoscho quando per te si diliberasse pigliare questa impresa di volermi aiutare e adomandarmi di gratia al tuo prefato magnifico padre, e gli è tanto l'amore paterno che io sono cierto che a tte non arebbe a disdire alchuna cosa, e seghuirebbene la mia liberatione, conosciute le virtuose opere del tuo exciellentissimo padre che arebbono a essere quelle conteco insieme, ne seghuirebbono la mia salute.[43]

Perché il messaggio arrivasse con la forza adeguata a toccare il cuore del suo interlocutore, Vespucci paventava perfino l'ipotesi di finire preda della violenza dei suoi nemici ed accusatori: «Ricorditi, se mai pel filice reggimento et per voi per me s'è fatto alchuno bene, e' non vogliate dare contentamento a' vostri e miei nimici che, trovandomi in questa prigione potendo il maggiore pezzo sarebbe l'orecchie».[44]

È probabile che di lì a poco il Vespucci abbia ottenuto la scarcerazione e che solo dopo il dicembre del 1445, mese a cui risale un suo testamento dettato a Firenze, abbia preso la via dell'esilio verso Roma. Da qui scrisse di nuovo a Giovanni di Cosimo dei Medici, nella primavera del 1448, perché suo padre e suo fratello Piero gli concedessero la grazia, su richiesta del Pontefice.[45] Lo confortava la protezione del Papa e dei cardinali che si erano adoperati per raccomandare il suo caso all'ambasciatore fiorentino

43. ASF, *MAP*, CXXXVII, n. 860. La lettera non riporta l'anno ma solo il giorno e venne scritta dalle Stinche: Vespucci, come si è visto, la indirizzò a Piero con la viva preghiera di farsi raccomandare a suo padre Cosimo. Può darsi che nel parlare di quattordici mesi il Vespucci approssimasse: in tal caso la lettera dovrebbe risalire effettivamente al settembre del 1445, cioè a quasi un anno e mezzo dalla Balìa che ne aveva emesso la condanna.

44. *Ibidem*.

45. ASF, *MAP*, VI, n. 41, 9 marzo 1448: «Honorevole e maggior mio, chome a tte è nnoto Puccio è stato qui honorevole ambasciatore e lla Santità di nostro signore più volte me gli ha racchomandato, e chosì tutti questi signori chardinali; e in questa sua partita, nostra Santità gli à dato piena chommessione m'addomandi di ghrazia per chontemplazione della sua Santità alla Signoria; e a essa n'à schritto uno brieve, e ssì uno al tuo magnificho padre Chosimo e chosì n'ànno schritto di questi reverendissimi signori chardinali sì affettuosamente mi chredo ne dovrei reuscire qualche buono effetto. E pPuccio m'à fatto ghrandissime offerte e assai datomi di chonforto in modo n'ò buona certifichanza. Giovanni mio tu ssai la fede che ò sempre auta in te, prieghoti tu mi voglia avere per racchomandato e rrachomandarmi a Chosimo e a pPiero tuo honorevole fratello e ssì a pPuccio ch'io abbia a richonoscere tanta grazia prima da dDio e ppoi da tutti voi [...]. Io so quello che ttu sai fare per gli amici tuoi e ttu ssai ch'io sono tutto tuo e quando potessi fare chosa te fusse onorrevole e ghrata me troveresti sempre bendisposto a ogni tuo beneplacito. Aiutami che sso che ppuoi». Il Pucci venne invia-

Puccio Pucci, amico e uomo di Cosimo, avevano indirizzato alla Signorìa e a Cosimo stesso un "brieve" che puntava a riabilitarne la figura, Giovanni pregava ora in prima persona il suo autorevole concittadino, facendo appello alla fede che da sempre lo legava a lui. Giovanni era anziano o comunque non più giovanissimo, certo stanco, sentiva di essere arrivato alla fine dei suoi giorni e, soprattutto, della sua carriera. L'auspicio che egli esprimeva all'ex protettore, forse anche ex amico, non aveva, in fondo, alcuna pretesa o, men che meno, presunzione. Semplicemente, Giovanni dava voce alla sua naturale speranza di poter ripristinare quello che per lui era stato, fino ad allora, il regolare andamento delle cose, di poter finire i suoi giorni accanto ai figli e di potere trascorrere un po' di tempo sereno, in villa, magari con chi, proprio come il suo interlocutore, fino a pochi anni prima era stato soprattutto un amico con cui condividere piacevolmente il "buon tempo" e non un persecutore da cui doversi guardare:

> tu ssai in quanta chalamità io mi truovo, horamai vechio e in tutto disfatto, e quel pocho del tempo mi resta a vivere non vorrei andare più stentando né mangiando il pane del dolore, e ppoter finire mia vita pacifichamente cho mia piccoli figlioli, e potermi con techo ritrovare a ffare un pocho di buono tempacciuolo a ssanto Felice, al luogho mio.[46]

Di motivi per godersi la vecchiaia, il Vespucci, unico figlio ancora in vita di quel Simone di Piero che alla fine del secolo precedente aveva commissionato la costruzione dell'ospedale di Santa Maria dell'Umiltà, doveva averne diversi. Proprio mentre era nell'occhio del ciclone, forse appena uscito dal carcere, il 4 dicembre del 1445, a Firenze, nella sacrestia del convento di Ognissanti, luogo che certo gli era famigliare, Giovanni aveva dettato il suo testamento alla presenza di numerosi frati.[47] Sano nella mente, nel corpo, nell'aspetto e nell'intelletto, senza fare cenno alcuno alla recente esperienza della prigionia, Giovanni raccomandava la sua anima a

to a Roma presso il Papa il 25 novembre del 1447, vedi *Il Carteggio della Signoria fiorentina all'epoca del cancellierato di Carlo Marsuppini*, p. 713 e ss.

46. ASF, *MAP*, VI, n. 41, 9 marzo 1448. Dalla fine degli anni Quaranta Giovanni poté beneficiare, oltre che della sospensione dell'esilio e della pena, anche di una tiepida forma di riabilitazione agli occhi del potere pubblico: fu Podestà di Pistoia nel 1449-1450 e di San Casciano nel marzo del 1455 (ASF, *Tratte, Estrinseci*, 984, cc. 36v e 88v).

47. ASF, *NAC*, 1218, c. 227r e ss., testamento del 4 dicembre del 1445. Si veda anche, alla stessa data, un atto di composizione generale tra Giovanni e Giuliano Vespucci, e un altro del 6 dicembre dove compare anche la moglie di Giovanni, Antonia, ivi, c. 228v.

Dio disponendo che il suo corpo venisse sepolto nella chiesa di Ognissanti e stabiliva i consueti legati di 20 soldi per ciascuno all'Opera delle mura, alla sacrestia nuova e all'opera del Duomo. Poi lasciava ai frati e al capitolo e convento di Ognissanti la sua quota sopra il complesso di gualchiere «detto le molina d'Ognissanti», con l'impegno a celebrare ogni anno due "anniversali": uno per la sua anima, il giorno successivo alla festa di Sant'Andrea, e l'altro per l'anima di suo padre Simone.

Alla moglie Antonia restituiva la dote pari a 2.000 fiorini lasciandole anche tutti i suoi panni, vesti e accessori con cassapanche e mobilio adeguati. Le lasciava inoltre le masserizie e l'usufrutto di tutti i suoi beni mobili e immobili, vita natural durante fintanto che avesse rispettato lo stato vedovale; nel caso infine che i suoi figli ed eredi fossero morti senza discendenti legittimi, Antonia avrebbe ottenuto il diritto a vita, ad usare i suoi beni e a riscuoterne relativi redditi e proventi.

Come suoi eredi designati indicava i figli Guidantonio, Simone e Piero, in uguale porzione e se tutti e tre fossero morti senza discendenti, sostituiva loro la sua anziana madre Nanna insieme ad Antonia: morte le due donne, avrebbero dovuto subentrare i figli e discendenti di suo fratello Piero di Simone. In loro assenza Giovanni stabiliva che l'eredità, compresa una delle 48 quote dei mulini, dovesse passare a Giuliano di Lapo e ai suoi nati; all'ospedale di Santa Maria dell'Umiltà, sarebbe toccata l'altra quota di gualchiere a condizione che, in perpetuo, dopo la festa di Santa Maria della Candelora in febbraio, l'ospitalario celebrasse un anniversario con una messa cantata.[48] Sempre in tale caso lasciava e legava ai frati, capitolo e convento di Ognissanti 5 staia di terra a santa Maria a Peretola in località *le casacce*, col cui reddito avrebbero dovuto provvedere a far celebrare ogni anno in perpetuo la festa di sant'Andrea nella cappella del testatore.

Infine, Giovanni istituiva i suoi procuratori e fidecommissari tra cui in particolare spiccavano i nomi della moglie Antonia, del "cugino" Giuliano di Lapo Vespucci, di Luca di Bonaccorso Pitti, suocero di suo nipote Bernardo, e, appunto, di suo nipote Bernardo di Piero Vespucci. Alla vedova Antonia e a Giuliano di Lapo spettava comunque l'ultima parola.

Legava poi al monastero di San Piero Martire vicino a porta San Piero Gattolino un podere nel popolo di Sant'Alesandro a Giogoli e alle monache dell'ordine di San Francesco dette le donne di Foligno che stavano «prope portium» a Firenze lasciava un suo *praedium* con due case nel medesimo

48. *Ibidem*.

popolo.[49] Alle eventuali figlie femmine che fossero nate dopo la sua morte lasciava mille fiorini di dote per ciascuna.

A questa altezza cronologica, insomma, le ultime volontà di Giovanni risentivano di quelli che dovevano essere i legami intrafamigliari più forti, rivelando come ancora esistesse una forte affinità tra il suo lato e quello di Giuliano di Lapo. Questo testamento tuttavia, venne invalidato da un successivo che Giovanni ebbe modo di dettare poco prima di morire, all'età di circa 66 anni, il 19 aprile del 1456. Anche in questa occasione si trovava a Firenze nel popolo di Santa Lucia Ognissanti, forse nella sua casa, ancora presente a sé stesso ma con una forma fisica ormai compromessa («sanum mente licet eger corpore»).[50] Adesso destinava ai figliastri Niccolò e Jacopo che la moglie Antonia aveva avuto dal precedente matrimonio con Jacopo dei Canigiani, il diritto ad usare la sua casa; alla vedova Antonia lasciava la dote di 2.000 fiorini e alla figlia Nanna, che avrebbe sposato uno degli uomini più influenti del regime, Luigi Guicciardini, lasciava il necessario per la dote e il diritto a ritornare nella casa di famiglia. In tutto il resto stabiliva che dei suoi beni fossero eredi i tre figli maschi Guidantonio, Simone e Piero «equis portionibus». Infine confermava ai frati di Ognissanti l'assegnazione da lui fatta di «unum petium terre vini staia quinque» a Peretola, alle *casacce*. Stabiliva poi che fossero suoi procuratori il primogenito Guidantonio e la vedova Antonia. Il giorno successivo Giovanni passava a miglior vita, dopo essere sopravvissuto quasi una ventina di anni al fratello Piero, che se pure più giovane era mancato nel 1437.[51] Con Giovanni, che nel mezzo di un'esistenza carica di eventi ma anche di scosse e turbamenti, aveva assicurato alla casata il legame con gli Aragona, se ne andava certo uno dei Vespucci più in vista della prima metà del secolo.

Il ramo di Giuliano di Lapo tra Medici e Aragonesi

Correva un filo tra Vespucci e Aragonesi di Napoli. Un filo che alle volte si intrecciava e altre volte, e assai più spesso, si allentava da un altro filo che, in maniera fortemente intenzionale e assai fragile, collegava ai Vespucci la famiglia dei Medici. Entrambi i rapporti, coi Medici e con gli

49. Vedi *L'educatorio di Fuligno di Firenze. Il suo archivio, la sua storia.*
50. ASF, *NAC*, 1218, c. 229r e ss.
51. «Decexit 20 aprilis 1456», ivi, c.229r.

Aragonesi, nati e portati avanti, se pure con qualche scossa, da Giovanni, continuarono a svilupparsi, negli anni che seguirono la sua scomparsa, soprattutto grazie al ramo di Giuliano di Lapo. Sebbene Giovanni e Giuliano non fossero stretti da un legame di parentela immediato (i loro nonni erano stati cugini di primo grado e per risalire ad un ascendente comune si doveva andare indietro fino al trisnonno Vespino di Spinello), le loro sorti continuavano a intersecarsi per l'affinità delle loro scelte e per le conseguenze che ne discendevano. Si trattava infatti dei due più importanti nuclei fiorentini dei Vespucci, la cui dimensione urbana si era ormai profondamente consolidata grazie a un'attitudine mercantile sviluppata dalla fine del Trecento e decollata al principio del secolo successivo, cui si univa adesso una scalata, non sempre agevole, al successo politico.

Alla fine degli anni Cinquanta del XV secolo i Vespucci erano ormai riconosciuti come una delle casate di indubbia affiliazione medicea, amici del governo e partecipi dello Stato. Secondo il vivace resoconto di Benedetto Dei, nel 1458, dopo quattro lunghi anni di pace, tanto sul fronte civile quanto su quello esterno, nei Consigli erano ricominciati forti scontri tra cittadini, che Cosimo pensò di sedare con urgenza.[52] La cronaca ricorda che fu «creato e eletto» Gonfaloniere di Giustizia un uomo di Cosimo, suo amico fedele: messer Luca Pitti, il quale appena entrato in carica, insieme «cho suoi compagni [...] ordinarono di fare parlamento e sonare all'arme» e presa «dal popolo altorità, chomessione e balìa [...] feciono confinati e ammuniti i nominati cittadini».[53] La cosa fondamentale fu però la promozione di un nuovo scrutinio in grado di invalidare i precedenti: «e fferono che chi non vincessi el detto ischuittino dell'anno 1458, s'intendessi avere perso ogni polizza».[54] Gli sconfitti rimasero fuori dalle borse per otto anni, fino al fatidico 1466. Tra i casati che a questo punto come «partigiani de' Medici e de' Pitti si goderono lo stato e gli uffizi e lor reggimento», il Dei menziona, al pari dei Tornabuoni, Capponi, Pazzi, Gianfigliazzi, Bartolini,

52. Dei, *La Cronica*, pp. 65 e ss. Su queste vicende si veda soprattutto Rubinstein, *Il Governo di Firenze sotto i Medici*.

53. Di seguito il Dei trascrisse un elenco di almeno diciotto illustri cittadini che vennero allontanati dalla città e dalle cariche. Tra i confinati vi furono Girolamo Machiavelli (colpevole di aver aderito a una corrente di opposizione a Cosimo e dunque in odor di congiura) insieme ai suoi fratelli Piero e Francesco, Antonio Barbadori, Lorenzo Della Stufa, Francesco Caccini, Niccolò Bartolini (fratello di Lionardo), Domenico Ginori, Carlo Benizzi, i fratelli Giovanni e Domenico Borghini. Dei, *La Cronica*, pp. 65-66.

54. *Ibidem*.

Bartoli, Biliotti e Salviati, anche i Vespucci.[55] Di quali Vespucci parlasse a quest'altezza cronologica l'informatissimo Benedetto, non possiamo dirlo con certezza. Indubbiamente non del ramo da cui discese Amerigo, che poteva contare in quegli anni su un umile notaio da poco giunto in città dal contado di Peretola. Forse si riferiva ai nipoti di quel mercante Simone che aveva fondato l'ospedale (certo non ai suoi figli poiché Piero era morto nel 1437 e Giovanni aveva ormai al suo attivo l'esperienza del carcere); più probabilmente, Benedetto Dei aveva in mente il ramo disceso da Giuliano di Lapo, quello cioè che, proprio in questi anni, appariva maggiormente allineato al reggimento.

Legami intrafamigliari

Di Giuliano abbiamo in parte già parlato nel capitolo precedente. Il ruolo di rilievo assunto negli anni della maturità si intravede anche dal primato che la sua presenza era andata assumendo negli spazi interfamigliari, per esempio nel nucleo dei cugini. La fiducia riposta in lui, come già abbiamo visto, si materializzò soprattutto al momento in cui entrambi i parenti si trovarono a disporre dei loro beni in sede testamentaria: Piero, morendo, lo aveva eletto curatore dell'eredità, e anche Giovanni gli aveva riservato una certa posizione almeno nella prima versione del suo testamento.

D'altro canto sappiamo anche da alcuni atti notarili di poco successivi, di divergenze patrimoniali che le parti facenti capo a Giuliano da un lato e ai figli di Simone dall'altro tentarono di comporre e mediare.[56] Discordie che, inevitabilmente, rischiavano di divenire insormontabili proprio per quella commistione di affari, famigliarità, fiducia, riconoscenza e spinta in-

55. In un quadro di sintesi più ampio, tuttavia, Benedetto Dei ricordando i casati che dal 1433 al 1473 furono esiliati, confinati come ribelli e privati di beni, diritti e uffici solo per aver fatto «chontro a la grandissima santissima chasa de' Medici», aggiunge nell'ultima riga che «el chasato de Pazzi, de' Salviati, e Chorsi e Vespucci e Bandini sono ispaciati», ivi pp. 90-91. L'associazione in un solo nucleo di queste famiglie porta a credere che questa nota sia successiva ai fatti dell'aprile del 1478 (si tratta, peraltro, dell'ultima voce di una lista che comincia con le vittime delle prime epurazioni medicee, i Bardi e i Peruzzi esiliati nel 1434). Più avanti, il Dei ricorda che nel 1478 in seguito all'uccisione di Giuliano de' Medici, tra le altre cose, «fu amunito Piero Vespucci e Bardo e Bernardo Chorssi e altri», ivi, p. 103.

56. ASF, *NAC*, 15593, c. 196r e ss.

dividuale che frequentemente legava ma anche opponeva tra loro i membri di una stessa casata: la predilezione per alcuni elementi carismatici interni al parentado finiva talvolta per scontrarsi con la regola della trasmissione ereditaria che a Firenze tendeva a priviliegiare i figli diretti legittimi e naturali e la trasmissionc *equis portionibus* dei beni del testatore, scongiurando il rischio di parcellizzarne troppo la proprietà.

Anche sul piano politico sociale, la carriera di Giuliano lo fa emergere come uno dei Vespucci più in vista. Si è gia detto degli incarichi ricoperti per l'esecutivo tra gli anni Quaranta e gli anni Sessanta del Quattrocento. In aggiunta Giuliano fu degli Otto di custodia per il bimestre settembre-ottobre del 1440 e Ufficiale della Zecca, come membro dell'Arte del Cambio, per sei mesi, a partire dal 1 settembre del 1449; fu Ufficiale dei Nove di gravedine, per un anno, dal gennaio del 1452, fu tra i Sindaci del podestà per il quartiere di Santa Maria Novella dal 10 maggio del 1453, Provveditore delle gabelle del sale e del vino nel 1454, Massario della Camera del Comune per un anno dal 1 febbraio del 1456, Approvatore degli Statuti delle Arti (un'altra carica di durata annuale) dal gennaio del 1459, dei Sei di Arezzo nella primavera del 1459, e di nuovo Ufficiale della Zecca per l'Arte del Cambio dal 1 settembre del 1464.[57] Si trattava di uffici intrinseci per lo più di tipo finanziario e dunque certamente ottenuti in conseguenza della sua professionalità. Accanto ai molti incarichi appena elencati, tra quelli specificamente legati alle sue competenze spicca quello di Console del Mare, carica che Giuliano si trovò ad occupare dal marzo del 1447.[58] Era questo, come sappiamo, un ufficio relativamente innovativo per Firenze, istituito nel 1420 per decreto della Signoria e modellato sulla base della medesima magistratura della repubblica pisana, volto a facilitare i commerci via mare e la nuova impresa della flotta fiorentina: la datata familiarità con i commerci marittimi, riscontrata in Piero di Simone che di Giuliano era stato socio e tutore negli anni della minorità, agevolò sicuramente la sua carriera in tal senso.[59]

57. ASF, *Tratte, Intrinseci*, 902, cc. 15v, 172v, 217v, 297v. 391v.; 903, cc. 41v, 56r, 66r, 67r, 80r.

58. Con Giuliano, nello stesso mandato, anche Carlo di Gagliardo Bonciani e Pazzino di Giovanni Cicciaporci: Muller, *Documenti sulle relazioni delle città Toscane con l'Oriente Cristiano*, p. 291, Atto dei consoli del mare del 27 marzo 1447.

59. Sui compiti dei Consoli del mare si veda Mallett, *Florentine Galleys,* pp. 21 e ss. Anche Piero di Simone era stato Console del mare nel marzo del 1445: ASF, *Tratte, Intrinseci*, 902, c. 390v.

Giuliano ebbe anche incarichi nel territorio. A Pistoia per esempio fu Podestà in due occasioni, nel 1459-60 e nel 1466.[60] Si ha testimonianza di due lettere di sua mano scritte a Giovanni di Cosimo dei Medici durante il primo mandato pistoiese, nel gennaio del 1460.[61] Al centro delle sue preoccupazioni c'era la vicenda di un certo Soldo: un locale che Giovanni gli chiedeva di proteggere e che tuttavia seguitava a dare al Vespucci del filo da torcere, danneggiando i membri della sua équipe professsionale e operando per metterlo in cattiva luce davanti al Capitano.[62] Come frequentemente accadeva ai fiorentini incaricati di mantenere l'ordine nei territori del dominio, al Vespucci toccava l'ingrato compito di mediare tra il rispetto della legalità e il sostegno alle clientele locali che contribuivano a tenere in piedi il potere mediceo e sulle cui irregolarità, dunque, si tendeva spesso a chiudere un occhio.[63] Che Giovanni dei Medici si aspettasse dal suo emissario a Pistoia una certa deferenza si comprende in maniera evidente dal contenuto di una seconda lettera che Giuliano gli inviò due giorni dopo. In questa occasione, il Vespucci, oltre a tornare sul caso di Soldo, passava in rassegna le numerose richieste ricevute a cui aveva cercato di far fronte nelle ultime tre settimane. Ne emergeva un panorama davvero impressionante di favori, richieste, piccole compiacenze da esaudire a nome del Medici, tutte trasmesse per via di corrispondenza informale e tramite una rete capillare di emissari:

> Io ò più tue lettere una di dì xv di dicembre, per mano di messer Giorgio Abate, [...] et di quello m'à richiesto lo servirò; un'altra de dì 9 del presente

60. ASF, *Tratte, Estrinseci,* 985, c. 29r.

61. ASF, *MAP*, VI, nn. 317 e 322, lettere rispettivamente dell'8 e dell'11 gennario 1460. L'anno precedente, nel gennaio 1459 Giuliano era stato eletto oratore a Città di Castello, ASF, *Legazioni e Commissarie, Missive. Istruzioni e lettere a oratori,* 15, c. 19v. Vedi anche Fubini, *Esercizio della diplomazia*, p. 180, n. 199.

62. «Io ò avuto più tue lettere e tutto ò messo a execuzione et simile quella ch'io sicurassi Soldo. Et come l'ebbi, mandai per lui et amunilo si portasse honestamente sì per tuo amore sì per mio. Chome de lo facto è seguito che lui à bactuto la mia famiglia et di poi l'à acusata al capitano in modo che per lui non mancha non entri queistione fra' l Capitano et me. Se non che el Capitano s'è portato bene, interveniva la quistione. Ora e' tiene chattivi modi in questo suo abergho di giuochi et d'altre materie, di che ne siano biasimati», ASF, *MAP*, VI, n. 317.

63. «Il perché avendolo sicurato se fussi contento gli leverei la sicurtà, ché veduto la villania m'à fatta ò avuto voglia dargli parecchi tratti di fune; non di meno lo presi iersera per dimostrargli in parte il suo errore et seguirassene appunto quello che vorrai», ivi. Sul tema del controllo sociale nelle zone soggette si veda Salvadori, *Dominio e patronato.*

mese per le mani di Biondo di Niccolaio et in sua racomandigia per una certa differentia à Mucio battiferro con Habraha di Baptista il quale a tua contemplatione ò messo mano et per quello che porterà ragione fia da me favoregiato, ma sono gienti vorrebono che buono dessi loro desinare et affectassi loro il pane, nientedimeno per quello che aspetterà a me s'avedrà che io gli gioverò quanto a me sia possibile. Un'altra pure del dì 9 et per quella mi di' io abbi patientia al tanto scrivermi, di che non voglio usi mecho simili parole, ché stando in sulla colla istarei contento et con patientia e quanto più mi scriverai et richiederai tanto più ti sarò oblighato et andronne meglio di te faciendo cosa ti piaccia [...]. Un'altra de' dì 7 per mano di Bartolo Ciechi da Vernia il quale per mezo di monna Contessina mi gli proffersi in arme et in cavagli et che potesse venire et andare securamente, et quello che per me si potesse fare che mi richiedessi sicuramente, [...] il perché ti prieghо facci mia scusa a monna Contessina che io sono disideroso fare le cose grande nonché le pichole et ad questa parte non dico più se non che, atagliandoti, ti prieghо, ti gravo quanto so et posso, non sia mai di veruno che da te io non sia richiesto di qualche cosa in questo mio uficio, et io tucte le mecterò a executione et se non ti facessi risposta a ogni lettera el facto non mancherà.[64]

È possibile confrontare queste lettere con altre tre missive sempre di mano di Giuliano: due inviate a Piero di Cosimo dei Medici e la terza a suo figlio Lorenzo. Se le prime due si configurano banalmente come lettere interlocutorie,[65] è la terza, quella diretta a Lorenzo, che sembra essere più significativa nel rivelare il potere di negoziazione clientelare che il Vespucci doveva avere ormai pienamente acquisito nei suoi rapporti con il Magnifico. Giuliano si trovava, in questa occasione, al suo secondo mandato come Podestà di Pistoia, era il 19 luglio del 1466 e certo non doveva essere in condizioni di salute eccellenti.[66] Che i malanni a cui faceva riferimento non fossero solo una scusa per la scarsa sollecitudine mostrata nello scrivere a Lorenzo è confermato dal fatto che, pochi mesi dopo, alla suc-

64. ASF, *MAP*, VI, n. 322, dove si ritorna anche sul caso di Soldo.

65. La prima, datata 14 settembre 1461 (ASF, *MAP*, V, n. 731), consisteva in poche righe di accompagnamento con cui Giuliano si pregiava di inviare all'amico Piero di Cosimo, in trasferta ai bagni, un po' di selvaggina cacciata nelle sue proprietà («per Tofano aportatore di chuesta ti mando chuatro fagiani et dua starne che a tuo nome andai ieri a uciellarti»), mentre nella seconda, scritta esattamente ad un mese di distanza, il 14 ottobre del 1461 (ASF, *MAP*, XVII, n. 308), Giuliano riconfermava a Piero, in Pisa, la promessa di inviargli delle *scafe* da Signa.

66. «Rispetto la mia infermità ora, per lla gratia di Dio, spero Idio mi farà gratia di seguitare di bene in meglio», ASF, *MAP*, XX, n. 644.

cessiva estrazione per i Tre Maggiori, nel mese di settembre Giuliano era già passato a miglior vita.[67] In questa occasione, comunque, nonostante gli affanni, egli trovava la forza di mettere mano alla penna, prima che per lui fosse troppo tardi, per chiedere a Lorenzo che si prendesse cura di un suo protetto, il pistoiese Onorato Cari:[68] la familiarità e la fedeltà che lo legavano a Lorenzo erano divenute tali insomma da riuscire a conferire un certo tasso di reciprocità a quella politica di favori che nella corrispondenza con Giovanni dei Medici apparivano ancora fortemente unilaterali.

Giuliano del resto era riuscito a conquistarsi uno dei posti più in vista nella società e nel reggimento alla metà del Quattrocento. Il Catasto del 1442 ricordava, oltre a un unico figlio maschio Piero, almeno cinque figlie a suo carico: Tommasa di 12 anni (n. 1430), Maria di 5 (n. 1437), Checca di 3 (n. 1439) e Maddalena di un anno, al tempo a balia (n. 1441), a cui si aggiungeva Ginevra di 9 anni, coetanea di Piero, in monastero. Giuliano affidò anche alle strategie matrimoniali delle figlie il capitale sociale che aveva accumulato: la figlia Maria si accasò con uno dei rampolli della casata degli Strozzi, sua sorella Caterina con Antonio di Baldinaccio Adimari.[69]

A suggello dello status ormai conclamato che questo ramo della famiglia aveva raggiunto basterà ricordare uno dei molti avvenimenti mondani scaturito dalla convulsa politica di alleanza in cui Firenze era coinvolta in quegli anni. Nell'aprile del 1465, il giovane Lorenzo dei Medici si era recato a Milano in rappresentanza di Firenze e della sua casata, ad omaggiare il legame che si andava a stringere con le nozze di Ippolita, figlia del Duca Francesco e l'erede al trono di Napoli Alfonso d'Aragona. Due mesi dopo,

67. Cfr. Tratte Online. Giuliano fu sepolto in Ognissanti il 4 agosto del 1466: ASF, *Ufficiali della Grascia*, 190, c. 67v.

68. «ora achade che Honorato Chari di quì, a me amicho grandissimo e del quale fo conto assai, e nonché io ma e' son certo Piero tuo li porta singulare amore, ti voglio prechare che in quello ti richieda ti piaccia darli avviso e favore quanto dessi a me proprio, che così lo riputo, che son certo lui ti richiederà di cose honeste e della ragione», ASF, *MAP*, XX, n. 644.

69. Si veda Fabbri, *Alleanza matrimoniale*, pp. 103, 209, 213 e 216. Cfr. anche ASF, *Manoscritti*, 361, c. 612r, che indica Maria di Giuliano di Lapo Vespucci sposata nel 1457 con Francesco di Piero Strozzi e, solo due anni dopo, con Niccolo di Giovanni di Lodovico Banchi. Inoltre, dal testamento di Bice Salviati del 20 maggio 1471, con cui la donna lasciava 100 fiorini di legato a ciascuna delle figlie ancora in vita, si apprende che Tommasa era monaca nel monastero di Monticelli col nome di suor Tommasina: cfr. ASF, *NAC*, 10198, c. 174 r e ss. + codicilli del maggio 1474, ivi, c. 203).

il 22 giugno, Ippolita Sforza faceva il suo ingresso trionfale a Firenze dove si sarebbe trattenuta fino al 27, insieme ai suoi fratelli e al futuro cognato, Federico d'Aragona, incaricato di condurla dallo sposo. La città intera non perse occasione per celebrare l'evento con l'adeguato sfoggio di ricchezze, evento dietro il quale, come è ovvio, si celavano aspirazioni a saldare o rinverdire legami che avevano perso un po' di smalto. Non mancava di notarlo Marco Parenti che nel ricordare la presenza dell'ambasciatore senese precisava «ècci venuto per rintegrare l'amicizia abbiamo co loro». Ancora il Parenti, nello scrivere a Filippo Strozzi, dell'arrivo sfarzoso della sposa e del suo ricco seguito di cavalli e bauli («forzeretti molto adorni») ricordava come Ippolita avesse preso alloggio «in casa Piero di Cosimo e dom Federigo a Santa Maria Novella al luogo usato» in vista di un calendario fitto di festeggiamenti (la festa di san Giovanni, con la processione e la corsa del Palio il lunedì, la «festa bella degli edifici» il martedì) prima di ripartire alla volta di Napoli tra il 26 e il 27.[70] Era in particolare «presso al prato de Ognissanti in casa Zuliano Vespuzi, dove è ben preparato, e li vederanno ballare fin che el palio serà corso», come scriveva Nicodemo Tranchedini a Francesco Sforza, che Ippolita e i suoi familiari avrebbero trascorso il giorno di San Giovanni.

Come la casa di Piero dei Medici, come quella di Antonio dei Pazzi dove stava il «logiamento del Signor nostro Roberto» che era stato teatro dei balli della domenica sera, anche la casa di Giuliano Vespucci finiva per rivelarsi come uno dei punti chiave nell'apparato di accoglienza al sodalizio sforzesco aragonese.[71] Ancora una volta il legame tra i Vespucci e gli Aragonesi appariva perfettamente congruo ad assecondare le mire politiche della famiglia Medici.

70. Macinghi Strozzi, *Lettere*, p. 424.
71. Rochon, *La jeunesse de Laurent dei Medici*, p. 104.

3. Le ambigue controversie del potere: il caso di Piero di Giuliano di Lapo Vespucci

Tra Firenze e il dominio

Piero, l'unico figlio maschio di cui si ha notizia, nacque dal matrimonio tra Giuliano e Bice Salviati, nel giugno del 1432.[1]

Come la tradizione famigliare prevedeva, fu presto avviato all'attività mercantile. Come prevedeva invece la tradizione repubblicana il suo nome venne quasi subito inserito nelle borse per partecipare all'esecutivo. In tutte le estrazioni ai Tre Maggiori, comprese nei venti anni tra il 1437 e il 1458, Piero risultò sempre minore dell'età richiesta per l'assegnazione della carica. Solo nel 1463, raggiunti finalmente i trenta anni, egli fu Priore per la prima volta; assente perché vittima di impedimento alle estrazioni del 1467, fu infine dei Dodici Buoniuomini nel 1469 e Gonfaloniere di compagnia nel 1472.[2]

Il curriculum politico di Piero non si distingue particolarmente da quello di un comune cittadino della classe media dell'establishment. Ebbe numerosi incarichi nel territorio che fino ai primi anni Settanta alternò a sporadiche occasioni in cui fu chiamato a servire nell'amministrazione e negli uffici intrinseci della Repubblica.[3]

1. ASF, *Tratte, Libro delle età*, 80, c. 153v. In realtà il Catasto del 1458 ricorda un secondo figlio della coppia, Lapaccio, nato all'incirca nel 1447, undicenne alla data della denuncia fiscale. Le Tratte lo indicano come già mancato pochi anni dopo, prima del 1462. Vedi ASF, *Catasto*, 814, portata n. 389 e Tratte Online.

2. Vedi Tratte Online.

3. Fu degli Otto di custodia dall'ottobre del 1470 al gennaio del 1471; Camerario della gabella del vino tra il 1471 e il 1472, Ufficiale di condotta e poi Ufficiale dei pupilli nel 1472, fintanto che non venne sostituito in carica da un Sernigi per essere stato contemporanente estratto, sul finire dello stesso anno, a una carica più alta come appunto era il Gonfalonierato, ASF, *Tratte, Intrinseci*, 903, cc. 7v, 26v, 71r, 101v. Nel luglio del 1472 Piero fu anche eletto come Ufficiale di condotta per 4 mesi ma dovette rinunciare perché già in carica come Gonfaloniere, ASF, *Tratte, Intrinseci*, 904, c. 10r.

Coinvolto, come già suo padre, nei traffici marittimi, ebbe nel febbraio del 1463 l'incarico, in seguito più volte reiterato, di Capitano di una delle galee dirette verso Oriente.[4] Sebbene non fosse totalmente privo di una certa tradizione politica famigliare, Piero, come i suoi più diretti consanguinei, era soprattutto un uomo di affari. Tuttavia ancor più di quanto già riscontrato nella biografia del padre Giuliano, Piero rivelò una spiccata aspirazione verso la dimensione politica e verso l'entourage mediceo laurenziano.[5] Si trattava, del resto, di un atteggiamento diffuso nella maggior parte dei fiorentini del tempo che aspiravano ad un posto di rilievo nella società, a suggello magari di una già avviata posizione economica.

Che Piero fosse un ambizioso si comprende facilmente anche da quelle nozze contratte, quando era ancora molto giovane, nei primi anni Cinquanta, con l'altrettanto giovanissima Caterina dei Benci.[6] Il padre di Caterina, Giovanni di Amerigo dei Benci, era uno dei collaboratori più in vista del governo di Cosimo: già scelto come supervisore per la fondazione della filiale del banco di Ginevra nel 1424, e poi inviato a Basilea, fu infine richiamato a Firenze come direttore generale del Banco dal 1435 fino al 1455 (anno della sua morte), dove lavorò a stretto contatto di gomito con Cosimo dei Medici.[7]

Il matrimonio tra Piero e la figlia di un uomo tanto in gloria presso il regime fu sicuramente una mossa opportuna che gli giovò buone possibilità di carriera nell'immediato. L'ambizione che lo guidava, tuttavia, non fu per lui foriera di un destino generoso. Piero visse, come tutti i suoi contemporanei (tra i quali, per esempio, anche il padre di Amerigo la cui vita

4. ASF, *Tratte, Intrinseci*, 903, c. 124v. Piero Vespucci fu patrono di galea nella primavera del 1464, nel 1466 e infine, nel 1467, della galea *Ferrandina*. Vedi anche Mallett, *Florentine Galleys*, p. 74.

5. Proprio a proposito del Vespucci, si vedano anche le opportune considerazioni di Kent, *Il ceto dirigente fiorentino e i vincoli di vicinanza*, pp. 73-74.

6. Nel 1442, nella dichiarazione di Giovanni di Amerigo dei Benci, Caterina, 4 anni, compariva tra le bocche come quinta di otto fratelli (ASF, *Catasto*, 608, c. 512r). Che fosse nata nel 1438, come sembrerebbe, o addirittura nel 1437 come risulterebbe da ASF, *Monte Comune*, 3734, c. 161r, era sicuramente ancora una ragazzina quando andò in sposa a Piero così come quando, nel 1453 ad appena 16 anni, diede alla luce il figlio Marco. Vedi anche ASF, *Catasto*, 814, portata n. 389.

7. Si vedano le note biografiche in De Roover, *Il banco Medici*, pp. 83 e ss. che definisce Giovanni di Amerigo de' Benci come «il principale consigliere di Cosimo de' Medici in materia d'affari», nonché il profilo biografico curato da Y. Renouard in DBI, vol. 8, 1966.

però, come si vedrà, scorse su binari decisamente più ordinari), in anni di forte turbolenza politica per Firenze. Il potere mediceo che nella sostanza andava progressivamente dinastizzandosi, si avvaleva di un involucro che conservava in apparenza le strutture repubblicane e che, nel suo consolidarsi, si era basato su un sistema fortemente consensuale, che non lasciava spazio al dissenso. Così, la formazione sommersa, o comunque mai apertamente manifesta, di nuclei di opposizione sfociava in congiure o in rotture interne al gruppo degli stessi simpatizzanti, che obbligavano i cittadini più ambiziosi (o semplicemente più prudenti) a prendere una posizione netta tra il sostegno e la sovversione.

Alla morte di Cosimo nel 1466, si ebbe, come è noto, un primo tentativo di rovesciamento del regime (o per meglio dire, di manifesta opposizione a quel governo mediceo che era ormai diventato di fatto un regime), a capo del quale vi erano eminenti personaggi già precedentemente distintisi come filomedicei (Neroni, Acciaioli, Soderini, Pitti).[8] Ciò scatenò la reazione di Piero dei Medici che rispose con il bando e l'arresto immediato per i principali responsabili della congiura. Si trattava di cittadini eccellenti, cresciuti proprio all'ombra del potere mediceo, già uomini di Cosimo del cui governo avevano costituito, fino a poco tempo prima, una delle costole più robuste. L'anno 1466, come afferma Patrizia Salvadori, assume quasi il ruolo di «uno spartiacque nella memoria più recente dei fautori medicei tra quanti in quell'occasione scelsero di schierarsi da una parte o dall'altra».[9] In questo caso la scelta di Piero Vespucci, così come di molti altri uomini nuovi, fu quella, più prudente o, se vogliamo, meno ardimentosa, di assumere una posizione ostile ai congiurati e assolutamente a favore del ripristinato *status quo* mediceo.

Negli anni a venire, tuttavia, le dinamiche che fino ad allora gli avevano consentito di sopravvivere agevolmente si incrinarono e, di fronte alla selettiva politica laurenziana, il favore mediceo nei suoi confronti si ridusse. Le sue ambizioni politiche di fare parte della cerchia del Magnifico vennero ripetutamente frustrate: prima nella mancata elezione agli uffici pubblici, poi, in misura più grave, nel tacito rifiuto da parte del Magnifico

8. Si veda oltre al recente Najemy, *Storia di Firenze*, pp. 375-385, Fubini, *Italia Quattrocentesca*; Rubinstein, *La confessione di Francesco Neroni e la congiura antimedicea*, e Pampaloni, *Il giuramento pubblico*.

9. Salvadori, *Dominio e Patronato* p. 29 che alla n. 59 rammenta proprio il caso di Piero Vespucci.

ad accoglierlo tra i 40 membri della sua Balìa che costituiva, al tempo, una sorta di consiglio di uomini di provata fede.[10]

Va precisato che Piero, come tra poco si comprenderà con maggiore dettaglio, doveva essere un individuo niente affatto comune. Era anzi un uomo dalla personalità complessa nella quale si evidenziavano, a fasi alterne, acceso individualismo, vanesia ingenuità, punte di astuzia, e una sostenuta e mai paga capacità di recriminazione. Piero era un mercante e un imprenditore ma anche un uomo colto e un instancabile estensore di lettere. Facilitato da una natura versatile, disponibile e al contempo estremamente ambiziosa, Piero era nondimeno un ottimo faccendiere: curava per Lorenzo i rapporti con i venditori di cavalli, una delle tante passioni coltivate dal Magnifico, promuoveva le raccomandazioni, si faceva latore delle istanze di terzi e, in tutte queste occasioni, non erano rare le circostanze in cui riusciva a scorgere e a ritagliarsi un certo margine di profitto personale.

Le molte lettere conservate nel fondo *Mediceo Avanti il Principato* ne rappresentano una vivace testimonianza. Nell'autunno del 1466 Piero si trovava a Vico Pisano, in carica come vicario.[11] In una lettera a Lorenzo del 16 settembre, Piero accennava a come pochi giorni addietro avesse ricevuto sue lettere in favore di un tale Marino di Luca da Cascina.[12] Senza mai mettere in discussione la propria assoluta fedeltà alla volontà del signore, Piero non rinunciava a lanciare un piccolo strale della sua polemica verso questo protetto del tutto immeritevole, a suo avviso, della cura che il Magnifico gli riservava. E subito dopo avere sottolineato la propria devozione, non esitava a raccomandare egli stesso a Lorenzo il latore della lettera, un tale Agnolo d'Alesso *vocato Sbarra*. Certamente un uomo d'arme come lascia intendere il soprannome e come sembra confermare il breve curriculum a cui Piero faceva cenno in sintesi. Oltre ad essere «persona costumata

10. *Ibidem*. Sulla gestione dei meccanismi politici di età laurenziana si rimanda ai saggi di Benigni-Toccafondi, Zaccaria e Arrighi-Klein contenuti in *Consorterie politiche e mutamenti istituzionali*.

11. ASF, *Tratte, Estrinseci*, 985, c. 24r.

12. «Ne' dì passati havemmo vostre lettere in rachomandigia d'uno Marino di Lucha da Cascina del quale s'è fatto quanto scrivete benché sia di qualità che non lo meriti, ma in questo et in qualunche altra cosa ad voi grata mi troverete sempre paratissimo a qualunche vostro beneplacito», ASF, *MAP*, XXII, n. 71, 16 settembre 1466. Si veda anche, sempre da Vico, la lettera del 12 settembre 1466 (ASF, *MAP*, XVII, n. 512) il cui «aportatore», che era a lui «amicissimo et così fu della buona memoria di mio padre», Piero gli raccomandava «per ogni rispetto».

et da bene et ad me tanto amicissimo quanto dire si può», Piero ci teneva a precisare che lo *Sbarra* «ne' giorni passati, nelle vostre occurrentie non si partì mai da me» e aggiungeva che

> nell'ultima volta venni costì, chon 800 fanti gli lasciai al governo suo et capo di quella brigata cho'lla quale al Parlamento entrò in Firenze, chon tutta quella diligentia che gli fu possibile et con tanto desiderio di servire la casa vostra che io non ve lo potrei dire.[13]

Insomma, si trattava, molto probabilmente, di uno quei militari che nel 1466 avevano operato a difesa di Piero di Cosimo e del regime mediceo. Lo *Sbarra* necessitava di qualcosa, un aiuto materiale forse?, da parte dei Medici, e Piero glielo raccomandava quanto più calorosamente era nelle sue possibilità, «ché per uno piacere non lo potrei havere magiore», non mancando di ripetere in chiusura che l'uomo in questione era di tale «qualità che in qualunche cosa vi farà honore».[14]

Appena due giorni dopo Piero si rivolgeva di nuovo a Lorenzo per una faccenda strettamente personale relativa a certe compravendite fatte insieme a Tanai dei Medici e rimaste inconcluse, con l'auspicio che il Magnifico convincesse i venditori, forse addirittura facesse pressioni su di loro, perchè gli vendessero anche le parti restanti.[15] Nel consueto bilanciamento di favori concessi e favori domandati, alla richiesta personale seguiva l'attestazione di fedeltà: talvolta, come in questo caso, dimostrata coi fatti. In questa occasione, per esempio, la devozione di Piero si manifestava nello zelo con cui prometteva che avrebbe elargito la degna punizione per i suoi misfatti a un nemico della casa Medici («el quale è di tale qualità che merita cento capestri») finito da poco nelle sue mani.[16]

Terminato l'incarico di vicario, Piero passò buona parte dell'anno successivo, il 1467, in viaggio per mare come Patrono della galera Ferrandina.[17] Lo ritroviamo di nuovo a Pisa nell'estate seguente.[18] Da qui, all'inizio

13. ASF, *MAP*, XXII, n. 71.
14. *Ibidem.*
15. ASF, *MAP*, XXII, n. 74, 18 settembre 1466.
16. *Ibidem.*
17. Soprattutto la seconda parte dell'anno, cfr. Mallett, *Florentine Galleys*, pp. 102-103, 120, 170.
18. Ai primi di aprile era comunque a Firenze: il 9 aprile del 1468, nel popolo di Santo Stefano Abate di Firenze, Piero che agiva anche a nome dei suoi eredi e suo cognato Ameri-

del mese di giugno, scriveva a Lorenzo l'ennesima lettera di raccomandazione con la quale gli caldeggiava il caso di un tale Battista Cutorni suo «charo amicho e nostro servidore el quale à di bisogno l'aiutate di quanto vi dirà».[19] A metà di gennaio del 1469 Piero, che già dalla fine dell'estate si trovava come Podestà a San Gimignano, interpellava Lorenzo perché lo raccomandasse a suo padre per un alleggerimento dell'imposta fiscale: come segno tangibile della sua gratitudine, si affrettava ad assicurargli un emolumento di quaranta fiaschi di vino greco con cui allietare i suoi giostranti.[20] Concluso anche il mandato sangimignanese, Piero fu eletto tra i Dodici Buonuomini nel giugno del 1469. Al termine del trimestre previsto dall'incarico, fu reclutato in un'ambasciata a Napoli per conto della Repubblica.

La missione si colloca al tempo in cui già Otto Niccolini si trovava come ambasciatore a Napoli con lo scopo di convincere Ferrante d'Aragona a siglare la lega con Milano e Firenze, nei mesi estivi del 1470.[21] Può darsi che con la presenza di Piero già famigliare degli Aragonesi per tradizione paterna (oltre che per l'esperienza maturata di persona) si intendesse in qual-

go di Giovanni dei Benci, facevano compromesso di tutte le loro liti e vertenze negli "spettabili" uomini Bongianni di Gherardo Gianfigliazzi, Tommaso di Luigi Ridolfi e Jacopo di Nicola Paganelli, sotto pena di 3.000 fiorini d'oro (cfr. ASF, *NAC*, 10186, c. 159r e ss.).

19. ASF, *MAP*, XX, n. 400, 1 giugno 1468.

20. «La fede et la speranza che sempre ò avuto et ò in voi ne' bisogni miei mi fa pigliare presumptione in scrivervi et racomandarvemi, et maxime al presente dove chonsiste lo stato mio, et mediante voi spero havere et gratia et piacere che mi pare chosa et licita et honesta. Et questo ò che io vi priegho che vi piaccia racomandarmi a Piero in questo gravo et che voi mi racomandiate a cotesti sgravatori quando vi pare il tempo [...] Io tengo a vostra instanza 40 fiaschi di grecho per potere rinfreschare in questa giostra vostri sergenti, per la qual chosa vi piaccia fare mandarci costì in Firenze a casa e' fiaschi che ò qui. Non s'à se non grecho, ma pure a ogni modo non vi mancheranno», ASF, *MAP*, CXXXVII, n. 238, 18 gennaio 1469. Si veda, sempre da San Gimignano, anche la lettera inviata al segretario di Piero dei Medici, ser Filippo da Valsavignone il 7 settembre del 1468: ASF, *MAP*, LXXXXVI, n. 52.

21. «[...]e perché nella lega non era unione per convenirsi in quello s'aveva a fare, si fece una dieta a Firenze, dove furono imbasciadori pel re e pel duca, e finalmente, non si faccendo alcuna buona conclusione e sendo disparere fra el duca e re, si ridusse la pratica della pace a Napoli dove per la città andò messer Otto Niccolini. Furonvi e' trattati vari, e fu opinione che el re s'avessi a collegare co' viniziani; ma finalmente doppo molte pratiche l'anno 1470 si rinnovò la lega fra re, duca e noi, con certi capitoli risguardanti alla pace e lega generale di tutta Italia, come di sotto si dirà», Guiccardini, *Storie fiorentine*, 2, p. 20. Si veda anche la lettera di incarico al Niccolini in ASF, *Signori, Legazioni e commissarie, Missive, Istruzioni e lettere a oratori*, 17, c. 35r. e ss.

che modo facilitare il progresso delle trattative. Si può dunque ipotizzare che il cavalierato che egli ottenne dall'Aragona fosse una sorta di ricompensa anche per la sua azione di mediatore. Piero fece un ritorno trionfale in città alla fine di luglio, come rammentava ser Giusto di Anghiari nei suoi *Ricordi* con toni celebrativi: «Lunedì a dì 30 luglio entrò in Firenze messer Piero di Giuliano Vespucci che venne da Napoli, fatto cavaliere dal re Ferrando, ed ebbe le bandiere degli onori del Comune di Firenze».[22]

In effetti, tra le conseguenze più significative della sua andata a Napoli, vi fu certo, a livello personale, il titolo onorifico di cavaliere ottenuto il 18 giugno del 1470 dal Duca di Calabria e ratificato di lì a poco dal Comune di Firenze.[23] Una concessione che, oltre a colpire l'immaginario dei cronisti come cosa degna di nota per il loro pubblico, ebbe più di tutto l'effetto di inorgoglire il beneficiato. Da questo momento in avanti, infatti, come testimonia la corrispondenza con i membri della casa Medici nei successivi quindici anni, Piero non smise mai di fregiarsi di quel titolo di cavaliere che fieramente faceva seguire al suo nome, e al suo incarico del momento, ogni volta che si trovava a siglare una missiva. Lo attestano fin dal principio, probabilmente anche sulla scorta dell'entusiasmo iniziale, le molte lettere inviate a Lorenzo poco dopo avere ottenuto il titolo, nell'estate del 1471, da Scarperia dove si trovava come Vicario del Mugello.[24] Il riconoscimento appena ricevuto, con la necessità di non sfigurare che ne derivava, diventava il pretesto per chiedere in prestito al Magnifico alcune masserizie e una nuova cavalcatura:

> Et perciò vi priego che, essendo qua Vichario et havendo la cavalleria, mi vogliate un pocho rafazonare colle vostre cose di prestarmi una dozina di tazze et uno cavallo per me, che havendo io una buona mula la donai a mes-

22. Vedi Newbigin, *I Giornali di ser Giusto Giusti d'Anghiari,* p. 161. Anche Benedetto Dei, *Cronica* p. 83, includeva l'amico messer Piero Vespucci nell'elenco dei trentatré cavalieri a spron d'oro che «Florentia bella» aveva avuti al suo tempo.

23. ASF, *Provvisioni, Registri,* CLXI, c. 54r.

24. Si veda ASF, *MAP*, XXVII, n. 229, 16 aprile 1471; n. 296, 25 maggio 1471, n. 298, 26 maggio 1471; n. 317, 14 giugno 1471; n. 331, 17 giugno 1471; n. 340, 23 giugno 1471; n. 425, 30 giugno 1471; n. 373, 7 luglio 1471; n. 381, 9 luglio 1471; n. 403, 17 luglio 1471; n. 406, 18 luglio 1471; n. 537, lettera s. d. ma che per contenuto si colloca probabilmente nei pressi della precedente; n. 477, lettera del mese di agosto. Si rammenta anche, antecedente a questo nucleo di tredici lettere mugellesi, quella scritta da Signa l'8 aprile del 1471 (ASF, *MAP*, XXVII, n. 221). A Vicario del Mugello, incarico semestrale, Piero venne eletto il 1 febbraio del 1471 per sei mesi, vedi ASF, *Tratte, Estrinseci*, 985, c. 18r.

ser Ludovico da Campofregoso e perciò mando costì Nicholò cavallaro che potendomene servire, vi priego diate l'una e l'altra cosa all'aportatore [...] et quando dell'una cosa e dell'altra avesse bisogno, per uno minimo verso me ne diate aviso, ve le rimanderò.[25]

In generale, comunque, anche in questo nucleo di lettere le linee dominanti della comunicazione tra i due passavano attraverso reciproche richieste di raccomandazioni e favori. Lorenzo dalla sua posizione di "primo cittadino" non esitava a chiedere trattamenti di favore per i suoi assistiti, frequentemente anche personaggi di dubbia reputazione che si trovavano, lontano dalla città, nella necessità di ottenere un'assoluzione dalla pena, o una dispensa dall'osservanza stretta del protocollo. Dal canto suo il Vespucci, solo formalmente refrattario ad un asservimento acritico, non mancava mai, in ogni risposta, di sottolineare il suo giudizio negativo sui protetti di Lorenzo, salvo accettare, poche righe più avanti, di eseguirne la volontà e finire così per rimarcare con forza sempre maggiore la sua determinazione ad essergli soggetto anche a costo delle proprie opinioni. I raccomandati di Lorenzo, infatti, che avevano tutti, agli occhi del Vespucci, la comune caratteristica di essergli personalmente invisi, vuoi come generici malfattori e poco di buono, vuoi perché egli stesso ne aveva sperimentato la falsità e la violenza, finivano nondimeno per scampare sempre alla gogna secondo la volontà del loro protettore. Ciò accadeva per esempio quando si trattava di dispensare dalla pena prevista i «lavoratori di Giovanni Tornaquinci» responsabili di violenze ai danni di un notaio di Signa e dei membri dell'équipe dello stesso Vespucci, recidivi per essersi macchiati degli stessi reati appena un anno prima, rei ancora di più per la spavalderia dimostrata al momento dell'arresto, che tuttavia Piero aveva fatto scarcerare per non scontentare il Magnifico.[26] Accadeva circa un mese dopo, quando Lorenzo raccomandava "strettamente" a Piero un tale Paolo di Meo da Figliano,

25. ASF, *MAP*, XXVII, n. 296, 25 maggio 1471.

26. ASF, *MAP*, XXVII, n. 229, 16 aprile 1471: «al tempo di Ghuglielmo Rucellai ch'era Podestà di Prato, feciono il simile et fedirono dua de suoi famigli sicché vedete di che natura sono costoro, che etiandio quando furono presi et legati non restavano di minacciare [...] Et non crediate a nulla che v'abbia detto Giovanni Tornabuoni ch'io non gli promissi mai nulla che dobbiate comprendere se questo era chaso da lascialli sì legermente, che di poi fui in questo luogo non ò avuto chaso di più sdegno. Il perché avendo loro fatto più che non ànno insino avermi morto Marcho mio figliuolo, per vostro amore sono contento a farne la voglia vostra et così in questo punto, all'avuta delle vostre, gli ò tratti di prigione a sodamento».

che il Vespucci si impegnava a proteggere a dispetto della sua discutibile condotta («Nonobstante ch'egli è uomo di qualità da meritare punitione grandissima, niente di meno chome ò detto, per vostro amore se gli farà ogni piacere che vorrà lui proprio»).[27] Accadeva ancora alla metà di giugno quando Piero si vide costretto, sempre su intercessione del Magnifico, ad accordare protezione a due sospetti assassini cui avrebbe in cuor suo voluto dare «bando di rebello con tutte le maleditioni che si possono dare».[28] Anche in questo caso, nell'abiurare alla propria coscienza, Piero accampava, a giustificazione del suo operato, un senso di fedeltà e di aderenza alla volontà medicea che dava la misura di quanto, almeno per lui (ma certo anche per molti altri), il pubblico impiego sul territorio, ben lungi dal rispondere all'interesse della Repubblica, si traducesse nell'asservimento a un superiore dal quale tutto il suo personale benessere dipendeva:

> Niente di meno io sono Vichario et ogni altro uficio harò, sempre sono per servirvi et ubidirvi più che tucti gli uomini del mondo, et in questo caso ve n'ò voluto dire il vero e l'animo mio, et di poi fare a vostro modo di questo et d'ogni altra cosa che vi piacesse, et tanto quanto m'aviserete tanto metterò ad effecto.[29]

Ancora pochi giorni dopo, Lorenzo tornava a raccomandargli l'ennesimo farabutto e ancora una volta Piero obbediva fedelmente agli ordini ricevuti.[30] Di fronte a questo panorama di richieste, sovente non agevoli, ma che a Piero non era consentito disattendere, ben si comprende come egli stesso si sentisse autorizzato a pretendere in cambio qualcosa. Il rapporto tra i due, insomma, andava delineandosi sempre di più nei termini di uno scambio reciproco anche se non necessariamente alla pari: alla sudditanza che il Magnifico pretendeva Piero fosse disposto ad osservare, anche a costo di mettere in secondo piano la propria dignità, il Vespucci replicava

27. ASF, *MAP*, XXVII, n. 298, 26 maggio 1471.

28. «Perché simili casi non meritano né pietà, né misericordia, anzi fuocho, mannaie et cavi di braccia 8 l'uno», ASF, *MAP*, XXVII, n. 317, 14 giugno 1471.

29. *Ibidem.*

30. «Et per l'altra vostra intendo quanto strettamente mi raccomandate uno Domenico di Giovanni Del Chiaro del quale ò informatione di più suoi manchamenti et da più persone, che non fo dubio sia tristo. Niente di meno per vostro amore non voglio cerchare più avanti et in questo punto l'ò liberato. [...] Tante volte quante mi richiederete, tanto vi servirò et sia perché così si sia et di quanta più importanza sarà, tanto più volentieri lo farò, che cosi è stato e etiam sarà sempre il cuor mio che non desidera se non potere indovinare fare cosa vi piaccia», vedi ASF, *MAP*, XXVII, n. 331, 17 giugno 1471.

col contare tacitamente sulla duratura benevolenza del suo referente. Una benevolenza che ai suoi occhi passava, non solo, come si è visto, dal prestito di cavalli o di piccole masserizie per non sfigurare mentre era in carica,[31] ma anche dalla intercessione legale in soccorso di amici e familiari, come era il caso del cognato Antonio Adimari «richiesto agli Otto per certi 'micidi fatti per quelli del Palandra verso Cerreto Guidi dove detto Antonio teneva con loro buona amicizia»[32] o dell'amico Sandro Velluti a Bologna al tempo in causa legale con Giovanni Strozzi,[33] fino ad arrivare alla più banale e consueta delle richieste, quella cioè di essere eletto alle cariche più in vista. Non sorprende dunque che, dopo avere speso mesi a elargire favori al Magnifico, anche a costo di calpestare l'amor proprio, Piero non riuscisse a prendere con leggerezza il fatto di non essere rientrato tra i primi dieci del suo quartiere nelle elezioni della fine di giugno.

La lettera scritta, certamente di getto, il 7 luglio del 1471 è l'unica, in tutta la sua produzione epistolare del tempo, a non aprirsi con le consuete formule di ossequio, sul tipo di «Magnifico et generose vir et compater amatissimo». In questa occasione, per la prima volta, Piero esordiva brusco con l'inconsueto appellativo di "compare", e mettendo da parte la solita formale deferenza si lasciava andare a una spiccia familiarità per entrare dritto nel vivo della questione:

> Compare, siate certissimo che a' miei dì non ebbi mai tale dolore quando sentì ch'io non ero de' Dieci l'uno del mio quartiere di quelli vi sieno fedeli e afezionato allo Stato, ché per fede e per pruova, di mio padre e di me, mi pareva dovere essere di minore numero et peggio me ne sa per la riputatione m'avete tolta, che mi mettiate nel numero di più dozina, conoscendo l'animo mio che per voi metterebbe la vita et l'anima.[34]

Alla delusione personale si aggiungeva lo smacco pubblico, l'affronto della «reputazione» che Lorenzo gli aveva «tolta» nel non poter più apparire pubblicamente come uno dei suoi fedelissimi. Forse non senza un certo gusto per l'eccesso Piero si spingeva ad affermare di aver dovuto lasciare la città (di essersi cioè voluto trattenere in Mugello) proprio per sfuggire

31. ASF, *MAP*, XXVII, n. 296, 25 maggio 1471 e *supra,* nota 25.

32. ASF, *MAP*, XXVII, n. 340, 23 giugno 1471. Almeno dal 1461 Antonio di Baldinaccio Adimari era sposato con Caterina di Giuliano Vespucci, sorella di Piero, ASF, *Manoscritti*, 361, c. 612r.

33. ASF, *MAP*, XXVII, n. 425, 30 giugno 1471.

34. ASF, *MAP*, XXVII, n. 373, 7 luglio 1471.

alla vergogna e al vilipendio dei concittadini che avevano visto le sue ambizioni disattese.[35] La fedeltà al regime di Piero e, prima ancora, quella di suo padre Giuliano, erano fatti noti che non necessitavano di conferma. A garanzia del proprio operato, il Vespucci non esitava a tirare in ballo il giudizio espresso dal vecchio Piero dei Medici che personalmente aveva beneficiato della loro devozione: «et 'sperienza n'à facto vostro padre, di che n'abbiamo le lettere apresso di noi, dove dice che a me non mancherà mai né robba né stato, ché mi raddoppia il dolore quando considero a chi sono barattato».[36]

Forse peccando di ingenuità, forse, invece, eccedendo in astuzia, il Vespucci arrivava perfino a citare in giudizio, come fosse un patto d'onore anziché, come era più probabile, un formale e generico auspicio, la promessa con cui Piero di Cosimo sembrava essersi impegnato a garantirgli un eterno benestare. Nelle recriminazioni mosse a Lorenzo sulla scorta della delusione del momento, il Vespucci non tralasciava niente: rimarcava il suo impegno in termini economici oltre che certamente ideologici nei fatti del 1466, fino a tacciare di ingratitudine bella e buona il suo interlocutore:

> Ben vi ramento che voi rivoltiate la mente vostra di ricordarvi chi fu Giuliano mio padre alla casa vostra, et anche chi sono io et d'avermi provato a' tempi sinistri: et se questo farete, rade volte peccherete nel peccato della ingratitudine. Et per quello à facto Giuliano et per quello ò facto io che oltre al pericolo ò spesi nel '66 ducati 600 et non ebbi mai nulla dallo Stato: solo, sono stato una volta degli Otto et non ò avuto altro. Et truovomi in fiorini 9 di Catasto e fiorini 36 di Decima et ò diminuito fiorini 300 di rendita, et prima avevo fiorini 4 di Catasto; potete vedere chome siamo ristorati, ché per fare bene ò male, che se io non credessi essere ristorato et essere aiutato da voi non voglio più credere a Cristo né in persona al mondo.[37]

Ma ciò che più di ogni altra cosa, forse anche più del discredito sociale o del declassamento economico, Piero non riusciva a mandare giù era il

35. «et per dare luogho al dolore per lo meglio me ne sono venuto qui, perché è più dì io ero bucherato da tutta Firenze stimando io fussi di quelli Dieci; et io n'avevo dato buona intentione perché da voi n'avevo tale promessa, et anche avevo bene examinato il mio Quartiere et parevami per ogni rispetto d'essere in tale numero. Essendomi hora manchato per lo meglio me ne sono venuto qui, e per dare luogho alla stiza elessi questo per miglior partito», *ibidem*.

36. *Ibidem*.

37. *Ibidem*. Vedi anche Salvadori, *Dominio e patronato*, p. 30 e ss.

fatto di essere stato spodestato, nella benevolenza del Magnifico, dal ramo dei Vespucci che a suo avviso era da considerarsi, per i suoi precedenti trascorsi, come il meno affidabile di tutti:

> Ora voglio sia ben contento messer Guidantonio, che sa in modo fare con esso voi, che nel '66 Giorgio Ridolfi e Zanobi Bartholini gli guardarono la casa, et lui è figliuolo di Giovanni, nimico di Cosimo, et io so' figliuolo di Giuliano stiavo di casa vostra.[38]

Che Guidantonio figlio di un «nimico di Cosimo» fosse stato preferito a lui nato da Giuliano "schiavo" della casa Medici, Piero non riusciva proprio a digerirlo, al punto che non si peritava a giocare apertamente con Lorenzo la carta del discredito e a farlo partecipe di quanto tra lui e il cugino non corresse buon sangue.

In ogni caso, se pure assai significativa sul piano dell'autenticità dei rapporti che filtravano dalla corrispondenza ordinaria tra il Vespucci e Lorenzo il Magnifico, la lettera dei primi di luglio rappresenta praticamente un caso isolato e certamente eccezionale.[39] Non sappiamo se Lorenzo provvide a tranquilizzarlo con una risposta compiacente o se invece operò per ridurlo a rientrare nei ranghi della consueta obbedienza formale, fatto è che, già pochi giorni dopo, Piero tornava a scrivergli con la solita condiscendenza.

Tra le molte vicende di cui il Vespucci si trovò a fare esperienza nei decenni centrali della politica laurenziana, vi fu anche la rapida guerra che il Magnifico ingaggiò contro Volterra, nella primavera del 1472, per ottenere definitivamente il monopolio delle allumiere e dunque il controllo dell'allume ormai necessario per la prosperità dell'industria tessile.[40] Le controversie che sorsero tra gli affittuari delle cave di allume, per lo più fiorentini eminenti, e il comune di Volterra, degenerarono – nonostante i

38. ASF, *MAP*, XXVII, n. 373, 7 luglio 1471. Sul Bartolini citato, uomo di parte medicea, chiamato a perquisire l'abitazione del Vespucci, cfr. Tripodi, *Gli Spini tra XIV e XV secolo*, pp. 160-162.

39. Si conclude così: «Sono cose da scoppiare di passione et solo per vostro amore voglio avere patienta. Se vorrete stia a Firenze me n'avedrò che vorrete sia altrimenti tractato non sono, che essendovi quello sono, fedele et compare, non arei mai creduto che voi non mi facesse onore e utile, né che voi m'avesse lasciato ruinare chome avete facto. Ò speranza mi ristorerete e questo mi fa stare patiente et sempre mi raccomando a voi, ma fate me n'aveghi se mi volete bene», *ibidem*.

40. Fiumi, *L'impresa di Lorenzo de' Medici contro Volterra*, p. 24 e ss.

tentativi di arbitraggio della vicenda fossero stati affidati proprio a Lorenzo – in una ribellione violenta da parte dei volterrani. La rivolta offrì a Firenze il pretesto per una guerra lampo con cui ottenere definitivamente il controllo della città e delle sue risorse: lo scontro, assolutamente sbilanciato (in aiuto di Firenze intervennero le truppe papali e milanesi e il condottiero Federico da Montefeltro inviato dal re di Napoli) si concluse alla metà di giugno del 1472 quando, dopo un mese di resistenza, Volterra fu costretta alla resa. Una quarantina di giorni prima, il 3 maggio, Piero aveva scritto a Lorenzo da San Gimignano. Per la precisione, anzi, come si evince dalla calligrafia, gli aveva fatto scrivere dal suo cancelliere, come spesso accadeva. Inviando al Magnifico un suo emissario colligiano, Lorenzo di Berto da Picchena «aportatore delle presenti» nonché «il principale huomo di questa terra», Piero lo aggiornava sull'andamento dei fatti sul fronte volterrano dove di lì a poco si sarebbe consumata la conquista fiorentina, e finiva per raccomandargli proprio il da Picchena, uomo dell'élite locale che aspirava a scendere in armi contro i volterrani a fianco della Signoria e richiedeva allo scopo una fornitura di cento fanti.[41] Pochi giorni dopo il Vespucci si era già spostato a Campiglia da dove, per meglio sorvegliare il fronte, era stato inviato per conto dello stesso Lorenzo a conferire con Jacopo III Appiani, Signore di Piombino. Poiché la posizione dell'Appiani pareva sulle prime favorevole ai volterrani, Lorenzo doveva avere valutato opportuno che fosse proprio Piero a trattare con lui. Vespucci infatti era legato all'Appiani da una certa familiarità personale attestata almeno dal 1466 quando, in una lettera inviata al Magnifico, Jacopo III faceva riferimento al «magnifico nostro compare Piero Vespucci».[42] Anche lo stesso Magnifico e suo zio Giovanni dei Medici, come pure il loro concittadino Pier Filippo Pandolfini, erano uniti da comparaggio al signore di Piombino, ma il peso del legame col Vespucci appariva maggiore. E del resto una strettissima familiarità univa l'Appiani agli aragonesi: non solo la madre di Jacopo III, Colia de' Giudici, era quasi sicuramente una figlia illegittima di Alfonso d'Aragona, ma dal febbraio del 1465, il re Ferdinando lo aveva ascritto alla casa aragonese, concedendogli il diritto ad inserirne le

41. ASF, *MAP*, XXVIII n. 44, 3 maggio 1472.

42. ASF, *MAP*, XCIII, n. 394, lettera di Jacopo III a Lorenzo dei Medici del 6 febbraio 1466. Il legame di comparaggio era il segno che uno dei due aveva battezzato il figlio dell'altro come ricordato in Meli, Tognetti, *Il Principe e il mercante nella Toscana del Quattrocento*, pp. 21-22 e 57.

armi nel suo stemma e ad aggiungere il cognome Aragona al proprio.[43] A questo punto le relazioni commerciali col Vespucci assumevano un senso ancora più completo e non sorprende che nel maggio del 1467, Piero Vespucci fosse stato al comando, come Capitano, della galeazza *Sancto Iacomo*, appartenente proprio a Jacopo III Appiani Aragona e «recante le insegne del serenissimo re d'Aragona».[44] Proprio con la galea di Piero era stato spedito il lettuccio con cassone ordinato da Filippo Strozzi nel 1467 a Giuliano da Maiano, per conto del ministro aragonese Diomede Carafa, per un suo studiolo da «arredare a imitazione di quello di Piero de' Medici nel suo palazzo di Napoli». Se lo Strozzi, già alla fine degli anni Sessanta, era un prezioso tramite della cultura fiorentina con Napoli, tra i fiduciari che gliene fornivano i mezzi vi era appunto il nostro Piero Vespucci.[45] Agli occhi del Magnifico, giovani ma già straordinariamente aperti sulle cose del mondo, non sfuggiva certo il fatto che l'affinità tra il Vespucci e gli Aragonesi di Napoli era un capitale di cui conveniva tenere conto. Come già era avvenuto pochi anni prima, in un momento cruciale per gli equilibri politici della penisola, quando affiancando Piero al Niccolini ambasciatore a Napoli, era stato possibile indurre Ferrante alla firma del trattato con Milano e Firenze, alla stessa maniera adesso il Vespucci era impiegato come intermediario presso i signori di Piombino per attuare le strategie politiche di Lorenzo.

Piero Vespucci nei domini sforzeschi

In uno di quegli elenchi che a Benedetto Dei piaceva compilare con gusto e perizia, Piero Vespucci, pur non essendo tra i «principali dello stato e del governo» che contavano – tra gli altri – Lorenzo dei Medici, Tommaso Soderini, Bernardo del Nero, Girolamo Morelli, rientrava però nella cerchia degli affiliati immediatamente successiva, insieme ad Agnolo Della Stufa, Jacopo dei Pazzi, Giovanni Canigiani, Luigi Guicciardini.[46] Non sappiamo se nello stilare i suoi elenchi il Dei parlasse solo per amor di

43. Meli, Tognetti, *Il Principe e il mercante nella Toscana del Quattrocento*, pp. 51-52.
44. Ivi, pp. 124-125.
45. Citazione tratta da Del Treppo, *Le avventure storiografiche della Tavola Strozzi*, pp. 483-515, vedi *supra*, n. 16.
46. Dei, *Cronica* pp. 87 88.

verità o se, influenzato dall'amicizia che lo legava personalmente a Piero, peccasse di eccessiva benevolenza nel collocarlo tra quelli «della seconda ischiera dello stato». In una lettera del 18 settembre, scritta da Firenze, Piero ansioso di raccomandazioni, si disperava per le pessime condizioni economiche in cui versava:

> D'ogni mio chaso sempre piglierò buona sichurtà in voi di richiedervi di chonsiglio e d'aiuto e sempre seguirò vostro ordine, che so non potrò capitare se non bene, perché in voi è tutta la mia fede e speranza mi vogliate aiutare a trarmi di miseria, di povertà non ametendo se none passi e parole e lettere e potetemi riavere di risucitarmi.[47]

Per non farla troppo lunga, Piero gli inviava suo figlio Marco con l'incarico di spiegargli la faccenda personalmente e nel dettaglio.[48] E in effetti, forse per l'abilità di Marco, forse perché ormai da tempo la prospettiva di levarselo definitivamente di torno iniziava ad essere negli auspici di Lorenzo, pochi mesi dopo aver avanzato la richiesta, Piero venne inviato a servire come Podestà nei domini del nord.

Ancora una volta, ad influire sulle vicende del Vespucci si intravedono i suoi rapporti personali con individui dal cui rilievo nel panorama politico Lorenzo non poteva prescindere. In questo caso, per esempio, può darsi che abbia pesato l'amicizia con il condottiero Roberto da Sanseverino. Nipote di Francesco Sforza, affiliato agli Aragonesi tanto da avere anche lui diritto ad apporre il nome Aragona al proprio cognome, il Sanseverino era altresì dal 1468 Capitano generale di Firenze.[49] Sull'amicizia che legava il Sanseverino a Vespucci siamo informati grazie a un altro rapporto di amicizia: quello con il poeta Luigi Pulci.[50] Il Sanseverino era in relazione col Pulci almeno dalla fine del 1472; in una lettera del 1 dicembre indirizzata al Magnifico da Bologna, il condottiero esprimeva il suo rammarico per non aver potuto incontrare né lui né il Vespucci: «assay me dolse el non poter vedere vostra Magnificentia ne' la partita mia da Firenze come per messer Piero Vespucci e poi pel nostro Aluise Pulci li fece intendere et del

47. Vedi ASF, *MAP*, XXIX, n. 767, 18 settembre 1473.

48. «per non vi tediare di lettera lunga mando a voi Marcho mio figliuolo el quale vi dirà el bisogno mio a pieno. Prestateli piena fede chome a me proprio», *ibidem*.

49. Per il rinnovo della condotta nell'aprile del 1470, ASF, *Provvisioni, Registri*, 161 c. 9r.

50. Si veda Carrai, *Le muse dei Pulci*, in particolare pp. 88, 186 e 196. Si veda anche il proflo biografico del Pulci in DBI, a cura di A. Decaria.

tutto mi fe casone l'eserme dicto ch'ella non era in Fiorenza».[51] Nonostante i rammarichi, il Sanseverino ebbe modo di ritrovare il suo amico Piero Vespucci soltanto un anno e mezzo dopo, nel marzo del 1474 quando appunto questi venne reclutato per l'incarico di Milano.

Partito da Firenze ai primi del mese, Piero, in sella a una cavalcatura presa in prestito proprio dal Magnifico, aveva raggiunto Bologna dove lo attendevano il Sanseverino e Giovanni Bentivoglio. Conoscendo la passione che Lorenzo dei Medici nutriva per i destrieri e la scarsa affezione che lo legava al Vespucci, c'è da suppore che il cavallo prestato a Piero non fosse tra quelli cui teneva di più, giacché l'avventura padana iniziava subito con una mancata promessa. Sebbene, infatti, gli accordi iniziali prevedessero di rimandargli indietro il destriero una volta a Bologna, Piero si trovò nella necessità di trattenerlo per proseguire il viaggio verso Milano assieme ai suoi due referenti: così senza indugio si appropriò del cavallo, salvo scrivere qualche giorno dopo a Lorenzo assicurandolo che glielo avrebbe fatto riavere di lì a poco tramite un suo fiduciario.[52]

A Milano Piero prese servizio il 9 di marzo.

La cerimonia si svolse di fronte a un pubblico di spettatori rigorosamente filomedicei che Piero immediatamente si affrettò a includere nel novero delle sue clientele, come specificava qualche giorno dopo, in una lettera a Lorenzo del 17 marzo:

> et nella mia entrata grandissimo onore mi fu fatto et quasi tutti, o la maggior parte, furono vostri amici et partigiani che in verità ce ne avete gran quantità. Et di poi da molti sono stato visitato. Alli quali tutti mi sono offerto come debito richiedeva di fare et cosi accadendo farò cum facti.[53]

La nomina, della durata di due anni, veniva di solito prorogata di un uguale periodo; il salario era a carico del Comune e variava a seconda della

51. ASF, *MAP*, XXIV, n. 297 cit. in Volpi, *Luigi Pulci. Studio biografico*, pp. 20-21.

52. «Compare, io vi chiesi el cavallo inpresto insino a Bologna et giugnendo lì trovai el Signor Ruberto che cavalcava cum messer Giovanni Bentivogli. Fui necessitato non volendo venire a pie', menare el cavallo vostro per insino qui, el quale in verità m'à facto buono servigio. Se et invero la gran sicurtà ò in voi me l'à facto fare et similiter non vi gittando troppo sconcio, ne piglierò sicurtà per alquanti giorni et di poi, per persona fidata, io lo rimanderò et quando voi pure n'avessi di bisogno et io ne sia avisato, immediato lo rimanderò», ASF, *MAP*, XXX, n. 162, 17 marzo 1474 (la data è già in stile moderno perchè forse è stata scritta da Milano).

53. *Ibidem*.

corte che il Podestà aveva al seguito.[54] Tra gli eventi che subito coinvolsero Piero in veste ufficiale, spicca la visita a Milano del sovrano di Danimarca. Il fatto catturò la sua attenzione al punto da diventare oggetto dettagliato di una lettera al Magnifico. La «Maestà del Re di Dazia», come Cristiano, re di Danimarca era chiamato nelle fonti, giungeva in città dopo avere sostato per qualche giorno nel castello di Malpaga ospite del condottiero Benedetto Colleoni.[55] Al suo arrivo il sovrano venne accolto dalla «excellentia di questo illustrissimo Signore» ossia da Galeazzo Maria Sforza il quale, nelle parole che il Vespucci inviava a Lorenzo, «gli andò incontro per spatio di v miglia, accompagnato da tutti e soi baroni et cortigiani». Appena fu sul punto di entrare a Milano, il fratello del Duca, monsignore Ascanio, gli si fece incontro offrendogli simbolicamente le chiavi della città ma il sovrano «recusò d'acceptarle dicendo ch'elle stavano bene nelle mani di chi ell'erano».[56] Pure nello spazio contenuto che la formula epistolare, per sua stessa natura, poteva offrire, il Vespucci riusciva a mettere in piedi per Lorenzo un affresco esaustivo capace di rendere egregiamente conto di una Milano granducale addobbata in pompa magna. La solennità delle cerimonie, consueta per i domini sforzeschi, strideva probabilmente con i morigerati usi danesi. Così, di fronte al baldacchino allestito in suo onore e trasportato dai dottori del collegio cittadino, tutti in livrea ed eleganti, ammantati in vesti foderate di vaio, Cristiano si schermiva ostentando una modestia, forse non solo formale, certo ben superiore a quella che i milanesi si potevano attendere. E quando egli giunse al punto di scendere da cavallo in segno manifesto di umiltà, il Duca stesso si vide forzato a fare altrettanto per potere trattare alla pari col sovrano e convincerlo, infine, a rimontare la cavalcatura e transitare insieme sotto l'apparato effimero fatto allestire per l'occasione.[57]

54. Sul salario si veda «Storia di Milano», vol. 7, p. 537. Il 21 luglio del 1474, Piero venne confermato per un anno alla podesteria di Milano, (Reg. Duc. n. 119 fol. 18v. citato in *Guelfi e ghibellini nel Luganese*, p. 94).

55. Di questa visita si ha un resoconto anche nei *Diari di Cicco Simonetta* a cura di A.R. Natale. Si veda anche Covini, *Guerra e relazioni diplomatiche in Italia (secoli XIV-XVI)*, pp. 163-198, distribuito in formato digitale da «Reti Medievali», www.retimedievali.it.

56. ASF, *MAP*, XXX, n. 162, 17 marzo 1474.

57. «Tutti e doctori del collegio vestiti ad una livrea, con le berrette in testa et cappucci in spalla foderati di vaio li quali erano deputati a portare el baldacchino, sotto el quale doveva andare Sua Maestà. Et per niente quella voleva patire d'andarvi sotto, et discese da cavallo dicendo Sua Maestà non meritare che gli fusse usata tanta solemnità. Et quam *primum* fu disceso da cavallo, la xcellentia di quello illustrissimo dismontò ancora lui, pre-

Persuaso finalmente il sovrano a farsi celebrare con la solennità che si conveniva al suo rango, la passeggiata ufficiale proseguì fino alla cattedrale (la «chiesa maggiore») dove lo attendeva una gran folla di religiosi «in forma di processione come se lui fusse uno legato appostolico» anziché un sovrano forestiero, «e in detta chiesa ferono oratione et offerirono, et così a piedi se n'andorono infino in corte». Giunto finalmente a corte, Cristiano di Danimarca venne ricevuto dalla duchessa Bona di Savoia, moglie di Galeazzo.[58] La distanza tra la magnificenza della corte sforzesca e la nordica sobrietà dell'ospite non mancò infine di manifestarsi nella qualità dei doni che, come consuetudine voleva, il re di Dazia offrì al Duca in cambio di quelli ricevuti: a fronte della «collana molto degna» che lo Sforza aveva donato a Cristiano[59] costui aveva ricambiato con un gioiello che l'occhio sapiente del Vespucci classificava come inadeguato e che nella lettera a Lorenzo veniva liquidato come «una collana assai gentile ma di non molta valuta».[60] La mattina stessa del 17 marzo il re lasciava Milano prendendo la via di Roma, mèta ultima ed effettiva del suo pellegrinaggio in Italia. Il Duca lo scortò fino a Pavia dove il re, navigando il Ticino, avrebbe raggiunto Mantova, tappa successiva del suo viaggio.[61] Nel rammentare il Duca, Vespucci coglieva l'occasione per rassicurare Lorenzo dell'ottima

gando Sua Maestà, pregandosi che dovessi entrare sotto detto baldacchino et allora tutti e due montorono a cavallo et entrorono sotto detto baldacchino», *ibidem.*

58. «E allo entrare della corte discese la Signoria di madonna Ducchessa dalla sala grande, accompagnata da uno grande numero di damigelle et ricevette Sua Maesta et poi da quella tolse licentia e andonne in castello. Et similiter fece la excellentia del Signore et di poi a dì xv Sua Maesta andò in castello et lì degnamente fu convitato dalla excellentia d'esso Signore et quella donò a Sua Maestà, una collana molto degna. Et poi la sera lui ritorno a corte. Hyermattina *iterum et de novo* la excellentia di detto Signore menò Sua Maestà a castello, et fece fare la mostra per la terra la quale in verità fu degna cosa, et per quel giorno stette detta Sua Maesta in castello et quella donò all'Excellentia di detto Signore una collana assai gentile ma di non molta valuta», *ibidem.*

59. Leverotti, *Organizzazione della corte sforzesca e produzione serica,* pp. 1-27 alla nota 61 a p. 12 ricorda la «collana con le colombine e lo zaffiro pendente sarà donata al re di Dacia, cioè di Danimarca, in occasione della sua venuta nel marzo del 1474». Si veda inoltre Covini, *Feste e cerimonie milanesi tra città e corte*, pp. 122-150.

60. ASF, *MAP*, XXX, n. 162.

61. «Questa mattina è partita Sua Maesta et a quella la Excelentia del Signore ha fatto compagnia e guidalo alla volta di Pavia et lì monterà in acqua et anderà alla volta di Mantova», *ibidem.* La versione trasmessa dal Vespucci è piuttosto fedele a quella che risulta dai Diari del segretario Cicco Simonetta, anche se non so che relazione si possa stabilire tra i due resoconti (vedi *Diari di Cicco Simonetta*). Sulla visita del re di Danimarca si vedano

impressione che ne aveva ricevuto quando lo aveva incontrato di persona: «Io andai a vicsitare la Excellentia di questo Signore dal quale in verità fui molto bene visto e volse baciarmi da amendue le guancie, cavandosi el guanto di mano innanzi che volessi che io li baciassi la mano».[62]

Alla fine di aprile del 1474 denunciando, o più verosimilmente millantando, uno stato di difficoltà economica già da tempo in corso Piero, da Milano, tornava a scrivere al Magnifico e ad aprirgli il suo animo inquieto.[63] Nonostante le buone profferte ricevute dai potenti locali, a poco più di un mese di distanza dal suo avvenuto insediamento a Milano, il Vespucci si proclamava fermamente deciso ad andarsene a Bologna: oltre che di pochissimo utile, per quanto di grande onore, la podesteria di Milano si era rivelata troppo onerosa per i costi di mantenimento che comportava.[64] Nel raccomandarsi a Lorenzo stavolta faceva il nome dell'amico Luigi Pulci:

> Per Luigi Pulci vi sarà exposto alcune cose per mia parte perché così gli ho dato commissione voi lo intenderete. Priego Vostra Magnificenza mi vogli aiutare et favorire perché questo sarà la conservatione dello stato mio, et per voi non ci s'à ad mettere altro che passi et parole. Priegovi, con ogni mia possibilità, che vi piaccia volermi di ciò servire, ponendo questo a piè degli altri obblighi ò cum voi et cum la casa vostra.[65]

Dopo una ventina di giorni trascorsi senza alcuna risposta, il 14 maggio Piero tornava a dettare al suo segretario un messaggio per il suo protettore: era, questa, la terza lettera inviata negli ormai tre mesi di lontananza

anche Ghinzoni, *Rettifiche alla storia di Bernardino Corio a proposito di Cristiano I re di Danimarca*, e anche Lubkin, *A Renaissance Court: Milan under Galeazzo Maria Sforza.*

62. ASF, *MAP*, XXX, n. 162.

63. ASF, *MAP*, XXX, n. 329, 27 aprile 1474. Anche in questo caso Piero non scriveva di propria mano ma tramite il suo cancelliere. È l'occasione per precisare come, nelle molte lettere conservate nel fondo MAP a mittente Piero Vespucci, si noti effettivamente l'evidente alternanza di almeno due mani diverse. Le varianti grafiche a suo carico sono due: una più allungata e calligrafica che è quella del segretario, l'altra di suo pugno è una mercantesca, leggibile, ma rapida e meno composta nel tratto che, soprattutto nel periodo di prigionia alle Stinche si fa meno aggraziata nell'esecuzione. Vi sono infine, da non confondersi con queste, di altra mano ancora le lettere inviate da Piero di Bernardo Vespucci nelle quali non sempre viene specificato il patronimico.

64. «[...] niente di manco ò facto fermo proposito di andare per ogni modo podestà di Bologna perché in verità questa podestaria di Milano è di grande honore e di pochissimo utile et assai spesa, e per me non si fa», ASF, *MAP*, XXX, n. 329, 27 aprile 1474.

65. *Ibidem.*

da Firenze. È evidente che, nella sufficienza con cui il Magnifico mostrava di prendere tali richieste, il Vespucci iniziasse a intuire – e probabilmente non del tutto a sproposito – una sorta di pericoloso allentarsi della sua benevolenza.[66] Nondimeno, insisteva nel sottolineare lo stato di indigenza in cui versava, e con il solito tono di autocommiserazione, precisava che, se aveva scelto, forzatamente, di rimanere lontano da Firenze per almeno due anni, ciò si doveva anche alla volontà di non gravare su Lorenzo o sugli amici comuni. Difficile non cogliere in questa affermazione un risentimento, neanche troppo velato, nei confronti del Magnifico che, con ripetuta indifferenza, rifiutava di concedergli quelle cariche pubbliche che tanto impetrava. E certo la necessità di denaro e, insieme, di conservare le sue preziose amicizie, senza rischiare passi falsi, erano tra le ragioni che avevano indotto Piero ad accettare incarichi cosi lontani da casa.[67] Adesso, tuttavia, quell'elezione alla podesteria di Bologna, che inizialmente gli era parsa così risolutiva da farlo rinunciare all'incarico milanese, si era fatta improvvisamente meno sicura: il podestà di Bologna a cui sarebbe dovuto subentrare si mostrava intenzionato a prolungare di un altro semestre il proprio mandato, e dunque la faccenda cambiava aspetto. Oltre a mandarne all'aria i progetti nei fatti, ciò rischiava di tradursi in una caduta di immagine e di condotta per il Vespucci che troppo tardi si accorgeva di aver fatto i conti senza l'oste («et quando questo gli riuscissi a me ne resulterebbe et vergogna et danno»). Così ricorreva all'unica soluzione di cui riconosceva l'efficacia: l'intervento dell'onnipotente Magnifico Lorenzo. Tramite l'influenza che Giovanni Tornabuoni, direttore della filiale del Banco Medici a Roma, poteva esercitare sul pontefice, e se ciò non fosse bastato, tramite un'istruzione diretta «al magnifico messer Giovanni Bentivoglio», Lorenzo avrebbe potuto (e dovuto) operare per impedire al Podestà uscente di ottenere l'iterazione del mandato.[68] Si trattava, come è chiaro, di una que-

66. «E sono horamai presso a tre mesi che io uscii di Firenze et a Vostra Magnificenza ho scripto due lettere delle quali ancora non ho havuto alcuna risposta, che *totaliter* mi pare esser privato et di Firenze et della gratia et benivolentia vostra e cosi crederò per insino a tanto da Vostra Magnificenza non ho due versi», ASF, *MAP*, XXX, n. 382, 14 maggio 1474.

67. «Io ò cerco et cercherò tutte quelle vie et modi che io poterò per stare fuora di Firenze due anni, per adattarmi in modo che io, ogni giorno, et a voi et agli altri miei amici non habbi a dare noia», *ibidem*.

68. *Ibidem*. Sul Tornabuoni a Roma si veda Ingeborg, *Lorenzo il Magnifico e il suo tempo*, pp. 47 e 119 e ss. e De Roover, *Il banco Medici*, pp. 315-319.

stione che coinvolgeva in maniera diretta il nuovo papa Sisto IV, Francesco della Rovere, in carica dal 1471. I rapporti tra Lorenzo e il pontefice si erano irrimediabilmente guastati almeno da un anno (per la precisione, dal maggio del 1473) per la questione di Imola e la mancata accettazione della candidatura al cardinalato di Giuliano dei Medici, ma il Vespucci contava sul fatto che la filiale romana del banco Medici conservasse ancora una forte capacità di negoziare con un papa al quale continuava ad assicurare la maggior parte della liquidità. E contava, soprattutto, sul fatto che il Magnifico avesse intenzione di giocare questa carta in difesa della sua causa.[69] È tuttavia comprensibile che, in mesi come quelli, di grande fervore politico per la penisola e di rapide variazioni di alleanze nello scacchiere italiano e dunque nelle strategie medicee, tutelare le esigenze personali di Piero Vespucci non rientrasse tra le imminenti priorità del Magnifico. Fatto è che trascorse quasi un intero mese di silenzio durante il quale Lorenzo gli scrisse solamente una volta, il 4 di giugno. La sua scarsa attenzione venne giustificata con un problema di salute non specificato che probabilmente aveva a che fare con quegli attacchi di gotta ereditati dal padre e dal nonno Cosimo. Piero, che in verità è probabile fremesse nell'attesa di una soluzione rapida e definitiva al proprio caso, dovette fare uno sforzo non da poco per contenere la stizza e reagire in maniera composta al disinteresse di Lorenzo. La risposta che egli dettò al cancelliere, misurata, non aveva il solito tono autoreferenziale ed era carica di retorica e servile riconoscenza: le parole di Lorenzo, a lungo attese, gli erano state, diceva il Vespucci, fonte «di grande consolatione quanto alcuna altra cosa havessi possuto havere».[70] Oltrepassando i limiti del grottesco, Piero arrivava ad attribuirgli una sorta di potere taumaturgico: «la presente vostra m'è stata di sì grande consolatione che mi ha mandato via le gotti le quali in verità m'anno già molto strecto».[71] La lettera, priva di reali contenuti e meramen-

69. Non pago, Piero chiudeva con un'ultima richiesta relativa a una nuova tassa che, a suo dire, sembrava studiata apposta contro di lui: «Preterea el veghia al presente costì una legge, la quale dura tutto ottobre, che tutti i cittadini che vanno in offitio fuora del contado di Firenze paghino per la tassa loro denari otto per lira, che è cosa giusta, et da ottobre in là, tutti essi ofitiali pagano quello che pagano quelli che vanno nel contado et distretto, che non è cosa conveniente. Et questa legge non comprende nessuno altro se non me però non è fuora se non io», ASF, *MAP*, XXX, n. 382.

70. ASF, *MAP*, XXX, n. 493, 3 giugno 1474.

71. *Ibidem.*

te interlocutoria, si concludeva con un cenno alla recente venuta a Milano di Cosimo Bartoli, uomo di Lorenzo e cognato di Filippo Strozzi.[72]

Ancora da Milano, Piero scrisse a Lorenzo il 22 di agosto.[73] Erano passati più di due mesi dall'ultima risposta dei primi di giugno, ma, a giudicare dall'incipit, la comunicazione tra i due continuava a languire quanto a reciprocità.[74] A spingerlo a scrivere stavolta era la questione del condottiero Ugo da Sanseverino che, volendo ottenere una condotta dal Magnifico, riteneva opportuno, per meglio raggiungere lo scopo, affidarsi alla mediazione del Vespucci: «àmmi pregato che, ad sua complacentia, vi debbi pregare». Ugo da Sanseverino, «servidore di cotesta excelsa signoria» fiorentina e «affectionatisimo partigiano» del Magnifico, nelle parole di Piero, era per lui un «honorando amico et benivolo per molti rispetti».[75] Ma a muovere Piero a perorarne la causa, contava certo più dell'amiciza, la consapevolezza di poter vantare, a cose fatte, un grosso credito presso il condottiero. Così il suo caso veniva nuovamente rimesso all'attenzione del Magnifico, appena una settimana dopo, in una lettera del 30 agosto.[76] L'intero mese di settembre trascorse tuttavia nel silenzio più totale di Lorenzo, intervallato da alcune comunicazioni in cui Piero con la sua consueta insistenza riteneva inevitabile consultarlo per le sue esigenze o per aggiornarlo sullo

72. «È stato qui oggi Cosimo Bartoli dal quale ho inteso ancora di vostro male et liberatione, et voglio che voi intendiate se io sono doventato buono massaio che non l'ò ricettato in casa ma in verità è restato per la compagnia ch'egli à cum sero di Philippo Strozzi che altrimenti non lo harei lasciato andare altrove. Ad Vostra Magnificenza mi raccomando et quando el vi venisse comodo mi sarìa caro mi raccomandassi alla excellentia di questo illustrissimo signore», *ibidem*. Cosimo di Matteo Bartoli, strettamente legato ai Medici, aveva sposato Ginevra Adimari, sorella di Fiammetta moglie di Filippo Strozzi. Si vedano inoltre le seguenti sue lettere: ASF, *MAP*, XX, n. 340, 27 settembre 1467; XXI, n. 96, 8 settembre 1468; XXIII, n. 260, 21 luglio 1469 (a Lorenzo a Milano); XXVII, nn. 359 e 372 (Cosimo di Matteo Bartoli, podestà, Colle, 3 e 7 luglio 1471), XXXVI, n. 204 (Cosimo Bartoli capitano e commisssario, Campiglia, 21 febbraio 1478).

73. ASF, *MAP*, XXX, n. 768, 22 agosto 1474: è una delle tre ultime lettere a noi note, scritte tra agosto e ottobre prima di trasferirsi, come auspicato, a Bologna.

74. «[...] benchè di più lettere che io v'ò scripte da voi non habbi havuto risposta alcuna, che per le molte ocupationi stimo sia proceduto, non resterà che, di continuo, per gli amici, io non vi richiegga cum sicurtà sperando da voi delle cose iuste esser piaciuto», *ibidem*.

75. *Ibidem*. Ugo da Sanseverino era il condottiero che si sarebbe schierato a fianco di Firenze contro le truppe pontificie nella difesa di Città di Castello.

76. ASF, *MAP*, XXX, n. 801, 30 agosto 1474.

sviluppo della questione bolognese che tanto gli premeva.[77] L'elezione alla podesteria di Bologna, infatti, già incerta nell'ipotesi che fosse rinnovato il mandato dell'ufficiale uscente, era in sospeso a causa della guerra che il Pontefice aveva mosso contro Città di Castello durante l'estate.[78]

Tramite una serie di manovre, il Vespucci riuscì comunque a farsi confermare l'ufficio a Bologna ma, sebbene intenzionato a partire per entrare in carica, come richiesto, ai primi del mese di novembre, la sua questua presso Lorenzo non sembrava affatto arrestarsi. Perché fosse garantita la buona riuscita del suo ingresso a Bologna, ora Piero gli chiedeva che scrivesse in sua raccomandazione a Giovanni Bentivoglio, suo grande sostenitore:

> Dove, quello inteso, facilmente io obtenni la riforma di questo offitio da questo illustrissimo signore, è accaduto a questi giorni, per mezzo di buona amici Sua Signoria havermi rimesso nella prima 'lectione per uno brieve ho havuto, nella quale debbo intrare a dì 3 del mese proximo et così d'ante anno entrerò, benché cum fatica habbi da questo illustrissimo havuto licentia. Priegonvi piaccia fare una lettera al Magnifico Messer Giovanni Bentivoglio et ad Sua Magnificenza raccomandarmi che so mi gioverà assai.[79]

Il periodo bolognese

Il Vespucci entrò effettivamente in carica ai primi di novembre, come programmato. Lo confermano due lettere che, come podestà di Bologna, inviò a breve distanza – il 20 di novembre la prima, il 1 di dicembre la

77. «Voi sapete che quando io venni qua, io havevo la electione della potestaria di Bologna per a novembre proximo. Accadde di poi, per le combustioni di Città di Castello colla Santità di nostro Signore, per sua Santità mi fu la detta eletione suspesa», ASF, *MAP*, XXX, n. 941, 7 ottobre 1474.

78. Nonostante la strenua difesa del condottiero Niccolò Vitelli, protetto dei Medici, il capoluogo tifernate fu costretto alla resa durante l'estate. A trattare la pace fu inviato Federico da Montefeltro, ma poiche il Vitelli era sotto la protezione di Ferrante d'Aragona, ottenne di aver salva la vita se pure con l'esilio a Castiglion Fiorentino e la lontananza coatta da Citta di Castello.

79. ASF, *MAP*, XXX, n. 941, 7 ottobre 1474. Successore del padre Annibale e formalmente Gonfaloniere a vita della città il Bentivoglio governò Bologna più come capo di una fazione che non come un vero e proprio signore, imperniando i suoi rapporti con gli stati italiani sull'alleanza con Milano e con i Medici, vedi voce Giovanni Bentivoglio a cura di G. De Caro in DBI (Vol. 8, 1966).

seconda – all'amico e concittadino Benedetto Dei.[80] Il nome del Dei, noto agli studiosi di storia fiorentina come avventuroso viaggiatore, autore di una celebre e peculiare cronaca della città di Firenze alla quale si accompagna un resoconto dei suoi numerosi viaggi, doveva invece essere noto ai suoi contemporanei soprattutto come informatore. In quel tempo il Dei si trovava infatti a Milano, inizialmente tra i fiduciari di Taddeo Manfredi, ed è probabile che fosse già diventato, o stesse per diventare, come sarà chiaro soprattutto dagli anni Ottanta in avanti, uno dei più stabili punti di riferimento per l'irrequieto Vespucci sempre ansioso di scaricare le proprie responsabilità su qualcuno con le spalle più larghe delle sue.[81] La prima lettera al Dei di cui si ha testimonianza si apriva con la consueta lamentazione «Non posso fare ch'io non mi dolghi della mia disgrazia che sia oramai uno mese partiti di costì e avendoti io scritto dua e questa è la terza lettera mai m'abbi scritto e risposto».[82]

Piero proseguiva poi coll'impetrare raccomandazioni e faceva riferimento a una faccenda personale che lo vedeva carico di debiti e fortemente bisognoso di aiuto da parte del suo interlocutore.[83] Anche il comune amico Luigi Pulci di passaggio a Bologna, era stato subito cooptato nelle sue brighe perché perorasse la sua causa presso il Dei, a Milano: «Essendo qui Luigi Pulci, me ne sono doluto e lui ti scrive. Non ti scriverò né nuove, né di giostra, né di chosa alchuna, se da te non n'ò lettera».[84] Infine il Vespucci chiudeva con un appello, accorato ma un po' polemico, a un'amicizia che egli temeva venisse scemando.[85]

80. ASF, *CRS*, 78, 317, lettere nn. 241 e 205 rispettivamente del 20 novembre e del 1 dicembre 1474.

81. Sul periodo milanese di Benedetto Dei, per la cui biografia si rimanda alla voce del DBI curata da R. Barducci, Vol. 36, anno 1988, si veda il saggio di Frati, *Un cronista fiorentino del Quattrocento alla corte milanese*, pp. 98-115.

82. ASF, *CRS*, 78, 317, n. 241.

83. «la mia facenda [...] mi pare l'abbi messa nel dimenticatoio, perché da ser Lionardo ò lettera Jacopo dice volere venire chostì e tu non mi dì nulla. Non vi potendo attendere, o non volendo, dillo perché vi provederei perché questo caso porta ducati 300. E pure in te era, ed è ancora, la mia speranza, e offerendoti utile e onore non posso chredere mi lasci così presto di lunge da occhio, per Dio, sanza moteggiare Benedetto, aiuta me e fa per me chome ò fatto io per te», *ibidem*.

84. *Ibidem*.

85. «dov'è l'amore, dov'è la carità, dove el giurare fatto fra noi? Non voglio dire più». A bilanciarne i toni, un post-scriptum un po' spaccone con cui Piero non rinunciava a vantarsi di quanto abilmente fosse riuscito ad averla vinta sull'ufficiale uscente, *ibidem*.

La seconda lettera, scritta ancora da Bologna una decina di giorni dopo, con un umore certamente più bendisposto, giungeva in risposta a quella che il Dei gli aveva mandato il 19 di novembre: segno che il mese precedente i due si erano scritti in contemporanea e, dunque, che le apprensioni del Vespucci sulla negligenza dell'amico si erano rivelate prive di fondamento. Rallegrandosi della nuova alleanza che Firenze aveva recentemente stipulato con Milano e Venezia, esortava il Dei ad adeguarsi a questa nuova realtà «Benedetto sia chontento alquanto della Legha à noi Ambrogio e Marco e Giovanni, cominciati a sestare a questo che è cosa nobile e buona»,[86] dove i nomi dei santi patroni stavano a indicare, rispettivamente, le tre città Milano, Venezia e Firenze coinvolte nella lega. Seguiva poi un breve resoconto del chi e del come, con particolare interesse per tutti quei fiorentini che avevano appena ottenuto incarichi diplomatici di rilievo nei posti più strategici dello scacchiere politico del momento: l'imminente arrivo di Donato Acciaioli in veste di ambasciatore a Milano, quello di Luigi Guicciardini ambasciatore a Venezia e quello di Tommaso Soderini come Capitano di Pisa.[87]

Tornando poi su un piano più confidenziale, per non abdicare allo spirito eternamente insoddisfatto che lo contrassegnava, il Vespucci non si lasciava sfuggire l'occasione per deplorare, alla stregua di un insospettabile covo di banditi, quella podesteria di Bologna che tanto si era affannato a conseguire:

> Siamo qui alle mani ogni sera a 'tanagliare o ladri o 'micidi o partiti o puttane che, invero, ce ne troviamo qua assai più dovizia non ne stimavo. E di già abbiamo 12 morti di coltello, e fediti più 30, e non n'è anchora uno mese. Loghoriamo ogni sera uno doppiere.[88]

86. ASF, *CRS*, 78, 317, n. 205.

87. «Costì viene Donato Acciaiuoli per imbasciadore che vi farà onore assai e messere Luigi ne va a Vinegia, el Toma è tratto capitano di Pisa nuovo e ristorerà al famiglio», vedi ASF, *CRS*, 78, 317, n. 205. Il Guicciardini fu inviato ambasciatore a Venezia nel novembre del 1474 dove rimase per tutto il 1475. Si veda voce DBI a cura di M. Mallett, vol. 61 (2004) da cui è tratta anche la seguente citazione: «La prolungata presenza di un influente ambasciatore fiorentino a Venezia era in parte il risultato di una nuova struttura di alleanze fra Milano, Venezia e Firenze. La scelta del G., noto per i suoi atteggiamenti filosforzeschi e filomilanesi, era senza dubbio vista come un modo di consolidare la nuova alleanza e di creare una migliore intesa fra i tre Stati». La sua terza moglie sposata tra il 1448 (in cui sposò una Parenti) e il 1484 (in cui si sposò per la quarta volta con una Venturi) fu Nanna di Giovanni Vespucci. Per l'Acciaioli si veda la voce del DBI a cura di A. D'Addario (vol. I, 1960).

88. ASF, *CRS*, 78, 317, n. 205.

E così dicendo rivolgeva un pensiero di rimpianto a quella di Milano che, pure, aveva volontariamente abbandonato («Volentieri rifarei a baratto col podestà pure se più avanzo di costi»).[89] Tramite i buoni offici dell'oratore mantovano Zaccaria da Pisa, la podesteria di Milano che Piero aveva lasciato, era stata ceduta per un anno a Bartolomeo Gianfigliazzi, un altro banchiere fiorentino appena tornato da Bruges dove aveva i suoi affari; Piero stesso aveva agito da intercessore per procurargli questo incarico, probabilmente coinvolgendo l'efficientissimo Dei.[90]

Da Bologna la vena scrittoria con cui Piero, oltre a colloquiare con l'amico Benedetto, continuava a trovare occasioni per tormentare il Magnifico, lungi dall'esaurirsi, sembrava quasi essersi rinvigorita.[91] Al centro di un intrico di relazioni che interessavano l'intera penisola, Piero tentava di accordare al meglio tutti i suoni senza perdere la benevolenza del suo protettore. Nel dicembre del 1474 era venuto a mancare il principe di Salerno, Roberto di Sanseverino, zio del noto, e quasi omonimo, condottiero Roberto Sanseverino d'Aragona.[92] Nipote di Francesco Sforza, generale al servizio di Galeazzo Maria e stretto da familiarità coi Bentivoglio, signori di Bologna, il Sanseverino sembrava essere caduto in uno stato di profonda malinconia in seguito alla recente morte dello zio. Sopraffatto da tanta tristezza, costui, che pure, come uomo d'arme, doveva essere avvezzo alla precarietà della vita umana, aveva comunicato la sua decisione di recedere dal partecipare alla tradizionale giostra di Santa Croce che il Magnifico aveva in programma per la fine di gennaio. Più probabilmente, la rigida osservazione di questo lutto da parte del condottiero sforzesco mascherava una presa di posizione filoaragonese dinanzi alla recente ricollocazione

89. *Ibidem.*

90. «Tornando Bartolomeo Gianfigliazzi a questi dì da Bruggia è stato mia motiva farli impetrare questa potestaria la quale facilmente mediante messer Zaccheria da Pisa ha obtenuta per uno anno», ASF, *MAP*, XXX, n. 941, 7 ottobre 1474. Sul Gianfigliazzi, si vedano i riferimenti alla moglie Nanna e alla sua donazione alla Cappella di San Benedetto, nel 1492 in Strehlke, *Cenni di Francesco, the Gianfigliazzi and the Church of Santa Trinita in Florence*, pp. 11-40 e anche, ivi citato, A. Guidotti in *Santa Trinita*, p. 380, n. 62, che cita ASF, *CRS*, 89, 75, c. 44 r.

91. Sul periodo bolognese di Piero si veda anche Archivio di Stato di Bologna, *Atti del podestà Piero Vespucci (Registro del 1475-76)*, n. 787, citato in Filippini, Zucchini, *Miniatori e pittori a Bologna,* p. 76.

92. Dalla definizione impiegata in un'altra lettera pareva trattarsi di un cugino anziché di uno zio.

delle alleanze operata dal Medici.[93] Il suo ritiro, infatti, avrebbe comportato il ritiro della schiera dei suoi accoliti (sette uomini in tutto, compresi i suoi due figli Giovanfrancesco e Gaspare) schiera che, secondo il Vespucci, costituiva la punta di diamante tra le formazioni cavalleresche che, si prevedeva, sarebbero scese in campo a Firenze nell'occasione: «e non fa pensieri di mettere in campo né li figliuoli né ancora nessuno altro di quelli Sua Signoria haveva deputati, che erano in tutto sette et in tal modo in ordine che haveriano facto una bona parte della bellezza di quello campo».[94]

Certo che Lorenzo avrebbe potuto premere sul Sanseverino fino a farlo desistere dal suo proposito e convincerlo a partecipare ugualmente alla giostra deponendo il lutto almeno per un giorno, Piero ipotizzava l'arrivo al suo seguito di circa 70 cavalli e chiedeva a Lorenzo la cortesia di mettergli a disposizione «la stalla di santa Maria Novella acciò stessino tutti insieme».[95]

La giostra ebbe luogo infine con l'agognata partecipazione del Sanseverino, il 28 di gennaio; e fu in questa occasione che Giuliano dei Medici, fratello minore del Magnifico prese parte con lo stemma di Venere che recava l'effigie della nuora di Piero Vespucci, Simonetta Cattaneo.[96]

93. Ingeborg, *Lorenzo il Magnifico e il suo tempo*, pp. 123 e ss.

94. ASF, *MAP*, XXX, n. 1078.

95. «Che 'l sia contento volere sequire la impresa e per quel giorno volere deporre il bruno et a me pare esser certo che lo farà perchè ha desiderio di piacervi in ogni cosa»: la lettera venne scritta dal cancelliere il 29 dicembre del 1474, cfr. ASF, *MAP*, XXX, n. 1078. A sottolinearne lo stato di autentico malessere, Piero specificava come il Sanseverino in quei giorni fosse «stato alquanto di malavoglia et è stato spetie di freddo, pure di presente si truova quasi guarito» (*ibidem.*). Ancora, in una seconda lettera per il Magnifico, che Piero dettava quello stesso giorno al suo cancelliere, precisava che «come credo siate informato el signore Ruberto mandava sette giostranti cum coverte xiiii di brocchato che certamente haveria facto bello campo; è accaduto come harete inteso la morte del Principe di Salerno quale era zio del prefato signore, per la morte del quale sua Signoria non intende né vole mandare giostrante alcuno et così dice havere facto fermo pensiero. Pure, io credo che quando voi li scriverete che ad complacentia vostra sia contento per quello giorno postporre el bruno che lui lo farà, et non tanto sarà contento et consolatione et piacere vostro, quanto ancora sarà contento et piacere de' suoi figliuoli, messer Giovanfrancesco et Messer Ghaspare. Et perché io non ho tante stalle et alloggiamenti che in casa li potessi alloggiare operate con li consoli dell'Arte della Lana che la consegnino loro però che saranno circa settanta cavalli, come vederete», ASF, *MAP*, V, n. 839. Questa seconda lettera, scritta il 29 dicembre 1474, trattava inoltre l'acquisto di alcuni cavalli da giostra per cui Lorenzo aveva inviato a Bologna il fiduciario Bernardo Parenti che Piero subito mise in contatto con l'esperto Carlo degli Ingrati, grandissimo amico del Magnifico e, a detta di Piero, in possesso della migliore cavalcatura disponibile sulla piazza bolognese.

96. Ingeborg, *Lorenzo il Magnifico e il suo tempo*, pp. 124 e ss.

Dopo aver assolto a tutti questi fatti di pubblica portata, quasi a chiusura, Piero ricordava a Lorenzo che tenesse a cuore una faccenda strettamente personale: «Io vi ricordo el facto mio cum ser Giovanni <Bentivoglio> perché assai me importa, come a boccha vi parlai, et havendo el prefato Signorc ad venire, haverà grato gli facciate havere la lettera della licenzia dallo Illustrissimo Ducha di Milano come gia vi offeristi di fare».[97]

Poco tempo dopo, in una lettera scritta il 10 di febbraio da Bologna, Piero riproponeva al suo interlocutore la richiesta di raccomandazione per messer «Lucido de Mastini da Mantova, fratello di messere Benedetto luoghotenente in questa città el quale non potrebbe essere più vostro», come aveva opportunamente dimostrato in ogni circostanza in cui Lorenzo aveva «avuto di bisogno o di piacere da questo reggimento».[98] Tra le occasioni in cui il Mastini, così desideroso di servire il Magnifico, si era adoperato in favore della politica fiorentina, Piero rammentava la volta in cui aveva fatto in modo «di champare uno ch'era piantata la forcha e a vostra 'stanza adoperò chon messere Giovanni <Bentivoglio> si champassi», e ancora la vicenda di un tale Volpino da Scarperia, anch'egli favorito dalla benevolenza che correva tra il Mastini e Giovanni Bentivoglio. Quello che Piero Vespucci cercava di fare intendere al Magnifico, era che il Mastini, grato a Lorenzo e fedele alla sua politica, oltre ad essere un protetto del Sanseverino, esercitava una certa influenza sull'operato del signore di Bologna di cui egli stesso avrebbe potuto giovarsi. Con tali manovre il Vespucci cercava di posizionarsi al cuore di una rete diplomatica misurata sulla scala, solo apparentemente ridotta, delle raccomandazioni amministrative: una rete che percorreva il centro Italia e connetteva un'ampia varietà umana, dagli uomini d'arme agli intellettuali, ai maggiori rappresentanti del potere. Il Mastini era patrocinato per essere

> stato qui vichario, e chostì e in più luoghi, dove sempre n'à 'vuto grande onore, e per essere tutto del marchese di Mantova, e per l'amore gli porta el

97. ASF, *MAP*, XXX, n. 1078.

98. ASF, *MAP*, XXIV, n. 439, 10 febbraio 1475. Benedetto Mastini da Mantova, dottore in diritto civile e canonico, fu Auditore del legato, Luogotente generale spirituale e temporale di Bologna e Romagna dal 14 agosto al 2 ottobre 1471 e, successivamente, dal 9 maggio 1473 al 15 aprile 1475, vedi Biblioteca Digitale dell'Archiginnasio Archiweb, Bologna, http://badigit.comune.bologna.it/governo_bologna/legati.htm.

Signor Ruberto <Sanseverino> vi piacci volere adoperarvi che lui otenghi questa grazia, ché sono certissimo sarà buona spesa per infinite chagioni.[99]

Se le esigenze del Mastini, dietro cui si celavano quelle di Roberto da Sanseverino, stavano così a cuore a Piero da dedicare loro una missiva specifica, nell'avviarsi a concludere, come era sua consuetudine, egli riservava le ultime righe della lettera per sè e faceva cenno al figlio Marco dalle cui parole aveva felicemente inteso «la buona disposizione» che il Magnifico aveva verso di lui: che Piero fosse eccessivamente teatrale o che davvero non se la passasse benissimo, di nuovo tornava a esprimersi come se il suo destino fosse interamente nelle mani di Lorenzo.[100]

A Bologna il Vespucci rimase come podestà tra il 1474 e il 1476 e continuò a occuparsi di patrocinare le cause di molti personaggi locali presso il Magnifico, dimostrando una certa versatilità nel compiacere chi gli si rivolgeva per qualunque tipo di assistenza.[101]

Di tenore affine a quella che aveva per oggetto il Sanseverino, vi fu per esempio, una seconda lettera che Piero si trovò a scrivere in febbraio in richiesta di un altro combattente. Antonio Trotti di Alessandria, Capitano bolognese, sebbene non più giovanissimo, ambiva a prendere parte alla giostra organizzata dal Bentivoglio per il giorno di san Giorgio, il 23 aprile, facendo sfoggio delle insigne medicee.[102] Pur nella consapevolezza che il

99. «[...] ed io chome preghato da mmio singnore mi sono mosso a farvi questa lettera preghandovi vi piacci darne risposta a ssua Signoria o al signor Ruberto o a mme perché assai lui la disiera e perché e' paia io v'abi scritto», *ibidem*.

100. «[...]ò inteso la vostra buona disposizione verso me, di che assai vi ringrazio e restovi ubrighato, ch'io non posso chredere altrimenti che non mi vogliate bene, perché ricerchando me medesimo non mi truovo se non amore e fede verso di voi, chome avete potuto vedere e intendere per lo passato di mio padre e di me. Se mi farete bene, mi aiuterete e faretemi onore, vi ciertificho lo farete a tale persona che, per voi, metterei insino a la propria vita, e a' tenpi pericholosi n'ò fatto pruova, e chon voi voglio stare a una medesima sorte, e qui, e a Milano, e dove sarò, sempre fo mio debito verso gli amici vostri e sempre mi rachomando a voi». Dello stesso tenore le parole in chiusura di una seconda lettera scritta lo stesso giorno: «Chonpare, se m'aiutate dua o tre anni spero chondurmi a porto di salute e sarei buono e per me e per altri e sempre mi troverete fermo, stabile chome torre che non chrolla, a fare per voi ogni e qualunche chosa insino ala propia vita. Fatene pruova e prieghо Dio mi dia grazia mi vogliate bene sechondo merito», ASF, *MAP*, XXIV, n. 438.

101. A Bologna Piero strinse amicizia anche col poeta Giovanni Sabadini degli Arienti, che dedicò a sua moglie Caterina de' Benci un tributo poetico in *Ginevra e le clare donne*, come ricordato in James, *Giovanni Sabbadino degli Arienti*, p. 100.

102. «Magnifico vir [...] non pigliate amirazione di tanto mio scrivere: sendo preghato dalle persone degnie, male le posso richusare e massime chol Chapitano de bolognesi,

Magnifico non avrebbe acconsentito volentieri, Piero non sapeva rinunciare a questa ennesima occasione di fare da tramite:

> Io risposi che le vostre stimavo non volessi per niente prestare; preghòmi che d'io vi prieghassi gli volessi prestare una armadura chome choraza, elmo e schudo, l'altre chose ànno. Se potete di questo servillo, vi ciertificho servite uno chavaliere molto da bene, ed è gran vostro partigiano e stimo sia buona spesa.[103]

Ancora, l'11 aprile del 1475 Piero tornava a scrivere a Lorenzo in difesa di Chiarito, Renuccio e Piero Baldinotti.[104] Sul caso del Baldinotti, Piero era sollecitato da un amico pistoiese, «filius Antonius da Pistoia», che già aveva scritto al Magnifico un paio di settimane addietro dandogli notizia di un improvviso aggravarsi dello stato di salute di Giacomo Bracali, nella cui aggressione il Baldinotti pareva coinvolto.[105] In questa circostanza Piero si trovava a tutelare le sorti di un personaggio decisamente ambiguo:

messer Antonio Trotto, persona molto da bene. Lui è stato richiesto a una giostra che fa qui messer Giovanni el dì di San Giorgio, e vuole giostrare lui e tutte persone degnie; e detto Capitano, bench'egli abbi 60 anni o più, vuole chonpiacere messere Giovanni. È stato a me, e àmi dato una lettera che ne scrive che fia in questa, e intendere el suo bisogno di volere l'arme vostra o di Giuliano», ASF, *MAP*, XXIV, n. 438. Il Trotti aveva preso parte anche al torneo organizzato a Bologna per il giorno di San Petronio, il 4 ottobre, nel 1470, allestendo 60 armigeri, vedi Muratori, *RR.II. SS,* tomo XVIII, pp. 729-30 e 781-782.

103. ASF, *MAP*, XXIV, n. 438.

104. «[…] quando fui chosti vi parlai asai de fatti di Chiarito e di Renuccio e di Piero Baldinotti; […] sono di qualità da farne chonto e questo stato qui ne fanno buon chapitale, e in spezieltà la magnificenza di messer Giovanni asai e avendo loro ricevuto danno de la morte di Jachopo Brachali, ch'è stato morto sanza chagione veruna, esendo stati impichati e loro partigiani e arso loro le chase, parebbe buona miserichordia fare questi beni di Piero Baldinotti non si vendessino e soprassedere, che potrebbe essere buona chagione a posare questo chaso che invero è di piu importanza forse non si stima. Voi siate savia e ogni cosa ne farete quello stimerò sia bene e loderò, ed io per quanto posso ve gli rachomando, sempre sono a ogni vostro chomando», ASF, *MAP*, XXXII, n. 142, 11 aprile 1475.

105. «Ho inteso che l'e' pezorato da dui zorni in qua molto forte, in modo si dubita assai di sua vita ovvero si stima che 'l non possa campare perché li sono soprazunte tre febre che lo sbattono aspramente et credesi viverà pochi giorni che è da dolersi universalmente per ogni homo perchè era zentil zovane. Questa terra è horamai venuta a tal reggimento che di nullo excesso non si fa piu inquisitione nonché punimento. Sforzatevi a Bologna di adaptare el fatto di Piero Baldinotti che, aconcio quello, non dubito si provederà a lo accordo generale et rassetterassi questo paese et sarete cazone di grandissimo bene», ASF, *MAP*, XCVIII, n. 114, 28 marzo 1475 (filius Antonius de Pistoia a Lorenzo dei Medici).

il Baldinotti, pistoiese esiliato a Bologna e al tempo cliente di Lorenzo, sarebbe risultato successivamente coinvolto nella congiura dei Pazzi e avrebbe sostenuto la ribellione di Pistoia a Firenze in combutta con gli aragonesi di Napoli.[106] D'altronde la difesa del Baldinotti avrebbe giovato a Lorenzo la benevolenza del Bentivoglio di cui al tempo necessitava.

A scrivere al Magnifico Piero era mosso talora anche da vicende non strettamente personali come accadde pochi giorni dopo quando un nuovo evento di pubblico interesse intervenne a movimentare la mondanità bolognese. La regina di Danimarca, moglie del re Cristiano alla cui entrata trionfale in Milano, il Vespucci, come si ricorderà, aveva assistito in veste di podestà, si era messa in viaggio per raggiungere il consorte, e la sera del 20 aprile, con un largo seguito di ancelle e servitori, aveva fatto il suo ingresso in Bologna.[107] Con minor dettaglio di quello riservato all'arrivo milanese del sovrano, Piero tratteggiava con brevi cenni la procedura osservata per accogliere la regina:

> Smontò nostro Singniore el ghonfaloniere ed io, fecisi le parole chonveniente, rispose uno interpito brievemente e a ore 22 entrò nella terra e allogiata al'osteria e questo reggimento si le fanno uno presente non però molto degnissimo, di spesa di ll. 200, a modo nostro.[108]

Infine, specificava a Lorenzo le tappe successive interessate dal viaggio della nobildonna, il pernottamento a Loiano e l'attraversamento dell'Appennino, per dargli modo, quando fosse giunta a Firenze, di riceverla con i debiti onori.[109] Perchè Piero scrivesse a Lorenzo in forma privata e non alla Signoria in veste ufficiale, era lui stesso a spiegarlo prima di chiudere

106. Ingeborg, *Lorenzo il Magnifico e il suo tempo*, pp. 165 e 185 e anche Connell, *La città dei crucci*, pp. 98-100. Sul Baldinotti vedi anche Busi, *Lorenzo de' Medici*, pp. 154, 172.

107. «Magnifico vir e chonpare amatissimo, e m'è debito avisarvi chome la Reina Dazi questa sera entrato in Bolognia in charetta ch'erano 4 donne in sua chonpagnia e tre donne a chavallo ed à in sua chonpagnia 54 chavalli et 8 a piè. Ell'è andato inchontro questa Singnoria, e nostro S. luoghotenente, ed io, e tutti loro soldati e chapi, di modo erono circha a 200 chavalli», ASF, *MAP*, X, n. 599, 20 aprile 1475.

108. *Ibidem.*

109. «Parte domattina a ora 14 mangiato arà, e va charetta insino a Pianoro, di poi monta a chavallo e va a 'logiare a Logliano e domenicha sera sarà chostì. Di tutto m'è paruto darvi avviso, a ciò possiate provedere di falle onore, ché sapiate apunto di sua venuta», *ibidem.*

la sua missiva: «Per fretta non ne scrivo alla Signoria e perché non ci ò el mio chancieliere, e perciò vi pregho faciate mia schusa».[110]

L'ultima lettera che conosciamo tra quelle inviate da Bologna porta la data del 20 settembre 1475. A Lorenzo Piero aveva scritto finora, come si è visto, per i motivi più svariati: principalmente lettere di raccomandazione, talvolta sollecitate dalle stesse autorità locali,[111] ma anche comunicazioni per così dire di servizio, in cui si discuteva di giostre e cavalli. Stavolta Piero scrisse per comunicare al Magnifico l'intenzione, maturata, di rimanere a Bologna per un altro semestre. A proprio decoro, non mancava di sottolineare il nobile gesto con cui aveva personalmente rinunciato all'ufficio dell'Aquila offertogli dai suoi protettori e amici aragonesi. Tanto il re di Napoli, Ferrante d'Aragona, che suo figlio Alfonso, Duca di Calabria si erano infatti presi la briga di scrivere a Piero per proporgli un incarico all'Aquila, ma sebbene il Vespucci facesse mostra di aspirare a un ufficio che, come quello, fosse ben pagato, la sua smania di riconquistare Lorenzo ebbe la meglio. Così egli si mostrò disposto a declinare l'offerta aragonese, certo allettante, pur di continuare a servire casa Medici e, non senza una buona dose di patente sfacciataggine, autoproclamava il suo intento a restare al seguito del Magnifico «sempre insino la morte».[112] Tanta manifesta dichiarazione di asservimento alla volontà laurenziana, serviva anche – nell'immediato – a giustificare

110. *Ibidem.*

111. Si ricordano per esempio, ancora da Bologna due lettere scritte nello stesso giorno di settembre una di propria mano e l'altra dettata al cancelliere, in cui si perorava la causa di Dietaiuti da Cascina «homo da bene et molto mio amicissimo parente», ASF, *MAP*, XXXII, n. 459. A questa prima lettera di mano di Piero, seguì una seconda, dello stesso tenore, dettata al cancelliere a ribadirne il contenuto, sotto pressione delle alte eminenze bolognesi che avevano a cuore il caso di Dietaiuti: «[...] di poi mandò per me la Signoria del luogotenente et cum grandissimo instantia mi impose che, ad complacentia di sua Signoria, di nuovo volessi ad voi scrivere in raccomandatione de epso Dietaiuti al quale invero quella porta grandissimo amore. Priegovi adunque vi piaccia volere favorire le ragioni del prefato latore non solo per amore per mio quanto per amore di epso locotenente, che è homo da servirlo et tutto giorno po' accadere voi haverlo ad richiedere di simili et maggiori cose», ASF, *MAP*, XXXII n. 461, 2 settembre 1475. Il latore di cui si parla nella lettera potrebbe essere forse Giovanni Alimiero, luogotenente del legato di Bologna nell'ottobre 1475, vedi *Storia di Bologna, Bologna nell'età moderna.*

112. ASF, *MAP*, XXXII, n. 477: «pochi dì fa vi scrissi et mandavi una lettera dalla maestà del re ed una del Ducha di Calavria e chome vedrete mi danno l'uficio de L'Aquila, e benchè abi bisognio di ghuadagniare niente di mancho intendo di stare senpre insino la morte chon esso voi a una medesima sorte, e pertanto aspetto aviso chon disidero per seghuire ora e senpre e vostri chonsigli».

l'ennesima richiesta: dovendo pagare i membri del suo staff e trovandosi a corto di denari, Piero chiedeva a Lorenzo una garanzia per potere riscuotere del contante, promettendogli la restituzione dell'anticipo in tempi brevissimi anche tramite l'ausilio di suo figlio Marco.[113]

La familiarità con gli Aragonesi maturata per ragioni professionali e personali, che si rendeva manifesta anche attraverso episodi strettamente clientelari come questo, e sulla quale Piero spudoratamente insisteva a giocare per rafforzare agli occhi del Magnifico la sua ferma volontà di restare al suo fianco, continuava invece a mantenerlo pericolosamente in bilico tra due estremi. Sebbene egli mostrasse, certo per ragioni di opportunismo, di volersi conservare fedele a Lorenzo, questi inizava a percepire con fastidio l'ambivalenza che muoveva le scelte del Vespucci.

Breve parentesi fiorentina

Il nome di Marco cominciava a comparire spesso nelle lettere di Piero. Degno erede del padre e del nonno Giuliano, Marco era nato nell'ottobre del 1452 dall'unione tra Piero Vespucci e Caterina di Giovanni di Amerigo dei Benci.[114] La carriera politica fu per lui ancora meno soddisfacente che per il padre: minore nelle estrazioni del 1454 e 1468 al Priorato, del 1466 per i Buonuomini, e infine in quella del 1476 al gonfalonierato di compagnia, Marco risultava ormai a specchio nelle successive elezioni (una del settembre 1481 all'ufficio dei Dodici Buonuomini, l'altra del 1488 per l'Arte del Cambio) a causa dell'esilio che gli fu comminato in seguito alla congiura dei Pazzi.

Nel 1468, proprio pochi anni dopo il fallimento della cospirazione degli antimedicei, Marco, giovanissimo, aveva sposato Simonetta Cattaneo, anche lei giovanissima. La donna proveniva da un'antica famiglia di mercanti genovesi stabilitasi a Piombino e, infatti, il matrimonio si svolse grazie alla mediazione di Iacopo III Appiani-Aragona, che di Piombino era signore, e

113. *Ibidem.*

114. ASF, *Tratte, Libri delle Età*, 80 c. 147v. Qualche anno dopo nacque sua sorella Ginevra. Al tempo dell'incarcerazione del padre la giovane, già da due anni moglie di Bernardo Bartolini Salimbeni, doveva avere secondo Del Lungo, all'incirca venti anni: Del Lungo, *La donna fiorentina del buon tempo antico,* pp. 211-212 e poi anche p. 242.

con il quale, come si ricorderà, i Vespucci erano già in ottimi rapporti personali oltre che di affari. Simonetta era conosciuta in tutta Firenze per la sua straordinaria bellezza: in suo onore Giuliano dei Medici partecipò al torneo del 1474; la sua avvenenza fu cantata dal Poliziano nelle stanze per la giostra e resa immortale dal Botticelli nella *Primavera* e in altri dipinti. Tanta fama terrena non le risparmiò tuttavia una morte prematura: nell'aprile del 1476, a neppure dieci anni dalle nozze, Marco si ritrovava già vedovo.[115]

Non è da escludere che, nell'ossessiva ricerca di pretesti per compiacere Lorenzo ed acquisirne in cambio la riconoscenza, anche il matrimonio del figlio con la bella Simonetta rappresentasse agli occhi di Piero un'occasione da non farsi sfuggire. La popolarità di cui la giovane nuora godeva presso la famiglia più in vista della città, appariva forse al Vespucci, sempre a caccia di opportunità da sfruttare a suo personale vantaggio, come una carta da giocare in maniera sapiente per ingraziarsi il Magnifico. E infatti fu proprio intorno alla malattia che in breve avrebbe condotto alla morte la donna, che, nell'aprile del 1476, si sviluppò l'ennesimo fitto scambio di lettere tra Lorenzo e Piero, appena rientrato a Firenze dopo aver concluso l'esperienza podestarile bolognese. Alla salute di Simonetta, che, sebbene sposata a Marco Vespucci, era molto cara a suo fratello Giuliano, il Magnifico, forse non solo per solidarietà fraterna, si mostrò talmente interessato da inviare personalmente uno dei suoi medici di fiducia per garantirle le cure migliori.[116] In un dettagliato carteggio Piero teneva aggiornato il Magnifico sui progressi, in verità piuttosto modesti dello stato di salute della donna.[117] Lo faceva certo più per non contrariare Lorenzo, che così tanto si era adoperato per Simonetta, che per autentica fiducia nel risultato della cura; così si premurava di sottolineare come «per grazia di Dio» ma soprattutto «per virtù di maestro Stefano mediante voi» la donna stesse «alquanto meglio che à meno febre e meno rimesione ed à meno

115. Nel 1478, Marco Vespucci si risposò con Costanza Capponi, Del Lungo, *La donna fiorentina del buon tempo antico,* pp. 225-226.

116. Sull'ipotesi che Simonetta Vespucci fosse una delle donne amate dal Magnifico si veda Kent, *Princely Citizen*, p. 54. Si veda anche l'intrigante insinuazione di Alessandra Macinghi Strozzi (Macinghi Strozzi, *Lettere,* lett. 44 p. 386) su quanto Lorenzo subisse il fascino femminile («gioverà più l'avere bella moglie che i prieghi del re di Napoli».

117. Così in una lettera del 18 aprile 1476, a Lorenzo che si trovava a Pisa: «La Simonetta si sta quasi nelli medesimi termini che quando voi partisti et poco v'è di miglioramento. Attendevisi e per Maestro Stefano et per ogni homo cum diligentia et così sempre si farà», ASF, *MAP*, XXXIII, n. 266.

afanno del petto, mangia meglio e dorme meglio» ma finiva col concludere che «per quanto dichano e' medici el male suo sarà lungho, e pochi rimedi ochorre fare se none buono ghoverno».[118]

La notizia dell'intervento del Magnifico in soccorso di Simonetta intanto, si era diffusa con rapidità e aveva oltrepassato i confini della Repubblica per raggiungere la famiglia di lei a Piombino.[119]

La donna, tuttavia, non era affatto fuori pericolo, e a fronte di uno stato di salute che Piero non coglieva per niente in via di ripresa, era un cruccio di natura ben più materiale a metterlo in allarme: Piero temeva l'entità dell'onorario che avrebbe dovuto corrispondere di persona al medico che Lorenzo, sollecito, gli aveva inviato. Consapevole di quanto le cure per la nuora fossero costose, Piero era altrettanto certo della loro inutilità, ma era soprattutto il rischio di essere tacciato di ingratitudine dal suo benefattore – più che dal medico, dietro al quale occultava prudentemente le sue apprensioni («non volendo pecchare nella ingratitudine verso el maestro») –[120] che lo tormentava. Così in maniera non troppo elegante, scrivendo a Lorenzo, Piero finiva col mettere le mani avanti e precisare come fosse opportuno «nollo tenere qui <il medico> quanto potrebe durare el male, e anche non n'è molto necesario», aggiungendo quanto gli sarebbe stato di peso il non potere «soddisfare chon paghamento tale obrigho per la imposibilità nostra».[121] La sfiducia che Piero nutriva verso una possibile guarigione della nuora, appare chiarissima tra le righe di una lettera scritta due giorni dopo:

> scripsivi nelli giorni passati del melioramento della Simonetta el quale invero non ha perseverato come io credetti, et come sarìa stato nostro desiderio. Questa notte sono stati alla disputa Maestro Stephano et Maestro Moyse di darle una medicina la quale concluseno doverseli dare, et così le hanno data. Non si po' ancora comprendere che fructo farà. Dio voglia che facci quanto desideriamo.[122]

A rafforzare lo scetticismo di Piero contribuivano anche le diagnosi diametralmente opposte dei due esperti, degne di un dibattito satirico:

118. ASF, *MAP*, XXXIII, n. 279, 20 aprile 1476.

119. «Esendo stato chagione di questo bene, tutti noi e sua madre che è a Pionbino asai vi ringrazia e ubrighati vi siamo della dimostrazione avete fatto di questo suo male», *ibidem*.

120. *Ibidem*.

121. *Ibidem*.

122. ASF, *MAP*, XXXIII, n. 290, 22 aprile 1476. I medici che curarono Simonetta erano maestro Moysè ebreo e maestro Stefano della Torre, noto anche come "maestro Stefano da Milano", Lorenzo dei Medici, *Lettere*, Vol. 4, pp. 425-426.

«Questi medici sono del male suo discorde: maestro Stephano dice epsa non essere né etica né tisica et maestro Moyse tiene el contrario. Non so chi meglio se ne vede».[123] Così Piero, forse non troppo consapevole di quanto grevi potessero suonare le sue parole, tornava sulla questione, imbarazzante ma ormai sempre più impellente, dell'inutile esborso che le cure del maestro Stefano rischiavano di imporgli:

> Et perché altra volta io vi scripsi della incomodità mia circa alla merce et salario di maestro Stephano et da voi non ho risposta alcuna, non m'è parso pigliare partito alcuno et ancora per otto giorni lo stare suo mi piace, che pure in questo termine si doverà vedere quello debba sequire, benché non limito detto termine se non cum conditione che la intentione vostra sia così, di che mi sarà caro due versi di risposta di vostro parere.[124]

Se la malattia della nuora, insomma, era il pretesto ideale per tenere in vita un'amicizia a cui Piero era fortemente interessato, e dalla quale il Magnifico non poteva facilmente esentarsi, prolungarne l'agonia nel rischio di doversi oberare di un esborso imprevisto non rientrava nelle spese che egli, sempre a corto di denari, poteva permettersi.

Non vi sono lettere immediatamente collegabili alla morte di Simonetta che sappiamo dovette avvenire di lì a poco.[125] Ma è certo che nelle missive che seguirono alla scomparsa della donna, così come in quelle che avevano preceduto la disgrazia, Piero tornava a battere il ferro ormai intiepidito delle sue personali esigenze: la necessità di uffici pagati, l'opportunità di essere nelle grazie o, almeno, nella buona considerazione del Magnifico, la raccomandazione di personaggi minori a lui cari, l'interesse a poterlo ospitare con tutti gli onori nella sua villa di Signa per qualche giornata di caccia e di festa tra danze e canti.[126]

Dall'amicizia alle Stinche. Il carcere e l'esilio

Il sogno di Piero di far parte della cerchia laurenziana più stretta era tuttavia destinato a infrangersi, e perfino con un certo fragore, nella tragica

123. ASF, *MAP*, XXXIII, n. 290.
124. *Ibidem*.
125. Si veda ASF, *MAP*, XXXIII, n. 318.
126. ASF, *MAP*, XXXIII, nn. 702 e 955, lettere rispettivamente del 27 agosto e del 19 novembre 1476.

primavera del 1478. I rapporti col regime si deteriorano definitivamente a seguito del *sangue d'aprile*, come un'efficace espressione della storiografia anglofona ha ormai etichettato la congiura dei Pazzi durante la quale, come è noto, Giuliano dei Medici perse la vita in un agguato predisposto per colpire suo fratello Lorenzo.[127]

Piero Vespucci fu una delle vittime della larga repressione che fece seguito alla vicenda: il cronista Luca Landucci racconta che, il 1 maggio del 1478, tornando da Pisa, «fu preso e menato in Palagio perché dissono ch'egli aveva fatto fuggire uno ch'era colpevole al trattato».[128]

Formalmente l'accusa prodotta contro di lui era quella di aver favorito la fuga di un congiurato, Napoleone Franzesi, personaggio della cerchia dei Pazzi alla quale lo stesso Piero era legato per affari.[129] Più probabilmente si trattò di una misura estensiva e cautelare mossa da un potere centrale, quello laurenziano, che ormai scricchiolava e intendeva perciò eliminare in maniera definitiva ogni possibile voce dissonante.

Dell'arresto di Piero si parla anche nel libro di *Ricordi* di ser Giusto di Anghiari, un notaio che negli anni centrali del dominio mediceo si era stabilito a Firenze dove spesso agiva come rappresentante dei capitani anghiaresi. Ser Giusto, come testimone della Firenze laurenziana, inseriva la vicenda di Piero all'interno di quella, ben più grave, della congiura in cui aveva perso la vita Giuliano:

> Sabato, a dì 2 detto, in Firenze, era pure ancora il sospetto dello stato. Fu preso messer Piero Vespucci, che aveva fatto dimostrazione per questo stato e poi operato il contrario, ché si disse aveva fatto fuggire uno che la Signoria voleva far pigliare, e che egli aveva tocchi danari.[130]

Se il notaio di Anghiari, forse in maniera più imprecisa, datava il fermo di Piero al giorno successivo, in un clima ancora di forte allerta da parte dell'esecutivo, le parole scelte per tratteggiarne la tragica sorte aggiunge-

127. Martines, *Sangue d'aprile*.

128. Landucci, *Diario fiorentino dal 1450 al 1516*, p. 20 e, sull'incarcerazione che ne seguì, p. 22.

129. *Consorterie politiche e mutamenti istituzionali*, pp. 157 e ss. Sui rapporti tra Pazzi e Vespucci si veda anche Lorenzo dei Medici, *Lettere* vol. 2, p. 182 dove si fa riferimento alla corrispondenza tra Roberto di Sanseverino e Piero Vespucci del 29 aprile 1476 rammentando come il Sanseverino si fosse rivolto ai Pazzi per un prestito tramite il fidato Piero Vespucci e anche Fubini, *Italia Quattrocentesca*, pp. 285 e 321.

130. Newbigin, *I Giornali di ser Giusto Giusti d'Anghiari (1437-1482)*, p. 199.

vano alla sua testimonianza una componente più denigratoria rispetto a quella resa dal Landucci. Senza spingersi ad esprimere un giudizio esplicito sulla figura di Piero, ser Giusto lo indicava tra le righe dei suoi *Ricordi* come un traditore, uno cioè «che aveva fatto dimostrazione per questo stato e poi operato il contrario» aggiungendo poi a maggiore onta, il sospetto che avesse agito per denaro.

L'ingiunzione che formalizzava l'arresto di Piero portava la data del 16 maggio ma la sua incarcerazione effettiva avvenne molto prima, subito dopo la cattura dei congiurati.[131] La posizione e le responsabilità che egli ebbe realmente nelle vicende della congiura, restano comunque piuttosto equivoche. Sicuramente tra gli elementi che giocarono a suo svantaggio vi fu, oltre ai rapporti d'affari con le famiglie implicate nella congiura, quello stretto legame con la corona d'Aragona al tempo non più favorevole ai Medici. La familiarità con gli aragonesi che probabilmente agli esordi della carriera di Piero lo aveva reso degno di interesse agli occhi di Lorenzo e ne aveva promosso le attenzioni, era diventata un attributo di segno negativo e, anzi, decisamente pericoloso, ora che l'alleanza con Firenze si era guastata. Si trattava di un fenomeno abbastanza consueto per l'epoca, soprattutto tenuto conto del fatto che la natura stessa di questo tipo di rapporti (legami di affari che interessavano stati diversi e che sottintendevano, anche per i singoli, rapporti fiduciari extraterritoriali) al tempo della repubblica medicea, si prestava a qualsivoglia genere di interpretazione a seconda di come le alleanze del momento venivano declinate e modificate. Piero si trovò, pertanto, a fare le spese di un drastico logorarsi del rapporto tra il Magnifico e Ferrante d'Aragona che precipitò proprio in occasione della congiura. L'ostilità manifesta del re di Napoli, la sua alleanza col papa Sisto IV, la sua volontà di ostacolare Firenze (per esempio nel contributo che Ferrante rese alla causa della rivolta genovese in modo tale da impedire l'arrivo di aiuti milanesi in soccorso di Lorenzo) contribuirono certo a fare del Vespucci uno dei micro capri espiatori di una macro situazione divenuta ingovernabile. Ne è conferma il fatto che la vicenda personale di Piero ebbe un esito favorevole solo in

131. Si tratta di uno di quei casi in cui il potere esecutivo entra in azione molto prima del giudiziario dal quale attende poi la formalizzazione di uno stato di fatto: si veda il bollettino inviato dagli Otto di Guardia al Podestà, cfr. schede di Bellinazzi, Cotta in *Consorterie politiche e mutamenti istituzionali*, pp. 157-158.

seguito al viaggio di Lorenzo a Napoli alla fine del 1479. È anzi probabile che la sua stessa assoluzione, giunta proprio dietro richiesta di Ferrante nella primavera successiva, fosse stata pattuita o comunque negoziata in maniera informale durante quel soggiorno.

Al 25 settembre del 1478 risale la prima lettera di cui si ha testimonianza, che Piero scrisse a Lorenzo dal carcere delle Stinche dove oramai da cinque mesi si trovava rinchiuso in attesa di giudizio. Il tono di Piero, almeno sulle prime era quello, consueto, di deferente sottomissione:

> Magnifico vir et chonpare amattissimo, se prima non v'ò scritto e ringraziatovi di quanto avete operato per la salute de la vita mia m'è stato chagione che d'io sono stato sì perchosso dalla fortuna e di tante varie chose ched'io sono stato in dubbio sed'io sono Piero Vespuci. Io vi rendo infinite grazie e prieghо Dio vi ristori per me.[132]

Nella situazione disperante in cui si trovava da mesi, nell'alienazione del carcere così immondo e gravoso da provocargli un senso quasi di estraneazione, Piero non trascurava le note formule di ossequio che, ora più che mai, era necessario usare con Lorenzo. Consapevole che solo a lui doveva il fatto di non essere stato impiccato come gli altri congiurati, il primo pensiero andava alla gratitudine per quanto egli già aveva «operato per la salute de la vita» sua. Ma il disagio per la condizione in cui si trovava doveva essere più forte della riconoscenza, e, forse, il fatto di avere avuta salva la vita lo induceva a credere, con un certo eccesso di ottimismo, che nella sua posizione non sarebbe stato difficile ottenere uno sconto di pena. Così entrava nel merito del suo malessere: la prigione era sporca, malsana, asfittica e per di più soffrendo egli di renella, cioè di sabbie urinarie, aveva bisogno di cure. Con una certa incoscienza, chiedeva dunque al Magnifico che gli concedesse qualche ora di libera uscita al giorno, così da poter beneficiare dell'aria aperta e di un clima più salubre per poi «ritornare la sera alla prigione dove sono». Era una grazia in fondo di poca spesa, come Piero sapeva bene, che «mai si diniegho né a Neroni né a persona sia stato in questo luogho».[133]

Certo di risultare più convincente, Piero non esitava a tirare in ballo il caso di Dietisalvi Neroni, uno dei maggiori responsabili del '66, reo

132. ASF, *MAP*, XXXI, n. 355, 25 settembre 1478.
133. *Ibidem*.

come lui e molti altri illustri predecessori, di aver congiurato contro lo Stato nonostante una fede di vecchia data al regime. Che ciò fosse frutto di strategia volontaria o fosse invece una banale imprudenza, associare il suo stato di accusato a quello di comprovata colpevolezza del Neroni fu senz'altro da parte sua un grave errore di valutazione. Se Lorenzo era già poco incline ad assecondare chi più di una volta si era dimostrato inaffidabile e troppo concentrato sui propri personali interessi, certamente egli non dovette gradire la leggerezza con cui il Vespucci spendeva il nome del Neroni. Si trattava dell'uomo che aveva tradito la fiducia di suo nonno Cosimo, che aveva teso un'imboscata a suo padre Piero, che aveva minato la stabilità del governo della sua famiglia o che, forse, più semplicemente era stato usato al punto da rappresentare oramai, anche agli occhi dello stesso potere che lo aveva manipolato, l'emblema stesso del tradimento più abietto.

La richiesta di Piero rimase senza risposta.

Passarono altri tre mesi di carcere in cui è ragionevole pensare che non vi sia stato cenno alcuno da parte di Lorenzo. Il 23 di dicembre, in prossimità del Natale, Piero tornava a scrivergli con un appello accorato:

> Io vi priegho per la piatà di Dio vi piacci in questa santa Pasqua volermi usare grazia e misericordia di volermi trarre di queste misere charcere, piene d'ogni isporcizia e d'ogni miseria, le quali non si potrebe nararlle, e apresso le chonpagnie ci sono, che sono un tormento di nuovo.[134]

Non potendo più nascondere a sé stesso la gravità della situazione in cui si trovava, suo malgrado, Piero sceglieva di giocare a carte scoperte facendo il nome di Napoleone dei Franzesi, il congiurato che era accusato di aver favorito nella fuga. Non era più il caso di minimizzare la familiarità che lo legava a lui, meno che mai di negarla. Piero non si dichiarava colpevole (forse davvero non lo fu) né responsabile di alcunché, riconosceva però di avere agito con leggerezza, e di avere forse sbagliato, inconsapevolmente, nel valutare le mosse del suo compagno di affari. Sapeva però di non essere un traditore ed era certo di essere sempre stato sincero nella sua

134. ASF, *MAP*, XXXVI, n. 1405, 23 dicembre 1478. Impossibile non cogliere, in questo cenno all'abbrutimento indotto dal contatto con gli altri detenuti, un'affinità col Cavalcanti che, imprigionato per debiti molti anni addietro, lamentava «le perverse e abbominevoli condizioni delle diverse persone» con cui era costretto, suo malgrado, a trascorrere il tempo, *Istorie fiorentine*, I, p. 2.

fedeltà al regime.[135] A testimonianza della buona fede della casata dei Vespucci, Piero ricordava ancora una volta il padre Giuliano amico e fedele di Piero dei Medici, rammentava la sua personale amicizia con Bartolomeo Scala, e finiva poi per fare atto di aperta sottomissione a Lorenzo implorandolo di sottrarlo alla miseria della carcerazione:

> Per Dio, Lorenzo, piacciavi voltare verso di me l'ochio della pietà a uno vostro fedele e sarà più che mai, avendomi champato la vita, e di questo sono certo. Piacciavi chavarmi di qui e metetemi sotto una pancha e mai uscirò di vostri chomandamenti, e se mai io potrò, ristorerò questo erore ò fatto.[136]

Ma neanche in questo modo il Magnifico sembrò muoversi a compassione.

Nel giro di pochi giorni, le condizioni di salute di Piero peggiorarono e il 13 gennaio di nuovo egli trovò la forza per scrivere a Lorenzo, pregandolo ancora una volta, perché gli risparmiasse una fine cosi infame: «sperando trovare da voi misericordia di trarmi qui e volere muoia a chasa mia o Santa Maria Nuova». La stessa firma in calce «Vostro Piero Vespucci, ch'è in ogni male alle Stinche» rendeva conto dei toni sempre più disperanti che la condizione di Piero andava assumendo.[137]

È possibile, anche se non ne siamo a conoscenza, che nel corso del tempo vi siano stati sporadici cenni di risposta da parte di Lorenzo. Sappiamo tuttavia che dovettero passare ancora diversi mesi, e forse anche altri accorati appelli di cui non si è conservata traccia, perché egli si decidesse a intercedere per il povero Piero. Nell'ultima lettera che si conosce, scritta a Lorenzo dalle Stinche il 27 maggio del 1479, Piero parlava ormai senza freni: «Magnifico Lorenzo del chontinovo io pichierò la porta della pietà e miserichordia, la quale siate voi e in quella ò tutta la mia fede e speranza e, quando questa mi manchassi, sarei più che disperato».[138]

Alla disperazione del carcere, all'ingiuria, alla malattia che da mesi non gli dava tregua («e 'gli è più di cinque mesi mai m'à lasciato un pocho di febre e mai mi mancha settimana nessuna non sia tormentato dua o tre

135. «Se ò errato di Napoleone, è stato per inavertenza, e per avere da lui, e abiate per certo sed'io avessi stimato avessi errato l'arei morto. I' ò errato in questo e mai troverrete in me una punta falsa», *ibidem*.

136. *Ibidem*.

137. ASF, *MAP*, XXII, n. 355, 13 gennaio 1479.

138. ASF, *MAP*, XXXVII, n. 377.

volte di male di fiancho»)[139] si aggiungeva ora la pena di una situazione domestica e famigliare che rischiava di andare a carte quarantotto a causa della sua assenza: «Apresso io mi trovo in tanti dolori e amaritudini e di figliuolo e della Ginevra, che me l'ò a chasa colla bambina, e truovasi sanza alchuni bene».[140]

Il suo ritiro coatto dagli affari del mondo, la sua forzata prigionia, avevano creato una condizione assimilabile a quella di una morte apparente, quella che, come già paventava e ammoniva il Morelli nei suoi consigli al pupillo, orfano di padre, esponeva i figli privi di guida a rischi e intemperie socio-relazionali.[141] In questo caso i figli di Piero, Marco e Ginevra, facevano le spese della sventura politica del padre. C'era di peggio: la cattività di Piero aveva favorito l'emergere di antagonismi e rivalità, internamente alla casa, che avevano trovato una facile soluzione nello scavalcamento di ruoli. Sembra parlare in tal senso quel riferimento alla genìa di Bernardo Vespucci che forse aveva approfittato della situazione per avocare a sé una maggiore quota di potere oltre che, pare, di ricchezza: «I ò charestia della vita e massime per la malatia ò, di non mi potere aiutare, èmi fato mille ingiurie e toltomi el mio da' figliuoli di Bernardo Vespucci e d'altri».[142] Piero appariva come uno sconfitto a tutti gli effetti: sconfitto non solo perché in carcere e incapace di intervenire nei suoi affari privati, ma sconfitto anche perché ormai dimenticato e abbandonato. Era senza amici, non aveva compagni, sostenitori, simpatizzanti («in questa mia fortuna non ò da noverare uno amicho»).[143] Non aveva a chi potersi appoggiare, non aveva di chi potersi fidare. Per un singolare paradosso della sorte, la sola persona in grado di aiutarlo, quella su cui aveva sempre investito, l'unica cui poteva ricorrere e nella cui benevolenza avrebbe potuto sperare era la stessa che lo accusava di averlo tradito e che da molti mesi, lo teneva a marcire nella galera più infame della città sospettandone la complicità nell'attentato in cui, un anno prima, aveva perso la vita suo fratello. Come a volte accade in situazioni cosi estranianti, la disperazione a tratti cedeva il passo all'incredulità fino a farsi tacita esasperazione per una prigionia che Piero insi-

139. *Ibidem.*
140. *Ibidem.*
141. Morelli, *Ricordi,* pp. 167-207.
142. ASF, *MAP*, XXXVII, n. 377.
143. *Ibidem.*

steva a vivere come ingiusta: «E non c'è entrato persona pe' fatti di Stato, che non ne sia fuori, ed io, misero pecchatore, mi truovo restare in questa miseria» per tornare infine, nella lucida consapevolezza della tragedia, al tono della resa incondizionata: «Io mi rachomando a voi Lorenzo quanto so e posso, mi vogliate salvare questo resto della vita mia la quale è tanto tempestata durerà pocho. Almancho fussi la fine mia fuori di questo luogho e' morrei chontento».[144]

Se da un lato è vero che la disperazione di Piero aveva ragione di farsi sentire, e che nessuno tra gli altri Vespucci più in vista mosse un dito in suo soccorso, bisogna però riconoscere che furono in diversi ad operare per la sua scarcerazione. A Lorenzo scrisse il figlio di Piero, Marco, durante i primi tempi di prigionia del padre, prima ancora che questi cominciasse a inviare al Magnifico le sue richieste di grazia:

> Magnifice nostri domine etc. Non posso venire a parlare alla vostra magnificenza perché non mi basta l'aver parlare in vostra presentia, dicovi per questa che messer Piero si manda a raccomandare d'essere examinato e d'essere tracto di tanta miseria che è co' ferri in ghamba e in una prigione intanto expurcitio che dice inteso l'opere sue e suoi processi non meritano di stare a quel modo e che i'llui non sa trovare se non pecchati veniali. Perdonatemi se uso presumptione.
> A dì iii di maggio mcccclxxviii, vostro servus Marchus Vespucci.
> E se ha errato sia punito e io, innocente, vi sia raccomandato.[145]

Poche righe ambigue, ispirate dalla volontà di raccomandargli il caso del genitore ma anche dalla necessità di prenderne le distanze, per la propria incolumità personale, nel caso egli fosse stato riconosciuto effettivamente colpevole. Una forma prudenziale che come sappiamo non fu sufficiente a risparmiare a Marco l'onta dell'esilio.

Anche la figlia Ginevra, certo con meno egoistico interesse, scrisse al Magnifico una lettera dai toni commossi.[146] Gli scrissero poi Luigi Pul-

144. *Ibidem.*

145. ASF, *MAP*, XXXVI, n. 506, 3 maggio 1478. Si veda anche, sempre orientata sull'autodifesa, una seconda lettera di Marco a Lorenzo, ASF, *MAP*, XXXVI, n. 638 del 16 maggio 1478.

146. Il Del Lungo, *La donna fiorentina*, pp. 211-212, cita una lettera scritta «con parole spezzate dal pianto» che la ragazza indirizzò a Lorenzo per ottenerne la clemenza. Si tratta della lettera ASF, *MAP*, XXII, 343 (e non 347 come indicato alla p. 242) scritta senza data e senza luogo da una indistinta *monna Ginevra isventurata*, nella quale il Del Lungo ha tuttavia ragionevolmente riconosciuto la giovane figlia di Piero. Eccone

ci, il Sanseverino e sicuramente anche Benedetto Dei, per intercedere per l'amico.[147] Ma a niente valsero tutte queste voci in suo favore, e se Piero venne infine liberato, fu soprattutto per l'intervento del re di Aragona dopo che fu conclusa la pace con Lorenzo nel 1480.[148] È ancora il cronista Luca Landucci a darcene testimonianza: «A dì 28 d'aprile 1480 fu cavato di prigione messer Piero Vespucci e partissi di Firenze e andò a Siena e al Duca di Calavria e quivi si stette».[149]

di seguito il testo, che vale la pena di riportare per intero: «Amantissimo in luogo di buon padre. La chagione di questi dolorosi versi si è perchè ieri non vi potei parlare come desideravo, per potervi pregare e ricordare l'amore e benivoglienza avete portata in questa chasa, e lle parole e promesse fatte a me, e l'umanità dimostrami, quando mi chiamasti sorella. E però vi priego vogliate accettare e' mie' prechi, e ogni amore e promesse rivolgere in questo, e avere miserichordia e chompassion di noi tutti. Vorrei vi fussi di piacere chonsiderare la chonditione di mio padre, e specchiarvi in me, e non chonsiderare quello che fa in ogni suo caso, chè non è solo in questo. E priegovi quanto più posso, mi facciate questa grazia, e questo si è me lo rendiate senza altro segno, e che la penitenzia di questo pechato sia quella che à avuta: chè quando penso, dela età ch'egli è e poco sano, come è stato buon pezo, e ora di nuovo, cholla febbre, essere dove egli è, e avere e' ferri in pie'; che quando ci penso, mi schopia el quore. Priegovi abiate pazienza se questi versi vi danno tedio, e priegovi per l'aportatore mi mandiate qualche buona risposta; però che chi miserichordia fa miserichordia aspetti. E priego Idio vi metta in quore, me lo rimandiate istasera e se io fussi chon voi, tanto vi pregherei me lo renderesti: e ora di nuovo ò inteso à avuta della fune. Priegovi non ci vogliate fare disperare più. Ginevra isventurata».

147. Quando nel 1480 il Pulci tornò a Firenze da Milano, fu per amicizia personale oltre che per commissione del Sanseverino che insistette presso Lorenzo, sebbene senza successo per far scarcerare il Vespucci dalle Stinche: Boeninger, *Notes on the Last Year of Luigi Pulci*, in particolare p. 262, n. 23 secondo cui il Pulci negoziò per conto del Sanseverino il rilascio di Piero Vespucci dal carcere (sui rapporti tra Sanseverino, Pulci e Vespucci si veda anche Simonetta, *Rinascimento segreto*, pp. 201 e ss.). Si veda anche Lorenzo dei Medici, *Lettere* IV (1479-80), pp. 227 e ss., nn. 4 e 5. Nella lettera del 15 ottobre 1479 si menziona un Joseph che, secondo Boeninger, può essere identificato con il sescalco di Roberto da Sanseverino. Il Pulci insistette inoltre per procurare al figlio del Sanseverino una condotta per conto dei fiorentini, vedi Orvieto, *In margine all'edizione e commento delle Opere minori di Luigi Pulci*, in particolare pp. 92 e 109.

148. Già il 4 gennaio del 1480 Bartolomeo Scala ne dava avviso a Lorenzo: «El Duca di Calabria ha a questi dì per lettera a privati molto raccomandato Messer Piero Vespucci: è stato risposto gratamente con intentione pubblica, che tutto quel bene et piacere, che si potrà fare, salvis legibus, si farà, usque in reditum tuum, perchè lui scrive sperare la liberatione nella tornata vostra, et è restato ben satisfatto.», ASF, *MAP*, XXXIV, 410.

149. Landucci, *Diario fiorentino*, pp. 34-35. Si veda anche *Consorterie politiche*, pp. 157-159 e per la condanna all'esilio di Piero, ASF, *Podestà* 5160, f. 77v, 10 maggio 1478.

Anche in questo caso a quella del Landucci fa eco la testimonianza di ser Giusto di Anghiari:

> Sabato a dì 3 detto <giugno> la Signoria di Firenze, a richiesta del Duca di Calavria, per partito ottennero, tra' Signori e Collegi e Otto di Balìa per 45 fave, che messer Piero Vespucci fusse restituito e liberato da' confini, ché non si poteva liberare senza quel partito; e ottennesi: che fu tenuto gran cosa.[150]

Che la colpevolezza di Piero fosse autentica o fosse invece frutto di una macchinazione, è certo che essa ebbe dirette ripercussioni sulla figura del suo unico figlio Marco. Lo sfortunato sposo di Simonetta, che alla sua morte si era risposato con Costanza di Recco Capponi, subì egli stesso, pochi giorni dopo il padre, l'onta dell'esilio del quale ottenne, come lui, la revoca, solo nell'aprile del 1480.[151]

Una seconda vita a Lugano

Finalmente sottratto alla carcerazione in seguito alla conclusione della pace con Ferrante d'Aragona, Piero venne liberato dalle Stinche con un provvedimento della Signoria datato 30 aprile 1480: la sua condanna fu commutata in esilio perpetuo, e, poco più di un mese dopo, il 2 giugno dello stesso anno anche il confino gli venne condonato.[152]

Tuttavia non avendo più alcuna prospettiva nella sua città, Piero preferì prendere la via di Milano in una sorta di esilio volontario.[153] Ancora

150. Vedi Newbigin, *I Diari,* p. 215.

151. Formisano, *Amerigo Vespucci. La vita e i viaggi*, in particolare pp. 71-72. Su Marco si veda anche *Carteggi delle magistrature dell'età repubblicana, Otto di Pratica,* vol. I, p. 93 e ss. Della seconda moglie, Gostanza di Recco di Uguccione Capponi conosciamo un testamento datato 11 giugno 1527, rogato da ser Antonio di Michele di ser Migliore da San Miniato, in cui la donna, ormai vedova nominava eredi i suoi figli Giuliano, Alessandro e Lapo (si veda ASF, *NAC*, 21429, c. 213.

152. Per la liberazione dal carcere ASF, *Provvisioni, Registri*, 171, ff. 4-5v. cit. in *Consorterie politiche e mutamenti istituzionali*, p. 159. Il Landucci, *Cronica*, p. 35, ricorda la liberazione di Piero ascrivendone il merito anche al Duca di Calabria «E a dì 3 di giugno 1480 fu ristituito messer Piero Vespucci di stare in Firenze e renderogli lo stato, come volle el Duca». Vedi anche Rinuccini, *Ricordi Storici*, p. CXXXIII. Del caso di Piero Vespucci come «mitigazione di condanna» parla anche Cavallar, *Il tiranno, i* dubia *del giudice e i* consilia *dei giuristi*, pp. 265- 345, p. 278 e nota 38.

153. Si veda anche Fubini *Italia Quattrocentesca,* p. 285.

piuttosto giovane, Piero si ritrovava a meno di 50 anni, completamente privo di avvenire. Le prospettive che certo egli intuiva migliori nel Ducato di Milano gli consentirono, in effetti, una seconda vita dignitosa, ma quel misto di presunzione e inquietudine che fu un tratto dominante del suo carattere, finì stavolta per essergli fatale e fu proprio in Lombardia, come si vedrà, che egli trovò la morte qualche anno dopo.[154]

Abbiamo avuto modo di constatare come Piero avesse un temperamento un po' irrequieto al quale, forse, erano da ascriversi alcune delle sue scelte più azzardate. Si era sposato molto presto, ad appena venti anni, con Caterina dei Benci, e altrettanto presto aveva avuto il primo figlio (Marco era nato nel 1453).[155] Nel solco della tradizione paterna egli nasceva come mercante e fedele del reggimento mediceo, ancorchè in affari con gli Aragonesi. Il suo curriculum sociale e politico aveva seguito tuttavia un iter piuttosto frastagliato che lo aveva portato per ragioni forse di necessità economica, a ricoprire incarichi nel territorio anche lontano dalla sua città (Milano e Bologna nel biennio 1474/1475). La volontà di autoaffermazione, le molte tappe bruciate all'ombra di una protezione medicea ereditata dal padre ma mai troppo smaccata, il rango di cavaliere cui fu promosso dal re di Aragona e il suo stretto rapporto con costui (che Lorenzo impiegò a proprio vantaggio ma che non mostrò mai di gradire del tutto) può darsi che abbiano spinto la sua ambizione verso territori non troppo sicuri. Si deve aggiungere a questo quadro, anche un rapporto con la ricchezza di sicuro non troppo misurato sebbene non siano da prendersi alla lettera i toni con cui di continuo piangeva miseria tra le righe della sua corrispondenza, né sono da considerarsi realistiche la rapacità e la grottesca cupidigia che il Poliziano, nella sua lettura viziata dalla prospettiva filomedicea, gli attribuì nel *Commentario alla Congiura dei Pazzi.*[156]

Se l'esperienza del carcere mise fine in maniera drammatica ai rapporti di Piero con la sua città natale e con i Medici suoi antichi signori e protettori, essa ebbe un'incidenza sulla sua salute psicofisica assai più ridotta

154. Su queste vicende lombarde Gasparolo, *Pietro Vespucci, Podestà di Alessandria e Commissario Cispadano (1485)*, pp. 11-12. Sui fatti che condussero Piero al patibolo cfr. anche Gentile, *La volontà d'impotenza. Rapporti di forza e gestione del "disordine" nel ducato sforzesco*, in www.retimedievali.it, pp. 1-13, e Leverotti, *Gli officiali del ducato sforzesco*, pp. 17-77 e ancora Gentile, *La vendetta di sangue come rituale*, pp. 209-241, in particolare pp. 230-232.

155. ASF, *Tratte, Libri delle età*, 80, c. 147v: Marco era nato il 5 ottobre del 1453.

156. Politiano, *Della congiura,* p. 87 e ss.

di quanto saremmo portati ad attenderci a volere dare credito alle parole disperate indirizzate a Lorenzo e a Lucrezia dalla prigione.[157] Per quanto provato nel corpo e nel morale, appena uscito dalle Stinche Piero rivelò di possedere una tempra e una determinazione decisamente fuori dal comune. A pochi mesi dalla scarcerazione e dal condono dell'esilio, il 6 agosto del 1480, tornato di nuovo in azione, replicava a una lettera dell'amico Benedetto Dei a cui fino all'ultimo aveva sperato di poter rispondere a voce. La lettera non indica il luogo di provenienza e si può supporre che Piero si trovasse al momento presso qualcuno dei suoi protettori, il Sanseverino forse, sulla via di Milano. Progettava di fermarsi a Firenze circa otto giorni e poi muoversi rapidamente per raggiungere a Milano gli amici Benedetto Dei, Acerrito Portinari e tutti gli altri fiorentini là residenti: «domane vo infino a Firenze, e starò otto dì e verronne qui e, di poi, chostì ché mille anni mi pare vedere el mio Acerito e tutti gli altri, ai quali mi rachomanderai, a tutti infino a le ghatti».[158]

Dalla prima parte della lettera, che per quanto restaurata resta mutila, e dunque illeggibile, per più della metà del suo contenuto, si riesce a comprendere come Piero fosse persino riuscito ad operare per sanare gli effetti delle calunnie mosse ai danni di Benedetto Dei proprio presso il Sanseverino: «io ò usato e uso ogni arte si può el signor Ruberto ponghi giù alquanto di male volerti, per l'esserli stato detto mille chose di te, tu aver detto male di lui».[159]

In quello che era un continuo e tipico giostrare delle parti, tra inganni, disconoscimenti, raccomandazioni, menzogne e spergiuri, Piero – che per i trascorsi appena esperiti avrebbe potuto starsene in requie e impiegare il suo tempo in attività contemplative – si adoperava per riabilitare agli occhi del suo nuovo patrono la nobile figura dell'amico immeritatamente infangata da non si sa che genere di pettegolezzi.[160]

157. Per la lettera scritta a Lucrezia Tornabuoni si veda ASF, *MAP*, LXXXVIII, n. 247, 12 gennaio 1480.

158. ASF, *CRS*, 78, 317, n. 242, 6 agosto 1480 (lettera restaurata, ma mutila in gran parte).

159. *Ibidem.*

160. Tutte infamie, insisteva Piero: «Di che io so non è vero e certificatolo e che in sagramenti non m'ò chostì, e che d'io so quello ài detto a me, e più e più volte siamo stati a tali ragionamenti, e òllo ridotto in tale modo, e assai bene prachato e òlli detto che tu scrivi di lui quello non fu mai scritto di Cesare o di Pompeo», *ibidem.*

Si può ipotizzare che Piero abbia raggiunto i domini settentrionali del Sanseverino nel giro di qualche settimana e abbia preso servizio a Lugano tra la fine del 1480 e l'inizio dell'anno successivo.[161] È a Lugano infatti che lo ritroviamo, in veste di capitano, nel gennaio del 1481: da qui egli si intrattenne in una fitta rete epistolare con il gruppo dei fiorentini che gravitava intorno alla corte milanese, documentata soprattutto da un carteggio indirizzato a Benedetto Dei nel quale si conservano più di quaranta lettere che il Vespucci spedì all'amico tra il gennaio del 1481 e l'aprile del 1482.[162] Dalla sua comunicazione serrata con il Dei, pressoché stanziale in Milano, transitava ogni genere di informazione, dalla più ordinaria alla più riservata. In queste missive Piero e il suo interlocutore, da veri informatori, passavano in rassegna le principali vicende politiche del tempo, valutandone i pro e i contro in termini ora personali, ora allargati alla comunità degli amici locali, ora addirittura regolati sul bene della Repubblica. Essendo oltre che informatori al servizio di potenti, soprattutto buoni amici ed intellettuali, utilizzavano nel loro disquisire un codice linguistico esclusivo. Ricorrevano cioè a un linguaggio (i cui rudimenti forse erano stati appresi proprio alla corte di Lorenzo che pure, con la sua brigata, amava dilettarsi con i *maquillages* linguistici) che fosse comprensibile quasi solo alla loro ristretta cerchia di amici. In tal modo il lungimirante Benedetto Dei, sempre ben informato degli eventi e sempre straordinariamente capace nell'intuirne i rapporti causa-effetto, diventava nella penna adulatrice del Vespucci la «Savia sibilla»;[163] il signore a cui ci si raccomandava e dalla cui benignità la propria sorte finiva per dipendere in maniera diretta, era invece il «maestro di bottega» in un'espressione che portava il marchio di appartenenza fiorentina e risentiva fortemente dell'origine artigiano-mercantile dei suoi ideatori;[164] i

161. Su Lugano e il dominio del Sanseverino si veda *Cronaca Luganese di Niccolò Laghi*, pp. 79-118, Motta, *I Sanseverino feudatari di Lugano e Balerna 1434-1484* e anche Moretti, *Da feudo a baliaggio: la comunità delle pievi della Val Lugano,* in particolare sul Vespucci e sul suo cattivo operato, p. 150 e ss.

162. A queste si devono aggiungere un'altra decina di lettere scritte dal Vespucci al Dei da Firenze nell'estate del 1482, una da Bologna del 1483 e un'ultima da Lugano nel novembre 1485, tutte conservate in ASF, *CRS*, 78, 317.

163. Un riferimento che porta a pensare alla Sibilla il cui antro di Norcia era stato oggetto, pochi anni prima, della visita di un altro amico della cerchia, Luigi Pulci, che dopo averlo visitato ne aveva certamente tratto ispirazione per il suo *Morgante*.

164. ASF, *CRS*, 78, 317, lettere nn. 261, 247, 191, 186. Vedi anche Kent, *Lorenzo de Medici and the Art of Magnificence*, pp. 2-3.

quattro informatori di riferimento della cricca milanese del Dei, intellettuali, cancellieri, ecc. da lui impiegati, divenivano nella penna fantasiosa del Vespucci i «quattro evangelisti», e via dicendo.

Non mancavano riferimenti scherzosi alle pessime condizioni atmosferiche delle regioni settentrionali: Vespucci parlava di «re (o signore) Nugholone, (re) Acquazzone, madonna Bianca e 'l piovano» per significare precipitazioni e nevicate copiose, con una terminologia, come già il richiamo alla *savia sibilla*, che forse si ispirava al poema «Morgante» del comune amico Luigi Pulci al quale entrambi erano legati.[165] L'amicizia tra Piero e il Pulci datava per lo meno alla fine degli anni Sessanta del Quattrocento. Gia in una lettera scritta a Lorenzo da Scarperia, il 25 maggio del 1471, Piero faceva cenno alle nuove che l'amico gli aveva riferito e al suo proficuo operato presso il Duca di Calabria.[166]

In questa occasione, Piero parlava di sé eccezionalmente in terza persona («el cavaliere»), con una complicità autoreferenziale che ricordava i toni impiegati con il Dei ma assolutamente inconsueti nelle conversazioni con Lorenzo, e rammentava l'aiuto che il Pulci gli aveva offerto per entrare in tenuta del feudo che il Duca di Calabria gli aveva concesso:

> Come sapete el cavaliere è povero anchora, benché habbiamo assettato el castello del Duca di Calavria che, per vostre lettere et per opera di Luigi Pulci, ne siamo in buono termine et così riscosso il Monte e pagato chi à havere da me, di modo habbiamo speranza farvi honore ché 'l cavaliere potrà meglio essere a ordine a questo altro anno che hora.[167]

Il sentimento di amicizia che avvinceva i due era certamente reciproco: anche da parte del Pulci il legame era forte, come ben si comprende, per esempio, dal contenuto di una lettera che il poeta scrisse a Lorenzo, da Foligno, il 4 dicembre del 1470. Dopo aver rinverdito al Magnifico varie necessità, l'ultimo pensiero, quasi a chiusura della missiva, il Pulci lo dedicava proprio all'amico Vespucci: «Io ti racomando nell'ultimo, in ogni cosa accade, il tuo messer Piero Vespucci, perché conosco la fede sua verso te. Così merita».[168]

165. Si veda ASF, *CRS*, 78, 317, lettere nn. 183, 207, 253, 260, 263, 269, 271, 272.

166. «Da Luigi Pulci ho lettera che sperate, infra pochi dì, venire in Mugello che mi sarebbe piacere assai, per più rispecti et io mi ci fermerò sperando la venuta vostra, se none a Signa vi vidi», ASF, *MAP*, XXVII, n. 296.

167. *Ibidem.*

168. Vedi *Lettere di Luigi Pulci a Lorenzo il Magnifico*, p. 80.

Già pochi anni prima, nella primavera del 1468 il Pulci, assediato dalle richieste di raccomandazione che gli pervenivano senza sosta non appena i suoi interlocutori capivano di avere a che fare con un familiare del Magnifico, aveva scritto a Lorenzo per raccomandargli la causa di tre contadini da Buti, cari per l'appunto anche al Vespucci.[169] Più in generale il nome di Piero ricorreva spesso nelle lettere del Pulci che ci sono note dei primi anni Settanta a testimonianza della confidenza che intercorreva tra i due.[170]

Ai primi di giugno del 1481, dopo avere fatto, presumibilmente, una breve sortita a Milano anche per salutare l'amico Benedetto, Piero era in viaggio per Lugano dove tornava a prendere servizio, nei domini del suo protettore. Il 6 giugno, ancora per la strada, scriveva al Dei, dando conto di essere stato sorpreso da un terribile maltempo: «Amato Benedetto, come fui partito da te, el re Nugholone, el gran Nebbione e l'Aquazone di sotto e di sopra, in modo siamo stati per annegare: sono inn istivaletti e gabbanella».[171]

L'impiego del consueto linguaggio, ellittico e di matrice pulcesca, porta a credere che potesse anche trattarsi di un fortunale metaforico, forse disordini in corso nei territori veneti che aveva appena attraversato: «e el vangelo di San Marco <Venezia> sono li aquazoni. Vedi come stiamo infino a domenica, a piovere ma credi tu a quello bue cho l'alia <San Luca>».[172]

169. «Qui, dove io passo, sono molto additato: "quello è grande amico di Lorenzo". Et però vengono a te tre contadini da Buti, uno Giovanni et Piero et Mariano da Buti, molto amici a Piero Vespucci; hanno una loro faccenda di che ti scrive ancora Piero, e io sono qui gravato ch'io te gli raccomandi», ivi, pp. 69-70. (lettera del 31 maggio da Pisa).

170. Riferimenti all'amico Vespucci anche nella lettera che Pulci inviò a Lorenzo nel marzo 1471: «Io ti dixi per l'altra, la lettera havea fatto fructo pel nostro messer Piero; et per questa t'ò a dire che va di bene in meglio, in modo te ne farò consolato, et tu ne se' stato cagione, et haràlo carissimo, che vanno in modo le cose, che lo vedrai in buono stato delle cose di qua, et tu l'aiuterai di costà; et cosi ti ricordo», ivi, p. 95. E ancora scrivendo a Lorenzo, il 21 marzo 1472, il Pulci raccontava di avere avuto notizie da Piombino proprio in casa del Vespucci: «dicesi esser morto il Signore, malati gli altri, le galee, il Caraffa, fanti sanesi et tutte l'altre cose. [...] Hoggi in casa Messer Piero ho inteso da chi vien di la come stati avvelenati et da chi e come e chi non è morto», ivi, p. 122; sul fatto che il messer Piero citato fosse il Vespucci non vi sono dubbi, poiché una delle fonti sulle novità piombinesi era esattamente la sua avvenente nuora Simonetta. Infine, riferimenti a una vicenda che vide coinvolto un amico comune di Pulci e Vespucci, si colgono in una lettera scritta a Lucrezia dei Medici il 26 ottobre del 1473, ivi, pp. 138-139 (vedi anche p. 124).

171. ASF, *CRS*, 78, 317, n. 260, 1481, 6 giugno.

172. *Ibidem.*

Due giorni dopo Piero ormai giunto a destinazione scrisse ancora una volta all'amico per ringraziarlo dei suoi buoni uffici, e per avvisarlo di aver pranzato con Roberto da Sanseverino, conversando con lui nel dettaglio.[173] La comunicazione tra Piero e il Dei proseguì a ritmo sostenuto nei mesi a seguire: lo scambio di informazioni su tutto quanto interessasse l'assetto politico della penisola si inframezzava a notizie personali e a dettagli sull'andamento dell'attività luganese di Piero.[174] Non mancavano certamente frequenti cenni alle comuni amicizie fiorentine. In una lettera datata 10 novembre, per esempio, Piero si abbandonava a un lapidario commento in occasione della scomparsa di uno dei più noti tra i suoi concittadini: «Giovanni Rucellai andò di la. Iddio li perdoni, che so n'à di bisogno».[175] Commento che, non c'è bisogno di sottolinearlo, tradiva uno scarso riguardo verso il defunto e pareva insinuare qualche pecca nella probità della sua condotta mondana. Per circostanza, il figlio del Rucellai, Bernardo, cognato tra l'altro di Lorenzo il Magnifico per averne sposato la sorella Nannina, era atteso come ambasciatore fiorentino a Milano nelle settimane a venire, in sostituzione del Ridolfi il cui mandato era terminato; ma l'improvvisa morte del padre, nell'opinione di Piero, avrebbe senz'altro scoraggiato Bernardo dal lasciare Firenze, costringendo il Ridolfi a trattenersi in attesa di una nuova nomina.[176] In una lettera successiva quando l'arrivo del Ru-

173. ASF, *CRS*, 78, 317, Lettera 264, 1481, 8 giugno. La lettera conteneva inoltre riferimenti al possibile arrivo a Milano di Rodolfo Gonzaga con la novella sposa Antonia di Sigismondo di Pandolfo Malatesta (le nozze si erano celebrate nel gennaio 1481), dettagli su una mantella che Piero attendeva da Manetto Portinari, e informazioni su vicende imolesi connesse alla «salute della nostra città di Firenze». Quattro giorni dopo, in nuova lettera, Piero riferiva all'amico l'esultazione che le sue risposte avevano suscitato oltre che in lui, negli uomini di Lugano e in sua moglie Caterina: ivi, n. 269, 12 giugno 1481.

174. In una lettera del 14 ottobre Vespucci ricordava la recente messa al rogo di alcuni giudicati sospetti di stregoneria: «Lunedi abbruciò due streghe e uno stregone [...] e tutto fatto per lo inquisittore», ivi, n. 263, lettera del 14 ottobre 1481 da Lugano.

175. Si veda ivi, n. 273, lettera del 10 novembre 1481 da Lugano e Kent, *Giovanni Rucellai. An epitaph*.

176. «Son certo 'sendo morto, Bernardo <Rucellai> non verrà e Tommaso <Ridolfi> resterà costì. So bene per la nostra città s'aviserà, so ancora lui vi sta malevolentieri», ivi, n. 273. Bernardo, figlio di Giovanni di Pagolo Rucellai e cognato di Lorenzo il Magnifico fu nominato oratore mediceo a Milano il 10 dicembre del 1481, dopo la nomina informale del mese precedente; giunse a Milano la sera del 17 febbraio del 1482, portando con se' il figlio tredicenne Cosimo. Da li ogni giorno scriveva a Lorenzo. Si veda Pellegrini, *L'umanista Bernardo Rucellai e le sue opere storiche* e anche Gilbert, *Bernardo Rucellai and the Orti Oricellari.*

cellai sembrava ormai confermato, nonostante i suoi pronostici avversi, Piero mostrava di apprezzarne la scelta: «La nuova di Bernardo Rucellai per mia avendoci a venire uno, io non potrei piu amare e fare onore alla patria, che v'è testa e cervello e gentiliezza, e molto honorevole».[177]

A livello personale la cosa più interessante che emerge dalla corrispondenza dell'autunno 1481, quando Piero era al culmine del suo soggiorno luganese, è senz'altro il progressivo deteriorarsi dell'amicizia con il Pulci. Sebbene i motivi non vengano mai esplicitati, è possibile avanzare delle ipotesi sulle ragioni di un malessere che da un certo punto in avanti condizionò entrambe le parti. Ragioni che si possono intuire da un'analisi incrociata delle fonti, senza poterle tuttavia comprendere a pieno. Si tratta, in fondo, di un limite strettamente intrinseco alla fonte epistolare, che fa da contraltare alla sua forza di fascinazione. Le lettere infatti, il cui contenuto appare chiaro nei pochi casi in cui si conoscono il contesto, il prima e il dopo, e il dibattito che ne emerge è ben documentato, finiscono invece per essere spesso anche dure da decrittare, in tutti quei casi, purtroppo più frequenti, in cui questi dati sono lacunosi, e sono carenti o inesistenti le considerazioni di ritorno su insinuazioni che, si intuiscono importanti se pure fugacemente accennate.

In questa sede, dunque, possiamo solo provare a formulare delle ipotesi plausibili sulla base dei pochi frammenti che ci sono noti della vicenda.

Come già si è detto, Vespucci, che fu in carica come Capitano di Lugano dall'inverno del 1481, anzi – più facilmente già dalla seconda metà del 1480 –, aveva ottenuto l'incarico appena scarcerato o quasi, essendosi messo al seguito del Sanseverino. Al tempo tra lui, il Pulci e il Dei intercorrevano ottimi rapporti. Quando Piero era alle Stinche, per esempio, il Pulci cercò sicuramente di perorarne la causa presso Lorenzo o comunque ne deplorò apertamente la carcerazione, tanto è che in una lettera del 6 aprile 1480, Pier Filippo Pandolfini un altro fiorentino ormai abituale a Milano, scrivendo al Magnifico di come il Pulci sarebbe stato, di lì a poco, di ritorno, considerava che il poeta si sarebbe certo sdegnato di sapere l'amico Vespucci ancora in prigione.[178]

Non conosciamo in effetti quale reazione ebbe il Pulci quando apprese che il Vespucci non era ancora stato liberato, ma sappiamo che Piero uscito

177. ASF, *CRS*, 78, 317, n. 178, 1481, 21 dicembre.

178. «Se non è libero messer Piero <Vespucci> sono certo lui tornerà di qui mal disposto!», ASF, *MAP*, XXXIV, n. 313.

dalle Stinche alla fine di aprile, prese subito la via del settentrione, dove operò in Val di Lugana dalla fine di quello stesso anno. È probabile che già nei primi mesi dell'anno seguente, Sanseverino, in cerca di un sostituto per il mandato successsivo, avesse deciso di chiamare a rimpiazzarlo proprio il Pulci. Per lo meno a livello informale, dunque, si può supporre che la nuova nomina fosse nell'aria dal mese di marzo del 1481 perché il Dei, scrivendo da Milano, al fratello Emiliano in Firenze, gli specificava:

> E digli <a Tommaso Capponi> per mia parte, mi raccomandi al mio Luigi Pulci, lo quale è fatto e eletto nuovo capitano di Val di Lugana per dopo a messer Piero Vespucci lo quale è in tenuta là. E digli gli dica che venga più presto meglio, che è aspettato con desiderio grandissimo.[179]

Le lettere che Vespucci inviò al Dei da Lugano si datano dal mese di giugno in avanti e dunque non è dato esattamente di sapere né se Piero fosse a conoscenza della scelta del Sanseverino di sostituirlo proprio con l'amico poeta, né cosa pensasse in merito, né se delle sue opinioni in tal senso avesse reso partecipe (come è fortemente probabile) anche Benedetto. Tuttavia il fatto che, per lo meno fino ad ottobre, il Pulci non venga mai menzionato nelle lettere che Piero scrisse al Dei lascerebbe credere che Vespucci fosse all'oscuro di tutto e che fra loro regnasse ancora un clima di serena amicizia. D'altro canto, in una lettera inviata a Benedetto Dei nel mese di giugno, lo stesso Pulci sembrava confermarlo: Piero, «il Capitano» come il Pulci lo chiamava amichevolmente, era rammentato come uno dei suoi migliori amici. Anche se certo il poeta non rinunciava a lamentarsi del suo operato, come sempre approssimativo, in questo caso per avergli promesso una cavalcatura con cui affrontare il viaggio fino a Milano che in verità non gli era mai arrivata (il Pulci, indigente, aveva difficoltà a muoversi con mezzi propri a causa dei suoi stenti economici e faceva sinceramente conto sull'aiuto di terzi).[180] Ma il ricordo che egli serbava di Piero, così come del Dei, era certamente uno dei migliori: «Tu mi dì fate costì buoni ragionamenti di me e io lo credo

179. ASF, *CRS*, 78, 318, n. 355 del 3 marzo 1480. Cfr. anche Volpi, *Luigi Pulci. Studio biografico*, p. 24.

180. «Et anche a dirti il vero, io ho creduto ogni dì essere a cavallo et venire ad rivedere il nostro Capitano di Valdilugana e il Signore. Ma il detto Capitano, m'à promesso uno cavallo et fatte mille cilecche con scrivere qui esser partito già di costà e che l'à tolto a uno caro amico. Et però duolti di lui quanto al venire: et dello scrivere io sarò più diligente», vedi ASF, *CRS*, 78, 317, n. 113 edita in Luigi Pulci, *Lettere* pp. 162 e ss.

facilmente, ché voi siete stati insieme per aventura tre et magiori amici ch'io abbi al mondo cioè il Signore, il Capitano e tu, et agiugnesi la mia comare Madonna».[181]

Nel rammarico di non potersi recare da loro come era suo desiderio, Pulci ammetteva di sentirsi ormai fortemente lombardo e si rallegrava del processo di "lombardizzazione" che ormai era avviato anche in Benedetto e che, certo di lì a poco, avrebbe investito anche il Vespucci.

Per la verità Piero sembrava essersi lombardizzato anche troppo: certo di avere diritto alla Podesteria di Milano, ufficio che forse gli era stato promesso in maniera un po' incauta, al momento in cui comprese di aver sperato invano, si trovò, per l'ennesima volta, in cerca di una soluzione rapida che gli garantisse un futuro soddisfacente, sempre a fianco del suo nuovo protettore Sanseverino.[182] Lo smacco causato dalla rifiutata concessione della carica, indusse anche sua moglie Caterina, nel mese di ottobre, a scrivere a Benedetto Dei, per lamentare la situazione:

> Benedetto mio caro, yo non possa fare che non mi dolga con voi d'aver perso l'oficio da Millano, el quale aspettava con tanta festa che ogni ora mi pariva certo, e sapiti che messer Piero hebbe la elletione, che mandomela a Firenze e da tutti li soi amici fu vista, che ne va l'onore e utile, e certamente cotesto Capitano ci fa gran torto; avendo auto apreso che sua parte non ci doveva fare questa villania. E pure sia, con Dio ristiamo patiente miser e yo, a tanto quanto vole il signor Ludovicho e li amici nostri, benché mi pare non ci sia rimasto in questo mondo più né fede né carità.
> Ò veduto miser Piero in tanto dolore e passione, quando tornò da costì stette ne lo letto parecchi dì ammalato, e venerdì si partì da qui e andò a trovare il signore Roberto, e ha paura che non ci lo voya raffermare e lui non intende star più qui che ci faremo debito, non avendo più che ducati venti da salario lo mexe, e volendo vivere come homo da bene e cavaliere non sarebbe lo bisogno nostro a stare qui.[183]

La donna si raccomandava al Dei affinché attraverso i suoi contatti eccellenti in Milano procurasse al marito un nuovo incarico, che consentisse loro di vivere dignitosamente. Prolungare la permanenza a Lugano, a suo dire, non era più possibile perché lo stipendio era inade-

181. *Ibidem.*

182. Dal 1479 al 1481 fu podestà di Milano, Andrea Avvocati. L'ufficio passò poi nelle mani di Andrea Corradi che lo tenne fino al 1486.

183. ASF, *CRS*, 78, 317, n. 267: lettera del 28 ottobre 1481 da Caterina Vespucci a Benedetto Dei.

guato e i pochi soldi di cui ormai disponevano non bastavano a garantire loro quel tenore di vita decente che si conveniva a un cavaliere e a sua moglie.

Al Vespucci invece rimanere a Lugano dovette sembrare una soluzione più che conveniente, o comunque un risarcimento accettabile. È probabile insomma che a quel punto Piero si fosse proposto per un rinnovo del mandato luganense o che avesse brigato in questo senso. Forse ignorava la proposta avanzata al Pulci di sostituirlo, forse, invece, ne era avvertito ma aveva intuito la sua volontà di rinunziarvi o, più facilmente, in una mentalità un po' egoista, sempre orientata all'autopromozione, le sue intuizioni erano state addomesticate dalla sua coscienza, sotto la lente dell'interesse personale. Fatto è che ancora nella prima metà di ottobre le lettere a Benedetto Dei ci mostrano un Vespucci apparentemente ignaro di tutto, che chiedeva con insistenza notizie dell'amico comune e si stupiva di non averne avuto più lettere e di non sapere in che parte di mondo si trovasse.[184] Insomma, a meno di non postulare una dissimulazione dettata da una spiccata malafede (ma forse era proprio così), Piero non sembrava neanche lontanamente immaginare che il silenzio prolungato del Pulci, lungi dall'essere accidentale, fosse il frutto di una deliberata volontà di lasciar sbollire le acque. Si può infatti ipotizzare che il Pulci, se pure già orientato verso un rifiuto dell'ufficio di Lugano per motivi personali (l'età avanzata forse, o gli stenti, o entrambe le ragioni),[185] fosse stato persuaso a desistere del tutto dinanzi alla spudorata insistenza con cui Piero si era fatto avanti per ottenere il nuovo mandato. Certamente tra gli effetti che più dispiacevano al Pulci a rifiuto, più o meno forzato, ormai conclamato, vi era la consapevolezza di aver rinunciato a una delle ultime possibilità che il destino gli offriva di tornarsene presso i suoi amici piu cari. Come specificava scrivendo al Dei con rassegnazione:

> Io n'ò preso buon partito e licenziato et rinunziato per sempre, et se io non vengo in sogno in Lombardia, o portato come le streghe dalla fantasima, io

184. Si vedano le lettere del 14 e 18 ottobre e del 10 novembre, rispettivamente ivi, nn. 263, 266, 273.

185. Secondo Boninger, *Notes on the Last Year of Luigi Pulci*, p. 262, infatti, traduco dall'inglese, «Le lettere di Luigi Pulci di questi anni (1478-1484) esprimono chiaramente la disperazione del poeta che doveva mantenere la sua famiglia a Firenze senza entrate regolari».

non arriverò più in cotesto paese. Et non mi duole se non il mio et tuo M. Guasparre havervi tanto lontano.[186]

I toni che davano conto di una rottura ormai in corso vennero alla luce solo nell'autunno inoltrato, forse in seguito al fatto che qualche considerazione del Pulci – ormai deciso a non dissimulare più il suo rancore dietro il silenzio – era giunta fino alle orecchie di Piero. In una lettera del 24 novembre a Benedetto, Piero ormai al corrente delle conseguenze dei suoi gesti, tentava di giustificarsi presso di lui: «Àmi assai confortato de l'uficio, al tempo a vvenire; alla buon'ora sarami charo, tanto più per dare luogho al Puccio el quale è alquanto adiritato, e non n'à ragione, con esso mecho, ché farei più per lui che per me».[187]

Forse, una volta perduto l'incarico milanese al quale aveva aspirato invano, gli era stato prospettato un posto a Pavia di scarso prestigio, e, sul momento, non aveva trovato di meglio che prolungare quello luganese, facendo di necessità virtù.[188] Certo è che, apprendere della delusione provocata nel Pulci doveva aver colpito nel segno perché in chiusura Piero tornava a rammentare l'amico per la seconda volta nella stessa lettera: «Èmi piacere sia tornato Giuseppe, racchomandami a lui, è adirato, e pel Pucci <sic!> tiene istiza, e a 'l torto, sono tutto suo».[189]

Più o meno negli stessi giorni anche Luigi Pulci scriveva a Benedetto per metterlo a parte delle sue considerazioni in materia. Dalle sue affernazioni si comprende che il Dei doveva avergli scritto più volte negli ultimi tempi, e doveva addirittura avergli inviato le lettere più recenti di Piero perché potesse constatarne di persona l'interesse. È tuttavia probabile che il Pulci non fosse più bendisposto come un tempo: a fronte della consueta complicità, stavolta i suoi toni si mostravano almeno nell'*incipit*, più severi. Tanto per cominciare, rispondeva biasimando lo stesso Benedetto per l'imprudenza

186. Vedi *Lettere di Luigi Pulci a Lorenzo il Magnifico*, p. 160. Il *m. Guaspare* a cui si fa riferimento è probabilmente Gaspare di Sanseverino d'Aragona, detto Fracasso, figlio di Roberto, vedi Boninger, *Notes on the Last Year of Luigi Pulci*, p. 263.

187. ASF, *CRS*, 78, 317, n. 174, 1481, 24 novembre. Il Puccio è naturalmente il Pulci che in altre occasioni è chiamato così.

188. «L'ufficio di Pavia intendo è dato, alla buon'ora, arò charo ne facci bene. Invero, e' m'à dato noia più e' tanti tramutii che altro. Aspetteremo quest'altro anno, preghando Iddio ci aiuti. [...] Prieghо scrivi spesso al signor Ruberto ed io so quanto li sono a grado e li piaciamo e non andare in sulle briglie», *ibidem*.

189. *Ibidem*. Questo Giuseppe è forse Josepho sescalco del Sanseverino ricordato da Boninger, *Notes on the Last Year of Luigi Pulci*, p. 262.

mostrata nell'inviargli le lettere senza alcuna forma di protezione e sebbene fosse riuscito a leggerle senza rischi, lo ammoniva, per l'avvenire, ad operare con maggiore cautela.[190] Poi entrava nel merito della questione di Lugano, lamentando come Piero, al solito, avesse gestito la vicenda in maniera superficiale e raffazzonata. Ma ciò che più di tutto il Pulci deplorava era che Piero si fosse lasciato trascinare dalla moglie. Sul fatto che molte tra le mancanze dell'amico avessero origine dall'influenza che la cupida ambizione di Caterina esercitava su di lui, il Pulci, lo si è già visto, non nutriva alcun dubbio:

> Non s'è trovato ufficio che c'entri in codesto Ducato. Io sento tuttavia quella pazza, che lo stimola nel letto et dice: "Che honore vi sarà a Firenze a non havere Milano. Questo è fatto al Signore et non a voi, et Lorenzo debbo avere scripto. Io andrei pure al Signore a dire ch'io non volessi altro ufficio, stianci piutosto qui; et cosi farebbe impazzare Salamone. Io ho ancora di qua amici e gratie, e qualcuno m'aiuterà e assai volte ho ragionato di te a Lorenzo, e per Dio t'ama e stima. Scrivigli, ché legge volentieri le tue lettere e ser Niccolò <Michelozzi> è tuo partigiano.[191]

Nella stessa lettera scritta a Benedetto Dei a Milano, il 28 novembre del 1481, all'occhio critico e salace del Pulci certo non sfuggiva quel modo arruffone e vanesio che spesso caratterizzava l'operato dell'amico Vespucci facendolo peccare di cialtroneria: «Hora, per dirti di Lughana il mio parere, ben sai che l'amico <Piero Vespucci> l'à acciabattata presto et male, come è sua usanza, et ha fatto a mene come a tene».[192]

Ma i toni di paterna indulgenza con cui, tra le righe, le parole del Pulci in fondo assolvevano l'amico, si caricavano di astio e di tristi vaticini al momento di tirarne in ballo la consorte, vera responsabile delle sue sventure:

> Et andonne colà a furia, spinto dalla moglie a fare errare altri, et poco valsono i miei consigli e lla lettera che sai io gli scripsi. Ma so che io sarò indovino, ch'egli à a fare costà qualche strana cosa, et che la grima <Caterina, sua moglie> l'à a rimettere in qualche laberintho et pericolo. Così andrà, et non può mancare. Dio voglia io non m'aponga.[193]

190. Queste le parole impiegate testualmente: «le mandi per altra via, o sotto lettera d'altro amico tuo qui, e scrivi dextro e coperto». Vedi *Lettere di Luigi Pulci a Lorenzo il Magnifico*, p. 159 e ss.

191. *Ibidem.*

192. *Ibidem.*

193. *Ibidem.*

Era Caterina dei Benci, insomma, il bersaglio degli strali del Pulci che la deformava in una figura grottesca e senza scrupoli alla cui influenza il povero Vespucci soggiaceva, mettendo in pericolo oltre che la sua dignità la sua stessa salvezza. Conosciamo abbastanza bene, ormai, il modo di procedere di Piero per non poter negare che, nel criticarne una certa sciatteria, i due amici ci vedessero giusto. Viceversa non si possiedono elementi a sufficienza per chiarire il profilo caratteriale di Caterina e distinguere fino a che punto le considerazioni del Pulci fossero il frutto di una visione distorta dal pregiudizio personale, o fossero davvero una lucida analisi della realtà. Certo è che se Piero aveva un'alta considerazione di sé, Caterina stessa non era da meno, come si comprende dal tono e dalla sostanza di quella lettera che aveva scritto al Dei, una volta appreso che l'ufficio di Milano promesso al marito era stato assegnato ad altri.[194] La donna impetrava una raccomandazione a Ludovico il Moro «E però vi prego, Benedetto mio caro, per quanto amore ci portate ci dovete raccomandare al signor Lodovicho ci voya avere per raccomandati e darci qualche altro officio, che sia da utile e da honore»,[195] con la scusa di essere infelice, non più giovanissima e lontana da casa.

> Benedetto mio, io mi trovo tanto malcontenta dell'età che sono, che sono condota in queste parte e pensando d'andare tapinando per lo mondo, sono molto mal contenta trovarmi fora di caxa mia e di mea patria che ho paura che miser Piero non gli venga voya d'andare a trovare il signor Duca suo, el quale lo cavò di tanti affanni che son certa non gli lassare a manchare nulla.[196]

L'idea di andare raminga per il mondo senza avere più alcun diritto ai privilegi goduti fino ad allora, non solleticava affatto Caterina che di nuovo tornava a ripetere insistentemente la sua richiesta:

> E di novo vi prego, raccomandarmi al signor Lodovico y voya dare qualche lor oficio in queste sue parte, acciò non abbia andare piu tapinando e quando la sua Signoria arà qui aprovato il servitio suo, son certa gli farà tale hutile e onore che non gli vorrà mancho bene quanto li voya il signor Ruberto.[197]

194. ASF, *CRS*, 78, 317, n. 267, lettera del 28 ottobre 1481 da Caterina Vespucci a Benedetto Dei.
195. *Ibidem.*
196. *Ibidem.*
197. *Ibidem.*

Può darsi che le pressioni operate dalla donna abbiano avuto davvero una qualche influenza sulla carriera del marito, sicuramente furono determinanti nella rottura dell'amicizia tra questi e il Pulci.

Ai primi di dicembre il Pulci decise di comunicare direttamente a Piero cosa pensava del suo operato. Lo sappiamo, indirettamente, proprio dal Vespucci che sfogava il suo malumore scrivendo a Benedetto:

> El Puccio <sic!> mi scrive una lettera, nonché adirato ma avvelenato e à torti infiniti, e arei creduto lui m'avessi compassione perché, sendomi tolto l'uficio del Capitano, di che n'ò gran danno e ancora vergogna, e quello che è stato voluto dare a me la podesteria di Pavia, è stato ancora voluto dare a lui, perché non l'à preso lui e arebbe voluto l'avessi pigliato io.[198]

Dunque, anche intorno all'assegnazione della podesteria pavese, forse rifutata da entrambi perché di scarsa attrattiva, dovevano essersi creati disguidi e tensioni. Alla delusione del Pulci, Piero reagiva con altrettanto disinganno e con quella tendenza a recriminare che già conosciamo come uno dei suoi tratti distintivi, finendo per rinfacciare all'amico, che non faceva mistero della sua indigenza, certi debiti mai estinti:

> <Il Pulci> à mille torti. Arei creduto lui avessi altra discrezione di me che non n'à, e nollo merito questo da llui e non n'ò cosi fatto. Per lui voglio avere pazienza. El male mio è noto a tutta Firenze, se lui dice ò debito ducati 5000, tanto più doverrebbe avere disgrezione di me e cominciare lui a pagarmi e no ll'ò però mai trovato mai lui m'abbi aiutato, nè di danari nè di vicitazione.[199]

Alla stizza del momento, Piero assommava, come era sua abitudine, rancori che si portava dentro da tempi lontani, insinuando persino che il Pulci lo avesse abbandonato alle Stinche disinteressandosi completamente al suo caso.[200]

La comunicazione instauratasi tra Piero e Benedetto Dei sull'asse Lugano-Milano, intanto, proseguiva a un ritmo serrato, del tenore di circa una

198. ASF, *CRS*, 78, 317, n. 254, lettera del 4 dicembre 1481.
199. *Ibidem*.
200. «Stetti due anni alle Stinche: mai mi vicitò, mai mi mandò a dire alcuna cosa. Gli pare mi possa comandare come se m'avessi salvato, non mi avessi più nociuto ed io chonchiugho io lo stimo quello vale non più[...]. Egli à mille torti, techo e mecho, et io sempre farò ogni bene potrò, e non per paura ma per la fedeltà del comparaticho», *ibidem*.

lettera ogni due-tre giorni.[201] Alle notizie sulla cricca milanese si sommavano richieste personali avanzate da Piero nella consapevolezza che il Dei era quasi sempre in grado di fornirgli un valido aiuto (perfino nello sgravio delle imposte a Firenze: «Sarami molto a grado intendere le poste di Firenze della gravezza, te ne resterò ubrighato [...] ochorendo altro di nuovo, tienci bene avisati e non fare come dicono gli innamorati *tu mi innamori e poi te ne vai*».[202] Dalle tracce esigue di cui si dispone, si comprende che la *querelle* Pulci Vespucci si protrasse ancora qualche tempo, di fronte a un Benedetto Dei, eletto suo malgrado a fare da mediatore.[203]

Più in generale fatte salve queste questioni strettamente personali, il clima che si era stabilito tra Benedetto Dei e il Vespucci era amichevole e fidato, come già riscontrato in tempi più sereni, alla metà degli anni Settanta, quando Piero gli aveva scritto da Bologna dove si trovava come podestà. A Benedetto, Piero guardava come a un oracolo, più prosaicamente come a un protettore o forse addirittura a un salvatore, perché è probabile che anche ai suoi buoni uffici egli dovesse questa sua seconda vita in fuga da Firenze.

201. Si vedano le lettere del 6, 9 e 12 dicembre 1481: ASF, *CRS*, 78, 317, rispettivamente nn. 253, 175 e 176. In quest'ultima Piero tornava a rammentare l'ufficio di Pavia: «Benedetto mio amatissimo, i ò tante e tante lettere delle tue e con tante nuove che a volere repricharlle tutte ti darei tedio, e perciò me ne paserò per la gienerità, sempre lodando, comendando, ringraziando el mio Benedetto Dei, di tanta diligenzia, di tanto amore, di tanta suficienzia quanto regna in te benché non ne stessi mai in dubbio. Io ti rimando tutte le lettere chedi, benché i ò auto voglio di farti rapresaglia tante volte. L'ò letto e riletto e mi sono aghiustate e anche mi sono venute a qualche proposito d'imprendere che mi gioviano più se d'io fussi stato allo studio di Pavia e perciò mi ti tengho molto ubrighato e ubrighatissimo, e se mai potrò, ti ristorerò e non n'arò de lo 'ngrato».

202. Ivi, n. 176, 12 dicembre 1481.

203. Ancora a metà dicembre Piero si rammaricava per il trattamento ricevuto dall'amico: «Benedetto mio amatissimo, è piu dì t'o scritto e mai ò avuto per chi abi portato la lettera e allora ti scrissi in pressa e parmi avere manchato alchune parte e massime quella che mi dì avere auto lettera da Luigi Pulci e quello dice. Ma io fo piu conto del savio consiglio mi dai, vegho è pieno di buon amore e d'ottima fratellanza. Lui à mille torti mecho, e chrederei lui m'avessi compassione, sendomi stato tolto l'uficio di Milano di che io n'ò danno e vergogna, e crederei lui mi confortassi e mi vuole attanagliare colle lettere aspre e crude e, per mia fede, a torto e arà questo vantaggio da me ch'io sempre, per lui, dove raghuardassi suo onore e utile, sempre oserverò la fedeltà del buon chompare, come sempre ò fatto e farò e prometti per me. È si dice in questo passo mille ciance io me ne riposo sopra la lettera tua e dicho le nuove sono e vengono da Benedetto Dei, vengono da Tommaso e non da Marco. [...] El Puccio à male veleno, anche lui si ridurrà alla ragione che à torto. Atte ne lascio la 'mpresa dello scrivere», ivi, n. 177, 1481, 14 dicembre.

Piero non era il solo della cricca milanese a vedere nel Dei una sorta di profeta: è verosimile che egli si fosse guadagnato questa fama per la lucida finezza dimostrata nell'interpretare i fatti e nel saperne prevedere, con una buona approssimazione, le più probabili conseguenze, fatto è che in più di uno tra i suoi corrispondenti si rivogevano a lui con espressioni elogiative della sua lungimiranza. Ser Filippo Gheri, scrivendogli da Pistoia esordiva chiamandolo «amantissimo Benedetto e tromba della verità per la esaltazione del popolo fiorentino».[204] L'amico Pierfilippo Pandolfini, da Firenze, gli scriveva quanto per lui fosse «singulare piacere» ricevere le sue lettere «perché nello scrivere ài spirito profetico. Ricordomi molto bene di quanto ài detto et le profezie si cominciono a 'empire arai ancora da esser ricerco e da chi ti fugge».[205]

Il Dei era anche, all'occorrenza, un efficace procacciatore di personale. Fu a lui, infatti, che Piero scrisse per ottenere al più presto un bravo cuoco e un cancelliere preparato, professionisti degni del suo rango e stranamente assenti dall'equipe a cui, in qualità di funzionario della Val di Lugana, doveva appoggiarsi.[206] E se in una lettera del 9 dicembre 1481, Piero chiedeva a Benedetto di procurargli quanto prima uno stampo per cialdoni con lo stemma dei Da Rabatta,[207] in un'altra, invece, chiedeva di inviargli delle penne perché con quelle di cui disponeva non era capace di scrivere bene. Poi, in uno slancio confidenziale tipicamente toscano al momento in cui, finalmente in possesso di una penna adeguata, era riuscito a confezionare una lettera calligrafica e ordinata, non mancava di sottolinearlo con autoironia in un originale post scriptum: «Vedi sed'i' ò buone penne che gentile letterina fo».[208]

Dalla lettura di insieme delle lettere qui conservate, spesso non di immediata comprensione, ermetiche nei contenuti oltre che riservate

204. Ivi, n. 48, luglio 1490.
205. Ivi, lettere nn. 55 e 57 del 1480.
206. Ivi, lettere nn. 253, 177, 178, 179.
207. «Io vi priegho mi facci fare due paia di forme da cialdoncini belli e buoni e in mezzo abbino lo tema de Rabatta sono 7 stelle: 2 da prima e poi 3 e di sotto dua. Io vi resto ubrighato, fami sieno buone belle e avisa del chosto e manderò e danari e resteroti ubrighato», ivi, n. 175. Si trattava evidentemente di una variante di quello, più conosciuto, a cinque stelle, come ricordato nella scheda del Ceramelli Papiani secondo cui la famiglia (Firenze, San Giovanni, Ruote) ha lo stemma «D'azzurro, a cinque stelle a otto punte d'oro ordinate in croce, 1.3.1.», ASF, *Ceramelli Papi*ani, Famiglia da Rabatta fasc. 3909.
208. ASF, *CRS*, 78, 317, n. 246, 9 febbraio 1481 (ma probabilmente 1482).

sull'identità dei protagonisti dei fatti narrati i cui nomi non sempre sono così facili da decrittare, ciò che colpisce sul piano più apertamente umano di Piero è quello che si potrebbe riassumere come una sorta di sradicamento profondo dall'ambiente famigliare. Si trattava di uno strappo se vogliamo ancora più forte di quello avvenuto con il *milieu* cittadino di appartenenza: se infatti nel suo secondo periodo lombardo (il secondo e l'ultimo della sua vita) Piero pareva ancora poter contare su una rete di amicizie fiorentine se pure *extra moenia*, in cui si riconoscono Benedetto Dei, Luigi Pulci, e i molti fiorentini che gravitavano intorno alla corte milanese (Andrea Bartolini, i Portinari, ecc. ecc.), banchieri mercanti e intellettuali della cerchia medicea, insomma, passati da tutte le esperienze della fortuna, e trapiantati in territorio lombardo per forza o per necessità, ciò che più di tutto il resto finisce per colpire è il fatto che Piero nelle sue lettere, nei suoi accordi, perfino nelle sue tresche non menzioni mai alcun membro della sua famiglia. Al di fuori del figlio Marco e della moglie Caterina sempre presente al suo fianco (seppure non sempre a suo pro, come sembravano pensare i suoi amici più stretti) non vi è un parente che venga menzionato nelle sue lettere. Inoltre, apparivano ormai definitivamente compromessi i rapporti col ramo che per tradizione familiare gli era più affine ovvero quello disceso da Piero di Simone, socio e congiunto prediletto di suo padre Giuliano.

Come la gran parte delle vicende che interessarono Piero, anche il periodo luganese era destinato a concludersi in maniera drammatica. Agli inizi del 1482, nella seconda metà del mese di gennaio, il Vespucci venne sottoposto a sindacato da parte della comunità della Val di Lugano i cui abitanti guelfi e ghibellini, quasi sempre in discordia fra loro, si trovarono eccezionalmente d'accordo nel volerlo porre a giudizio per il suo cattivo operato.[209] Piero tentò di minimizzare la portata della vicenda, e provò ad attribuire la responsabilità dell'accusa a un gruppetto di pochi rappresentanti della comunità abili e influenti al punto da aver convinto gli altri compaesani ad agire contro di lui. Ma il commissario ducale Da Seregno inviato a verificare come stessero le cose riscontrò, attraverso l'interrogazione dei luganesi, una situazione drammaticamente inversa a quella riportata da Piero:[210] l'intera comunità, per lo meno 400 persone, era adirata contro il Capitano per vari capi di accusa che andavano dall'appropriazione in-

209. Della Misericordia, *Como se tutta questa universitade parlasse*, p. 52 e ss.
210. *Ibidem*.

debita di denari pubblici all'abuso di potere esercitato, non ultimo, anche nei frequenti processi per stregoneria. Dal canto suo Piero, nello scrivere a Benedetto Dei, non cessava di sminuire la cosa e se da un lato, con una certa sufficienza, si mostrava seccato come si fosse trattato di un banale inconveniente, dall'altro insisteva nel dichiarare la propria innocenza ricorrendo alle consuete espressioni gergali che era ormai abituato a condividere con l'amico («ho nette le mani e le brache», «io sono l'ermellino», ecc. ecc.).[211]

Se certo inadempienze vi furono da parte del Vespucci, va precisato che il discredito di Piero presso la comunità si rese a un tratto cosi evidente anche a causa del fatto che il Sanseverino aveva perduto la sua influenza e il suo potere sulla Valle di Lugano, passata ora nelle mani di Ludovico il Moro. Piero, sicuramente incauto nel suo operare, si trovava ancora una volta a fare le spese di un cambio di equilibri politici. Nonostante lo statuto prevedesse una durata massima di 4 giorni per l'emissione del sindacato, come il Vespucci più volte aveva ricordato polemico a Benedetto Dei, trascorsero invece parecchie settimane prima che gli ufficiali incaricati riuscissero a raccogliere tutte le informazioni necessarie per svolgere il compito loro assegnato. Così Piero, che progettava già dalla metà di marzo di tornarsene a Firenze, ad aprile non aveva ancora lasciato Lugano;[212] non sappiamo con precisione quando riuscì a mettersi in viaggio ma, stando alla corrispondenza con il Dei, è solo dalla metà di luglio che lo ritroviamo a Firenze.[213] Da qui egli di nuovo aveva in programma di ripartire per il

211. A questo proposito si può supporre che un certo nucleo di lettere scritte da Piero dal gennaio al marzo del 1481, risentano ancora di una datazione alla fiorentina cui Piero era avvezzo e siano da considerarsi invece proprio del 1482. Ci sono più indizi che concorrono in tal senso, primo fra tutti proprio il riferimento al sindacato che sappiamo essere collocabile nel gennaio del 1482, poi numerosi rimandi interni a fatti ed eventi sicuramente databili al 1482: dal riferimento all'arrivo di alcuni ambasciatori, alla morte del Rucellai, al rimando ad alcune pratiche non ancora in corso nel 1481. Non essendo questa la sede per approfondire nel dettaglio il contenuto delle lettere e l'argomento della loro datazione, si rimanda a una trattazione nello specifico del nucleo di missive del Vespucci al Dei, che sarà fatto oggetto di uno studio di prossima uscita.

212. Si veda, ASF, *CRS*, 78, 317, n. 183, 15 marzo 1482, lettera inviata a Benedetto Dei: «non mi abbandonare dello scrivere e scrivi in Firenze» a indicare che già a questa data, Vespucci aveva in mente di lasciare Lugano e tornarsene a Firenze. Si veda anche ivi, n. 188, 1 aprile 1482).

213. La prima lettera che ci è nota per questo periodo è del 18 luglio 1482: ivi, n. 189. Si vedano, sempre da Firenze, le lettere nn. 190-191-192-186 fino almeno a settembre.

nord, come illustrava all'amico Benedetto in una missiva dell'8 agosto: «Io spero di partire di dì in dì, per andare dal mio illustrissimo signor Duca e per terra non si può ben sichuro andare, e per mare non si truova sichuro passaggio: atendiamolo di dì in dì e di tutto sarai avisato».[214]

Ai primi di aprile del 1483 Piero era di nuovo a Bologna, dopo aver trascorso circa un paio di mesi a Ferrara.[215] Intanto anche lo strappo con l'amico Pulci sembrava iniziare a ricucirsi perché questi ricominciava nelle sue missive a parlare di lui: in una lettera che il poeta scrisse a Benedetto Dei nell'agosto del 1484 si comprende, da un rapido cenno, che Piero era al tempo a Verona e sul punto di recarsi a Venezia.[216]

Sul finire del 1484 Piero ottenne l'incarico di Commissario cispadano di Alessandria e Tortona, carica in cui erano recentemente confluiti i due uffici di Podestà di Alessandria e Commissario di Tortona. Anche in questa ultima fase della sua carriera politica, Piero trovò il modo di farsi riconoscere: agli inizi del 1485 venne accusato di aver usurpato la giurisdizione del Podesta di Tortona in seguito a fatti penali avvenuti nel tortonese, a cui come commissario si era interessato di persona. Le lettere inviate all'amico Bartolomeo Calco, segretario ducale, e al Duca stesso non gli risparmiarono tuttavia i rimproveri per le responsabilità che gli venivano imputate nella vicenda. Non pago, pochi giorni dopo Piero ancora una volta interferì con gli antagonismi locali tentando di agire da paciere in una vertenza che era sopraggiunta tra gli abitanti di Tortona e quelli di Castelnuovo: il suo intervento si rivelò inefficace e persino controproducente perché venne assalito in Tortona con la sua equipe. Ad Alessandria egualmente Piero agì in maniera improvvida poiché, quasi in abuso di potere, ampliò il numero di armati della sua famiglia allo scopo di sentirsi maggioremente protetto e pubblicò una grida per intimorire i cittadini.[217] Dalle ultime vicende della vita di Piero, ricostruite nel dettaglio da Francesco Gasparolo, alla fine dell'Ottocento, sulla base di un ricco carteggio con lo Sforza e, in tempi più recenti, da Marco Gentile in un suo saggio sui rapporti di forza nel Ducato Sforzesco, non si fa fatica a riconoscere la solita incauta smodatezza che

214. Ivi, n. 191, lettera dell'8 agosto 1482.
215. Ivi, n. 204, lettera del 1 aprile 1483.
216. *Lettere di Luigi Pulci*, p. 169.
217. Gasparolo, *Pietro Vespucci, Podestà di Alessandria e Commissario Cispadano (1485)*, pp. 11-12 e anche Gentile, *La volontà d'impotenza. Rapporti di forza e gestione del "disordine" nel ducato sforzesco,* www.retimedievali.it. L'ultima lettera che si conosce di Piero risale al 31 marzo 1485 (vedi ASF, *MAP*, XXVI, n. 345).

ne aveva segnato fino a qui l'intera storia umana e politica. Quasi mettendo in scena un copione già noto, Piero appena entrato in carica ad Alessandria scrisse a Milano per lamentare la scarsa sollecitudine e l'incompetenza nell'esercizio della giustizia degli ufficiali che lo avevano preceduto, ragioni a cui attribuiva, insieme a una effettiva mancanza di organico di cui egli stesso si doleva, il fatto che la città fosse in preda al disordine. Poiché l'acceso antagonismo fra le fazioni alessandrine guelfe e ghibelline rischiava di tracimare, Piero tentò di risolvere la situazione con un'azione di forza e, con l'aiuto di alcuni volontari guelfi, la notte tra il 10 e l'11 maggio del 1485 fece irruzione nella casa di un pericoloso ghibellino locale, Carrante Villavecchia. Come racconta Gentile con la sua prosa vivace, il Vespucci «preso prigioniero il Villavecchia ormai agonizzante, lo impiccò con le sue mani, senza processo, ai portici del palazzo pubblico; e per soprammercato gli negò la possibilità di confessarsi, facendo inopportuno esercizio di humour nero *con dirli che poi se porìa confessare a l'altro mondo*».[218] Se come al solito Piero si era lasciato prendere un po' la mano dalla situazione, stavolta l'esito delle sue scelte si rivelò tragicamente irreversibile. La ritorsione ghibellina ebbe luogo il mattino successivo: il palazzo dove il Commissario alloggiava venne assaltato e il Vespucci catturato e impiccato a una ringhiera. A sommo spregio una volta che la corda si spezzò e il cadavere fu a terra, il corpo di Piero venne ignominiosamente vilipeso.[219]

Per un tragico destino, la fine che gli era stata risparmiata al tempo della congiura dei Pazzi, si compiva quasi dieci anni dopo, lontano dalla sua città natale: ad appena 53 anni, con un'esecuzione tanto barbara quanto inattesa, si concludeva la vita di questo inquieto fiorentino che negli ultimi anni aveva battuto il settentrione alla ricerca di un degno protettore.

La moglie Caterina, che già nel 1481, nella sua lettera a Benedetto Dei, non aveva esitato a definirsi di età avanzata e timorosa del rischio di dover andare «tapinando per lo mondo» lontano dalla sua casa, gli sopravvisse invece diversi anni. E sicuramente ebbe modo di concludere la sua esistenza a Firenze, come si comprende dal suo testamento dettato il 26 marzo del 1508, nel popolo di San Jacopo Soprarno: alla data del testa-

218. Gentile, *La volontà d'impotenza*, p. 12.

219. Se da Milano si cercò, come d'uso, di ascrivere il fatto a un gesto di vendetta isolato, privo di ragioni politiche, l'inviato ducale Andrea Cagnola non mancò di mettere in luce anche le responsabilità del Vespucci, vedi *ibidem*.

mento Caterina, che doveva avere una settantina di anni, si dichiarava in buone condizioni di salute fisica e mentale dimostrando così di essere di buona costituzione oltre che, certo, abbastanza longeva. La donna, che era sopravvissuta anche al figlio Marco, lasciava ai nipoti Giuliano, Alessandro, Piero e Lapo figli appunto del suo unico maschio, la quota della casa di Borgo Ognissanti che le spettava per ragioni di dote con il veto della vendita o dell'alienazione se non per un periodo massimo di due anni. Chiedeva di essere sepolta nel sepolcro dei Benci, la sua famiglia di origine, nella chiesa del monastero delle Murate se le fosse occorso di morire mentre si trovava lì, segno che forse alloggiava proprio nel convento, ma a conferma del legame che ormai la vincolava alla famiglia del marito, stabiliva se fosse morta altrove, di essere sepolta nella chiesa di Ognissanti nel sepolcro dei Vespucci.[220]

220. ASF, *NAC*, 21022, Inserto I, c. 85 e ss. L'ampliamento del convento del complesso delle Murate fu finanziato, nel 1424, da Giovanni dei Benci, padre di Caterina.

4. L'uomo di Lorenzo: «Messer Guidantonio che sa in modo fare con esso voi»

In una lettera scritta a Lorenzo poco prima che il loro sodalizio iniziasse a guastarsi, Piero lo pregava di avere un occhio di riguardo per l'amico Sandro Velluti, al tempo parte in causa in una questione su cui era stato chiamato a giudicare Guidantonio Vespucci, suo parente. Senza mostrare il minimo imbarazzo nel suggerire al Magnifico quale fosse la strategia più efficace da perseguire, Piero gli consigliava di mandare ser Luigi Guicciardini, suo uomo di fiducia (nonchè cognato dello stesso Guidantonio) ad operare pressioni su questi per farlo agire nell'effettivo interesse del Velluti suo protetto. Perché Lorenzo non avesse dubbi sul fatto che tra i due Vespucci non correva buon sangue, Piero non esitava a ricordargli che lui e Guidantonio erano «insieme greco et libeccio».[1] Era il 30 giugno del 1471. Pochi giorni dopo, già ne abbiamo parlato, il sospetto che Piero nutriva verso Guidantonio si palesava apertamente in uno scatto di gelosia venato di stizza, nel constatare come Lorenzo lo avesse messo da parte per favorire quel cugino figlio di un Vespucci «nimico di Cosimo».

Certo Piero non poteva averne sentore, ma la metafora dei venti opposti, spesa per significare la frequente discordia di posizioni su cui lui e il cugino si trovavano, si sarebbe prestata, pochi anni dopo, a definire la distanza tra le loro sorti sociali. Proprio negli stessi anni in cui si consuma-

1. «Sandro Velluti, che è a Bologna, è nostro grande amico e sogli molto tenuto e obligato; comprendo che in una sua causa ch'è lui chon Giovanni Strozzi n'è facta remissione in messer Guidantonio Vespucci. Et perché sapete siamo insieme grecho et libeccio, disiderando che detto Sandro fussi servito delle chose dovute vi priegho strettamente vi piaccia volere mandare Ser Luigi vostro a messer Guidantonio, che abbi per raccomandato le ragioni di detto Sandro et a quelle dare ogni aiuto et favore è possibile», ASF, *MAP*, XXVII, n. 425 lettera del 30 giugno 1471.

va la tragedia di Piero nella prigione delle Stinche, Guidantonio era invece all'apice della sua carriera di affiliato del regime come ambasciatore del governo fiorentino. Che il cugino ci sapesse fare, come Piero riconosceva, pungente, in una lettera a Lorenzo, non vi erano dubbi.[2]

Gli esordi

Guidantonio, che aveva studiato giurisprudenza laureandosi in diritto civile e diritto canonico, era il primogenito di Giovanni di Simone:[3] il nonno, Simone, era il noto mercante fondatore dell'ospedale di Ognissanti; il padre, Giovanni, che forse era eccessivo definire nemico di Cosimo, come pure Piero aveva insinuato, e che anzi aveva spesso rappresentato Firenze in missioni diplomatiche, certamente era morto fuori dalle grazie del *pater patriae*.

Conseguito il dottorato in diritto civile a Ferrara nel 1462, dopo che già aveva studiato diritto canonico a Bologna, Guidantonio si distinse per le sue doti di giureconsulto e per le sue capacità diplomatiche: le fonti lo indicano, con la qualifica di *dominus*, come «civis et advocatus florentinus», come «sapiens homo atque doctor utriusque iuris» o come egregio «legum doctor».[4]

Accatastato ancora con il nucleo di origine nel 1442, Guidantonio aveva sposato Taddea, figlia di Simone Canigiani, alla metà degli anni Sessanta.[5] Coi Canigiani, famiglia dell'élite di antica origine, egli aveva già una certa familiarità, per via di un precedente matrimonio della madre: nel Catasto del 1458, Guidantonio e i suoi fratelli Simone e Piero figuravano parte di un unico nucleo fiscale come eredi del padre Giovanni e con loro vi erano anche la madre Antonia e il fratellastro messer Niccolò di Jacopo

2. Si veda il passo, citato nel titolo, in cui ricordava a Lorenzo come Guidantonio nel 1466 fosse stato tra i sospettati dal regime: «Guidantonio che sa in modo fare con esso voi, che nel '66 Giorgio Ridolfi e Zanobi Bartholini gli guardarono la casa», ASF, *MAP,* XXVII, n. 373, 7 luglio 1471.

3. Guidantonio nacque il 24 marzo del 1436 ASF, *Tratte, Libri delle età* 80, c. 135r.

4. Si immatricolò all'arte dei giudici e notai nel 1465, cfr. il breve profilo tracciato da Martines, *Lawyers and Statecrafts in Renaissance Florence,* p. 494.

5. ASF, *Monte Comune,* 3734, c. 229v e ASF, *Manoscritti*, 361, c. 612r.

Canigiani, «nostro fratello di madre che torna in casa nostra».[6] Tra i possessi ereditati dal padre si riconoscevano il podere di Santo Alessandro a Giogoli in località *al poggio*, e la casa da signore a San Felice a Ema. Infine, tra le voci di incarico, l'ospedale di Santa Maria Nuova per 24 staia di grano e i frati di Ognissanti per il lascito testamentario di 12 lire annue stabilito dal nonno Simone.

L'unione con Taddea non durò troppo a lungo: la donna morì pochi anni dopo le nozze perché già nel Catasto del 1469 il suo nome inizialmente elencato tra i familiari veniva affiancato dalla dicitura "morta". Di lì a poco il Vespucci si risposò con Maria di Alessandro Del Vigna, di quasi venti anni più giovane di lui.[7] Nei rilievi del 1480, Guidantonio e il fratello Simone (l'altro fratello, Piero, era prematuramente mancato da almeno un anno) continuavano a presentare agli ufficiali del Catasto un'unica dichiarazione fiscale, apparendo di fatto come una struttura allargata che riuniva sotto uno stesso tetto le famiglie di entrambi, con rispettivi moglie e figli (anche i nati dai precedenti matrimoni) e l'anziana madre Antonia, vedova di Giovanni, per un totale di ben 10 bocche.[8] Adesso i due fratelli avevano lasciato l'avito nucleo Vespucci di Borgo Ognissanti per una casa in affitto in Porta San Piero, nel popolo di Santa Maria Alberighi. La casa confinava su tre lati con la via dello Studio e sul lato restante coi beni dei due proprietari; anche le due botteghe al piano terra erano affittate ai due Vespucci come sede di un loro esercizio commerciale.[9] Guidantonio e Simone restavano comunque proprietari di un immobile in Borgo Ognissanti, che agli ufficiali del Catasto veniva descritto come «una casa» con «casette dal lato che oggi tutte sono una, poste nel borgo Ognissanti nel popolo di Santa Lucia». La casa, probabilmente troppo modesta per alloggiare due nuclei, come erano quelli di Guidantonio e di suo fratello, abituati ad un

6. ASF, *Catasto*, 813, portata n. 46.

7. ASF, *Catasto*, 917, c. 448r. Si veda anche ASF, *NAC*, 10187, c. 164 (un atto del 21 febbraio 1470 relativo alla consegna di 700 fiorini come parte della dote di Maria), ASF, *Monte Comune*, 3737, c. 81v e ASF, *Manoscritti*, 361, c. 612r che indica, evidentemente con un errore nella data, Guidantonio e Maria già sposati nel 1467.

8. ASF, *Catasto*, 1010, c. 41 e ss. Con la capostipite Antonia di 74 anni, risiedevano infatti la famiglia del primogenito Guidantonio (la sua seconda moglie Maria, 26 anni, la figlia Gostanza di 6 anni, forse nata dal primo matrimonio e il piccolo Giovanni di 18 mesi certamente nato da Maria) e quella del figlio minore Simone: la sposa Lucrezia, 25 anni (undici meno del marito), e i tre figli Antonia di 8 anni (la sola forse nata da un precedente matrimonio), Niccolò e Piero rispettivamente di 6 e 5.

9. ASF, *Catasto*, 1010, c. 41 e ss.

alto tenore, sembrava invece idonea ad ospitare la famiglia di ser Nastagio Vespucci, loro parente, che la teneva in affitto per 18 fiorini all'anno. Guidantonio e Simone possedevano inoltre una casa da signore che definivano «per nostro abitare», segno che era impiegata come residenza alternativa a quella urbana: si trattava della casa a San Felice a Ema, interamente confinata con proprietà della chiesa omonima, alla quale facevano capo terreni da coltura e vigne.[10] Questo non era il solo podere nelle mani dei due eredi di Giovanni. La portata del 1480 rende conto infatti di altri possedimenti nel contado: un podere a Sant'Alessandro a Giogoli, e un altro nel popolo di Santa Maria a San Berto a Padule. Guidantonio e Simone possedevano infine tre delle 48 parti delle gualchiere di Ognissanti e una vigna del tutto infruttuosa nel Chianti, vicino a Castellina. Le aggiunte alla portata che cominciano dal mese di febbraio del 1481, rivelano come negli anni successivi il patrimonio dei due fratelli fosse andato ad accrescersi di altre terre e di un mulino nel popolo di Castiglione Ubertini. Oltre alla casa affittata a ser Nastagio e alla quota di proprietà dei mulini, erano gli incarichi a ricordare quanto ancora fosse vivo il legame con il popolo di origine, in quell'obbligo di un ufficio del valore di 12 lire da osservare una volta all'anno nella chiesa di Ognissanti. Infine, tra i beni alienati, «due casette poste nel popolo di Sant'Ambrogio di Firenze» vendute a Lorenzo dei Medici nel 1476 erano la traccia di rapporti personali col Magnifico risalenti agli anni precedenti la congiura, che andavano oltre l'affiliazione politica e la collaborazione diplomatica.

Nella dichiarazione ufficiale redatta in terza persona la carriera di Guidantonio diventava, con la distorsione tipica della fonte fiscale, il pretesto per lamentare un impoverimento: «messer Guidantonio di poi andò ambasciadore in Francia à lasciato e perduto il suo avviamento e nella legatione mette del suo»[11] a significare che la prestigiosa attività diplomatica nella quale era ormai costantemente impegnato, lo teneva lontano da Firenze e anche da quegli affari che, in un primo momento, lo avevano visto coinvolto insieme al padre e al fratello. L'aspetto imprenditoriale era certamente portato avanti da Simone che pure sembrava attraversare un momento di

10. L'acquisto del podere a san Felice a Ema, per la somma di 500 fiorini d'oro, risaliva al settembre del 1470; un anno dopo, il 19 ottobre del 1471, Guidantonio acquistò da una Ricasoli, vedova di Romolo di ser Tommaso Schiattesi un altro podere con case da lavoratore e almeno una trentina di pezzi di terra per 400 fiorini d'oro in località *ostelle*, ASF, *NAC*, 10187 c. 203 e ss e 332r e ss.

11. ASF, *Catasto*, 1010, c. 41v.

crisi: «Simone faceva bottega d'arte di lana nella corte del Re e teneva e ancora oggi tiene a pigione una bottega dalla donna che fu di Jacopo cimatore per fl. xxviiii e ½ di grossi e oggi non lavora e non fa cosa alcuna e la bottega sta serrata».[12]

Per Guidantonio e Simone si ripeteva con un'accuratezza di dettagli che certo ne rispecchiava la volontà di scelta, quella biforcazione familiare che, come una sorta di copione, aveva caratterizzato la generazione che li aveva preceduti e dalla quale discendevano direttamente. Si tratta di una bipartizione, nell'assegnazione dei ruoli che era in un certo senso tipica delle famiglie fiorentine con più fratelli dove uno dei due era destinato alla carriera politica e l'altro alla mercatura.[13] Viene insomma da pensare al padre Giovanni e allo zio Piero, segnati da una accidentale ma netta differenziazione delle carriere che aveva visto Giovanni più orientato verso l'affermazione politica e Piero maggiormente versato nell'impresa. Adesso però Guidantonio, forte di una professionalità maturata col conseguimento del titolo di dottore in diritto e di una consolidata esperienza alle spalle, si trovava a perfezionare quanto nel padre era stato, in fondo, solo un orientamento preferenziale che la precarietà del momento storico a tratti aveva reso, come sappiamo, persino disagevole.

Sicuramente anche gli anni che videro Guidantonio in azione, e che coincisero col pieno sviluppo del regime laurenziano (fino al tracollo del potere mediceo), non furono di minore impatto sull'equilibrio della città e sulle carriere dei cittadini più in vista di quanto non fossero stati gli anni che seguirono il ritorno di Cosimo, ma Guidantonio ebbe la capacità di adeguarsi al momento storico. Nonostante un avvio poco promettente (alla prima estrazione ai tre Maggiori nel 1458 era ancora minore e due anni dopo nell'estrazione a Gonfaloniere di Compagnia, si trovava a specchio), egli finì per essere, senza alcun dubbio, quello tra i Vespucci più pienamente inserito nell'*establishment* laurenziano. Oltre ad essere iscritto all'Arte della Seta per la quale ricoprì almeno sei volte cariche ufficiali negli anni tra il 1465 e il 1492, fu due volte Priore, nel 1473 e nel 1491, e Gonfaloniere di giustizia nel 1487.[14] Rivestì inoltre numerosi incarichi amministrativi, soprattutto ruoli di sindacato e consultivi, che ebbe modo di esercitare in

12. *Ibidem.*

13. De Roover individua un fenomeno analogo nella stessa famiglia Medici.

14. Tratte Online. Lo fu di nuovo, nel 1498, dopo la cacciata di Piero; anche nel 1496 e nel 1497 era elettore del consiglio maggiore e dunque ineleggibile agli altri uffici.

maniera molto fitta nei rari momenti in cui si trovava a Firenze, tra la fine degli anni Sessanta e la metà degli anni Novanta.[15] Ma quello che contraddistinse in termini eminentemente laurenziani la sua esperienza professionale fu l'incessante attività diplomatica svolta dagli anni Ottanta in avanti. Si può dunque immaginare che nell'ampia casa di via dello Studio, Guidantonio abbia di fatto abitato assai poco negli anni centrali della sua vita: la carriera che aveva intrapreso, come vedremo, lo tenne a lungo lontano da Firenze e in particolare, tra il 1481 e il 1485, lo indusse a spendere, talora controvoglia, molti lunghi mesi presso la curia pontificia.

I primi scambi epistolari a noi noti tra Guidantonio e Lorenzo risalgono alla fine degli anni Sessanta. La prima lettera di cui si dispone è scritta da Firenze e porta la data del 12 ottobre 1468.[16] Guidantonio, che già si firmava *iuris doctor*, scriveva al Magnifico per rientrare tra i "veduti" Gonfalonieri di Giustizia, cioè tra quelli che erano stati estratti almeno una volta alla carica, senza necessariamente averla poi anche ricoperta. Iniziando con una sorta di *captatio benevolentie,* spiegava a Lorenzo come, per non scomodarlo troppo, avesse preferito scrivergli anziché parlargli direttamente e proseguiva poi, entrando nel merito della richiesta per cui aveva messo mano alla penna:

> Lorenzo mio io non ò né voglio aver altro a chi ricorrer, per aiuto, se non a voi, et sapete chome altra volta vi dissi, che mio desiderio era, quanto e' vi piacessi, esser veduto Gonfaloniere di Giustizia perché e' mi pareva, benché la casa nostra ne fussi un solo, el quale è Bernardo Vespucci, niente di meno, avuto rispetto alle cose passate, non era conveniente voi lo potessi con quella sicurtà adoperar che potresti e' vostri fideli, et per questo la casa nostra era, quanto a servigi vostri, chome se non ve ne fussi nissuno.[17]

La scusa per mettersi in mostra, non era dunque, nell'immediato, la sua ambizione politica (ambizione comunque legittima, dati i titoli di cui non esitava a fare sfoggio in chiusura della lettera), quanto piuttosto la

15. Tra le altre cose fu più volte Sindaco del Capitano di Giustizia e del Podestà, fu membro degli Otto di pratica, Camerario del Monte, Conservatore delle leggi, Consigliere della republlica, ecc. Vedi ASF, *Tratte, Intrinseci*, 903 cc. 26v, 58v, 61r, 62v; 904, cc. 60r, 64r-v, 161v; 905 cc. 17v, 26r, 51r, 110r-v, 113, 114r-v.

16. ASF, *MAP*, XX n. 419, 12 ottobre 1468.

17. «Per non vi dar più briga si bisogni, et anchor per far meno dimonstratione, ò preso per partito più tosto per lettera dirvi di mio pensiero, che farvi salir queste schale», *ibidem*.

visibilità dell'intera casa dei Vespucci presso un esecutivo che ormai Lorenzo manovrava completamente.[18] Oltre ad esibire la propria competenza Guidantonio non esitava a giocare pesante, gettando discredito sul solo famigliare, Bernardo Vespucci, che in quel momento percepiva in concorrenza con i suoi personali progetti di ascesa. Può darsi che nel valutare l'inadeguatezza di Bernardo, Guidantonio avesse in mente la sua presenza tra i 40 firmatari del giuramento pubblico del maggio 1466, quello con cui Luca Pitti, l'Acciaioli, il Neroni e il Soderini avevano tentato di formalizzare l'opposizione alla successione di Piero.[19] Al tempo dell'adesione al trattato Bernardo (n. 1416), si trovava nella sua piena maturità. Per quanto sia ragionevole pensare a una sua colorazione antimedicea, tenuto conto anche del fatto che documenti coevi lo mostrano legato soprattutto al ramo dei Medici Popolani poi antagonisti di Lorenzo, si può tuttavia ipotizzare che la sua fosse una presa di posizione non troppo radicale dal momento che, oltre ad essere ancora in auge al tempo in cui Guidantonio tentava di screditarlo, lo ritroviamo nel 1474, che si raccomandava al Magnifico mentre era in carica come Capitano di Livorno.[20] Bernardo del resto non fu il solo Vespucci ad aderire al giuramento del 1466 (con lui anche suo fratello Francesco di Piero e il padre di Amerigo, ser Nastagio Vespucci, notaio della Signoria).[21] Ciò nonostante, l'inaffidabilità associata a lui, unico congiunto a fregiarsi del privilegio cui Guidantonio ambiva, confliggeva, nell'ambiziosa pianificazione del suo futuro, con quella fedeltà che i Vespucci portavano a Lorenzo e in nome della quale egli stesso si riteneva meritevole di riconoscimenti. Questo scambio di opinioni, avveniva a un paio di anni dai fatti del 1466, quando ormai erano state ripristinate le estrazioni a mano e le figure degli accoppiatori incaricati della loro supervisione. Piero dei Medici, uscito vincitore dalla rivolta capeggiata da Luca Pitti, Dietisalvi Neroni e l'Acciaioli, se pure a costo di una forte restrizione delle libertà politiche della cittadinanza, era malato di gotta e di lì a poco sarebbe passato a miglior vita. Nelle mani del giovane Lorenzo, che proprio in quell'autunno conduceva le trattative per le nozze con la nobile ro-

18. «Et anchor a quello, qualche cosa mi spronava il grado che io tengo, che anchor debbe meritar qualche cosa, rimettendo sempre in voi il farlo e quando vi paressi», *ibidem*.

19. Najemy, *Storia di Firenze*, pp. 379 e ss. e anche Pampaloni, *Il giuramento pubblico*, in particolare le pp. 234-236.

20. ASF, *MAP*, XXX, n. 841. Per le lettere di Bernardo a Pierfranceso di Lorenzo, ASF, *MAP*, II, nn. 447 e 486.

21. Pampaloni, *Il giuramento pubblico*, pp. 234-236.

mana Clarice Orsini, cominciavano così a stringersi le redini dell'intricata situazione politica al centro della quale si trovava Firenze.

È fuori di dubbio – e non mancheranno, più avanti, le occasioni per dimostrarlo – che Guidantonio possedesse un eccellente senso dell'opportunità, talento chc lo portava spesso a individuare il momento più efficace all'azione. Anche stavolta la circostanza in cui aveva scelto di rivolgersi al Magnifico non era affatto casuale: il giorno prima, infatti, Lorenzo aveva eletto i nuovi accoppiatori, ovvero i commissari deputati alla selezione del membri di governo. Guidantonio, bene informato, sapeva perfettamente che costoro erano tutti «devotissimi» del Magnifico; sapeva anche, come si affrettava a precisare, che laddove essi non gli fossero stati così devoti per natura, lo sarebbero stati comunque per circostanza.[22] Alla luce di tali considerazioni, dunque, oltre che in virtù, della sua comprovata partigianeria, chiedeva a Lorenzo di favorirlo nella tratta a venire perché rientrasse almeno tra i veduti gonfalonieri. I rapporti tra Guidantonio e Lorenzo erano in questi anni ancora in via di definizione, e tendevano a modularsi come accadeva un po' per tutti i fedeli medicei, su esigenze del momento e su reciproche richieste di favori più o meno ordinari. In questo senso si ricordano due lettere relative a una delle prime missioni diplomatiche del Vespucci, scritte nel gennaio del 1472 da Imola dove si trovava come oratore.[23] Ma si ricordano anche lettere di tenore diverso come quando, l'anno dopo, alla fine di settembre, Guidantonio scrisse a Lorenzo per una pratica relativa allo Studio fiorentino. Gli scriveva cioè per suggerirgli il collocamento professionale del collega, messer Santi da Pesaro, come dottore di ragion canonica nello Studio Pisano.

Nell'operare con apparente spontanea casualità per la risoluzione di una questione tecnica quale il reclutamento di un professionista per coprire un posto vacante, Guidantonio non nascondeva una certa lungimiranza nei rispetti del futuro cui lo Studio sarebbe andato incontro:

> Ò voluto significarvelo che sopra di me avendo a torre huomo che non sia famoso non potresti avere melglio, perché e huomo dottissimo, tutto dato allo studio et far vivo cotesto studio quanto huomo vi sia nelle dispute et nel conferir. Et

22. «Ma etiandio quali altri si fussino, per la buona fede avete in questa città, mai vi ànno a negar cosa voi vogliate», ASF, *MAP*, XX, n. 419.

23. ASF, *MAP*, XXVII, n. 14, 6 gennaio 1472 e n. 15, 7 gennaio 1472. Si fa riferimento alla presenza del Signor Ruberto (il Sanseverino) e di un commissario del duca di Milano. Si veda su questa missione l'incarico del 3 gennaio 1472 in ASF, *Signori, Legazioni e Commissarie* 17, c. 131r e ss.

bisognia, volendo mantener lo Studio, facciate delli huomini di mano in mano che pigliano fama, altrimenti in breve tempo verrà manco cotesto Studio.[24]

L'amico e collega, nonché ex compagno di studi, che Guidantonio sosteneva, pareva proprio la persona giusta, perché oltre che «dottisimo scholaro» e «valentissimo huomo» era «huomo di far più vivo quello studio col disputar che huomo vi fia» come specificava, neanche una settimana dopo, in una nuova lettera con cui, non avendo ottenuto risposta alcuna, tornava a caldeggiarne la candidatura.[25]

La stessa capacità di prestare servizio, dirimere questioni, offrire risoluzioni che avrebbe poi contrassegnato e guidato l'intera carriera di Guidantonio si evince anche dalla lettera scritta il 27 marzo del 1476 da Firenze. In questo caso, dissimulando il peso reale della vicenda dietro uno scrupolo di lungimiranza («Magnifice vir et cetera. E mi sa male haverti a scrivere di simile cosa et dartene noia, pur conosciuto lo scandalo ne porrebbe seguitare, non voglio in me medesimo haverne reprehensione alcuna di non havere obviato in quanto posso») Guidantonio sottoponeva al Magnifico una questione di ordine sociale che rischiava di trascendere nella vendetta privata, protagonista un tal messer Agnolo di Bordignano, vessato dalle prepotenze di certi nemici che gli avevano ucciso un familiare e incendiato le proprietà. Nel timore che la reazione di Agnolo potesse a un certo punto esplodere in maniera destabilizzante, Guidantonio, rivelando premura e lungimiranza nel rispetto dell'ordine costituito, chiedeva a Lorenzo di intervenire con un lodo in suo favore.[26]

Dopo la congiura

La lunga carriera politico diplomatica di Guidantonio che nei primi anni Settanta, con la missione imolese, era ancora agli albori, decollò alla

24. ASF, *MAP*, XXIX, n. 822, 28 settembre 1473. Questo l'*incipit* della lettera: «Spectabilis vir et cetera, intendendo che nella reformatione dello Studio Pisano vi mancha dottori di ragione canonica, et examinando che non ci sia doctori famosi da poter aver, examinai in me medesimo esser necessario almeno aver qualche dottor valente da farsi famoso in pocho tempo, et venenmi nella mente uno messer Santi da Pesero el quale era scholaro valentissimo a mio tempo. Scrissegli una lettera se appetirebbe di venir a leggier a Pisa et risposimi di si, et che in me rimetteva a che lettura [...]».
25. ASF, *MAP*, XXIX, n. 845, 4 ottobre 1473.
26. ASF, *MAP*, XXXIII, n. 208, 27 marzo 1476.

fine di quel decennio proprio in seguito alla congiura dei Pazzi: nei mesi caldi del 1478, mentre il cugino Piero veniva condotto agli arresti per sospetta connivenza con il congiurato Napoleone dei Franzesi, Guidantonio veniva scelto dalla Repubblica per rimediare agli effetti di quella stessa congiura. Fu proprio lui, infatti, ad accompagnare l'ambasciatore francese Guillem de Clermont a Roma per l'avvio delle trattative con il papa. Nominato ambasciatore alla metà di luglio, Guidantonio ricevette le istruzioni il 19 e il giorno dopo già era in viaggio per l'Urbe in compagnia del de Clermont e di Gabriel Vives.[27] Giunsero dopo una settimana a Ronciglione tra Viterbo e Bracciano, dove il papa si era rifugiato per scampare alla peste. Qui Vespucci, gli ambasciatori francesi e gli altri oratori della Lega convenuti, dovettero affrontare l'opposizione del pontefice, «obstinato nella sua opinione» come Guidantonio avrebbe scritto ai Dieci, che non soltanto si rifiutò di acconsentire alle loro richieste, ossia revocare le censure e deporre le armi, ma si disse disposto ad accoglierle solo se Lorenzo dei Medici in persona si fosse presentato «a domandare venia delli soi mancamenti». La storia è nota: la missione si concluse rapidamente e gli ambasciatori ripartiti da Roma il 4 agosto, rientrarono a Firenze pochi giorni dopo.[28] La permanenza in città per Guidantonio fu egualmente molto breve: non trascorse neanche un mese che egli venne incaricato di prendere il posto di Donato Acciaioli, morto a Milano alla fine di agosto mentre era in viaggio per una missione diplomatica in Francia. Con lo stesso mandato dell'Acciaioli, partì da Firenze il 4 settembre.[29]

Su questa ambasciata si è spesso soffermata l'attenzione degli studiosi di Amerigo poiché fu proprio in questa occasione che Guidantonio si fece accompagnare dal giovane nipote in veste di segretario.

Firenze era al tempo nel pieno del conflitto con il pontefice in conseguenza della congiura. La guerra che il papa aveva ingaggiato contro il Magnifico si faceva forte dell'alleanza con Napoli e con Federico da Montefeltro. D'altra parte l'appoggio che Firenze cercava dai tradizionali

27. Lorenzo dei Medici, *Lettere,* III, pp. 135, 159-60 e ss.

28. L'esito fallimentare della vicenda è ricordato anche da Landucci, *Diario* p. 25: «E a dì 10 d'agosto 1478, tornò lo 'nbasciadore francioso e 'l fiorentino da Roma, con poco accordo e profitto».

29. Lorenzo dei Medici, *Lettere,* III, pp. 167, 168, 180 e 198. Così ricorda la vicenda il Machiavelli: «Ma nel cammino, sendo arrivato a Milano <Donato Acciaioli>, morì; [...] e in suo luogo, per oratore al Re, messer Guid'Antonio Vespucci, uomo delle imperiali e pontificie lettere peritissimo, mandò», vedi Machiavelli, *Istorie fiorentine*, Libro VIII, cap. 15, p. 698.

alleati Venezia e Milano tardava ad arrivare: Venezia era impegnata a difendersi dalla minaccia turca mentre Milano attraversava una grave crisi interna in seguito all'assassinio del duca Galeazzo Maria e alla presa di potere di Ludovico Sforza sul quale il Magnifico non riponeva ancora piena fiducia.[30] L'ambasciata a Milano rientrava in questo precario quadro di alleanze che per Firenze si rendeva necessario stabilizzare: in un clima di incertezza e di aperta conflittualità tra le maggiori potenze dell'Italia centro meridionale, l'attività diplomatica fu il banco di prova su cui si misurò l'abilità filomedicea del Vespucci.

Guadagnata Milano dopo una settimana di viaggio, Guidantonio fu raggiunto dall'ambasciatore veneziano Bertuccio Gabriel, come lui diretto in Francia, e ricevuto in udienza dai Duchi; ripreso il cammino verso la corte francese raggiunsero la sede designata ai primi di novembre. L'esperienza diplomatica francese, diversamente da quella romana che l'aveva preceduta, fu piuttosto lunga per il Vespucci che rimase in Francia per quasi un anno e mezzo e certo più soddisfacente. Lo ritroviamo ancora oltralpe nel mese di maggio del 1480 nonostante che la missione avesse rischiato di interrompersi bruscamente pochi giorni prima.[31]

Anche al termine dell'ambasciata francese, il destino aveva in serbo per Guidantonio una nuova missione che avrebbe condizionato a lungo la sua carriera, per lo meno nei cinque anni a venire. La lunga opera di trattativa e mediazione tra le ex potenze della Lega, cautamente ponderata per ripristinare l'equilibrio italico che la congiura dei Pazzi aveva scardinato, stava finalmente per trovare una conclusione. Fu senz'altro risolutiva in tal senso, la decisione presa dal Magnifico, non senza sofferenza e apprensione, di recarsi personalmente a trattare con re Ferrante: il re di Napoli si configurava ormai come l'autentico protagonista e il tacito vincitore di una complessa serie di pattuizioni ed equilibrismi operata su scala peninsulare.[32] La mossa inattesa di Lorenzo, la stipula dell'accordo con Ferrante e la conseguente intercessione di costui presso il pontefice suo alleato, in favore di Firenze, ebbero come effetto l'avvio delle trattative di pace. E poiché sulla città gravava ancora l'interdetto pontificio, si decise di inviare a Sisto IV dodici ambasciatori scelti, a formale suggello della buona disposizione di Firenze, per «domandare perdono e offrire ubbidienza e chiedere remis-

30. Najemy, *Storia di Firenze*, p. 449.
31. Lorenzo dei Medici, *Lettere*, V, p. 22
32. De Angelis, *Lorenzo a Napoli*, pp. 137-157.

sione dei passati errori».[33] Tra costoro si trovava anche Guidantonio, che a due anni dalla prima missione fallimentare, si apprestava ad incontrare il papa Della Rovere per la seconda volta. Guidantonio aveva una trentina di anni, già aveva conseguito il titolo di giudice e contava al suo attivo, come abbiamo appena visto, missioni di una certa responsabilità. Se il suo congiunto Piero divenne, suo malgrado, uno dei capri espiatori dell'intollerabile dissenso che il Magnifico era determinato a soffocare nella repressione più feroce, Guidantonio, all'interno della stessa casa, rappresentò invece il fulcro della delicata opera di riconciliazione con il papa. Fu infatti proprio Guidantonio, dall'esplosione della congiura dei Pazzi in avanti, il protagonista della graduale ricucitura dei rapporti con il pontefice che condusse, passo dopo passo alla ripresa delle relazioni con Roma. Da questo momento in avanti il legame con la sede romana sarebbe diventato per lui sempre più stretto, continuativo e, certo, determinante.

Il lungo periodo romano

La sera del 23 novembre, un martedì, Vespucci e il cognato Luigi Guicciardini, appena giunti a Montefiasconi, scrivevano agli Otto di pratica per informarli dell'andamento della missione appena intrapresa. La gran parte degli ambasciatori, partiti alla spicciolata, era ancora in quel momento in viaggio per Roma. Seguendo gli stessi percorsi ma con una tempistica differenziata il Gianfigliazzi, il Minerbetti, il Capponi, l'Albizzi e il Pandolfini – che viaggiavano insieme – avevano lasciato Montefiasconi la mattina stessa diretti verso Ronciglione; il Soderini, vescovo di Volterra, si era appena lasciato alle spalle Bolsena, mentre Giovanni Tornabuoni e Antonio dei Medici[34] procedendo con un poco di ritardo sugli

33. Rinuccini, *Ricordi Storici*, p. CXXXIV. Questi i loro nomi: messer Francesco di messer Tommaso Soderini, vescovo di Volterra, messer Luigi di Piero Guicciardini cavaliere, messer Bongianni Gianfigliazzi cavaliere, messer Piero Minerbetti cavaliere, messer Bernado da Gubbio giudice, Maso di Luca di messer Maso degli Albizzi, Gino di Neri di Gino Capponi, Domenico di messer Carlo Pandolfini, Iacopo di Orsino Lanfredini, Giovanni di Francesco Tornabuoni, messer Guidantonio di Giovanni Vespucci giudice, Antonio di Bernardetto dei Medici. La nomina è del 4 novembre 1480.

34. È probabile che la coppia Tornabuoni-Medici fosse stata appositamente ingaggiata, nella missione, a tutela degli aspetti finanziari, facendo leva sulla straordinaria esperienza bancaria di entrambi: Giovanni Tornabuoni infatti era stato a capo della filiale romana

altri, si trovavano quella stessa sera ad Acquapendente. Nel frattempo il Lanfredini aveva raggiunto Vespucci e Guicciardini in modo da poter ripartire con loro la mattina dopo alla volta di Ronciglione. La formazione diplomatica quasi al completo (il dodicesimo membro messer Bernardo da Gubbio, come anche il Rinuccini ricordava, «non vi andò») si sarebbe ritrovata giovedi o venerdi mattina a Bracciano da dove contava di procedere, tutti insieme, verso Roma. Qui oltre al papa li attendeva una nuova ondata di epidemia sul cui incalzare si erano già diffuse voci allarmanti.[35] Nel rispetto dei tempi previsti l'ambasceria fu ricevuta dal papa per la prima volta sabato 27 novembre. La minaccia turca e l'urgenza della crociata rendevano Sisto IV più flessibile alle trattative con quello che fino a poco tempo prima sembrava essere il suo principale avversario.[36] Così ad appena una settimana dall'arrivo degli ambasciatori, il papa celebrò la cerimonia dell'assoluzione il venerdi 3 dicembre, e annunciò la penitenza e la pena con cui richiedeva a Firenze di fornire «quindici galee ben equipaggiate» a sostegno della crociata contro il turco. A Firenze l'eco della pacificazione, fortissima, fu tale da generare, sulle prime, un clima di diffusa esaltazione. Pochi giorni dopo, però, a mente fredda, all'entusiasmo iniziale si sostituirono dubbi e perplessità per l'alto costo che il pontefice pretendeva in cambio. Poiché la faccenda sembrava comunque conclusa, si provvide a far rientrare gli ambasciatori a Firenze; solo al Vespucci e al Soderini fu chiesto di rimanere a Roma per rappresentare Firenze alla dieta e presenziare alla definizione degli ultimi accordi per l'assoluzione. La disponibilità del papa alla trattativa tuttavia manteneva piccole zone d'ombra

del Banco Medici dal 1465 fino a quando non venne chiusa e anche Antonio dei Medici, impiegato per alcuni anni a Bruges, era un attento conoscitore degli affari bancari, De Roover, *Il banco Medici,* pp. 135-138 e p. 315 ss.

35. ASF, *Otto di Pratica Responsive* 1, c. 55r: «solo questa per dar notizia come in questa sera a Montefiasconi dove fu hiersera messer Bongianni Gianfigliazzi e messer Piero Minerbetti e Gino Capponi e Maso delli Albizzi e Domenicho Pandolfini, e' quali tutti si partirono questa mattina per alloggiare a Ronciglione. Intendiamo come adrieto è monsignor di Volterra alloggiato a Balsena et Giovanni Tornabuoni e Antonio de Medici habiamo nuove sono stasera a Aqua pendente. Di poi havemo scripto, insino a qui è giunto Jacopo Lanfredini. Partiremo, se a Dio piacerà, domattina e andremo 'alloggiare a Ronciglione. Et secondo il nostro credere crediamo per tutto di giovedi o venerdi mattina trovarci tutti insieme a Bacchano piacendo a Dio. Di nuovo non intendiamo altro se non che a Roma la moria fa danno». Di questa pestilenza romana si fa cenno anche nelle familiari a Benedetto Dei contenute in ASF, *CRS*, 78, 317.

36. Lorenzo dei Medici, *Lettere*, V, p. 82 e ss.

che non sfuggivano al Vespucci. Conversando con Girolamo Riario, egli aveva colto un ripensamento nelle intenzioni dichiarate dal papa le cui conseguenze sarebbero state significative per Firenze. Per esempio, Sisto IV sembrava avere ripreso in considerazione la candidatura all'arcivescovado di Pisa, di Raffaele Riario Sansoni, personaggio discusso agli occhi dei fiorentini perché coinvolto se pure in forma trasversale nei fatti dell'aprile 1478; inoltre tornava ad insistere per la liberazione dei Pazzi. La prospettiva che il papa potesse ritrattare su faccende di questa portata scatenò a Firenze indignate discussioni che si conclusero con il ritiro al completo dei propri uomini compresi gli stessi Vespucci e Soderini.[37] Roma restava così completamente sprovvista di rappresentanti fiorentini, fatta eccezione per Giovanni Tornabuoni che dovendo trattare la riapertura del banco si era trattenuto nell'urbe a titolo strettamente privato. E fu proprio il Tornabuoni, in questa circostanza, ad agire da mediatore: prima di rientrare a Firenze alla fine di dicembre, il papa lo pregò di intercedere presso Lorenzo perchè acconsentisse a riaprire la filiale romana, sollecitando al contempo l'invio di un rappresentante fiorentino in modo che i negoziati potessero riprendere al più presto. Anche questa volta, la scelta dell'uomo da inviare ricadde sul Vespucci. Incaricato già dal 7 di gennaio del 1481, Guidantonio ottenne la commissione come oratore alla corte papale il 21 del mese.[38] Senza attendere un giorno, il mattino successivo Vespucci partiva per Roma in possesso del mandato pubblico che lo autorizzava a ratificare le promesse fatte in dicembre dagli oratori, e a rappresentare Firenze alla dieta. Uno dei punti fondamentali intorno a cui sarebbe ruotata la trattativa, oltre ai contributi per le galee e per la tassa sulla crociata, riguardava proprio la questione dell'arcivescovato di Pisa. La necessità per il papa e per Lorenzo di giungere a una conclusione soddisfacente per entrambe le parti si era ormai fatta stringente, e l'accorta attività diplomatica che Guidantonio portò avanti fin dalle prime settimane del suo soggiorno romano, diede presto i frutti desiderati. Le prime notizie positive si ebbero già dagli inizi di febbraio quando, scrivendo da Roma, Vespucci prospettava buone possibilità di veder ridotta la tassa per la crociata e la penalità delle galee.[39] Dopo una

37. Ripartirono per Firenze il 18 di dicembre, Lorenzo dei Medici, *Lettere*, V, p. 118 e ss e 122 e ss.

38. ASF, *Legazioni e commissarie, Missive. Istruzioni e lettere a oratori,* 21, c. 21 e ss. Vedi anche Lorenzo de Medici, *Lettere*, vol. V, pp. 90 e ss., 118 e ss., 131 e ss.

39. Ivi, p. 139.

riunione straordinaria il 13 febbraio, i Settanta diedero l'avallo alla spesa dei 15.000 ducati e alla fornitura delle cinque galee armate; acconsentirono inoltre, se pure a certe condizioni, alla nomina di Raffaele Riario Sansoni come arcivescovo di Pisa. Alla fine di febbraio Vespucci, in virtù della familiarità con la Francia acquisita dopo la sua ultima missione, riceveva dagli Otto l'incarico di accogliere a Roma gli ambasciatori inviati da Luigi XI.[40] Un mese dopo, la missione sembrava davvero volgere a conclusione. Le basi per la composizione definitiva delle discordie erano state ormai gettate con successo: se Lorenzo si fosse mostrato disposto ad accantonare i rancori verso il Pontefice, la curia romana era pronta a fare altrettanto per avviare una nuova fase in una politica non ostile e più adeguata al momento storico che la penisola stava attraversando.

Oltre alle mansioni principali, quelle cioè che riguardavano il tormentato processo di riavvicinamento di Lorenzo al Pontefice, l'essere stanziale nella sede romana metteva il Vespucci costantemente alle prese con molte faccende delicate: questioni all'apparenza di urgenza minore, la cui gestione non implicava l'impiego di strategie lunghe e ponderate, ma dal cui esito dipendeva egualmente la sua affermazione in curia e la buona resa del suo operato presso il Magnifico. Si pensi, per portare solo alcuni esempi, quando, pressato dalle continue richieste dei cardinali «Reverendissimi monsignori di Lisbona e di Noara» dai quali era «tutto dì sollecitato», ricordava a Lorenzo che si prendesse a cuore il caso di Paolo Boncambi da Perugia «il qual desidera venir costi per podestà»,[41] e quando, circa un mese dopo, approssimandosi ormai le elezioni per la podesteria a cui il Boncambi aspirava, non esitava a certificarne a Lorenzo le qualità, ritenendo che egli fosse, al momento, una delle migliori carte da giocare per ottenere la gratitudine e l'amicizia romane.[42] Si pensi an-

40. Ivi, pp. 166-167.

41. ASF, *MAP*, XXXVIII, n. 12, 20 marzo 1481. Si veda anche n. 13, 24 marzo 1481.

42. ASF, *MAP*, XXXVIII, n. 150, 24 aprile 1481: «[...] E' reverendissimi signori monsignori di Lisbona e di Novara a questi dì mi dissono havervi scripto di uno loro desiderio che loro havevano che il magnifico messer Pol Bon Cambi <Paolo Boncambi da Perugia> divenisse podestà di Firenze e havendo havuto lettere da voi che loro dovessino scrivere di tal cosa alli excelsi nostri signori ne havevono scripto, a che la excelsa nostra signoria mi havea facto rispondere chome la electione di decto podesta non si havrà a fare a tempo loro ma non dubitavano che qualunche signoria si trovassi in quel luogo farebbe quel

cora alla concessione della precettoria di San Jacopo in Campo Corbolini che Lorenzo voleva fosse assegnata al lontano cugino Luigi Tornabuoni. La questione aperta per lo meno dal novembre del 1480, fin dal momento in cui la precettoria si era resa vacante per la morte del precedente titolare, Matteo di Angelo Vannucci da Cortona, rimase a lungo in sospeso.[43] Toccò proprio al Vespucci portarla a compimento, aggirando i molti ostacoli insorti nel frattempo come le pretese accampate da parte di Giovan Battista Martelli che premeva sul papa perché convertisse il beneficio già in suo possesso con quello, per lui più allettante, di San Jacopo.[44] Ciò nonostante, l'abile opera di mediazione del Vespucci fece sì che le pratiche per il Martelli venissero infine rigettate e che Lorenzo ottenesse quanto sperato. In una lettera del 19 giugno Guidantonio annunciava trionfante al Magnifico che quella stessa mattina si era dato «compimento al beneficio di san Jacopo».[45]

Nel maggio di quello stesso anno la corrispondenza con Lorenzo lo mostra impegnato perfino nel favorire la concessione di una supplica relativa a una causa in cui era coinvolto il banchiere Antonio Spini:

> A questo caso bisognerebbe altri che me perché io non posso attendere a sollicitare e a pensare le cause, né la dignità che io tengo lo richiede; a commetter questa cosa a altri non so come mi governar perché, non vedendo le ragioni

medesimo che loro, in operarsi che 'l loro desiderio sortisse effecto. Hora intendendo le loro reverendissime signorie esser venuto il tempo della detta eletione, mossi dalle lettere vostre e da quelle da e nostri excelsi signori, per desiderio hanno che il decto messer Polo sortisca lo effecto suo [...]. E pertanto sapete, a volere mantenere tale amicitia e augmentare, in che modo vi havete a portare con loro certificandovi che, per quanto intendo, il decto messer Polo è di qualità la città ne sarà benissimo servita secondo che da Giovanni Tornabuoni ne potete essere bene informato».

43. Vedi Lorenzo dei Medici, *Lettere,* V, p. 75 e ss.

44. Per il pregresso della vicenda si veda Lorenzo de Medici, *Lettere,* V, p. 75 e ss. Per l'intervento del Vespucci si veda anche: ASF, *MAP*, XXXVIII, lettera n. 104, 26 marzo 1481 e lettera n. 204, 5 giugno 1481: «Del facto del beneficio di San Jacopo non vi scriverò a lungo tutto il progresso della cosa per brevità di tempo e perché spero da Antonio Tornabuoni sarete avisato più a pieno. Solum vi ho a dire come le bolle della permuta facte per messer Giovanbattista Martelli in presentia del papa e del conte e mia si stracciorono e dissemi il pontefice facessi che Luigi venisse qui a pigliar lo habito e che voleva il prior di Pisa havessi cento ducati di pensione, né vi potrei exprimere con quanta dimostratione et affectione el conte s'è dimostrato in questa materia, sì ché fate Luigi vengha il più presto si può acciò che, mentre che il ferro è caldo si possa battere». Vedi anche *MAP*, XXXVIII, n. 208, 9 giugno 1481.

45. ASF, *MAP*, XXXVIII, n. 224, 19 giugno 1481.

> della parte adversa, non possi giudicare quello si voglia la ragione et per le information che io ho e per quel poco giudicio che io ne posso fare cosi sanza libri, dubito che decti frati non habbino a esser reintegrati nella possessione [...]. Sarebbemi molto grato in questa materia loro mandassino di qua personale facessi e' facti loro e io per vostro amore e per l'affectione che io porto loro, insieme con questi advocati pratici, gli consigliarei di quello mi paressi da ffare [...] e malvolentieri piglio questa graveza sopra di me se non e per quanto la potessi favorire.[46]

La vicenda, in questo caso, esulava dalla sfera diplomatica necessitando semmai, come Guidantonio stesso cercava insistemente di spiegare a Lorenzo, l'intervento di un esperto in materia oltre che di un conoscitore preciso dei fatti. Ciò nonostante, toccò ancora una volta a lui, vuoi per le sue abilità e competenze giuridiche, vuoi per la sua familiarità con l'ambiente pontificio, darsi da fare per la risoluzione del caso.

D'altra parte, per quanto si adoperasse per favorire la buona riuscita della ripresa dei rapporti tra Roma e Lorenzo, i lunghi strascichi che la congiura dei Pazzi aveva lasciato erano duri a morire. Così una faccenda un po' scottante che si trovò a dover gestire fu senz'altro quella relativa alla vedova di Bernardo Bandini. Il Bandini, come è noto, era stato uno dei più violenti artefici della congiura, responsabile non solo di avere ucciso Giuliano dei Medici ma anche di avere ferito a morte il filomediceo Francesco Nori. Fuggito da Firenze, aveva preso la via di Costantinopoli. Catturato dal Sultano e consegnato al Magnifico, venne impiccato con ancora indosso gli abiti di foggia orientale il 28 dicembre del 1479. Il suo corpo fu lasciato appeso per qualche giorno alle sbarre di Palazzo Vecchio, a scopo dimostrativo, diventando suo malgrado uno dei volti più tristemente noti della repressione (Leonardo da Vinci lo immortalò, vestito alla turca, in un celebre schizzo).[47] A tutelare il caso della vedova del Bandini, Giovanna di Goffredo de Biros, la restituzione della cui dote era bloccata per le circostanze eccezionali in cui il marito aveva perso la vita, intervenne il Cardinale di Rouen, Guillaume d'Estouteville.[48] Per il Cardinale la faccenda iniziava ad assumere dei tratti personali, come Guidantonio, nelle sue lettere, cercava di far capire al Magnifico, già dalla fine del mese di marzo:

46. ASF, *MAP*, XXXVIII, n. 168, 6 maggio 1481 e n. 170, 10 maggio 1481.
47. Vedi Bernardo Bandini, voce DBI a cura di G. Pampaloni, vol. 5 (1963).
48. Vedi Estouteville, Guillaume d', voce DBI a cura di A. Esposito, vol 43 (1993).

> El reverendissimo messer di Roano *quamvis* gli paia nelle cose della Giovanna si sia fatto assai, pur non gli par interamente esser satisfatto della piagha gli doleva [...], duolsene mecho ogni dì il detto reverendissimo messer parendogli delle sue parole sia fatto pocho conto, e pertanto vi conforto avendo voi animo di fare qui qualche faccenda, a levargli questa passione da dosso perché mi pare ne facci conto.[49]

Se l'insistenza con cui l'Estouteville perorava la causa della vedova metteva a disagio Guidantonio, certo non gli cagionava minore imbarazzo il disinteresse che, di rimando, gli Otto mostravano nel prendere in considerazione la questione. Così a metà maggio tornava a impetrare la loro attenzione nei confronti del «reverendissimo» cardinale di Rouen, che pur essendo persona su cui Firenze poteva «far qualche fundamento», cominciava a indispettirsi («pargli essere stato dilleggiato»).[50]

A venti giorni di distanza, il mese successivo, restando la questione del tutto irrisolta, Guidantonio tornava alla carica:

> El reverendissimo monsignore di Roano hieri, molto caldamente mi parlò de facti della Giovanna dicendomi da llui non havere aviso alcuno di quanto mi scripsono vostre signorie haver facto circa la restitutione della sua dote, dicendomi che da me non ha altro che parole e molto si mostrò Sua Signoria essere sdegnato di questo. Et però vi prego, non essendo exequito quanto mi scrivesti, lo facciate exequire, et essendo facto ordiniate che Lei gliene dia aviso perché a me in cosa li dica di questa materia non presta fede alcuna, alsì vi fo noto Sua Signoria reverendisima dimostrarrà voler altro che parole in paghamento, perderemoci quella gratia habbiamo con lui.[51]

49. ASF, *MAP*, XXXVIII, n. 104, 26 marzo 1481 e anche n. 124, 29 marzo 1481.

50. ASF, *Otto di Pratica, Responsive* 1, cc. 249v/250r, 16 maggio 1481: «El reverendissimo monsignor di Roana, il qual veramente è uno delli cardinali di chi vostra magnificentia può far qualche fundamento, si è molto doluto meco che alla Giovanna donna che fu di Bernardo Bandini non è facto il dovere della sua dote. Pargli essere stato dilleggiato. Prego vostra magnificentia essendo questa cosa al cuore, a sua signoria come ei voglino adoperare, in modo che quando io gli vo innanzi, da lui habbi cagione di essere ben veduto».

51. ASF, *Otto di Pratica, Responsive* 1, c. 304v, lettera del 5 giugno 1481. Si veda anche ivi, c. 379, lettera del 22 giugno 1481: «La imbasciata vostra circa a facti della Giovanna feci a monsignor di Roana, il quale non rimase molto satisfacto perché dice di queste bone parole e promisse ha havuto molte volte, e mai non ne vede effecto alcuno. Pregovi si possibile est, vostre magnificentie adoperino in modo che io possa, con ardita fronte per le cose publiche et private, comparire innanzi a sua signoria reverendissima perché infino a tanto lo effecto del paghamento della Giovanna non segue, vi assicuro da Sua Signoria si può poco sperare che

È evidente che la deliberata noncuranza delle magistrature cittadine finiva spesso per confliggere coi delicati compiti di cui si investiva Guidantonio e con la cura che egli metteva per garantire in patria un buon ritorno del suo operato. Ancora peggio, rischiava spesso di compromettere il buon esito della missione e la lunga e paziente opera di avvicinamento che aveva saputo perseguire, come provava a spiegare in una delle tante comunicazioni dirette personalmente a Lorenzo: «perché dagli Octo non sono avisato di nulla ed è gran vergogna della città e mia gli altri oratori che sono qui habbino a dar notitita al pontefice e al conte delle cose nostre».[52]

Le molte incombenze che ricadevano sulle sue spalle e le difficoltà di gestire al contempo la scarsa accondiscendenza degli Otto e la tempestività che spesso il Magnifico pretendeva emergono dalla fitta corrispondenza con entrambi. Se da un lato infatti, doveva curare le sorti della repubblica attraverso delicatissime relazioni col papato (e senza poter contare con certezza sulla solidarietà dei suoi superiori), dall'altro uno tra i suoi compiti principali era quello di esaudire le richieste (e le pretese) personali di Lorenzo. La concessione, in particolare, di benefici ecclesiastici per i suoi protetti, accoliti e familiari (come già abbiamo visto) era una delle voci ricorrenti nelle missive che Guidantonio gli inviava. Seguendo questo doppio registro il Vespucci era insomma costantemente impegnato, presso la curia, in un'attivita di relazioni personali serrata e instancabile. Con gli orecchi sempre bene aperti, pronto a cogliere, nelle informazioni che venivano scambiate, ogni sfumatura o variazione di tono che fosse indicativa di un cambio di registro, Guidantonio si muoveva al centro di un vorticoso giro di colloqui, contatti, ricevimenti e visite coi potenti locali. Dotato di un'altissima soglia di attenzione e certo di grande capacità di dissimulazione, Vespucci argomentava con i numerosi dignitari che si avvicendavano in curia. Tentando di sondare l'umore dell'interlocutore e il tasso di predisposizione a favorire gli interessi di Lorenzo oppure dei suoi avversari, approntava la migliore strategia disponibile per volgere a suo favore i difficili equilibri con i quali si trovava a interferire.

Non di rado poteva accadere che l'operato dell'ambasciatore non soddisfacesse a pieno i suoi superiori,[53] ma Vespucci aveva maturato un talento

questo sia a propositi, vostre magnificentie lo possano examinare meglio di me». Sulla vicenda del *monsignore di Roen* si veda anche la lettera del 29 giugno, ivi, c. 283v.

52. ASF, *MAP*, XXXVIII, n. 124, 29 marzo 1481.

53. Su questo argomento si veda il recente Covini, Figliuolo, Lazzarini, Senatore, *Pratiche e norme di comportamento nella diplomazia italiana*, pp. 113-161.

non comune nel fronteggiare le rimostranze che gli venivano mosse. Vale da esempio il modo in cui tenne testa agli Otto di pratica quando, una volta ottenuta l'assoluzione papale, essi ebbero da ridire per il costo eccessivo che l'equipaggiamento delle galee previsto dagli accordi aveva comportato. Tra realizzazione e armamento le galee erano venute a costare circa 3.000/4.000 ducati in più rispetto a quanto previsto inizialmente, e gli Otto ne chiesero subito conto al Vespucci. Lo accusarono di aver travalicato il mandato assegnatogli, in particolare dissero che si era impegnato anche per l'operazione di armamento laddove la Repubblica aveva invece autorizzato solo quella di corredo. Con grande agilità retorica, Vespucci approntò la sua difesa. Senza neanche tentare di replicare, anzi in piena sintonia con le rimostranze degli Otto, precisò che se «eccedere il mandato» poteva essere un gesto scusabile da parte di un diplomatico che non fosse stato anche dottore, certamente era invece una superficialità imperdonabile e degna di punizione, se il responsabile era un ufficiale che, come lui, si fregiava di questo titolo.[54]

Tuttavia, nella consapevolezza di non avere affatto agito al di fuori degli incarichi ricevuti, Guidantonio procedette, con un'esegesi testuale della commissione affidatagli, a smontare parola per parola le accuse che gli erano state mosse.

> [...] Ma perché non voglio che nella mente vostra né delli altri, costì dove di già s'è sparta questa voce, rimangha questo scrupolo e a me questa macchia, vi voglio brevemente replicar tutte le parole formali della mia lettera.
> Vostre magnificenze sanno che la lettera mia della conclusione dell'accordo non la dirizai a vostre excellentie per non avere di far con quelle e pur dubitavo non mi fusse aperta, e *formaliter* in quella lettera posi queste parole che seguitano: "Che per le galee e li xxmila ducati della taxa che si hanno a pagar quest'anno noi doniamo quelli cinque corpi di galee che sono a Pisa forniti e armate di tutto excepto li huomini e xvmila ducati et cetera, alla qual parte, per vostra magnificentia, mi fu risposto *formaliter* queste parole "Hora

54. «Magnifici domini io non potè fare che legendo la vostra lettera de xvi in quella parte dove dite vostre magnificenzie esser gra (sic) gravate tre o quattro mila ducati oltra la vostra intentione perché intendavate havere a corredare e non armare e che mai da voi non hebbi altra commissione se non de corredi e non havessi alquanto di admiratione, molto più di displacentia, e vere, se in alcun altro che non fusse doctore fussi excusabile il passare il mandato in uno che sia doctore non è di havere scusa alcuna, anzi meritarebbe acerrima punizione e chosi meritarei io essendo in quel grado», ASF, *Otto di Pratica, Responsive*, 1 c. 159r-v.

> venendo alle parti substantiali vi diciamo esser contenti poiché non si può far meglio alle conclusioni delle quali restasti d'accordo con la santità del papa cioè di pagare e' xv mila ducati, et e' corpi delle cinque galee corredati di tutto, come scrivete, sicché riferendosi le vostre lettere a quello scrivo io, a me pare assai chiaro a quello che io scripsi comprenda l'armar *non solum* il corredare, né fu tal vocabulo usato per me nella mia lettera et *per consequens* non credo havere passato il mio mandato, e così credo doverrà parere a voi, al giudicio de' quali sempre voglio stare patientissimo. Et vi pregho e supplico a scarico delle menti vostre e satisfactione mia, vogliate fare di vedere decta lettera, la quale scripsi a Lorenzo perché troverrete cosi essere il vero come di sopra ho scripto.[55]

Forte del suo rango, della sua preparazione e certo anche di una buona dose di scaltrezza, riuscì in questa maniera a mettere a tacere gli Otto e a far rientrare la questione.

Fatta eccezione per episodi di questo tipo, fu indubbiamente alla perizia del Vespucci che si dovette, in gran parte, il miglioramento delle relazioni tra Lorenzo e Girolamo Riario e la riconciliazione del Magnifico con Sisto IV. Così si leggeva già in due lettere scritte tra il 9 e il 10 di giugno dove il Vespucci riferiva di come il papa si stesse adoperando per restituire a Lorenzo i 1700 ducati sequestrati ai Medici durante la guerra e ricordava la fervida attesa per la riapertura del banco Medici:

> Lorenzo, io veggo che veramente, se non nasce cosa alcuna di nuovo, che col tempo e breve voi vi reintegrerete nell'amor del papa e del conte piu che mai e credetemi che non hanno altro desiderio se non che voi apriate qua el banco.[56]

Guidantonio insomma, aveva certamente ben provveduto al suo compito, ciò nonostante (o forse, anzi, proprio per questo motivo) venire via da Roma si rivelò più arduo del previsto.[57] La sua sorte si dimostra in questo

55. ASF, *Otto di Pratica, Responsive*, 1 c. 159r-v. L'episodio è rammentato anche da Martines, *Lawyers and Statecrafts* p. 207.

56. ASF, *MAP*, XXXVIII, n. 213, 10 giugno 1481. Si veda anche Lorenzo, *Lettere*, vol. V, p. 269 e ASF, *MAP*, XXXVIII, n. 208, 9 giugno 1481.

57. Ivi, n. 12, 20 marzo 1481: «Magnifico Lorenzo, per quello mi ha riferito il Magnifico domino Lionardo Botta e, ancora, per quanto ho raccolto io, la santità di nostro signore e il Conte par pure habbino dimenticato il rancore havevano verso di voi; e a questi dì usò il prefato Conte, meco e con lo prefato d. Lionardo, queste parole, che vorrebbe volentieri voi havessi dimenticato le cose passate come ha lui, e che non desidera altro se non che acaggia

molto simile a quella dei principali interlocutori del Magnifico, interlocutori che si trovavano distaccati fuori dalla Repubblica e che egli aveva interesse a trattenere lontano da Firenze perché rappresentavano la sua più fidata *longa manus* nelle faccende di politica estera.[58]

A metà maggio, dopo due interi mesi di permanenza nell'urbe gli oratori francesi che il Vespucci inizialmente aveva avuto il compito di accogliere, si apprestavano a ripartire. Vespucci scrisse agli Otto e, con la scusa di ricordare loro che passando essi da Firenze era opportuno predisporre loro un'adeguata accoglienza, iniziò ad avanzare la sua richiesta di congedo dall'incarico.[59] La sua presenza a Roma non era più necessaria; inoltre la filiale locale del banco Medici stava per riaprire: l'arrivo del responsabile Giovanni Tornabuoni, forte di una lunga familiarità con l'ambiente romano, non poteva che favorire il suo rientro. Qualche giorno dopo Vespucci scrisse agli Otto dell'avvenuta partenza dei francesi e di nuovo sollecitò loro la licenza.[60] Ancora pochi giorni dopo, di fronte a quello che non poteva essere un silenzio casuale, tornando a scrivere loro perché gli

qualche cosa dove vi si possa fare qualche piacere, che con li effecti lo domostrarebbe più che non con dice colle parole».

58. È il caso di Girolamo Morelli e poi di Pierfilippo Pandolfini a Milano o di Giovanni Lanfredini a Napoli, per citare i casi più noti e presi in esame da studi recenti. Si vedano Morandini, *Il conflitto tra Lorenzo il Magnifico e Sisto IV dopo la congiura de' Pazzi*, pp. 113-154; De Angelis, *Lorenzo a Napoli*; Scarton, *Giovanni Lanfredini.*

59. ASF, *Otto di Pratica, Responsive* 1, c. 222r. Lettera del 14 maggio 1481: «[...] Magnifici domini, come sanno le vostre magnificenzie, qui resta poco o nulla da fare, e tutto quello ci restò si expedirà per tutto questo mese; però vi suplicarei fussi contenti di darmi licentia di rempatriar, e maxime perché, partendosi la signoria del Conte qua, non s'à a concludere cosa che riguardi agli stati, et venendo Giovanni Tornabuoni potrà intendere le cose di qua et in parte supplire a' bisogni, piacendo a vostre excellentie. E leverebbesi questa spesa al Comune, et a me faresti singularissimo piacere».

60. Ivi, c. 249r. /250v. «Partiranno e' prefati oratori franzesi lunedì proximo per a Vinegia, per la causa altra volta vi ho significato e faranno la via di costì. Non dubito punto tutto conferiranno con le Vostre Spetialità ancora più diffusamente non hanno fatto con noi, secondo dicono.[...]. Magnifici signori miei, voi potete comprendere tutte le pratiche pubbliche essere risolte, et venire tempi molto pericolosi a chi non è uso a stare in questa aria, e però prego vostre magnificentie, quelle si degnino di darmi licentia di rimpatriare, perché a me ne farete singhulare piacere che dubito assai di questa aria, risparmierete questa spesa al comune e ancor, credo, ve ne seguiterà più reputatione essendo la stanza mia infructuosa». La lettera non ha la data di invio ma quella di ricezione è del 16 maggio 1481, dunque forse è precedente a quella del 14 maggio. Gli ambasciatori francesi partirono effettivamente il 15 come Guidantonio scriveva agli Otto il giorno successivo, ivi c. 266, lettera del 16 maggio 1481.

inviassero il denaro per le spese legali dell'assoluzione da liquidare al notaio, coglieva l'occasione per ritornare sull'urgenza del suo rimpatrio:

> Ricordo a vostre excellentie el mandarmi e danari per rendere al banchiere gli pagho per le bolle della absolutione, *et similiter* quello vi par di più a quel notaio che fu rogato de contracti che per ancora non ha voluto pigliar li x ducati. Io ho scripto piu volte a Vostre Magnificenzie, vi piaccia di darmi licentia, e mai a questa parte mi è stato risposto, per questa vi supplico e prieghо quanto posso di questo medesimo, perché la stanza mia *qui est penit*a di nessun frutto essendosi risolute tutte le pratiche come sapete, e pure è di qualche spesa alla nostra città e a me è molto dannosa e ancora pericolosa, sì pel morbo che ci ricomincia, *sì etiam* per l'aria cattiva che naturalmente sempre c'è l'estate, il quale sarebbe tanto più di pericolo a me che a un altro che ci fussi acostumato, quanto la natura mia meno assuefacta di qua, sichè vi prego *iterum quam omino* vogliate disporvi a farmi rimpatriare.[61]

Lo stato di apprensione per l'epidemia che si approssimava, per il clima insalubre che affliggeva Roma in estate e che Guidantonio valutava nocivo per una «natura meno assuefatta» come la sua, più di quanto non fosse per i nativi, non era altro che un espediente (a cui evidentemente riteneva difficile poter replicare), con cui tentava, ricorrendo a motivi di salute, di convincere gli Otto a farlo rientrare al più presto. In verità, come si coglie dalla corrispondenza con Lorenzo di quegli stessi giorni, ciò che gli premeva era poter essere a Firenze con sufficiente agio per partecipare alla tratta di luglio, nella quale contava di poter concorrere, con successo, alla carica di Gonfaloniere di Giustizia (fin dal 6 maggio infatti aveva preavvisato Lorenzo della necessità di essere a casa entro la fine del mese).[62]

Era cosa frequente che nei contenuti delle lettere ufficiali inviate agli Otto si rispecchiassero con uno straordinario parallelismo di intenti, quelle dal tono più informale e certamente più incline alla relazione personale che Guidantonio scriveva a Lorenzo negli stessi giorni. Nonostante il duplice canale, alla data del 25 maggio Guidantonio, a Roma, ancora aspettava di essere soddisfatto su entrambe le richieste. Ma poiché sia il consenso per la licenza che i denari tardavano ad arrivare,[63] dopo nuovi inascoltati

61. Ivi, c. 237-238 lettera del 19 maggio 1481.

62. ASF, *MAP*, XXXVIII, n. 168, 6 maggio 1481.

63. ASF, *Otto di Pratica, Responsive* 1, c. 262, lettera del 25 maggio 1481: «Piacemi assai vostre magnificenze siano disposte a compiacermi della licenza, perché, e per l'aere

solleciti,[64] egli fece appello a Lorenzo perché intervenisse presso gli Otto, almeno per estinguere le spese notarili:

> Magnifico vir et cetera, [...] io invilisco in queste nostre faccende e cascami le braccia, e questo si è che voi sapete quanto ho scripto agli Otto de' danari ho spesi qua nelle nostre scritture, che ancora vi è uno di quelli notai che non ha voluto pigliare e' suoi danari, parendoli el paghamento non sia conveniente. Pregovi e gravovi ordinate mi siano paghati qua 40 ducati, acciò che io ne possa dar x più a quel notaio non ha voluto pigliar e' x ducati che sono in diposito per lui, perché è persona a chi e nostri mercatanti e tutta la corte capita alle mani e ogni dì in camera si duol de' facti mia, che io non lo pagho, che mi pare sia un poco honore e della nostra città e mia. Rimediateci ché questa cosa sta nocere alla natione più che non credete. Io non scrivo più agli Otto di tal cosa perché me li pare havere stracchi.[65]

Trascorsero un altro paio di settimane e altri duri richiami da parte del Vespucci. Poi, forse grazie all'intervento del Magnifico, sappiamo che Guidantonio poté ricevere – dopo più di un mese di insistenza – almeno la lettera di cambio per saldare i conti rimasti in sospeso.[66] Ma il livello di esasperazione per la noncuranza che gli ufficiali fiorentini riservavano alle sue richieste sembrava aver raggiunto il limite. Ai primi

cattivo che si apparecchia di qua *ac etiam* per faccende mie importantissime, mi è necessario rimpatriare e però vi priego e supplico quanto piu presto potete mi diate licenzia; né vi differisca il darmela la pratticha della legha universale perché qua non se ne ragiona per hora ma *solum* si attende la risposta delli oratori franzesi da Vinegia, la quale si puo extimare essere com'è stata per lo passato. Io mi truovo qui con qualche debito per poter vivere, però vi priegho e supplico vogliate ordinare alla mia partita possi satisfare a qualunche à havere da me, et *similiter* vi ricordo il satisfare a danari che si spesino per le bolle».

64. Ivi, c. 283r, lettera del 29 maggio 1481 «Della licenzia mia del rimpatriar se per ogni lettera ve ne scrivo non vi sia molesto, perché la necessità de fatti mia proprii mi costrigne a farlo; però ve ne priego e gravo quanto posso che se non fussi per non vi tediar ve ne scriverei il particulare e so che Vostre Magnificenze come benignissime mi exaudirebbono» e ancora ivi, c. 304, lettera del 5 giugno 1481.

65. ASF, *MAP*, XXXVIII, n. 204v, 5 giugno 1481.

66. ASF, *Otto di Pratica, Responsive*, 1, c. 331, lettera del 15 giugno 1481: «[...] io vi ho più volte scripto che vi voglia piacere di darmi licentia e maxime che io mi possa partire, partito che sarà il conte e da voi non ho risposta alcuna. Di nuovo ve ne pregho, supplico e gravo quanto posso [...]. Nec alia, se non che io vi ricordo li xxx ducati per quelle scripture, che oramai mi vergogno a scriverne più, et similiter farmi sborsare qualche danaro del mio salario perché non posso vivere di stantiamenti». Si veda anche ivi, c. 346, lettera del 19 giugno 1481: «Avvisovi come ho ricevuto la lettera di cambio de' 40 ducati per pagar le scripture dell'absolutione».

di giugno, contrariamente a ogni sua previsione, il Vespucci era ancora bloccato a Roma ed è probabile che avesse ormai rinunciato alla possibilità di essere eletto gonfaloniere per il bimestre in arrivo. Certo, però, che Lorenzo avesse coscienza di come le sue aspettative erano andate tacitamente disattese, Guidantonio giocava ora un'altra carta sul piatto dei favori personali, e oltre a sottoporgli come sempre, la necessità della sua temporanea licenza, iniziò a perorare la causa dell'assegnazione di cariche pubbliche per il fratello:

> Voi sapete quanto per altro tempo ho desiderato Simone mio fratello sia degli Octo. So che il tempo s'appressa, di nuovo ve ne prego e gravo, se el servir mio merita da voi qualche remuneratione, la vogliate tutta fare nella persona sua, perché desidero più in lui ogni honor che in me e, soprattutto, di nuovo, vi prego gli sia dicto el vero e non habbi secchiata.[67]

Se ottenere qualcosa dagli Otto non era facile, neppure muovere Lorenzo doveva essere un'impresa da poco. In una seconda lettera di pochi giorni successiva, Vespucci tornò a ribadire entrambe le richieste[68] ma dopo una settimana scarsa ricevette da Firenze comunicazioni del fratello con la notizia che la concessione del suo permesso era in ritardo.[69]

Disperato (più verosimilmente stizzito) all'idea di non poter ritornare a Firenze neanche in tempo utile a sbrigare quelle incombenze così "vitali" per cui la sua presenza si rendeva necessaria, Guidantonio minacciò la possibilità di autosospendersi dall'incarico anche senza autorizzazione:

67. ASF, *MAP*, XXXVIII, n. 204v. Inoltre, nella richiesta di licenza adesso il Vespucci teneva conto del fatto che, una volta che il beneficio di San Jacopo fosse stato assegnato (tramite i suoi buoni uffici) a Luigi Tornabuoni, egli avrebbe ben potuto concedersi qualche giorno di sospensione dall'incarico nella sua città di origine.

68. Ivi, n. 208, 9 giugno 1481, c. 211v: «Della licentia mia vi solecito e prego nonostante quello mi havete scripto, perché credo che sarebbe più necessario di la due mesi o tre haverci imbasciadori che al presente, così in sulla freschezza della morte del turco e maxime partendosi il conte perché, per lla partita sua qui non si ha a far pratica nessuna, ad *minus* fate habbi licentia che, partendosi la sua signoria sanz'altro mi possi partire, perché ho una mia faccenda della quale ho scripto a messer Bernardo che mi strigne assai il mio ritorno». E ancora «Ricordovi operar Simone mio sia fatto delli Otto che mi sarà singular piacere, e fate non habbi sechiata e che gli sia detto il vero come amico che è tutto vostro», ivi, c. 211bis r.

69. Ivi, n. 262r, 15 giugno 1481 «Per lettera ho da Simone e da altri, veggho la mia licentia del tornar andare in lungo, che non mi potrebbe essere maggiore dispiacere perché di costà ho due faccende che qualunche di quelle mi importano lo stato mio, e sanza la mia presenzia mal si possino aconciare»

Io sono in modo strecto da quelle due cagioni, e portonmi tanto che io dubito, partito el conte, pigliarò partito venirmente sanza licentia; siché, *iterum*, vi pregho, acciò che non mi habbiate aiutar di maggiore incoveniente, operiate in modo che io habbi licenzia.[70]

Intanto, nella consueta alternanza di richieste e comunicazioni, concessioni e favori, in una lettera di pochi giorni prima, tornava a tranquillizzare Lorenzo sulla migliorata predisposizione del Papa nei suoi confronti. Per Guidantonio, infatti, la pacificazione col pontefice era imminente, se solo Lorenzo si fosse mostrato disponibile verso la sede romana, sia nei termini della riapertura del banco, sia nei termini dell'adeguamento al pagamento della penale prevista, ovvero del sostegno alla crociata richiesto dal pontefice. La riconquistata fiducia del papa avrebbe operato vantaggiosamente per il Magnifico, anche agli occhi degli altri alleati: «E non dubitate che quando la maestà del re e li altri nostri colleghi intenderanno voi essere veramente amato dal Pontefice tanto più vi stimeranno».[71]

Tuttavia, l'ennesimo riferimento alle spese pubbliche, forzosamente coperte dal collega Tornabuoni, così come le rimostranze agli Otto che Guidantonio sottoponeva preventivamente all'attenzione di Lorenzo, davano a intendere, in chiusura, che sul fronte personale molte faccende restavano irrisolte.[72] Fu nella seconda metà del mese che la buona sorte evidentemente gli arrise perché, insieme ai denari per saldare la bolla dell'assoluzione, giunse alfine anche il permesso a rientrare: in una lettera datata 13 giugno, il Magnifico gli annunciava la concessione della agognata licenza.[73] Guidantonio gli rispose per ringraziarlo e informarlo che

70. *Ibidem.*

71. Ivi, n. 213, 10 giugno 1481

72. «Magnifice vir et cetera, solo questa per avvisarvi come questa mattina hebbi dalla santita di N.S. la bolla della indulgentia plenaria et l'altra nella forma e modo e con le dimostrationi che per la lettera de nostri exc. signori potrete vedere; solo s'è speso per li scriptori e piombo e altre spesette occorse da ducati xxx in xxxv i quali tutti ha facto pagare Antonio Tornabuoni. È stata una bella gratia, tale che molti se ne sono meravigliati, né vi potrei dir la sollecitudine e faticha ci à durato dentro meser Dieciaiuti che veramente meritarebbe di esserne remunerato in qualche cosa.[...]», *ibidem.*

73. Si veda la lettera di risposta che Guidantonio inviò a Lorenzo il 19 di giugno: «Magnifico vir et cetera piacemi per la vostra de xiii havere inteso la mia licentia essermi data, di che vi ringrazio assai. Dopo la partita del Conte *immediate* rimpatriarò, la qual partita credo alla più lungha sarà a <di> xxviiii di questo mese. [...]. Questa mattina si è dato compimento al beneficio di san Jacopo e vi certifico che non ci si voleva usare meno diligentia che quella si è usata pel signore conte [...]», ivi, n. 224, 19 giugno 1481.

avrebbe lasciato Roma poco dopo la partenza del Riario, prevista al più tardi per il 29 di giugno.

Il soggiorno al di fuori dell'ambiente papale (a partire dal ritorno a Firenze che se tale fu, si data effettivamente dalla fine di giugno) si protrasse almeno fino all'inverno succesivo; poi, una nuova fitta corrispondenza da Roma attesta che dal febbraio del 1482 Guidantonio era tornato di nuovo presso la sede pontificia.[74] Per circa sei mesi dalla sua partenza fino al dicembre del 1481, infatti, Firenze non mantenne ambasciatori stabili presso la Curia. Quando però, a causa della crisi di Ferrara, si profilò l'esigenza di un'azione comune dei rappresentanti della lega, Milano fece pressioni perché anche Firenze inviasse un suo oratore così da rafforzare la presenza di alleati nell'urbe. Fu così che, dopo i primi dubbi, si decise di inviare di nuovo il Vespucci. Stavolta le istruzioni dei Dieci, datate 2 febbraio erano improntate alla massima cautela: consigliavano di avvicinare il Riario con prudenza e di consultarsi con gli altri oratori prima di fargli visita.[75] Il giorno dopo Guidantonio si mise in viaggio.

Anche in questa terza missione romana, nonostante un'esperienza ormai consolidata, i rapporti con gli Otto si mantennero poco collaborativi, come rivela il tono latamente polemico di una lettera del 1 marzo 1482.[76] Guidantonio scriveva a Lorenzo con un ritmo praticamente quotidiano, come la prassi richiedeva, informandolo, spesso con lettere cifrate, sulle questioni più impellenti relative alla politica estera.[77] Questo stato di cose si protrasse per lo meno fino al mese di maggio.[78] Poi, dopo una lunga

74. ASF, *Legazioni e Commissarie, Missive, Istruzioni e lettere a oratori,* 21, cc. 34r e ss.

75. Lorenzo dei Medici, *Lettere,* vol. VI, p. 179.

76. ASF, *MAP*, XXXVIII, n. 105, 1 marzo 1482: «Magnifice vir et cetera. Di poi son giunto ad Roma non ho né vostre, né degli spectabili Octo, che non passa sanza carico mio et poco honore de le loro Magnificentie. Né so quello mi habi affare o dire qui circa le cose che occorrono che pur principalmente toccono ad nostri excellentisimi signori, sì per non sapere in che termine sieno le cose costà si *etiam* per non havere commissione pure si potrebbe fare e dire di molte cose che gioverebbono *saltim* a la riputazione, le quali lascio per non errare. Priegovi che in quello che mancano gli Octo ne lo scrivermi e tenermi advisato, vogliate suplire voi».

77. Si veda ASF, *MAP*, XXXVIII, n. 106, lettera del 3 marzo 1482; n. 107, 5 marzo 1482; n. 108, 7 marzo 1482.

78. Si veda alla data del 14 aprile 1482, la proroga del mandato in ASF, *Legazioni e Commissarie, Missive, Istruzioni e lettere a oratori*, 21, c. 41r.

pausa di sospensione durante la quale trascorse quasi un anno lontano da Roma, tornò a svolgervi il suo consueto incarico. Anche in questa occasione, dopo lungo tergiversare alla ricerca della persona adatta, i Dieci finirono con l'individuare in lui il «piu competente negli affari romani» e, nella primavera del 1483, Guidantonio fece il suo rientro a Roma, con l'incarico di sostituire Pierfilippo Pandolfini come rappresentante di Firenze.[79] Da questo momento in avanti, le lettere inviate a Lorenzo documentano la sua presenza presso la curia pontificia, senza soluzione di continuità, dal maggio del 1483, per tutto il 1484 e fino almeno al marzo del 1485.[80]

Nel corso della sua lunga permanenza, Guidantonio, che aveva ormai acquisito un'estrema familiarità con l'ambiente papale e con un pontificato sempre più riconquistato alla città e a Lorenzo, potè operare per quanto era nelle sue possibilità per ottenere i migliori benefici che il Magnifico desiderava per la sua casa. Il 1484 fu in questo senso un anno piuttosto significativo: nell'abile mediazione del Vespucci venne rimessa la concessione della Badia di Passignano al figlio del Magnifico, Giovanni, il futuro papa Leone X. L'operazione non fu affatto semplice, come è noto, e la concessione venne fortemente tirata per le lunghe giacché vi erano diversi limiti oggettivi, oltre i quali neanche la massima benevolenza del pontefice poteva andare, quali in particolar modo, la minore età del fanciullo e la consuetudine a procedere in via conscistoriale per questo genere di assegnazioni.[81] Del resto le pretese di Lorenzo di insediare nelle alte gerarchie ecclesiastiche il suo rampollo si erano scontrate con l'ostacolo della sua giovanissima età già dal settembre del 1483 quando il Magnifico, sempre tramite Guidantonio, si era interessato perché gli fosse data in commenda l'Abbazia di Aix en Provence.[82] E bisogna constatare che il giovane erede,

79. Lorenzo dei Medici, *Lettere*, vol VII, p. 153.

80. Sulla residenzialità dell'ambasciatore nata come «una prassi inseparabile dal tessuto concreto delle circostanze che la giustificavano» e solo successivamente oggetto di regolamentazione cancelleresca, proprio in questi anni, cfr. Fubini, *Classe dirigente ed esercizio della diplomazia*, in particolare pp. 123-124.

81. Si vedano in particolare, nell'estate del 1484 le lettere ASF, *MAP*, XXXIX, n. 207, 3 giugno; n. 208, 4 giugno; n. 222, 12 giugno; n. 230, 16 giugno; n. 233, 19 giugno; n. 237, 25 giugno; n. 239, 26 giugno; n. 255, 11 luglio; n. 320, 9 settembre.

82. Ivi, n. 38, 9 settembre 1483: «Magnifice vir et cetera per la vostra de v mi commettete che io supplichi a Nostra Santità vogli dare in commenda a messer Giovanni vostro figliuolo la Badia de la Grandio, vacante per morte del vescovo d'Aux, et acciocchè intendiate el modo del conferir le badie è questo: quando sono in taxa più che ducati dugento, tutte si danno per concistorio et non le dà il papa; solo quando son meno in taxa si danno

se pure il principale, non fu il solo Medici cui si voleva attribuire gratificanti commende: più o meno nello stesso periodo si fece voce anche di una eventuale concessione ad Antonio dei Medici del vescovado di Sirone che si era reso da poco vacante.[83]

Nel continuare a svolgere la sua preziosa attività destreggiandosi tra effetti privati e manovre pubbliche i cui risultati non erano più tanto facilmente districabili, Guidantonio si trovò ad assistere anche al tramonto

per signatura del pontefice sola. Questa è in taxa ducati secento in circa, et però bisogna il concistorio. Hora quello ho seguito in questa materia è questo: con quelle parole che a me parvono *convenienter* supplicai a Sua Santita per vostra parte volessi dare in commenda a vostro figliuolo la prefata badia ricordando a Sua Santita che per lettere haute altre volte sua Beatitudine dal cristianissimo Re in favore del vostro figliuolo, quella cognosceva a sua Maestà esser gratissimo quando tal commenda seguissi. Sua Beatitudine, *hilari vultu*, mi dixe, facendo segno di dolersi formalmente, queste parole: "e mi duole assai che questo figliuol di Lorenzo sia di sì piccola età perché e ci rompe molti nostri disegni, *pur quicquid sit* quanto è in noi, noi siamo molto contenti di conceder questa Badia a voi pel figliuol di Lorenzo, è vero che essendo consistorial sarà molto difficile a obtenerla tra cardinali, pur si piglierà qualche forma et non si potendo obtener scrivi ad Lorenzo che pensi di qualchuno di chi e si fidi et noi glie le daremo. Et cosi vi promettiamo et perche noi sappiamo che Lorenzo non vorrebbe questa cosa sanza la voluntà del Re vi vogliamo advisare come il Cardinale di Macon ci ha significato per parte di sua Maestà noi non vogliamo conferir nel decto vescovado né Badia se non a cholui per chi la Maestà del Re scriverà. Si che se Lorenzo harà la voluntà specifica del Re in questo lo faremo tanto più volentieri et potracci la voluntà regia assai adiutarci col Concistorio" [...]» si veda anche ivi, n. 43, 13 ottobre 1483: «El cardinale Balù questa mattina si partì per esser legato in Francia. Ricordovi el visitarlo et farlo honorare, perché è huomo vuole esser estimato vel si sdengna terribilmente. Sapete altra volta fu costì e sì come la città sa honorar quando vuole, partendosi ben hedificato e della città e di voi, sia per giovar assai alle cose vostre e di messer Giovanni vostro figliuolo». Vedi anche Tanzini, *I Medici, Lorenzo e l'ultima conquista* e Arrighi, *Vita di Giovanni de' Medici.*

83. Si veda ivi, n. 226r, 14 giugno 1484: «[...]io ho molte volte raccomandato maestro Antonio de Medici a la santita del Papa e da sua Beatitudine hauto molte bone parole. Questa mattina per i mezi del reverendissimo San Piero in Vincula et Novara si li è facto intendere come vacò hieri el vescovado di Sirone qui in corte, di rendita circa dugentocinquanta ducati, et per loro Signorie Reverendissime fu a sua Beatitudine raccomandato el detto maestro Antonio. A quali rispose come era paratissimo a compiacergliene, dummodo havessi el placet de la maestà del Re Ferrando nel cui regno è situato dicto vescovado, offerendo sua Beatitudine non lo conferire donec ne intenda la volontà di sua maestà. Piacciavi adunche, et a così fare vi priego di scrivere a Sua Serenità che vi vogli compiacere per dicto maestro Antonio di decto vescovado, perché se a questa volta non si apicca, veggo la cosa sua andare in lungo. Io, per mio debito, ne scriverò per la prima al magnifico Joanno Lanfedino a Napoli, ma credo sanza le vostre farò pocho fructo. Sopra tutto vi ricordo quel si habbi a ffare, si faccia con prestezza».

del pontificato di Sisto IV e all'elezione del suo successore Innocenzo VIII. Il pontefice che a lungo aveva rappresentato per Firenze un pericoloso nemico e con cui Lorenzo era alfine addivenuto a una tregua, cadde malato almeno dalla metà di giugno. Secondo i dettagliati dispacci dell'ambasciatore fiorentino, nonostante girassero voci di un suo recupero, gli strani movimenti di approvvigionamento di vettovaglie in Castel Sant'Angelo lasciavano intendere esattamente il contrario. Avvaloravano il sospetto sulle cattive condizioni di salute del pontefice, anche certi vaticini secondo cui gli astrologi dicevano che il papa sarebbe morto nel mese corrente.[84] Con qualche settimana di ritardo rispetto a quanto si era letto negli astri, Sisto IV si spense, vessato dalla gotta, nella notte tra l'11 e il 12 agosto. Vespucci ne diede avviso a Lorenzo in una lettera del 12 agosto.[85] Il peggioramento nelle condizioni di salute del papa, del resto, si era reso talmente evidente che già qualche ora prima del decesso, Vespucci aveva scritto a Lorenzo pontificando sulle caratteristiche più auspicabili del successore:

> Magnifice vir, e' si intende Nostra Santità esser peggiorata, e per el catarro essergli ingrossato la lingua in modo che quasi non può fermare la parola. Credesi la vita sua non passerà dua dì. Credo sia ben pensar di uno successore che sia più neutrale si può e più amicho della patria.[86]

84. Ivi, n. 230, 16 giugno 1484: «Magnifico vir, questa solo per advisarvi come a Nostra Santità prese domenicha uno dolor colicho con febre di mala natura la quale non lo ha ancora lasciato. Di casa di Nostra Santità esce Sua Beatitudine esser milgliorata, li effetti demonstrano el contrario perché el castellano di castel sant'Agnolo ha rifornito el castello di farine e gente. [...] Non si sta sanza qualche dubbio della vita, maxime perché questi astrologi molto hanno pronosticato Sua Beatitudine debba morir di questo mese, e per lo eclipsi che debbe essere oggi. Dio provegha al bisogno del popul suo».

85. Ivi, n. 282, 12 agosto 1484: «Magnifice vir et cetera, in questo punto che siamo a hore v, è passato di questa vita la Santità magnifica di papa Sixto, al quale Dio habbia perdonato. Non si sente per anchora altro movimento; di quello succederà darò notitia a Vostra Magnificenza alla quale mi raccomando, Rome die xii augusti 1484».

86. Ivi, n. 283, 12 agosto 1484 (ma è prima della precedente). Quasi al contempo, in una grafia che parte consueta e si fa stranamente frettolosa e arruffata nelle ultime righe, anche Antonio Tornabuoni si affrettava, quasi in tempo reale, a dare notizie al Magnifico delle ultime novità occorse sotto il cielo di Roma (Ivi, n. 284, 13 agosto 1484): «per uno fante ch'io vi mandai a diligenza, e di poi per le poste, vi schrissi della malanotte a'uta Nostra Santità e dello acidente ebbe istamani e chome e' restava con pocha speranza. E chosi s'è stato tutto di d'oggi e in questo punto, che siamo di hora vi in circha di notte, è suto cierto che sua santità è spirato e passato di questa vita. E questo è cierto, e per tale chagione mando questo aportatore che m'à promesso venire a gran diligenza».

L'elezione del nuovo papa Innocenzo VIII, il genovese Giovan Battista Cybo, portò via qualche giorno. In una lettera di poco successiva, Guidantonio forniva al Magnifico un ritratto del nuovo pontefice: membro di una nota casata genovese, era un uomo dall'apparenza benevola: «la natura sua quando era chardinale era molto humana e benigna e a ciaschuno faceva charezze assai e baciava qualunche», dotato di una cultura media ma non eccellente «con molto di sperientia delli stati, di non molta letteratura cioè, pur non è in tutto ingnorante», con una forte struttura fisica e un'evidente attitudine alla mondanità «Pieno in viso e assai grande, di età di circha 59 anni, assai robusto, ha uno frate, ha figliuoli grandi bastardi, credo almeno uno e figliuole femmine».

Ma quel che più rilevava agli occhi del Vespucci era il fatto che la sua candidatura fosse stata fortemente sostenuta da Giuliano Della Rovere, cardinale di San Piero in Vincoli, al punto che costui sembrava essere il vero vincitore: «San Pier in Vincula si può dir esser papa e più potrà che con papa Sixto, se se lo saprà mantenere».

Che il nuovo pontefice non eccellesse per volontà e determinazione, del resto era evidente nel lapidario commento con cui Guidantonio aggiungeva che «èssi monstro huomo più per esser consigliato che consigliare altri».[87]

Se pure Guidantonio sinceramente aveva espresso l'auspicio di un pontefice più neutrale, è certo che con la morte di Sisto IV egli perdeva uno dei più temibili e interessanti antagonisti degli ultimi anni. Non è forse esagerato affermare che fu anche per la statura di un avversario come Sisto IV che Guidantonio riuscì a guadagnarsi la fiducia e il prestigio di cui godeva agli occhi di Lorenzo. E che Vespucci fosse divenuto nella sua protratta esperienza romana un uomo di Lorenzo in tutto e per tutto, si coglie molto bene attraverso l'intera corrispondenza che ne documenta l'operato. Guidantonio era un uomo di Lorenzo, soprattutto nella consapevolezza che esclusivamente da lui dipendevano il suo successo e la sua fortuna, ma lo era anche nella dimestichezza acquisita con cui riusciva ad interagire con lui. Lo si avverte anche dal confronto tra le lettere inviate agli Otto e quelle

87. L'avviso della nuova elezione che Guidantonio notificava al Magnifico fu preceduto da un dispaccio del Tornabuoni, come il Vespucci non mancava di precisare con una punta di polemica: «Magnifico vir se ll'aviso mio della creatione del pontefice fu tardatto ne fu causa perché Antonio Tornabuoni spacciò sanza aspettarmi, perché ero in luogo udivo mesa con gli altri oratori e non potevo uscire. [...] Habbiatemi per scusato.», ASF, *MAP*, XXXIX, n. 302.

scritte al Magnifico quasi al contempo e sugli stessi temi. Abbiamo visto che l'indignazione di cui spesso Guidantonio era preda segnava con forza anche il registro linguistico delle lettere ufficiali, solitamente più rigorose e descrittive, ma le lettere che egli inviava a Lorenzo erano veramente di altra natura. I toni con cui si rivogeva al Magnifico, erano quelli di un fine conoscitore del suo interlocutore: sapeva come stimolarne l'accondiscendenza, come blandirne la vanità, come indurlo alla prudenza o suggerirgli tranquillità. E alla luce di un tale rapporto personale Guidantonio sapeva certo come muoverne le corde a suo pro. Già dal suo ritorno a Roma nel 1482, infatti, il Vespucci si mostrò sempre più determinato a giocare a carte scoperte per tutte le richieste personali da sottoporre all'attenzione e all'intervento risolutivo del Magnifico. Così nella tarantella di benefici da procacciare per Lorenzo e per i suoi accoliti, Guidantonio a sua volta non trascurava di ricordare al Magnifico il delicato caso del suo colto cugino Giorgio Antonio che aspirava al canonicato,[88] e quello, ancor più delicato e urgente, di suo nipote, figlio del fratello Simone che ambiva al beneficio di Rodi.[89] In particolare relativamente al caso di Giorgio Antonio ne andava, come sempre, dell'onore dello stesso Guidantonio presso la curia come egli stesso spiegava a Lorenzo:

> Io credo sappiate come GiovanJacomo ha fatto citare il nostro GiorgioAntonio per la causa del canonicato ac etiam messer Manente per la pieve, et per l'una cosa et per l'altra sono stato col reverendissimo san Pietro in Vincula, et tandem sua signoria reverendissima mi dice che, havendo lui usato l'autorita vostra nel parlare del canonicato, affermando Giorgioantonio essere di vostra famiglia e voi disiderrarlo assai, che il decto GianJacomo rispose «Se Lorenzo havessi al chuore questa cosa come dice vostra signoria egli me ne

88. ASF, *MAP*, XXXVIII, n. 117, 21 marzo 1482

89. Ivi, n. 416, 23 marzo 1482: «Magnifice vir et cetera. Intendendo io più dì fa messer Piero Ridolfi essere morto a Rodi *quamvis* per li parenti costì se ne dubitassi *aut* tenessi secreto, feci la diligentia mia appresso al N.S. per un figliuolo di Simone mio fratello et da Sua Santità mi fu gratiosamente concesso. Di poi, per Tommaso Ridolfi o altri per lui, fu scripto qui si dovessi impetrare detto beneficio per un suo figliuolo; il papa ricordandosi della mia segnatura non l'à voluta segnare al decto figliuolo di Tommaso et quando ben lo segnasse, che nol credo, *omnino* non varrebbe ragione alcuna perché messer Niccolò Canigiani mio fratello (sic) l'ha avuto a Rodi et io per lo figliol di Simone l'ò havuto qui dal Papa prima che altri lo possa havere. Quello che io vorrei da voi si è che havendo ragione, voi operassi con chi ha la possessione di decto beneficio me la dovessi dare, perché mal volentieri vorrei havere a piatire et maxime con quelli che io so che ad voi sono amicissimi ed io gli riputo per padri».

scriverrebbe come fa dell'altre volte» unde mi conclude che se voi li scrivete una lettera, mostrando di questo haver piacere assai, non dubita si leverà da la impresa. Et io quanto so et posso ve ne priego lo facciate, perché et ad voi et a tutta la casa nostra, perdendo Giorgioantonio il canonicato ne risulterebbe vergogna assai.[90]

Quanto ad urgenza e complessità, tuttavia, era proprio Simone a rappresentare il caso più spinoso nel panorama familiare di Guidantonio, il fratello minore con cui doveva avere condiviso molto, e che adesso che se lo era fisicamente lasciato alle spalle, sembrava continuare a costituire, nella sua sfera affettiva, una fonte costante di preoccupazione:

Lorenzo uno de' grandi incarichi che io habbi in questo mondo è quello che mi mette più pensieri si è la famiglia di Simone mio fratello alla quale continuo ho facto e fo le spese né è il patrimonio nostro comune, quando nessuna gravezza si pagassi, bastante a farci le spese. Pensate hora pagandosi le gravezze come si possa vivere. Questa sarebbe la via a rilevarmi qualche poco et non vorrei haverlo affar con perdita di qualche amico.[91]

Se già tempo addietro aveva interpellato il Magnifico perché facesse rientrare suo fratello Simone negli Otto, ora l'urgenza era aggravata dal pagamento delle imposte che evidentemente il più giovane dei due Vespucci non era in grado di fronteggiare.

La solidarietà famigliare proseguì negli anni successivi in cui Guidantonio sempre più forte del suo ruolo, continuò ad impetrare favori per i parenti più stretti: da GiorgioAntonio «Ricordovi quanto so e posso la causa di messer GiorgioAntonio perché mi preme assai per lo honore comune e la qualità sua»,[92] al fratello Simone e al figlio Giovanni «Pregovi se è possibile el mio Simone sie imborsato gonfaloniere di giustizia che sapete in casa nostra non è se non io e lui vi è fedelissimo et vi ringratio della nominatione fatta di Giovanni mio figliuolo nello squittinio»,[93] fino al lontano cugino Piero:

Piero di Bernardo Vespucci el quale è vostro servidor, povero più che non si può pensare, desiderrebbe esser nel luogo era Bernardo Donati a riscuotere le

90. Ivi, n. 117, 21 marzo 1482.
91. Ivi, n. 416, 23 marzo 1482.
92. ASF, *MAP*, XXXIX, n. 24, 17 maggio 1483: «Ricordovi quanto so e posso la causa di messer GiorgioAntonio perché mi preme assai per lo honore comune e la qualità sua». Vedi anche ivi, n. 42, 9 ottobre 1483.
93. Ivi, n. 60, 12 gennaio 1485.

> decime de' preti, io ve lo raccomando quanto posso perché farete una elimosina a uno vostro vergognoso servidore, e a me piacere grandissimo.[94]

ma certamente, nell'intero panorama famigliare quello che gli stava più a cuore o il cui caso gli generava più apprensione era proprio quello del fratello Simone.[95] Vale la pena di ricordare infatti che Guidantonio aveva anche un terzo fratello, Piero, mancato al tempo in cui la sua carriera aveva preso avvio. Piero (1438-a.1479) terzogenito di Giovanni, era il fratello minore di Guidantonio e Simone.[96] Tra le pochissime notizie che abbiamo su di lui sappiamo che, nonostante la cedola col suo nome si trovasse fin da subito nelle borse per i Tre Maggiori, la sua carriera nell'esecutivo si rivelò pressoché inesistente, risentendo, con molta probabilità della cattiva fama che il padre Giovanni si era guadagnato negli ultimi anni della sua vita. Tre estrazioni datate 1445, 1447 e 1448 (ai Buonuomini e a Gonfaloniere di Compagnia) lo indicavano ineleggibile perché *a specchio*. Si trattava certo della volontà di sottolineare una condizione pubblicamente infamante giacchè Piero all'epoca era comunque ineleggibile perché minore e, del resto, il non raggiunto limite di età fu il motivo per il quale vennero invalidate due successive estrazioni, nel 1449 a Gonfaloniere di Compagnia e nel 1453 al priorato. Un debole recupero della sua posizione si ebbe probabilmente sul finire degli anni Sessanta quando nell'agosto del 1467 fu finalmente eletto Gonfaloniere di Compagnia nel quartiere di Santa Maria Novella. Ricoprì inoltre, in un paio di occasioni, nell'aprile del 1467 e nell'autunno del 1469, cariche per l'Arte della seta. C'è incertezza infine, su un ulteriore incarico affidatogli sempre nell'arte nell'aprile del 1471 poiché una estrazione del mese seguente lo indicava come respinto per divieto.[97] Solo apparentemente più proficua, ma di fatto egualmente modesta, fu la carriera nell'amministrazione pubblica dove Piero, rivestì sporadici incarichi dagli anni Settanta in avanti.[98] Unica eccezione in questo panorama piuttosto sguarnito l'incarico di Consegnatore delle galee

94. Ivi, n. 137, 2 aprile 1484.

95. Si vedano le lettere dell'autunno del 1483: ivi, n. 42, 9 ottobre 1483; n. 43, 13 ottobre 1483; n. 49, 28 novembre 1483.

96. Era nato l'8 aprile del 1438 come risulta dalle Tratte Online ma anche da ASF, *Catasto*, 619, c. 553r dove, nel 1442, tra i figli di Giovanni Vespucci troviamo lui, Simone e Guidantonio rispettivamente di 4, 5 e 6 anni e la sorellina Nanna di 3.

97. Tratte Online.

98. Fu Ufficiale dei difetti dal marzo 1472, Ufficiale dell'Onestà dal gennaio 1473 e Sindaco del podestà alla fine dell'estate di quello stesso anno, ASF, *Tratte, Intrinseci*, 903, cc. 29v, 40r, 59v.

ottenuto il 29 ottobre del 1462 non tramite *electio seu deputatio* come specificava una postilla a fianco al suo nome ma, evidentemente, per assegnazione deliberata dal Consiglio del Cento.[99] Qualunque fosse stata la ragione per cui il blocco messo al futuro politico di Piero si era andato allentando, le sue prospettive ebbero comunque vita breve poiché a un'estrazione per i Buonuomini del marzo 1479 risultava già morto.[100] E del resto ne abbiamo conferma tra le righe delle lettere che Guidantonio indirizzava al Magnifico: mentre il nome di Simone, come si è visto, ricorreva con frequenza, di Piero, ormai scomparso, non veniva mai fatta menzione. Alla luce della sventura toccata all'altro fratello minore, mancato prematuramente, si riesce forse a comprendere con più chiarezza la tutela straordinaria che Guidantonio tendeva a esercitare su Simone, unico consanguineo che gli era rimasto e che peraltro provvedeva durante la sua ormai prolungata assenza da Firenze, ad agire in sua vece.[101]

La familiarità che legava Guidantonio a Lorenzo e la necessarietà che rivestiva nei suoi disegni, avevano però la loro controparte negativa. Se Guidantonio appariva al Magnifico come uno dei piu preziosi collaboratori su cui poter fare conto nell'area romana, quando si poneva il caso di doverne fare a meno, la stima e l'affidamento che Lorenzo riponeva in lui non erano sufficienti a produrre la generosità necessaria a concedergli, in cambio di tanta efficienza, la restituzione di un po' del suo tempo.[102] L'indispensabile Guidantonio doveva restare costantemente e senza sosta al servizio dei suoi molteplici bisogni. Quando infatti il Vespucci si trovò di nuovo nella necessità di ottenere un permesso per tornarsene a Firenze, si

99. Ivi, c. 118r. Al Consiglio del Cento, ripristinato nel 1458, spettava da un certo punto in avanti l'affidamenteo di alcune cariche solitamente assegnate per sorteggio quali gli Ufficiali del Monte, gli Ufficiali del Catasto, gli Otto di guardia e balìa, i Nove conservatori delle leggi (dal 1459) e i Consoli del Mare (dal 1460).

100. Al Catasto del 1469 Piero era ancora in vita , ASF, *Catasto*, 917, c. 448r.

101. Si veda *Bartolommeo Cederni and his friends*, p. 110, lettera dell'aprile 1480.

102. È opinione anche di Mallett che il Vespucci fosse uno dei diplomatici preferiti da Firenze in quegli anni. Lo sottolinea a proposito dell'eccezionalità della scelta di Piero Capponi, per volontà di Lorenzo, come oratore a re Ferrante nell'aprile del 1482 in un panorama ormai rodato in cui i diplomatici provenivano sempre dallo stesso ristretto bacino di esperti: «In un momento in cui a Firenze gli incarichi di ambasciatore venivano riservati ad un ristretto gruppo di espertissimi diplomatici (Guidantonio Vespucci, Pierfilippo Pandolfini, Bernardo Rucellai, Antonio Ridolfi, ecc.) la scelta del Capponi fu sorprendente e probabilmente dovuta allo stesso Lorenzo» si veda DBI, voce Piero Capponi a cura di M. Mallett, vol. 19 (1976).

ripeté una storia già nota: la consueta ritrosia del Magnifico, mascherata adesso da vaga indifferenza, si fece sentire ancora piu pesantemente che nella precedente occasione. E prima che Lorenzo si decidesse ad esaudirlo, Guidantonio dovette dare fondo a molta pazienza, molto inchiostro e molta carta, per vergare con il suo tono sempre misurato, le infinite postille in cui alla fine di ogni missiva lo pregava di poter rientrare.[103] Ne offre un bell'esempio il passo centrale di una lettera del 20 luglio 1484 in cui il Vespucci, disperatamente bisognoso di allontanarsi da Roma, tentava di tranquillizzare Lorenzo su come, in fondo, una sospensione dell'incarico di sole tre settimane non avrebbe potuto in alcun modo essere di impedimento alla missione.[104]

Sappiamo che a ostacolare i suoi progetti di rimpatrio intervenne in maniera del tutto imprevista la morte di Sisto IV e la nuova elezione del papa, ma sappiamo anche che, a prescindere da questo genere accidentale di eventi, Lorenzo non faceva volentieri a meno della sua presenza presso la curia. Tuttavia l'impegno e i meriti mostrati da Guidantonio, gli conferivano un certo margine di azione nei ripetuti tentativi operati per promuovere i suoi personali interessi o sistemare certi affari privati. La scaltrezza e l'autonomia su cui la sua attività diplomatica poteva fare conto nei soggiorni romani, lasciavano però in ombra l'universo, non meno importante degli affetti familiari.

103. Anche Giovanni Lanfredini, nel corso dei sei anni in cui, dal 1484 in avanti, fu ambasciatore residente a Napoli presso il re Ferrante, si trovò più volte a pregare Lorenzo di essere rimpatriato sia per per motivi di affari che per motivi di famiglia. Si trattava in effetti di un limite che accompagnava la sorte di molti oratori residenti, come osserva la Scarton: il Lanfredini, nel maggio del 1489, dopo due lunghi anni di soggiorno romano (anni segnati anche da eccezionali successi, giacchè tra i motivi che lo «spingevano e legittimavano nella sua insistente richiesta, oltre alle cattive condizioni di salute [...] c'era il vanto, diciamo, di aver centrato un obbiettivo importante come quello della elezione cardinalizia di Giovanni, figlio di Lorenzo dei Medici e futuro papa Leone X, nel precedente mese di marzo») si vide negare la licenza al rimpatrio a causa della malattia del suo più probabile sostituto Pandolfini. Si veda Scarton, *Giovanni Lanfredini*, pp. 204-205 e, per la stretta tempistica con cui questi ambasciatori erano costretti a fare i bagagli e partire in fretta e furia, ivi, pp. 207-208 e ss.

104. «Ad minus operate per 3 settimane tra l'andare e stare e tornare mi sia dato licentia perché in quel tempo darò forma alle mie cose particulari e starò poi con l'animo quieto; et la legatione per quel tempo non patirà detrimento alchuno, perché lascio qui el mio segretario che adviserà di tutto e io verrò leggero con 4 chavalli», ASF, *MAP*, XXXIX, n. 261.

Sulla serenità di Guidantonio e sulla sua brillante carriera gravava l'ingombro di un nucleo familiare la cui solidità molto dipendeva dai suoi buoni uffici. Abbiamo già avuto occasione di cogliere Guidantonio nell'atto ripetuto di chiedere al Magnifico un ufficio per il fratello con la scusa che la casa dei Vespucci non fosse lasciata indietro. Adesso, a distanza di due anni, di nuovo tornava a perorare la causa di Simone, impetrando una lettera a suo prò da presentare al Duca di Ferrara.[105] L'ottenimento dei benefici per il figlio del Magnifico e le richieste di sponsorizzazione per Simone continuarono a procedere di pari passo nella fitta corrispondenza dei mesi estivi del 1484. Tra agosto e settembre l'attenzione per la sorte del fratello chiosava in maniera puntuale le comunicazioni circostanziate che Guidantonio inviava a Lorenzo da Roma.[106] Guidantonio non faceva mistero dell'attaccamento che lo legava a Simone. Complice forse il ricordo dell'altro fratello, mancato anzitempo, vi era in lui, una sorta di atteggiamento protettivo nei confronti di questo unico rimastogli, verso cui è probabile nutrisse sentimenti di responsabilità, debito di riconoscenza e senso di colpa per le diverse opportunità che la vita aveva offerto loro. A fronte della spregiudicatezza che universalmente gli veniva riconosciuta nel suo pubblico operare, colpisce la cura con cui si preoccupava di garantire a Simone un po' di sicurezza e il modo sistematico con cui sottoponeva il suo caso alle attenzioni di Lorenzo:

> Magnifico vir, voi sapete quante volte vi ho scritto quanto io desideri Simone, mio fratello, sia honorato in quelle cose che accaggiono di poterlo honorare. El quale desiderio, tanto più ogni dì mi cresce, quanto io lo vegho più provetto di me e quanto io so che è huomo tutto alle voglie vostre.[107]

105. «Di nuovo non ho che scrivervi se non che, chiedendovi Simone mio una lettera di favor al ducha di Ferrara, vi prieghо la facciate. Roma a di 25 di giugno 1484» vedi ivi, n. 237, 25 giugno 1484. La richiesta fu reiterata pochi giorni dopo, in una nuova comunicazione, inframezzata ad una rassegna di interessanti notizie legate al caso di Passignano. «Nec alia se non che vi ricordo che se Simone vi richiede di favor appresso lo illustrissimo ducha di Ferrara lo vogliate fare», ivi, n. 239, 26 giugno 1484.

106. «La bolla vostra è expedita [...]. El fatto di Simone mio fate in modo e in comodo quanto posse, che questa volta io sia exaudito», ivi, n. 275, 3 agosto 1484; «e vi prego mi vogliate exaudire di farmi el mio Simone degli Otto», ivi, n. 302, 29 agosto 1484; «e vi prego vogliate satisfarmi di questo mio desiderio di far Simone mio delli Otto», ivi, n. 307 c. 348v., s.d. 1484; «non alio se non che vi ricordo la mia licentia e Simone mio fratello», ivi, n. 316, 1 settembre 1484; « Ricordovi Simone mio e rispondermi della mia licentia la ultima resolutione, a ciò che io sappi come governar le cose mie», ivi, n. 322, c. 364v, 2 settembre 1484.

107. Ivi, n. 82, 8 settembre 1484. «[...] credo per buon rispetto sia stato io non sia stato exaudito quando per lui ho intercesso, ma che continuo vi sia stata la buona volontà

Il tutto senza aver affatto rinunciato all'impellenza della licenza temporanea, circostanza che lo induceva a portare avanti al contempo entrambe le richieste:

> Io vi ho scritto della mia licentia la qual, in verità, molto desidero per piu aspetti e maxime perche sento si fa squittino e io desiderrei poter servir e parenti mia e amici nostri e se possibile fussi Simone mio vi intervenissi insieme con mecho non potrei haver maggiore piacere, fatene ogni sforzo e cosi vi priego, supplico e gravo e similiter di farlo degli Otto e di nuovo, vi priego, me la facciate havere e resolviatevene per le ragioni scrittevi.[108]

Questo incessante martellare proseguì senza sosta per l'intero mese di settembre, ora con la scusa che volendo Lorenzo promuovere un Vespucci, era senz'altro Simone il più degno per meriti e per anzianità («E havendo a tòrre uno in casa, non vi è persona habile più vechio di lui né che verisimilmente gli dovessi andar innanzi»)[109] ora per una questione di onore dello stesso Guidantonio che ne era il promotore,[110] ora paventando una sconfitta come effetto della sua prolungata assenza dai luoghi del potere:

> Per due ultime vi scrissi chome parendo a voi che io dovessi star qui per qualche tempo io ne ero contentissimo, quamvis faccendosi lo squittino in questo tempo io ci cognoscha, e per me e li miei, una grande iatura, che sapete quanto giova in queste cose la presentia.[111]

e ideo, credendomi chosì esser, non voglio cessare di ricordarvelo e racomandarvelo, quanto posso ancora; quando bisognassi anteporlo a me che voi vi ingegnate di farlo capire nel nuovero dello ufficio delli Otto che si ha a fare, e nel numero di uno delli squittinanti e havendosi a far squittino come si ragiona che vi prometto, per Dio, per una cosa non potrei haverla piu grata di questa; e credatis vi riuscirà altro huomo forse non vi pensate. Rome die 8 settembris 1484»

108. Ivi, n. 320, 9 settembre 1484.

109. Ivi, n. 325 c. 368v., 13 settembre 1484: «Desiderei ancora in luogo mio dello squittinio intervenissi Simone mio fratello, havendosi a far come si dice fe', sì per l'utile suo e mio, sì etiam perché la casa nostra non paresse in tutto lasciata indrieto [...]».

110. Ivi, n. 327, 14 settembre 1484: «Ancor vi voglio supplicare ultra allo esser delli Otto Simone mio intervenga nello squittino, e per honor di casa nostra e mio e l'utile suo».

111. Ivi, n. 329, 16 settembre 1484. «[...]E cosi sto nel fermo mio proposito stando anchor voi in quello. Solo circha questa parte mi resta replicarvi due cose, le quali ancor vi scrissi et questo è pregarvi che Simone mio ultra lo esser delli Otto intervenga nello Squittinio, l'altra che a me sia dato licentia di poter venire insino costi per 8 di e cosi di nuovo vi priego», *ibidem*.

Ancora il 25 di settembre, la richiesta della licenza insieme a quella che Simone fosse eletto tra gli Otto venne avanzata in ben due lettere,[112] una delle quali conteneva un appello esplicito all'assegnamento degli uffici. Con un raffinato giro di parole, stavolta, Guidantonio invitava il Magnifico a riflettere sul danno di ritorno che il protrarsi della sua indifferenza verso Simone avrebbe innescato:

> Quante volte io vi scrivo, tante mi pare mio debito raccomandarvi Simone mio fratello che sia delli Otto, e intervenga nello squittino, poiché io ne sono privato, perché me lo riputerei a troppa grande vergogna e manchamento di reputatione, che non si estimerebbe io fussi quello appresso di voi che se dimostra, operandomi voi chome voi fate. Et credo che llo intendersi questo, non sarebbe punto al proposito né delle cose pubbliche né delle private vostre, perché la reputatione delli oratori è tanta quanto è data loro da cosa in effecto, io ve ne prego e sforzo quanto posso.[113]

Impiegando tutta la sottigliezza che gli era propria Guidantonio instillava nella mente di Lorenzo il dubbio che una mancata tutela del caso di suo fratello avrebbe potuto generare sospetto e discredito sull'autenticità del legame che lo univa al Magnifico, finendo magari con l'influire negativamente sulla reputazione e sull'affidabilità che Guidantonio si era ormai conquistato nel curarne, a Roma ed altrove, gli interessi. È possibile che quest'ultimo argomento, più di altri, sia suonato convincente alle orecchie di Lorenzo: la lunga pausa nella continua litania di richieste, almeno fino agli inizi del gennaio successivo, è l'indice che Guidantonio aveva colpito nel segno ed era riuscito a guadagnare sia la licenza per sé che uno dei tanto agognati pubblici uffici per il fratello.[114]

Sebbene Simone poté ottennere i benefici che Guidantonio aveva richiesto per lui, resta il dubbio se egli ne fosse davvero così meritevole. Chiamato a far parte degli Otto di Guardia e Balìa tra il novembre del 1484 e il febbraio dell'anno successivo, Simone si trovò a concludere il mandato con una denuncia per corruzione: venne infatti accusato di essersi appropriato in manie-

112. Ivi, n. 336, 25 settembre 1484 e n. 337.

113. Ivi, n. 337, 25 settembre 1484.

114. Ivi, n. 60, 12 gennaio 1485. Tra gli altri colpi messi a segno da Guidantonio nella stessa occasione, anche la nomina di suo figlio Giovanni allo scrutinio: «Pregovi se è possibile el mio Simone sie imborsato gonfaloniere di giustizia che sapete in casa nostra non è se non io e lui vi pè fedelissimo et vi ringratio della nominatione fatta di Giovanni mio figliuolo nello squittinio».

ra illegittima di denari di pubblica pertinenza, o comunque di essersene messo in tasca una percentuale come una sorta di tangente.[115] Appresa la notizia Guidantonio scrisse allarmato al Magnifico in sua difesa descrivendo per sommi capi la faccenda così come egli stesso l'aveva ricevuta.[116] Lontano da Firenze, certo non personalmente addentro ai fatti al punto da poter fornire una valida alternativa all'accusa, Guidantonio tentò comunque di discolpare il fratello come uomo probo e di specchiata onestà:

> Lorenzo io non posso creder Simone habbi fatto cosa non la possi ben iustificare né posso presumer in lui esser delitto alcuno perché, essendo horamai di età di 48 anni e non haver di lui mai veduta cosa reprehensibile non mi pare anchor in questa cosa poter credere habbi errato.

L'eccezionalità della circostanza che vedeva coinvolto il fratello in una faccenda così delicata per la visibilità oltre che sua dell'intera casa, spinse Guidantonio ad azzardare presso il Magnifico la richiesta di un trattamento di favore

> e ideo vi vorrei pregare ordinassi a Firenze che in questo caso non si procedessi a furia imo si suprasedessi usque alla vostra tornata con dir questo caso lo volete intender voi, et alla tornata vostra lo intenderete e faretelo iudicar in quella forma meriterà el delitto, se delitto sarà, havendo riguardo sempre alla servitù mia con voi.

D'altronde Guidantonio era troppo coinvolto negli interessi del Magnifico e nell'attaccamento al fratello per non giocare la carta della risoluzione *ad personam*:

> Io non mi affaticherò troppo in scrivervi di questa iniuria per due rispetti: el primo per la passion grande che ho di questo caso el ii perche so melglio intendete

115. Ivi, n. 420, 25 marzo 1485.

116. «Magnifico et cetera, in questo punto ho adviso da Firenze chome Simone mio fratello e stato notificato agli Otto di un certa facenda commessa per lui quando fu in detto ufficio la quale è tale. Pare che essendo Simone delli Otto, Chambio suo famiglio gli notificassi certo veleno che voleva far Vitale da Pisa. Onde Simone lo conferì con gli compagni e loro di fatto feciono uno partito che chi accusava havessi el quarto, e di poi Simone trattò questo caso e pattovi, secondo dice detto Cambio, con questo Vitale che, pagando fl. 600, sarebbe absoluto, e cosi pagò Vitale e di poi Simone, secondo dice Cambio, si compose con gli signori Otto e paghò circha 200 o 250 ducati e fl. 50 diè a Cambio e per questo è incolpato a llui rimase fl. 200 o 250 e per questo è incolpato lui havere fatto danno allo ufficio et havere preso delli danari apartengono all'ufficio e tutta questa notitiza da Firenze mi è scritta haver data Chambio», *ibidem*.

quanto porta allo honor mio e di tutta la famiglia nostra che io non vi saprei exprimere. Pregovi quanto posso lo governate in modo che se potete e che ciascuno intenda che io e le cose mie sieno vostre e che ci habbiate per fedeli amici.[117]

Ma i calcoli dell'uomo di Lorenzo questa volta erano destinati a scontrarsi con una realtà più ingombrante: nonostante l'attaccamento al Vespucci e ai suoi consanguinei, il Magnifico reputò che, in questa specifica circostanza, Simone fosse sacrificabile a fronte di una faccenda di pubblica portata che riguardava l'incorruttibilità degli Otto e, dunque, la loro credibilità. Così per quanto avesse caro Guidantonio, Lorenzo valutò che non fosse il caso di intervenire personalmente nella vicenda e decise di rimetterne il giudizio nelle mani del Pandolfini, come spiegò in una lettera al segretario Michelozzi:

El caso del Vespuccio rimetto liberamente a PieroFilippo <Pandolfini> et agli Octo, parendomi che l'altre cose siano sute governate molto bene. È vero che mi piacerebbe ogni gratia se gli potessi fare salva la giustizia, per amore di messere Guidoantonio, pure io sono hoggi sì contento di quanto hanno seguito gli Otto in questi casi altri, che sarò ancora di quello faranno in questo, maxime poi che la cosa è pubblica, che mi pare maggiore penitentia possa havere Simone perché con questo mi pare sotterrato et disfacto.[118]

Dopo il Magnifico

Non sappiamo quale fu la reazione di Guidantonio alla negligenza mostrata in questo caso dal Magnifico ma sappiamo che egli rimase a Roma sicuramente fino alla fine del 1485.[119] Anche al concludersi della lunga esperienza romana, quando dal novembre del 1486 venne sostituito

117. Ivi, n. 420, 25 marzo 1485.

118. Lorenzo dei Medici, *Lettere*, VIII, pp. 153/4, lettera a Niccolò Michelozzi del 31 marzo 1485. Si veda anche Brown, *Insiders and Outsiders*, p. 382 secondo cui la condanna di Simone alla sospensione degli uffici venne emessa nel 1485 e revocata dieci anni dopo.

119. Tra le sue ultime "imprese" si ricorda il suo intervento nelle trattative con Genova con cui si stabiliva che Sarzana e la fortezza di Sarzanello sarebbero rimaste sotto il controllo della Suprema. Pattuizioni che Firenze non tardò a sconfessare e che furono oggetto di una lunga diatriba presso la corte papale, da parte di Lorenzo e del nuovo ambasciatore Pandolfini, Lorenzo dei Medici, *Lettere*, IX e X, ad indicem. Vedi anche Del Piazzo, *Protocolli di Lorenzo il Magnifico*, ad indicem, e per la corrispondenza con il collega Giovanni Lanfredini ambasciatore di stanza a Napoli, Scarton, *Corrispondenza degli ambasciatori fiorentini a Napoli*, ad indicem.

proprio dal Pandolfini come ambasciatore residente presso il papa,[120] la collaborazione con Lorenzo non si interruppe affatto ed egli continuò a spendere le proprie capacità al servizio di Firenze e dei Medici.

Fino ad allora la pratica di Guidantonio presso il governo mediceo si era sostanziata soprattutto attraverso l'attività diplomatica, mentre era stata piuttosto scarsa sul piano della partecipazione all'esecutivo: all'incarico di Priore ottenuto nel 1473, dopo varie estrazioni andate a vuoto per mancati limiti di età o per insolvenza fiscale, si riduce la sua partecipazione ai Tre Maggiori negli anni di regime laurenziano. E del resto abbiamo constatato come la preziosa azione da lui svolta andasse ben oltre la mera copertura di un ufficio e come l'intensa attività presso la curia pontificia e la responsabilità di dover risiedere in loco, rendessero impossibile qualunque programmazione, anche di breve durata, che ne implicasse la presenza a Firenze.

Per quasi dieci anni, dunque, il nome di Guidantonio scompare dall'esecutivo. In questo senso vanno lette anche le fallite estrazioni a incarichi per la Mercanzia del giugno 1481 e all'Arte della Seta (nel dicembre dello stesso anno e nel dicembre del 1482). Coincidendo in pieno col periodo romano, tutti e tre gli incarichi si segnalano come non espletati (si parla di mandato incompleto, non terminato, di respingimento dell'ufficio per generale divieto) perché Guidantonio era in carica altrove. Ancora nel dicembre del 1483 Guidantonio venne eletto ai Dodici Buonuomini e subito rifiutato perché "a specchio": anche in questo caso, l'insolvenza fiscale aveva un ché di provvidenziale e funzionale insieme, che consentiva al Magnifico di tenerlo impiegato altrove e con maggiore profitto. Il suo rientro continuativo negli incarichi di governo a Firenze, ebbe luogo nella seconda metà degli anni Ottanta quando la sua sostituzione nell'ambiente romano era ormai divenuta esecutiva ed egli potè essere eletto Gonfaloniere di Giustizia e, qualche anno dopo, Priore.[121]

Nella primavera del 1492, mentre era in carico a Poppi, in Casentino, come ufficiale della Repubblica, il 9 aprile, ad appena 43 anni si spengeva prematuramente Lorenzo dei Medici, l'uomo che negli ultimi anni, era stato il suo massimo punto di riferimento, suo mentore e suo persecutore al con-

120. Lorenzo dei Medici, *Lettere,* XVI, p. 321.

121. Le due estrazioni si collocano rispettivamente nel giugno 1487 e nell'ottobre 1491; nel frattempo (vedi elezioni dell'estate 1486 e del dicembre 1488) rivestì altri incarichi per l'Arte della seta alla quale venne nuovamente eletto nel dicembre del 1492, segno che ormai era tornato a Firenze quasi in pianta stabile. Tratte Online.

tempo. Le conseguenze della morte del Magnifico e l'ascesa del figlio Piero imposero a Guidantonio un massiccio ritorno all'attività diplomatica e una nuova interruzione della partecipazione all'esecutivo per gli anni 1492-1496.

Nell'aprile del 1494 si ritrovò oratore al duca di Milano e poi al re di Francia, insieme a Piero Capponi.[122] Come infatti ricordava Francesco Guicciardini

> sendo già gonfiati gli animi tra Napoli e Milano, e pieni di diffidenzia ed odio grandissimo el signore Lodovico seguitava la pratica co' Franzesi, e' quali non dicevano piú volere passare, ma si mettevano in ordine di farlo di prossimo. E ricercando loro la città di fare composizione e dichiararsi con loro, per mettere tempo in mezzo e dare parole, licenziati e' primi imbasciadori, vi furono mandati nuovi oratori messer Guidantonio Vespucci e Piero Capponi.[123]

In questa missione, probabilmente una delle più ardue che gli vennero affidate, Guidantonio e il Capponi dovevano cercare di dissuadere il giovane sovrano Carlo VIII dal muovere alla conquista di Napoli, facendo leva sul fatto che Firenze, se pure nota per la sua vocazione filofrancese, avrebbe optato in quella occasione, per la neutralità.[124] Nonostante gli sforzi degli ambasciatori fiorentini, nonostante i rischi che la spedizione a Napoli avrebbe comportato, «data l'aperta ostilità, verso Carlo, di Massimiliano, re dei Romani, di Enrico VII d'Inghilterra e di Ferdinando il Cattolico» (poi placata grazie alla strategica concessione di alcuni territori), nonostante la mancanza di denari (a cui si sopperì grazie ai prestiti di banchieri italiani), il re francese varcò comunque le Alpi e entro la fine di quello stesso anno si ritrovò a Firenze a trattare con una Repubblica che nel frattempo si era liberata dalla dominazione dei Medici. Da lì proseguì verso il sud alla conquista di Napoli.[125]

122. Si vedano anche le lettere scritte in aprile da Vigevano e da Torino (ASF, *MAP*, LXXV, nn. 48 e 50) nel percorso di avvicinamento alla Francia e poi da Lione, tra maggio e giugno (ivi, nn. 20-23 e nn. 25-30). In ASF, *Legazioni e Commissarie, Missive, Istruzioni e lettere a oratori,* 21, c. 120r e ss. alla data del 30 marzo 1494 riporta la nota delle lettere creditizie che i due ambasciatori avrebbero dovuto presentare, nelle successive tappe del loro viaggio, ai bolognesi, a Lodovico Sforza, a Carlo re dei Francesi e al Duca di Savoia.

123. Guicciardini, *Storie Fiorentine*, capitolo X, p. 89.

124. Desjardins, *Negotiations Diplomatique de la France avec la Toscane,* pp. 366-367.

125. Si veda voce Carlo VIII di F. Chabod in *Enciclopedia Treccani* online: «finalmente, il 22 agosto 1494 Carlo VIII lasciava Vienne: il 9 settembre era ad Asti: la sconfitta

La discesa di Carlo VIII e la cacciata di Piero dei Medici coincisero con una nuova fase della vita di Guidantonio, non meno attiva e importante di quelle che l'avevano preceduta. I patti stipulati tra una Firenze ormai libera dalla tirannia di Piero e il re di Francia vennero conclusi nel dicembre del 1494: è sempre Guicciardini a ricordare che «Contrassesi amicizia, pace, confederazione e lega fra 'l re di Francia e noi, secondo la forma generale delle altre leghe, amici per amici ed inimici per inimici».[126]

Firenze avrebbe dovuto pagare «per e' danni ed interessi al re Carlo» la somma di 120.000 ducati d'oro suddivisi in più tranches: 50.000 prima della partenza, e i restanti 70.000 «in due paghe, in termini diversi benché corti». Il patto prevedeva anche che il re trattenesse a sé come garanzia, «per sua sicurtà, durante la guerra e la impresa del reame di Napoli» le fortezze di Pisa, Livorno, Pietrasanta e Sarzana, e che al termine dell'«impresa di Napoli, fussi obligato restituirle liberamente e sanza eccezione alcuna».[127]

Ma come sappiamo, appena Carlo VIII lascio Firenze alla volta di Napoli, la città si trovò al centro di una complessa necessità di riforma che vale la pena di ricordare, ricorrendo ancora una volta alla testimonianza del Guicciardini:

> sendo la città disordinata, si volsono gli animi a riformare lo stato, e sendosi fatta una bozza da' primi del governo, de' quali massime erano capi Tanai de' Nerli, Piero Capponi, Francesco Valori, Lorenzo di Pierfrancesco, Bernardo Rucellai, fattasene conclusione, si sonò a parlamento, nel quale furono con concorso grande approvati e' modi ordinati[128]

ovvero si stabilì di cassare gli Otto di Pratica e i Settanta, e di fare un nuovo scrutinio della Signoria di tutti gli incarichi (esecutivo e amministrativi di dentro e di fuori) al termine del quale sarebbe stata ripristinata l'elezione per sorteggio. Allo scopo i signori e collegi avrebbero dovuto «eleggere venti accopiatori, che avessino a fare detto squittino in termine di uno anno»: gli accoppiatori sarebbero rimasti in carica un anno, e in quel tempo avrebbe-

dei napoletani a Rapallo (settembre), aprì liete prospettive ai Francesi; e Carlo VIII, dopo essersi incontrato con Ludovico il Moro e aver visitato a Pavia Gian Galeazzo Sforza, passava nell'Italia centrale; stretto un accordo con la Repubblica fiorentina, entrava in Roma, e infine in Napoli, il 22 febbraio 1495».

126. Guicciardini, *Storie Fiorentine*, capitolo XII, p. 105.

127. *Ibidem*. Per questi anni vedi Najemy, *Storia di Firenze*, p. 471 e ss.

128. Guicciardini, *Storie Fiorentine*, capitolo XII, p. 106.

ro dovuto eleggere la signoria a mano. Tra i venti venne eletto anche messer Guidantonio Vespucci.[129] Al centro del marasma che la vita politica fiorentina si trovò ad attraversare in quegli anni, travolta dalla volontà di ascesa degli ottimati ex medicei, e dalla propaganda savonaroliana che aspirava a un governo riformato e dalle misure popolari, Guidantonio, che nel frattempo, nell'autunno del 1494, tra i mesi di settembre e ottobre aveva ottenuto l'incarico di Podestà di Castel san Gimignano, continuò a impersonare l'uomo delle trattative. Fu lui a portare avanti i negoziati per ottenere la restituzione di Pisa e delle fortezze della Lunigiana che Piero, attribuendosi più autorità di quanta non gli riconoscessero i suoi concittadini, si era affrettato a concedere a Carlo VIII. Inoltre, all'entrata del re di Francia a Napoli nel 1495, fu di nuovo Guidantonio (insieme a Bernardo Rucellai, Lorenzo di Pierfrancesco dei Medici e Lorenzo Morelli) a recarsi presso di lui in rappresentanza di Firenze per complimentarsi del suo successo.[130] Un'ambasciata che il collega Morelli, come il Vespucci uomo di forte connotazione medicea ma di recente ascesa, ovverosia proveniente come lui da una casa di quelle entrate nell'agone politico solo nel corso del Quattrocento, ricordava con un certo orgoglio in uno dei suoi numerosi libri di *Ricordi*:

> Ricordo questo di viiii di marzo 1494 (<1495 s.m.>) chom'io fu' fatto pel Consiglio de' richiesti cioè degli Ottanta imbasciadore alla christianissima maestà del re di Francia a Napoli per rallegrarsi dello acquisto del detto Regno, et etiam per richiedere secondo la forma de capitoli far noi Pisa ell'altre cose nostre che teneva e in compagnia di messer Guidantonio di Giovanni Vespucci e di Bernardo di Giovanni Rucellai e di Lorenzo di Pierfrancesco de Medici di poi detti popolani. Iddio laudato.[131]

Poiché le operazioni con cui si doveva restituire ai fiorentini i luoghi di loro proprietà, occupati a titolo provvisorio, procedevano a rilento, Vespucci venne inviato ad Asti insieme a Neri Capponi, per chiederne conto al Re.[132] Al

129. Insieme a lui, tra gli altri, anche Tanai de' Nerli, Piero Capponi, Bernardo Rucellai, Francesco Valori, Guglielmo de' Pazzi, Braccio Martelli, Lorenzo di Pierfrancesco dei Medici. Vedi oltre a Guicciardini, *Storie Fiorentine*, capitolo XII, p. 106, anche Najemy, *Storia di Firenze*, p. 477 e ss. e Von Albertini, *Firenze dalla Repubblica al Principato*, pp. 6-10.

130. ASF, *Legazioni e Commissarie, Missive, Istruzioni e lettere a oratori,* 21, c. 136r.

131. ASF, *Gherardi Piccolomini d'Aragona*, 139, «Giornale e ricordi di Lorenzo di Matteo Morelli dal 1470 al 1494», c. 175v.

132. Si veda la voce Neri Capponi nel DBI a cura di M. Luzzati, vol. 19 (1976): «Nel 1495, al ritorno di Carlo VIII verso la Francia, il Capponi lo scortò nuovamente fino ad Asti e a Torino, e qui concluse, con Guidantonio Vespucci, le convenzioni del 26 agosto 1495, a

termine della missione, Guidantonio venne fermato, mentre si trovava ad Alessandria, su ordine di Lodovico il Moro e tratto in arresto a Milano, prigionia a cui poté sottrarsi solo grazie all'intervento di Carlo VIII. Rientrato a Firenze ebbe di nuovo incarichi diplomatici a Milano nel maggio del 1498 e a Venezia nell'agosto di quello stesso anno, in compagnia di Bernardo Rucellai.[133]

Se Guidantonio, come abbiamo visto finora, si era caratterizzato come un'autentica emanazione diplomatica di Lorenzo, capace di operare in discreta sintonia con il suo programma (nonostante le occasioni di diverbio non mancassero, soprattutto sul piano del ritorno personale), anche dopo la morte del Magnifico egli continuò a mantenere un posto di primo piano nell'azione politica cittadina. Ciò avvenne tuttavia non senza un progressivo slittamento di posizione rispetto al potere centrale. La dimensione medicea in cui Guidantonio si muoveva era infatti eminentemente laurenziana, e alla sua morte, il Vespucci come molti altri cittadini cominciò a prendere sempre più le distanze da Piero il cui governo non era privo di tratti dispotici. Nel suo progressivo distanziarsi dall'erede dei Medici, Guidantonio viene associato dagli storici del tempo a figure di alto livello come Bernardo Rucellai (che del Magnifico era il cognato), Paolo Antonio Soderini, Tanai de' Nerli. Dinanzi a un panorama politico in cui i profili dei protagonisti del potere centrale e dell'opposizione andavano rapidamente ridisegnandosi, con il figlio del Magnifico, Piero, nel ruolo del tiranno non troppo lungimirante e del tutto inadeguato alla guida dello stato, e con i suoi cugini Lorenzo e Giovanni di Pierfrancesco del ramo dei Medici Popolani alla guida dell'opposizione, Guidantonio, come molti dei suoi illustri aristocratici colleghi "di parte", non ebbe esitazioni su quale parte fosse quella con cui era più opportuno schierarsi. Proprio Guidantonio insieme a Domenico Bonsi (erano entrambi *advocates*) lavorò all'estensione

garanzia della cui osservanza lasciò addirittura in ostaggio suo figlio Gino. Tornato in Francia ricevette ordine da Firenze di unirsi ai due nuovi oratori inviati al re, Giovacchino Guasconi e Francesco Soderini: era sostanzialmente considerato un vero e proprio emissario fiorentino presso la corte se agli oratori si ordinava che "occorrendo a scrivere cosa alcuna" usassero "la cifra che ha Neri Capponi" (Desjardins, I, p. 468)». Vedi le istruzioni e le note alle lettere creditizie in ASF, *Legazioni e Commissarie, Missive, Istruzioni e lettere a oratori,* 21, cc. 139v e ss.

133. Su questa e le precedenti vicende Desjardins, *Negotiations diplomatiques de la France avec la Toscane.* Si veda anche ASF, *Signori, Legazioni e commissarie, Missive, Istruzioni e lettere a oratori,* 23, cc. 15 r e ss. e 22 r e ss. Gli interventi nei dibattiti consiliari ne attestano il ritorno da Milano dalla metà di febbraio del 1496 e la continuativa presenza in Firenze almeno fino all'agosto del 1497. Cfr. Fachard, *Consulte e pratiche della Repubblica fiorentina, ad indicem.*

delle 27 clausole della *conventio* tra Firenze e Carlo VIII che Pier Capponi e Francesco Valori avrebbero sottoscritto come sindaci e procuratori della Signoria. Anche l'approccio alle istanze di fra Girolamo non sembra affatto discostarsi dalla sua linea di azione di segno ottimate: se l'afflato savonaroliano rappresentò inizialmente per Vespucci (come anche per il Rucellai e il Nerli) un buon pretesto per agevolare la sconfitta di Piero, una volta che il sostegno al dissenso del frate ebbe esaurito la sua funzione, esso si rivelò presto come l'ennesimo banale mezzo la cui *ratio* era giustificata dal fine. Cavalcata l'onda della protesta fratesca e allontanati i Medici da Firenze, dunque, anche il Savonarola subì una pesante sconfitta.

Nel 1498 in pieno governo repubblicano e in un'età ormai avanzata Guidantonio ottenne, per la seconda volta nella vita, la carica di Gonfaloniere di Giustizia, accrescendo al contempo l'amicizia con Lorenzo dei Medici Popolani insieme al quale promosse alcune riforme repubblicane della città. Il sodalizio tra i due non fece in tempo a consolidarsi poiché Vespucci morì nel 1501 e Lorenzo due anni dopo.[134]

L'epilogo

Il 29 marzo del 1482, in occasione della morte della madre, Lucrezia Tornabuoni, Guidantonio da Roma, aveva scritto al Magnifico le sue doverose righe di condoglianze:

> Magnifice vir et cetera, e' mi duole assai per la vostra ultima, intendere la morte de la venerabile vostra monna Lucretia per il comune danno che ne seguita a voi, agli affini, parenti et amici vostri, et a tutta la città. Et non meno mi duole il dolore che verisimilmente voi ne dovete havere e son certo havete, ma pure bisognia, e a voi et a noi, avere patientia di tal madre; e considerare che questo è il fine della creation nostra al quale tutti dobbiamo pervenire et nella quale consiste ogni nostra perfectione, di considerare che tanto più è felice ogni opera quanto più tosto si perviene al fine di quella [...].[135]

Per la prima volta Guidantonio si rivolgeva a Lorenzo con toni quasi paterni e con un'insolita parvenza di genuinità. Tredici anni separavano

134. Si veda, su questa fase della storia di Firenze e dei suoi protagonisti in continuità con il periodo laurenziano, Brown, *Medicean and Savonarolian Florence*, e in particolare il saggio *Ideology and Faction in Savonarolian Florence*, pp. 201-222.

135. ASF, *MAP*, XXXVIII, n. 421, 29 marzo 1482.

la nascita del fido Vespucci (marzo 1436) da quella dell'uomo più potente della città (gennaio 1449), una differenza di età certo non modesta ma passata finora quasi sotto silenzio, assorbita dalla manifesta disparità di peso e di ruolo che voleva il giovane Lorenzo nei panni precoci di un leader, già carico di esperienza, e il più maturo Guidantonio in quelli di uno tra i più indispensabili dei suoi gregari. La circostanza della morte di Lucrezia sembra imporre e provocare, almeno per la durata della lettera, un ribaltamento emotivo dei ruoli. La prosa del Vespucci infatti suona più che mai attenta e segnata dalla forte capacità introspettiva dell'altro. Si tratta forse di uno dei casi più singolari in cui eccezionalmente le posizioni si invertono e Guidantonio, da professionista esperto al servizio del potente, assurgeva al livello di un padre o comunque di un vecchio familiare il cui compito era quello di infondere coraggio al piu giovane. Tra le righe della lettera emerge tutto il mestiere di Guidantonio, cosicché l'adulto autorevole e l'oratore scaltro finivano per trascendere l'uno nell'altro rendendo impossibile distinguere l'autentico afflato consolatorio dal realismo politico. Un mestiere che Guidantonio padroneggiava molto bene come rivela quel passaggio in cui riusciva perfino a suggerire l'idea che la morte di una persona cara a volte potesse scaturire da un complesso disegno celeste finalizzato al bene dei mortali più di quanto non apparisse al loro giudizio superficiale:

> Considerate ancor che qualche maggior infortunio sia scampato, per questo possibile tal morte esser data da Dio per felicità del morto et per punitione di qualche peccato d'alcun vivente, che se si punissi nella persona del peccatore sarebbe di maggior danno.[136]

Consolatore capace e opportuno, ma anche professionista della parola, Guidantonio sembrava voler ricordare a Lorenzo che Dio era con lui nonostante gli avesse portato via la madre.

> Accordianci adunche con la volontà di Dio perché in questo non si cognosce se non bene et ne repugnare a quelle vi si vede manifesta perdita, et quanto al corpo *quia dolor est de maxime prosternentibus naturam*, et quanto all'anima perché grande ingratitudine sarebbe voler resistere alla volontà de Dio. Io so che essendo voi armato di buona corazza nelle adversità non farete manco pruova di savio in questa che nell'altre, *solum* per fede e amore vi ricordo quanto *continue teneatis cordi* che la prefata venerabile vostra madre

136. *Ibidem.*

> era fedele custode de la persona vostra, né mai pensava ad altro che alla conservatione di quella et obviare a' pericoli et sospecti et insidie che caggiono nelle persone grandi. Non è più *in rerum natura* né vi può più exhibire il maternale officio, et ricordandovene vogliate provedere per altri si faccia quel medesimo effecto se non per voi *saltem* per li vostri figliuoli et noi altri che dipendiamo da voi.[137]

Ricorreva al latino, alla cifra forbita del linguaggio, per precisare a Lorenzo come non si potesse fare altro che accordarsi con la volonta di Dio come la stessa Lucrezia in nome della sua nota devozione avrebbe fatto, «perché grande ingratitudine sarebbe voler resistere alla sua volontà» ma il Dio che invocava e che, con sicurezza, coglieva a fianco del Magnifico, finiva per apparire, più che come il padre potente e misericordioso, come un Dio strettamente a misura di Firenze e del suo primo cittadino.

Più volte si è detto che in Guidantonio confluivano talento politico, abilità diplomatica e astuzia, a cui si aggiungeva un'eccellente preparazione giuridica. L'impronta lasciata nel ricordo dei cronisti e degli storici del suo tempo, li induceva a rilevarne l'astuzia e l'ingegno più che il senso etico: Francesco Guicciardini, cercando di astenersi da giudizi morali lo definì «giureconsulto famoso, uomo d'ingegno e destrezza singolare»; Machiavelli si limitò a sottolinearne la prudenza e il prestigio di cui godeva dinanzi ai notabili della città; sicuramente feroce, il giudizio che diede di lui Piero Parenti che lo additò «homo in odio grandissimo dell'universale».[138] L'anonimo autore che, agli inizi del 1472, aveva stilato una curiosa lista di 109 personaggi eminenti della cricca di Lorenzo, associando ad ogni nome un motto o una definzione, aveva predisposto per lui un sibillino «Tu te ne pentirai» forse ad evidenziare, nella piu banale delle ipotesi interpretative, quell'eccesso di ambizione che, se pure ancora agli albori della sua ascesa, già si riusciva a cogliere nell'operato di Guidantonio.[139]

137. *Ibidem.*

138. Guicciardini, *Storia d'Italia, 1*, p. 147 e ss.; Machiavelli, *Storie fiorentine*, Libro VIII, pp. 698 e 709 e per la citazione del Parenti, BNF Fondo Principale II, si veda Martines, *Lawyers an Statecrafts*, p. 214.

139. Corti, *Una lista di personaggi del tempo di Lorenzo,* p. 155. L'anonimo redattore del testo citava anche Piero di Giuliano Vespucci tra i 109 degni di nota con il motto «A' tu penato tanto a 'vedertene» intendendo sottolineare nel suo caso, forse, quella sua natura ostinatamente refrattaria ad accettare quanto non gli era congeniale.

Se nella fase più propriamente laurenziana Guidantonio fu a lungo lontano da Firenze e dai suoi spazi pubblici il modo in cui vi rientrò per operarvi da protagonista nell'ultima fase della sua vita certo non gli giovò sul piano della pubblica reputazione. La storia, insomma, ci restituisce l'immagine di un personaggio pubblico temuto dai settori più umili della classe politica che alla fine del secolo guardavano con forte sospetto l'intero circolo di legisti al governo: Guidantonio era passato indenne dal governo laurenziano a quello della repubblica antimedicea, non senza una certa spregiudicata capacità di adattamento che lo vedeva sempre affiliato ai potenti e molto temuto dagli strati più bassi della società.[140]

Nel 1501, Guidantonio ancora in pieno possesso delle sue facoltà (nel mese di aprile dello stesso anno era intervenuto per dare il suo parere in una pratica)[141] passava a miglior vita.

Nel testamento dettato nel 1498, un paio di anni prima di morire, le sue volontà rivelavano al contempo una cura scrupolosa rivolta al nucleo familiare suo proprio e un'attenzione esclusiva per il mantenimento di quei beni destinati a preservare nel tempo l'identità della casa e del cognome. Così se le sue attenzioni concrete erano per la moglie Maria di Alessandro del Vigna, la figlia Gostanza, la nipote Antonia sposata Strozzi, e il figlio Giovanni, era solo di fronte alla possibilità che, per esaurimento della propria discendenza, i suoi beni simbolo della casa Vespucci passassero in mani estranee, che si concretizzava il ricorso alle altre linee famigliari. In assenza di discendenti maschi diretti Guidantonio chiedeva che la casa dei Vespucci in cui abitava non fosse mai venduta né affittata a lungo termine a individui estranei alla famiglia, poi procedeva ad elencare le possibili alternative nella scelta degli eredi. Prima di tutto i discendenti di Simone suo fratello, al tempo ancora in vita, poi quelli di Bernardo di Piero suo cugino, poi ancora quelli di Giuliano di Lapo, infine i discendenti di ser Nastagio di Amerigo. Tutto ciò non tanto allo scopo di beneficiare i parenti meno fortunati quanto allo scopo di evitare la dispersione di quanto egli considerava – come la maggior parte dei suoi contemporanei – il simbolo terreno della sua gloria presente e della sua fama futura.

140. Si veda Martines, *Lawyers an Statecrafts*, p. 107.

141. Fachard, *Consulte e pratiche della Repubblica fiorentina (1498-1505)*, vol. 2, p. 620.

L'eredità di Guidantonio, «più utile che dannosa» secondo la consueta formula di adizione, venne accettata dal figlio Giovanni il 20 dicembre del 1501.[142] Ereditando, oltre che i beni materiali, anche la linea di condotta politica del padre, Giovanni dopo essere stato emancipato aveva sposato la figlia di Bernardo di Tanai dei Nerli, Nanna, ottenendone in cambio, a titolo di dote, la somma di 2.000 fiorini.[143] Si trattava di un matrimonio in linea con quella affiliazione agli ottimati perpetrata dal padre nella sua lunga vita al servizio del governo, dal momento che anche i Nerli, e Tanai in particolare, rappresentavano una delle più eminenti case della aristocrazia laurenziana e poi repubblicana.

Pochi giorni prima che Giovanni adisse l'eredità del padre, anche suo zio Simone aveva fatto testamento, il 16 dicembre del 1501.

In perfetto stato di salute («sanus mente, visu, corpore et intellectu») Simone dava disposizioni sulla destinazione dei suoi beni e sulla sua sepoltura, nella chiesa di Ognissanti, nel sepolcro dei suoi avi (come già Guidantonio aveva fatto), lasciando tutte le spese opportune a carico degli eredi.[144] Alla moglie Lucrezia restituiva la dote di 1200 fiorini e i suoi beni di lusso, oltre che un'ulteriore somma di 200 fiorini d'oro se avesse scelto di non risposarsi.[145] A suo figlio Niccolò, frate dell'ordine Gerosolimitano, lasciava una somma fino a più di 400 fiorini, per il muramento delle case ottenute in beneficio a Firenze e ad Arezzo. Alla figlia Antonia già sposa di Antonio di Vanni Strozzi, garantiva, in caso di vedovanza, il diritto di tornata insieme agli eredi e a una *famula* per compagnia, nella casa di abitazione dove imponeva che le fosse riservato uno spazio abitativo conveniente: una camera, un ambiente con l'uso della cucina e uno spazio dove conservare il legname e il vino («locum ubi ipsa possit tenere ligna ac vinum in volta subterranea et etiam facere coquina»). Per tutto il resto lasciava eredi dei suoi beni i due figli maschi (il religioso dom. Niccolò e

142. ASF, *NAC*, 12702, c. 75r. Circa un anno dopo, il 13 settembre del 1502, ritroviamo Giovanni del fu Guidantonio al centro di una transazione che doveva avere per oggetto uno dei beni ricevuti appunto dal padre: Giovanni affittava ad Ambrogio di Benedetto del Troscia, un legnaiuolo del popolo di sant'Ambrogio, una bottega nel popolo di santa Maria Alberighi ad uso di legnaiolo, posta sopra l'angolo della via dello Studio. *NAC*, 12702, c. 82r-v).

143. Si veda ASF, *NAC*, 12702, c. 51r, atto datato 4 agosto 1500.

144. Ivi, cc. 73r-74v.

145. «Ultra suas dotes ei iure legati, reliquit omnes pannos linos et lanos quos ipsa habeat ad usum suo per se induendo et anulos et zanes de argento vel auro cuiuscumque manieri ad usum dicte domine deputates», ivi, c. 73r.

Piero), in parti uguali, e qualunque altro figlio nato nel frattempo da lui e dalla moglie.

Non fu quello del 1501 il testamento ultimo di Simone. Pochi anni dopo, l'8 marzo del 1505, Simone, nel chiostro maggiore del Convento dei frati agostiniani, circondato dalla pietà e dalla cura di almeno sette di essi, dettava ancora una volta le sue volontà.[146] Non vi erano, almeno all'apparenza motivi impellenti per spingerlo a testare di nuovo: le condizioni di salute erano le medesime e la formula di rito non faceva alcun riferimento a sopraggiunte alterazioni del corpo o della mente. Restavano invariate le disposizioni sulla sepoltura, sui lasciti alla moglie con l'aggiunta dei 200 fiorini nel rispetto perpetuo dello status vedovale, e stavolta si specificavano nel dettaglio i termini dell'alloggio cui la vedova avrebbe avuto diritto nella casa di Firenze e in quella di campagna, nella residenza di Giogoli. Invariate restavano anche le disposizioni sul diritto di tornata stabilito per la figlia in caso di vedovanza dallo Strozzi. Proibiva infine agli eredi di alienare o anche di affittare a lungo termine alcuno dei suoi beni, così come proibiva loro di trasmettere a terzi la titolarità dei crediti del Monte a lui intestati: Simone voleva che tutto il suo posseduto rimanesse nelle mani dei suoi figli e discendenti. Consentiva al massimo l'alienazione di tali beni solo a patto che il ricavato fosse reinvestito in nuovi immobili egualmente sottoposti al vincolo del fidecommesso e obbligati alla stessa maniera dei primi. Solo nel caso in cui suo figlio Piero non avesse potuto dotare le eventuali figlie femmine, Simone acconsentiva alla cessione di parte del patrimonio per la costituzione di una dote di 1500 fiorini, tra crediti di Monte, contanti e donora. Nel caso in cui la discendenza di Piero fosse stata interamente al femminile Simone aumentava di 500 fiorini il monte dell'alienazione consentita, permettendo che si vendesse del suo patrimonio fino a ricavare più doti per una somma complessiva non superiore ai 2.000 fiorini di suggello tra crediti, donora e contanti. Infine, lasciava erede il suo primogenito Niccolò, ora venerabile religioso, in parti uguali con gli altri figli nati all'interno del matrimonio con Lucrezia o con qualsivoglia altra legittima sposa.

Agli inizi del nuovo secolo insomma, il ramo dei Vespucci che in età laurenziana aveva maggiormente calcato le scene, perdeva nel giro di pochi anni il protagonista Guidantonio e suo fratello Simone. Il testimone passava nelle mani dei loro figli. L'eredità che Giovanni di Guidantonio

146. Ivi, cc. 118r-120v.

così come Piero e Niccolò di Simone ricevevano andava ben oltre quei beni materiali, mobili e immobili, enunciati con perizia nei testamenti dei loro padri. Essi ereditavano qualcosa di cui forse per la prima volta la casa Vespucci poteva dire di fregiarsi, ossia una partecipazione strutturale al network cittadino senz'altro più solida di quella che alla loro età i loro padri si erano trovati a gestire e implementare. A poco più di un secolo dall'inurbamento di Simone Vespucci, mercante e fondatore dell'ospedale di Ognissanti, i suoi bisnipoti apparivano sempre più lontani dalla Peretola delle origini e perfettamente integrati con gli strati più alti dell'ambiente urbano: portatori di endogamie eccellenti, incardinati nelle strutture del potere clericale, e perfino, come vedremo tra poco, promotori di arte.

5. Tra Firenze e Peretola, tra ambizione e solidarietà

I cugini di Guidantonio: gli eredi di Piero di Simone

Come si è visto, il binario intrafamiliare su cui si muovevano, alla metà del secolo, lo sviluppo economico e il conseguente processo di ascesa sociale dei Vespucci di città, interessò un numero ristretto di nuclei: i figli di Giovanni (Guidantonio, Piero e Simone), i loro cugini di primo grado ovvero i figli di Piero (Bernardo, Francesco e Simone) e il ramo di Giuliano di Lapo (e suo figlio Piero) che seppure più lontano per grado di parentela, conservava un ruolo di riguardo nelle vicende private e nelle carte personali degli altri familiari. Tra questi tre poli si alternavano momenti di affratellamento e momenti di criticità che operavano ora a favore della solidarietà di gruppo ora a vantaggio della crescita individuale dell'uno e, talora, del declassamento dell'altro.

Come si ricorderà l'ultimo nato tra i figli del vecchio Simone Vespucci, Piero (zio di Guidantonio), nelle clausole testamentarie dettate poco prima di morire, nel 1437, aveva lasciato eredi dei suoi beni oltre alla moglie i tre figli Bernardo, Simone e Francesco. Questi ultimi due, ancora minori, erano stati posti sotto la tutela della madre e dei tutori che il padre aveva scelto, tra i quali spiccava il parente e socio di fiducia Giuliano Vespucci. Alla metà degli anni Quaranta, dunque, il primogenito Bernardo doveva già essere più che maggiorenne (aveva all'incirca 23 anni) quando suo zio Giovanni, ormai caduto in disgrazia agli occhi del regime, scelse di nominarlo nel testamento tra i suoi procuratori, oltre che tra gli eredi insieme ai due fratelli più piccoli.[1] Al catasto del 1442, Bernardo ormai capofamiglia al posto del padre recentemente scompar-

1. ASF, *Catasto*, 404, c. 325v e ss.: la portata di Piero al Catasto del 1431 indicava tra le bocche a carico il figlio Bernardo di 8 anni, nato il 20 gennaio del 1422.

so, presentò una portata a nome suo e dei fratelli.[2] Il principale tra i loro beni era il podere con casa signorile a San Miniato a Signa, confinato coi beni di Giuliano di Lapo, che nonostante un'ottima rendita annuale (tra cui dieci barili di vino trebbiano) appariva un po' trascurato, oltre che per le frequenti erosioni del fiume, a causa dello stato di abbandono in cui versava.[3] I tre fratelli possedevano inoltre terre a Peretola *dirimpetto alla fornace,* alcune vigne *alla casellina* e «una chasetta posta in Borgo Ognissanti a lato a Tommaso di Rinieri Popolani la quale è vecchia e troppo e non si trova da apigionarla».[4] Tra le righe della portata sembra aleggiare una tendenza all'impoverimento dalle cause imprecisate: al degrado subìto dal podere che dalla morte di Piero non era stato più lavorato come conveniva, si aggiungeva il fatto che i tre fratelli avevano dovuto mettere in vendita diversi immobili di città. A carico di Bernardo, insieme ai due fratelli Simone di 11 anni e Francesco di 9, c'era naturalmente anche la madre Piera vedova ad appena 40 anni. Bernardo ancora celibe avrebbe sposato di lì a poco, la figlia di Luca di Bonaccorso Pitti, monna Agnola: sicuramente un matrimonio di prestigio, anche se forse Bernardo non poteva prevedere il fatto che il suocero, fiduciario di Cosimo e tra i principali esponenti del regime si sarebbe ritrovato pochi anni dopo a tramare contro l'*establishment.*

Anche spostando lo sguardo sul piano politico la sorte non sembrava avere arriso ai figli di Piero come a lui, ricco mercante marittimo e assicuratore, che per due volte aveva ricoperto l'ufficio di Console del mare. Tra i suoi eredi l'unica carriera un poco più brillante si può ascrivere proprio al maggiore, Bernardo, Priore nel 1459 e dei Dodici Buonuomini nel 1471.[5] Bernardo fu inoltre degli Otto di Custodia per un quadrimestre dal maggio 1455,[6] e tra le cariche più importanti che rivestì vi furono quella di Capitano di Livorno alla quale fu eletto dai signori e collegi come sostituto di un altro dal 24 agosto 1474 e quella di Console del mare per un semestre a

2. ASF, *Catasto*, 619, c. 234r e ss.

3. «Detto podere è di peggio assai di poi in qua morì Piero Vespucci, che non è si bene governato detto podere e anche Arno à tolto loro delle terre dell'isola», ivi, c. 234r.

4. Ivi, c. 234v.

5. Bernardo risultò minore alle estrazioni per i Dodici nel 1434, fu a specchio nel 1443 e poi di nuovo nel 1462 e nel 1469; nel 1484 era già morto. Vedi Tratte Online.

6. ASF, *Tratte, Intrinseci,* 903, c. 4v. Fu anche sindaco del Capitano nell'estate del 1460 e Camerario e cassiere degli Ufficiali del Monte da marzo del 1466 (ivi cc. 60v e 99r).

partire dal mese di luglio del 1475.[7] La stretta parentela col Pitti può darsi fosse all'origine del fatto che tanto Bernardo quanto suo fratello Francesco comparivano tra i firmatari del patto del 1466. La compromissione, se pure blanda, coi congiurati lo mise forse in cattiva luce agli occhi del regime. Le poche lettere che si conservano a suo carico testimoniano una maggiore familiarità con il ramo dei Medici Popolani, cugini del Magnifico e poi oppositori di Piero, che non con quelli al governo.[8] Nelle due missive che ci sono note inviate a Pierfrancesco di Lorenzo, la prima dell'aprile 1457, per informarlo mentre era al Trebbio delle novità occorse in città, la seconda scritta da Prato nel luglio del 1463, Bernardo si rivolgeva a lui in maniera confidenziale («Karissimo tamquam frater», «Spectabile vir e frate mihi honorande»).[9] Ben diverso invece il tenore delle altre due lettere a sua firma indirizzate a Lorenzo il Magnifico, una mentre era in carica a Livorno nel settembre del 1474, un'altra dalla cittadella di Pisa nel maggio del 1476.[10] In entrambi i casi Bernardo usava un linguaggio scelto, all'insegna della deferenza. Nella prima, in particolare, trovandosi a corto di risorse esprimeva la sua gratitudine al Magnifico per aver esaudito la sua richiesta di un ufficio pagato. Ricordava infatti, quando in agosto era stato al suo cospetto insieme al figlio Piero, di avergli espressamente chiesto che lo tenesse presente per il conferimento di uffici straordinari giacché

7. ASF, *Tratte, Estrinseci*, 985 c. 8v e ASF, *Tratte, Intrinseci* 904, c. 76r. Si vedano per Bernardo, le lettere da Livorno (ASF, *MAP*, XXX, n. 841, 8 settembre del 1474) e dalla Cittadella vecchia di Pisa nel maggio del 1476 (ASF, *MAP*, XXXIII, n. 324, 3 maggio 1476).

8. Si vedano le due lettere a Pierfrancesco di Lorenzo dei Medici nell'aprile del 1457 (ASF, *MAP*, II, n. 447, 13 aprile 1457) e nel luglio del 1463 (ivi, n. 486, 22 luglio 1463).

9. I frequenti rapporti che intercorrevano tra i due si sostanziavano anche di prestiti di oggetti di lusso «[…] l'apportatore di questa fia Francesco mio fratello el quale vi recherà tutte le vostre cose delle quali abiamo avuto, e lui ed io, tanto piacere che in eterno vi restiamo ubrigatissimi. Vorrei, quando voi ripigliate queste cose, mandassi per Andrea orafo e ponesse a mente in sul suo quaderno acciò voi vedessi chelle cose sono appunto le vostre. E sse possibile è, che chon vostro comodo voi ci possiate lasciare per due mesi, quello frenello e quella brocchetta minore co la catena, l'aremo molto caro perché mi pare esser chiaro Strozzo nonn'arà bisogno della catena e anche so monna Laldomina à un altro frenello fatto come quello che noi abiamo di vostro, inn ultimo di tutto quello ci potete sovvenire vi raccomandiamo. Se voi volete in queste feste essere a Pistoia avisatemi e farovi conpangnia e se avvoi nonnè disagio mandatemi uno cavallo e farogli vezzi e quando mi mandiate el fornimento mandatemi una cigna e mandatemi a dire quanto costa ogni cosa e acche s'ànno a paghare», vedi ASF *MAP*, II, n. 486, 22 luglio 1463.

10. ASF, *MAP*, XXX, n. 841, 8 settembre 1474 e ASF, *MAP*, XXXIII, n. 324, 3 maggio 1476.

«llo ordinario delle tratte» non gli dava «susidio alchuno». Con stupore e infinita gratitudine Bernardo si era visto assegnare l'incarico nel giro di una settimana:

> E non passò poi viii dì che 'gli achade avere a provedere a questo luogo e chonobi che chon voi le mie parole nonn erono chadute in terra, ma partorirono quello efetto che meritta la fede che Bernardo e tuti e suo' figliuoli ànno in voi.[11]

Il buon esito della prima richiesta gli rinnovava l'audacia, come era costume di tutti i clienti di Lorenzo, per avanzarne una nuova:

> Horra Magnifico Lorenzo, io son qui per mezo della Magnificenza Vostra e disiderei quanto piacesi a voi restarci per qualche tempo più che per quello ch'io ci fu' mandato, e sse questa mia domanda vi paressi proxutuosa (sic!) nascie per ii chagioni: la prima dalla grandissima fede ch'io ò in voi la qualle ò veduta più volte non esser vana, l'altra ch'avendomi voi e altri vostri innanzi a voi fatti infiniti benefici mi fa horra baldanzoso a chiedervi questo, e quando io e mia figliuoli non potesimo per altro verso sodisfare alla Vostra Magnificenza quanto avete fatto per noi sodisfaremo, se none in tutto in parte con pregare Iddio che vi prosperi in quello stato che per voi e per chi vi vol bene si desidera.[12]

Se Bernardo ebbe almeno un modesto accesso alla vita politica in età laurenziana, il panorama è ancora più scarno osservando il profilo dei suoi fratelli. Simone, per esempio, il più giovane dei tre figli di Piero, fu quasi sempre a specchio nelle numerose estrazioni tra il 1442 e il 1449:[13] considerato che all'epoca era ancora minorenne e dunque inabile a ricoprire tali uffici, l'iscrizione tra gli insolventi fiscali doveva avere, nel suo caso, soprattutto una valenza infamante. Quando nel settembre del 1459 all'ennesima estrazione per i Buonuomini risultò finalmente eleggibile, Simone a soli venticinque anni era già mancato. D'altro canto anche Francesco, che nel 1461 aveva sposato Francesca Bencini, figlia del notaio ser Mariotto di Giovanni,[14] si limitò ad essere Gonfaloniere di Compagnia nel 1464 (dopo

11. ASF, *MAP*, XXX, n. 841, 8 settembre 1474.

12. *Ibidem*.

13. Simone era nato l'8 luglio del 1434 e morì entro il 1459. Le estrazione vanificate furono le seguenti: nel 1442 come Gonfaloniere di compagnia e dei Buonuomini, nel 1443 per i Priori, nel 1444 e 1448 ancora per gonfaloniere di compagnia, e di nuovo nel 1449 per i Buonuomini, cfr. Tratte Online.

14. La *confessio dotis* (del valore di 1.000 fiorini) era del 2 luglio del 1462, ASF, *NAC*, 6151 c. 40v.

almeno sei estrazioni in cui fu trovato a specchio tra il 1440 e il 1453) e a detenere qualche incarico di poco conto nell'amministrazione e nel territorio negli anni Settanta.[15]

A fronte anche della scarsa longevità di Simone e della mancanza di eredi di Francesco, l'asse famigliare del capostipite Piero di Simone sopravvisse nella seconda metà del secolo, principalmente nella linea di Bernardo grazie ai numerosi figli maschi cui già era intestata la portata del 1480. A meno di cinquantotto anni Bernardo era già venuto a mancare e i suoi sei eredi, «Piero, Giovanni, Battista, Marco, Luigi, Nicola, fratelli e figlioli di Bernardo di Piero Vespucci» abitavano la «metà d'una casa [...] per non divisa con Francesco di Piero Vespucci nostro zio, posta in Borgognissanti»,[16] la stessa casa che nel 1442 figurava come loro residenza se pure, al tempo, intestata a un terzo proprietario. Ancora in possesso del podere a Signa, non si comprende con chiarezza di cosa riuscissero a vivere dal momento che, almeno dalla dichiarazione resa agli ufficiali del catasto, nessuno dei sei fratelli, maschi e adulti, pareva poter contare su un'occupazione redditizia; tutti si definivano *senza exercitio* in una lunga litania di nomi, età e assenza di incarichi: «Piero anni 35 senza exercitio alcuno, Giovanni anni 34 senza exercitio, Battista anni 30 stava all'Arte della lana oggi e senza esercizio, Marco anni 28 sanza exercizio, Luigi anni 26 sanza exercitio, Nicola anni 25 sanza exercizio».[17] Con loro abitavano la madre Angiola, cinquantenne e inferma e le tre sorelle: fatta salva la più grande, ventenne e già monacata («sora Battista figliola di Bernardo, monaca di età 20») le altre due in età quasi da marito erano entrambe senza dote («Lesandra figliola di Bernardo 15 anni senza dote; Gostanza figliola di Bernardo 14 anni senza dote»).[18] Sotto lo stesso tetto, verosimilmente

15. Fu Sindaco del Capitano dal luglio del 1470, Ufficiale della grascia nel novembre 1471 per sei mesi, e Doganiere di Fucecchio dall'agosto del 1477, ASF, *Tratte, Intrinseci,* 903, cc. 33r e 62v; 904, c. 166r. Francesco nato alla fine del 1432 era ancora minore nelle tre estrazioni del 1434, 1435 e 1436 rispettivamente per le cariche di Priore, Gonfaloniere di Compagnia e XII Buonuomini. Nel dicembre 1477 quando fu estratto per i Buonuomini, era di nuovo ineleggibile per inadempienze fiscali, cfr. Tratte Online.

16. ASF, *Catasto*, 1010, c. 417r: portata di Piero di Bernardo di Piero Vespucci; la precedente era ancora intestata al genitore: «catasto 1470 in nome di Bernardo nostro padre»).

17. *Ibidem.* Le età denunciate risentono di qualche approssimazione tipica della fonte fiscale; secondo le Tratte infatti Piero era nato nel 1445, Giovanni nel 1446, Battista nel 1447, Marco nel 1449, Luigi nel 1451 e Nicola nel 1459. Vedi Tratte Online.

18. *Ibidem.*

quello della residenza del padre e forse gia del nonno Piero, erano alloggiate anche le famiglie dei due fratelli maggiori: quella ben numerosa di Piero (la moglie Nanna Della Casa, di 30 anni,[19] i due figli Luca di 4 anni e Bernardo di 2, e le due femmine Francesca di 7 e Dianora di 6, entrambe con già una dote sul monte di 700 fiorini) e quella più contenuta di Giovanni (la moglie Angioletta di 26 anni, il figlio Lionardo di 7 e la piccola Laudomina di 5 mesi, ancora senza dote).

Se pure discesi direttamente da una delle linee che era alle origini della fortuna della casa, i figli di Bernardo condussero, come già lui e i suoi fratelli, esistenze piuttosto difformi rese evidenti da carriere modeste e poco specializzate.

Piero, il maggiore, fu Priore nel 1488 e poi, nella tarda maturità, nel 1512. Dagli anni Settanta in avanti, ebbe qualche incarico di sindacato e vigilanza nella pubblica amministrazione.[20] Fu inoltre capitano di Pistoia nel 1494.[21] Conosciamo poche lettere scritte alla casa Medici, dal contenuto ordinario, tra le cui righe se ne interpreta l'aspirazione a rendersi utile agli occhi dei suoi superiori pure se con un temperamento meno ardito rispetto a quello osservato in famigliari del calibro di Guidantonio o del cavaliere Piero di Giuliano. Nel gennaio del 1479, per esempio, nel pieno del conflitto col papa e con Ferrante, Piero, da Poggibonsi dove si trovava in veste ufficiale, indirizzò a Lorenzo un breve messaggio per sottoporre alla sua attenzione un emissario che recava notizie utili alla causa fiorentina.[22] Qualche mese dopo, da Cortona, scrisse al Magnifico per perorare la difesa di un tale Boccolino, «uomo che vale ed è vostro partigiano» che era appena rimasto vittima di un grosso furto.[23] Dopo più di dieci anni, ritroviamo il Vespucci in corrispon-

19. Le nozze risalgono al 2 settembe del 1464: la moglie, Nanna del fu Antonio di messer Lodovico della Casa, gli portò in dote la somma di 1800 fiorini. ASF, *NAC*, 10185, c. 94r citato da Cohn, *The Laboring Classes in Renaissance Florence*, p. 54.

20. Fu Ragioniere ordinario della dogana di Firenze dal 1 agosto 1472, elettore del rettore della citta di Firenze dalla fine di ottobre del 1482, Sindaco del podesta per 4 mesi dalla fine di dicembre 1486 e conservatore delle leggi per un semestre dal 25 marzo 1498: ASF, *Tratte, Intrinseci*, 903, c. 131r., 904 cc. 31v, 60r e 905 c. 17v.

21. Si vedano da Pistoia alcune lettere scritte da Piero: ASF, *MAP*, LXXIII, n. 103, 11 luglio 1494; n. 114, 12 agosto 1494; n. 118, 18 agosto 1494.

22. ASF, *MAP*, XXXVI n. 69, 21 gennaio 1479, da Poggibonsi.

23. «E veduto che da llui non viene el dixordine, è d'averne compasione che, io venendo di champo la sera che la notte fu el caxo, io vidi come el povero uomo fu trattato, che è rimasto in farsetto», ASF, *MAP*, XXXVII n. 652, 23 agosto 1479, da Cortona.

denza con Piero dei Medici ormai succeduto al Magnifico morto nel 1492. Le lettere a Piero, risalgono al periodo in cui il Vespucci ebbe il capitanato di Pistoia e rivelano il protrarsi di quelle pratiche amministrative già rodate nella fase laurenziana, quasi sempre imperniate sull'esecuzione della volontà del dominio centrale anche contro gli auspici dei locali. È quanto accadeva quando il Vespucci certificava a Piero che avrebbe salvato la vita a Betto di Nanni, un delinquente che non meritava di campare, «che si sarebbe facto singulare piacere a tucto questo popolo a impicharlo per li asai furti da lui commessi, di che infiniti schandoli ne sono risultati» e che tuttavia Piero si vide costretto a tutelare perché «essendo sempre stato figliuolo d'ubbidienza della buona memoria di vostro padre, hora sono e sarò vostro. Camperogli la vita et alle Stinche costì lo manderò, rilegandolo chome per la vostra dite»,[24] o quando, ancora una volta in avversione agli auspici dei pistoiesi, Piero assecondava le indicazioni del Medici nel riconfermare in loco un certo maestro di scuola e nel proporne il successore.[25]

Rispetto a quella col Magnifico, l'autenticità del rapporto con Piero pareva languire, nonostante che nel relazionarsi a lui il Vespucci dichiarasse apertamente di rifarsi a quanto già sperimentato con Lorenzo (come quando lo assicurava, per esempio, «di riferire quello che achade come fe' sempre cola buona memoria di Lorenzo vostro padre»).[26] Il modo in cui il Vespucci si rivolgeva a Piero, lo ringraziava o gli richiedeva raccomandazioni, tendeva ad assumere toni di subiezione che andavano ben oltre quelli, deferenti ma sempre interlocutori, impiegati col Magnifico, finendo davvero per ricordare più quelli del suddito che richiedeva la grazia a un sovrano, che non quelli tra due privati cittadini. In questo senso almeno sembra di potere interpretare i toni della lettera scritta alla fine del gennaio 1493 per impetrarne la protezione, con una forma che univa gratitudine e timore reverenziale, rivelando come i tempi fossero drasticamente mutati.[27]

24. ASF, *MAP*, LXXIII, n. 103, 11 luglio 1494.

25. «Che maestro Pagolo Lioncini da Prato fussi rifermo qui per uno altro anno maestro di squola, et di poi sucedessi, finito l'anno, messer Juliano da Monopoli; il che non ò in prima potuto condur a fare l'efetto della vostra lettera che questo dì per lla durezza di questi vostri pistoiesi», ivi, n. 118, 18 agosto 1494.

26. Così Piero Vespucci specificava al Medici quando, durante un incarico pubblico, si trovò ad affrontare la spinosa vicenda di un frate sodomita che si tentava invano di estromettere dagli uffici divini, ASF, *MAP*, LX, n. 259, 2 agosto 1492.

27. «Magnifice vir [...]. Ardirò per questa mia richordarmi et rachomandarmi alla vostra magnificenza, che a quella gli piaci consolarmi di quanto io alla mia partita di chostì vi

In questo panorama di accresciuto servilismo, faceva eccezione la lettera che Piero, ancora in carica come Capitano di Pistoia, scrisse al Medici il 12 agosto del 1494, avventurandosi eccezionalmente in consigli strategici, mettendolo in allarme sul rischio che poteva comportare lasciare senza sorveglianza Ferrara e i passi limitrofi, e ricordando come questo rischio si fosse pericolosamente materializzato nel 1466, quando l'ambizioso condottiero Bartolomeo Colleoni aveva accettato di mettersi al servizio della causa di Dietisalvi Neroni contro suo nonno Piero dei Medici, del quale era stato alleato fino a poco tempo prima.[28]

Sebbene il Vespucci ritenesse probabilmente, anche attraverso queste pratiche comunicative, di operare per garantire a sé e ai suoi eredi la benevolenza medicea, non sembra di potere individuare tra i suoi consanguinei carriere veramente di spicco né al tempo del Magnifico né tantomeno dopo la sua scomparsa. Fatta eccezione per Marco e Nicola del resto, tutti gli altri suoi fratelli ebbero vite molto brevi. Giovanni, già minore per un'estrazione al priorato del 1458, ebbe l'ufficio straordinario (fu il solo a detenerlo) di Provveditore sopra le muraglie dei fortilizi di Borgo San

preghai che, per umanità vostra, mi fasciesi imborsare per Ghonfaloniere di Giustizia, della qual chosa mi desti intenzione di farlo, che mi rendo cierto voi l'abiate fatto e, pertanto esendo cosi, ardischo per questa mia con tutto el quore, preghare la prefata Magnificenza Vostra che a quella piacci farmi vedere questa volta che tocha el gonfaloniere nel quartiere di Santa Maria Novella e io sono in divieto perché Marcho mio fratello si truova essere al presente de' Singnori, che lo fe' la Vostra Magnificenza, e che cio che io hone e alsì e' miei fratelli d'onore e utile, tutto l'abiamo avuto dalla buona memoria di vostro padre e da voi. Lo richonosciamo. Adunque potendomi voi hora consolarmi di questo mio desiderio, inn eterno io e miei figliuoli ve ne resteremo servidori e schiavi perché gli infiniti benefisci riscievuti dalla casa vostra ci obrighono ad essere cosi. A Vostra Magnificenza al quale continovo mi rachomando e ofereimi 'sporre la vita mia e de' miei figliuoli quando per voi 'sporre bisognasse. Che Cristo filicissimo vi conservi e me in gratia di Vostra Magnificenza mantenga» ASF, *MAP*, LX, n. 385, 25 gennaio 1493 scritta dalla cittadella di Pisa.

28. «Io ò piu volte magnifico Piero considerato quanto sarebbe facile a chi ci volesse offendere, avendo al suo proposito Ferrara per la via della vostra montagna, non esendo provista né situata di fortezze dove si potesse fare agli adversarii risistentia, maxime non si guardando i passi perché gli huomini del contado di Modona e del Frigniano sono contighuii con quella et sanno chosì i passi chome i nostri, il che intendendo ristrignersi le cose e non sappiendo chi è al proposito vostro ne sto in gielosia grande, atteso della inportantia chell'è et con che facilità s'aquisterebbe. Et altra volta n'à dato assai che pensare allo stato vostro, ricordandomi del Sexantasei, al tempo di Bartolomeo da Berghamo che venne insino a Fiumalbo, et di poi la praticha che tenne Peraccino Baldinotti col s. Ruberto le quali stimo vi fierino tucte note et pertanto ò preso fiducia darne notitia alla Magnificenza vostra alla quale sempre mi rachomando», ASF, *MAP*, LXXIII, n. 114, 12 agosto 1494.

Sepolcro e fu Sindaco del capitano dalla fine di gennaio del 1484.[29] I suoi successi professionali non andarono oltre il 1491 anno in cui le Tratte lo segnalavano già deceduto.

Anche Battista ebbe una vita breve e una carriera ancora più contenuta: minore nelle estrazioni del 1465 e del 1471 fu finalmente dei Dodici nel 1481, Soprastante alle Stinche per un semestre dall'aprile del 1478, nel 1487 era già morto a meno di quarant'anni.[30] Marco, uno dei fratelli minori, fu forse uno tra i più in vista dei discendenti di Bernardo: già a specchio nel 1455, fu dei Dodici nel 1485, Priore nel 1493 e gonfaloniere di Compagnia nel 1506.[31] Detenne inoltre cariche di carattere finanziario in un paio di occasioni;[32] sposato almeno dal 1484 a Caterina di Domenico di Niccolò,[33] Marco fu un acceso sostenitore di Savonarola come rivela la lettera che sottoscrisse insieme a più di 300 cittadini firmatari indirizzata a papa Alessandro VI in difesa del frate.[34] Luigi nato nel 1451 (e dunque minore alle estrazioni del 1458 e del 1461) fu ragioniere ordinario del comune dal settembre del 1481,[35] e Gonfaloniere di Compagnia nel 1483 un anno prima di morire. Infine, Nicola, il più giovane dei sei eredi di Bernardo, fu Camerario di Arezzo per 6 mesi dal 27 giugno 1485, dei Dodici doganieri e passeggeri del contado fiorentino dal 1 agosto 1488, dei XII Buonuomini l'anno successivo e scribano delle torri per un anno dal 1 maggio 1495. Ebbe anche l'incarico di doganiere di Firenzuola per un anno dal 1 agosto del 1488.[36]

29. ASF, *Tratte, Intrinseci,* 904 c. 231r (c'era solo lui si tratta dunque di un ufficio evidentemente eccezionale) e c. 64v.

30. Ivi, c. 50v.

31. Tratte Online. Si veda inoltre, a suo nome, una lettera in cui si raccomandava a Piero dei Medici, pregandolo di non volerlo rimuovere dall'incarico che gli era stato affidato nella Cittadella Nuova di Pisa: «Magnifico Piero, [...] la prieghо, nonn avendo io eratto in chosa alchuna, li piacia avere per rachomandato che io non sia levato di qua, chonoscho che lla invidia mi fa questa guerra per l'essere io mandato qua da Vostra Magnificenza, quanto somamente la prieghо si degni fare ch'io non ricevi questa verghogna dell'essere rimoso di qua che se io chonoscessi avere eratto in niuna minima chosa nonne ardirei richiedremene a vostra magnificenzia alla quale con tutto mio chuore mi rachomando e ricordovi che vi sono servidore», ASF, *MAP*, LX, n. 366, 3 novembre 1492.

32. Fu Camerario di Castel san Giovanni dal marzo 1487 e Camerario della camera per un anno dal 1 maggio del 1495: ASF, *Tratte, Intrinseci*, 904 c. 133r e 905 c. 99r.

33. ASF, *Manoscritti*, 361, c. 612r.

34. Giudici, *Storia Politica dei municipi italiani*, 1851, p. 482.

35. ASF, *Tratte, Intrinseci,* 904, c. 93v.

36. Ivi, cc. 15r, 163r., 905, cc. 142r. e 158r.

All'inverso di quanto constatato nel capitolo precedente per i loro cugini, figli e nipoti di Giovanni di Simone, in questo caso sembra si possa complessivamente affermare come la sorte di Bernardo, Simone e Francesco (e dei loro eredi) apparisse più incerta di quella del loro padre: era ormai lontano, e non solo in termini cronologici, il tempo in cui nei primi decenni del secolo il loro genitore Piero di Simone e Guliano Vespucci, se pure parenti alla lontana, condividevano destini, fiducia e patrimoni. Adesso le fitte maglie di quella rete di affinità parentale e d'impresa, avevano finito per cedere alle pressioni del regime, e si erano sfaldate dietro il tormentato – e talvolta fallimentare – percorso di crescita che ciascuno di questi nuovi protagonisti tentava di perseguire in misura strettamente autonoma.

Ricorderemo a questo proposito le parole avvelenate con cui Piero Vespucci scrivendo al Magnifico si rammaricava del cattivo servizio che proprio quei parenti discesi da un ramo tanto caro a suo padre Giuliano, «i figliuoli di Bernardo Vespucci» gli stavano riservando approfittando del suo stato di debolezza.[37] Ricorderemo anche la perplessità espressa da Guidantonio nei confronti di Bernardo e, d'altra parte, le parole premurose dello stesso Guidantonio che, al culmine del suo successo, in una lettera del 1484, segnalava misericordiosamente al Magnifico il caso del suo cugino «Piero di Bernardo Vespucci el quale è vostro servidor, povero più che non si può pensare. [...] io ve lo raccomando quanto posso perché farete una elimosina a uno vostro vergognoso servidore, e a me piacere grandissimo».[38]

Parole che lasciano intendere come i figli di Bernardo fossero pervenuti a un pesante insuccesso nonostante la rapacità di cui il loro congiunto Piero li accusava.

I rami periferici

Abbiamo già osservato come una certa datata storiografia vespucciana ci abbia erroneamente abituato a pensare ai Vespucci come a una famiglia nobile e antica al pari delle molte fiorentine conosciute. Con uno sguardo diretto sui principali esponenti della casa tra la fine del XIV secolo e i decenni seguenti, si è cercato di documentare come ciò non corrisponda

37. ASF, *MAP*, XXXVII, n. 377 e *supra*, p. 114.
38. ASF, *MAP*, XXXIX, n. 137, 2 aprile 1484.

esattamente a verità isolando, tuttavia, alcune biografie di spicco che, già prima di Amerigo, portarono alla ribalta il nome della casa e dunque la memoria dei suoi appartenenti. Su questi individui, la cui storia è riccamente documentata, ci siamo finora soffermati nel dettaglio sempre con la consapevolezza che i Vespucci che nel XV secolo condussero un'esistenza brillante, conquistando posti di rilievo nella società e nella classe dirigente, si limitarono a pochissimi casi discesi dai capostipiti tre-quattrocenteschi Simone di Piero e Lapo di Biagio. Ampliando lo sguardo oltre questi casi più fortunati, o semplicemente più celebri, vediamo che la famiglia, intesa nella sua accezione più ampia, si presenta come un organismo fortemente disomogeneo e frammentario: se la fortuna sociale e pubblica della casata nel pieno Quattrocento si polarizzò (e comunque non sempre in maniera piana e duratura, come si è appena visto) intorno alle discendenze di costoro, ne restavano molti altri periferici, ancora residenti fuori città, spesso indigenti, certamente in uno stato di decoro parecchio più basso rispetto a quello dei parenti cittadini.

Il Catasto del 1427 ce ne mostra una casistica abbastanza significativa. Tra i Vespucci praticamente ridotti in miseria ancorché inurbati, troviamo monna Bartolomea, vedova di Biagio e quasi nullatenente: sua unica proprietà, le masserizie della casa in cui abitava e un credito di poco più di 110 fiorini che ancora doveva riscuotere per la sua dote dall'erede del marito defunto. La donna, 56 anni, abitava in santa Lucia Ognissanti in una casa o soppalco (dunque un ambiente abbastanza angusto), tenuta in affitto per 6 lire all'anno dai frati del Camerino, ed era naturalmente accatastata come miserabile.[39] All'opposto di Bartolomea, tra i Vespucci che, pur risiedendo in contado ancora nella prima metà del Quattrocento, non se la passavano malissimo, vi era certamente Antonio del fu Giovanni Vespucci del popolo di Santa Maria a Peretola. Non ne possediamo la dichiarazione fiscale al Catasto del 1427 ma conosciamo un testamento di poco più tardo che Antonio, malato ma «sue mentis compos et sobrius», dettò il 16 maggio del 1430 al notaio ser Andrea di Michele da Campi.[40]

39. ASF, *Catasto*, 75, c. 251r.

40. Già cinque anni prima Antonio aveva affidato al notaio le sue ultime volontà: al tempo era ancora vivo un suo figlio maschio Piero che venne designato erede universale (la notizia è tratta da ASF, *NAC*, 21426, c. 12 «Antonio di Giovanni Vespucci da Peretola fece testamento a di 2 di maggio 1425 e sua erede fece et istitui Piero suo figliuolo per ser Michele di Jacopo da Monte san Savino e lascio tra lopra e le mura e la sagrestia in tutto lire due»).

La prima cosa che colpisce e che distingue Antonio dai suoi parenti cittadini è la richiesta di sepoltura nella chiesa di Santa Maria di Peretola, nel territorio cioè alle porte di Firenze dove aveva residenza e identità familiare. [41] Privo ormai di discendenza maschile diretta, privilegiava la moglie Margherita e la figlia Lucia (già sposata a Martino di Francesco di Giunta), destinando loro vita natural durante, l'usufrutto, il reddito e i proventi di tutti i suoi beni, con la possibilità di venderli o alienarli parzialmente in caso di necessità. Ai tre nipoti nati dai suoi fratelli (Francesco e Domenico del fu Angelo di Giovanni e il loro cugino, Jacopo di Domenico di Giovanni) Antonio lasciava un terzo ciascuno per indiviso di un terreno a San Biagio a Petriolo;[42] infine nominava la figlia erede del restante patrimonio. Quello che sembrava essere il suo bene più importante, cioè la casa con corte, volta, palchi e altri edifici e quattro panora di terra a Santa Maria a Peretola (confinata tra l'altro con i beni di Giuliano Vespucci), Antonio sceglieva di lasciarlo all'ospedale di Santa Maria Nuova di Firenze, a patto che l'ospitalario (o altri per lui) si impegnasse a celebrare ogni 4 anni nella chiesa di Santa Maria a Peretola un *rinnovale sive obsequium* del valore di un fiorino d'oro per l'anima sua e dei suoi avi. In caso di inadempienza il legato sarebbe decaduto e i beni sarebbero pervenuti ai più prossimi consanguinei in linea maschile, presumibilmente dunque i nipoti su menzionati, con la stessa incombenza. La scelta dell'ospedale di Santa Maria Nuova, anziché quello di nuova fondazione del parente Simone Vespucci che a quest'altezza cronologica tutti i membri cittadini della casa sembravano privilegiare, rivela una certa distanza nella percezione degli elementi identitari. La qualità del lascito effettuato *pro remedio anime,* anche non conoscendo l'entità del patrimonio di Antonio, lascia supporre che egli non versasse in cattive condizioni per quanto ancora estraneo all'ambiente cittadino. Nel 1427 la sua dichiarazione fiscale non compare, ma ci sono invece, tra le pagine del primo Catasto quelle di almeno due dei nipoti rammentati nel testamento: Jacopo di Domenico, 38 anni, che abitava in affitto con altre due persone, presumibilmente con la moglie e un figlio,[43] e Francesco di Agnolo. Francesco in particolare ne emerge come uno degli

41. Si veda ASF, *Ospedale Santa Maria Nuova*, 70, c. 161 e anche ASF, *NAC*, 442, c. 82r-v.

42. Se tuttavia qualcuno dei nipoti avesse osato rivendicare per sé i beni che Antonio aveva lasciato alle due donne di casa, chiedeva la revoca temporanea del legato da intendersi esecutivo solo dopo la morte di Margherita e Lucia.

43. ASF, *Catasto*, 76, c. 335.

indigenti della casa: 60 anni, allibrato a Peretola, indebitato fino al collo per piccole somme, tra gabella del vino, probabilmente per la professione che esercitava, prestanzoni al Comune, affitti ai frati di Ognissanti, e creditori sparsi. Insieme a lui, il suo piccolo nucleo familiare: la moglie Nencia di 42 anni, i due figli maschi Parigi e Giovanni, nati a parecchia distanza l'uno dall'altro, come si comprende dalle età, rispettivamente di 20 e 8 anni, e l'ultima nata, la piccola Fiore di 1 anno e mezzo.[44] Quindici anni dopo, al Catasto del 1442 la portata era ormai intestata alla vedova Nencia, in possesso solo di una terra a Santa Maria a Peretola, ricevuta a titolo di restituzione della dote, dal cui affitto ricavava una dozzina di staia di grano all'anno.[45] Nencia abitava adesso nel popolo di San Piero a Monticelli, dove certo si era trasferita quando il marito era ancora in vita, «fuori della porta a San Friano in uno albergo di Simone di Lionardo bastiere del popolo di San Friano» a cui corrispondeva una pigione annuale. La situazione penosa del nucleo che Francesco, morendo, aveva lasciato era tragicamente riassunta nelle due righe con cui la vedova enunciava agli ufficiali del Catasto il suo stato di famiglia: «La detta monna Nenchia di eta di anni 60 e Parigi di anni 40 e Giovanni di anni 20 e non ànno più nulla in questo mondo».[46]

Nel 1458, venuta a mancare anche Nencia, restavano solo i due fratelli Parigi, ormai rimbambito («insano») e Giovanni. La famiglia faceva adesso capo al più giovane dei due, come anche la modesta attività di pizzicheria da poco avviata nei pressi della zona di inurbamento:[47]

> Avevo una compagnia io Giovanni detto, di pizzicagnolo e farina. Avealo fuori della porta a San Friano con Giovanni di Domenichino che il sito è di Neri di Gino Capponi. Cominciò detta compagnia a dì 23 dottobre 1455 e finì a di 8 di settembre 1457 e davamo di pigione l'anno fl. dodici ed èmi toccho e' debitori chome qui da pie' vedrete.

L'elenco dei debitori, così come Giovanni lo copiava dal suo libro segnato B per notificarlo agli ufficiali del Catasto rivelava una clientela locale composta da piccoli artigiani, operatori o forestieri. Accanto all'atti-

44. ASF, *Catasto*, 75, c. 284r.
45. ASF, *Catasto*, 619, c. 867r.
46. *Ibidem*.
47. ASF, *Catasto*, 814, portata n. 241, c. 130r e ss. Nel 1458 con Giovanni, 38 anni, e sua moglie Piera di 25, abitavano naturalmente il fratello Parigi ormai incapace di intendere e la moglie Caterina di pochi anni più giovane.

vità dichiarata come principale, operava anche come mediatore per piccoli prestiti presso alcuni artigiani e mercanti della zona che provvedeva a mettere in contatto con banchieri di più alto profilo come il parente Piero di Giuliano Vespucci o il ritagliatore Salvestro di Michele Lapi.[48]

A Peretola ancora nella prima metà del Quattrocento erano attivi i discendenti di un altro Vespucci, Michele di Bartolo.[49] Nel primo capitolo si è accennato a come il nipote di questi, Biagio di Francesco di Michele, nel 1437 fosse entrato in possesso di alcuni beni nella zona appartenuti alla madre Fia.[50] Pochi anni prima, il 14 ottobre del 1433, suo fratello Ambrogio, del popolo di Santa Maria a Peretola aveva fatto una donazione *inter vivos* di alcuni suoi beni a ser Amerigo di Stagio Vespucci del popolo di Santa Lucia Ognissanti, nonno del più noto Amerigo viaggiatore.[51] Si trattava precisamente di due case contigue con volte, pozzo, canali, orto, palchi, terre e altri edifici confinate oltre che con la strada pubblica col consorte Antonio di Giovanni. Il ricorso alla donazione tra due nuclei che non sembravano condividere granché e che si mostravano entrambi poco propensi agli investimenti immobiliari, porta a credere che si trattasse di una restituzione di un prestito o comunque di una cessione sotto altra forma di beni che già pertinevano di diritto a ser Amerigo, che infatti, il giorno stesso che li ebbe ricevuti, subito li affittò al peretolese Betto di Pino.

Se pure ancora vincolato alla zona di provenienza, ser Amerigo era ormai proiettato in una dimensione urbana. Il suo percorso di avvicinamento alla città è ben illustrato dalle prime dichiarazioni fiscali. Nel 1427 era accatastato insieme col fratello Giovanni di Stagio: i due dichiaravano una

48. Ivi, c. 130v.

49. Tra i Vespucci ancora legati all'area di Peretola ai primi del Quattrocento troviamo anche una domina Tessa moglie di Lapo di Pierozzo dei Vespucci della quale ci è noto un testamento datato 27 giugno 1407, in cui nominava eredi i nipoti, Filippo, Matteo, Giovanni e Domenico, figli di Domenico di Giovanni Lenzi (il testamento rogato da ser Giovanni Bencini Baldesi è citato in ASF, *NAC*, 21447 alla c. 54). La donna, che per lasciare tutto ai nipoti, era certo priva di discendenza diretta, doveva essere una stretta consanguinea di quel Domenico Lenzi, biadaiolo, noto autore di un libro in cui annotò le variazioni dei prezzi dei cereali, anch'egli originario della zona di Peretola. Forse ne era la sorella, più probabilmente la nipote: quel Domenico di Giovanni (padre dei nipoti che designò eredi), che poteva essere suo fratello oppure il figlio di un suo fratello, era presumibilmente il nipote del Lenzi biadaiolo, dal momento che Giovanni suo padre (Priore nel 1386) ne era il fratello. Si veda Pinto, *Il libro del biadaiolo,* pp. 11-13.

50. Vedi *supra*, capitolo 1.

51. ASF, *NAC*, 15591, c. 116r., 14 ottobre 1433.

casa nel popolo di Santa Maria a Peretola in «sul chanto della strada che va al *motrone*», che tenevano per loro uso. La portata faceva inoltre riferimento a una seconda casa che il padre aveva preso in tenuta di lunga durata «da' beni de' preti» circa 40 anni addietro, sul finire del XIV secolo, per la somma di 45 fiorini. Al momento della restituzione che avvenne presso la Compagnia di san Piero Martire, i Vespucci non poterono ottenere indietro la somma versata perché avevano perduto la carta che ne faceva fede.[52]

Tra le voci di debito-credito i due fratelli ricordavano pochi fiorini da riscuotere dall'erede di Giovanni Orlandini per denari che avevano sul banco Orlandini al tempo del suo fallimento[53] e delle questioni aperte con l'erede di Lionardo di Nicholo Falorni da Pescia per la somma di 100 fiorini per «ragione della dota della donna di ser Amerigho»; tra gli incarichi vi erano 80 fiorini di dote per la madre che abitava insieme a loro: la somma, da ripartirsi tra i tre fratelli, chiamava in causa oltre ad Amerigo e Giovanni anche il terzo figlio di Stagio, Niccolò «loro fratello che sta a Peretola ed à estimo». Al 1427 il nucleo familiare comprendeva ser Amerigo di 35 anni con sua moglie Nanna di 22 e due figli (Verdiana di 2 anni e Stagio di appena sei mesi); con loro vi erano anche Giovanni il fratello minore di 20 anni, e la madre monna Caterina di 55. Se incrociamo questi dati con la dichiarazione fiscale resa tre anni dopo da Giuliano di Lapo vediamo che ancora a questa altezza cronologica i figli di Stagio non erano completamente autonomi quanto a risorse economiche. Tra i beni che Giuliano elencava c'era anche una casa a Peretola «nella quale dicie sta Nichola di Stagio Vespucci e ser Amerigo suo fratello della quale dicie ne debba avere l'anno di pigione fl. 5 e che detti vi feciono fare una volta, e anche sono suoi stretti parenti, ch'egli né suo padre, dicie, non ebbe mai nulla di pigione»: per Giuliano, dunque, Niccolò e Amerigo erano da considerarsi parenti stretti, e questo forte vincolo di familiarità bastava a motivare la concessione a titolo praticamente gratuito dell'abitato. Insieme con la casa, inoltre, Giuliano aveva ceduto ai "cugini" alcune staia di terra vignata *alle chasacce*.

A distanza di dodici anni, Amerigo e Giovanni continuavano a presentare una dichiarazione congiunta. Adesso però il nucleo familiare si era prepotentemente allargato e con Ser Amerigo e Nanna c'erano molti più figli: sebbene non si facesse più menzione di Verdiana (forse mor-

52. ASF, *Catasto*, 75, c. 238v.
53. Si ricorda che l'Orlandini era stato socio di Piero di Biagio Vespucci a Bruges.

ta nel frattempo), accanto al primogenito Nastagio (15 anni n. 1427) si erano aggiunti al ritmo quasi di un figlio all'anno Bartolomeo (n. 1429), Fioretta (n. 1432), Giorgio Antonio (n. 1433), Margherita (n, 1434), Piera (n. 1435) e il giovane Jacopo di 2 anni (n. 1440).[54] Si deve aggiungere ad essi, oltre alla capostipite Caterina ormai settantenne, tutta la famiglia che anche Giovanni, 32 anni, aveva nel frattempo messo su: sua moglie Cosa, 27 anni e i loro 4 figli Piero di 10 anni, Agnolo di 8, Betta di 4 e Agnola di 2. È chiaro come a questo punto, nella necessità di un'abitazione nuova e più spaziosa, il processo di inurbamento poteva volgere a conclusione: la nuova casa cittadina, acquistata nel 1435 da Piero di Antonio di Piero di Vanni per la somma di 200 fiorini, confinava tra le altre proprietà con l'ospedale di Ognissanti che ser Amerigo rammentava come lo Spedale di Simone Vespucci a ricordare che quella fondazione, fiore all'occhiello della famiglia, era stata voluta da un suo parente.[55] Adesso, come il pioniere Simone, anche ser Amerigo aveva la sua residenza nel popolo di Santa Lucia Ognissanti, nella via nuova di Borgognissanti. Gli restavano i 2/3 della casa «per non divisa con Niccolò nostro fratello nel popolo di Santa Maria a Peretola «in sul canto della via che va al motrone» nella quale ora abitava appunto Niccolò con la sua famiglia. Con lui a Peretola anche la madre Caterina, l'anziana vedova di Stagio, che risiedeva là ancorchè enunciata tra le bocche del nucleo di ser Amerigo.[56] E, a ben guardare, sebbene la portata, come consuetudine, fosse a nome di entrambi i fratelli, anche Giovanni era rimasto in contado: abitava «una casa nel popolo di Santa Maria a Peretola luogo detto nella corte de' Mazinghi», casa «presa in tenuta» da sua moglie per la dote della madre e ancora «in quistione».[57]

Nonostante la divaricazione città campagna delle loro residenze fosse ormai da tempo un dato di fatto, ancora nel 1458 i due fratelli figuravano accatastati insieme.[58] A quest'altezza cronologica ser Amerigo, che aveva

54. ASF, *Catasto*, 619, c. 106r e ss. Nastagio di ser Amerigo di Stagio Vespucci nacque il 28 maggio del 1426, Bartolomeo il 29 settembre del 1428 e l'ultimo fratello, Giorgio Antonio il 22 aprile del 1434 (Rispettivamente in ASF, *Tratte Libri delle età*, 80, cc. 160v, 120v e 135r).

55. Si veda oltre al Catasto, la carta di vendita del 15 febbraio 1435 in ASF, *NAC* 15591, c. 205v.

56. ASF, *Catasto*, 619, c. 106r.

57. ASF, *Catasto*, 619, c. 106v.

58. ASF, *Catasto*, 813, Vespucci ser Amerigo e Giovanni di Stagio, portata n. 34.

già avviato la sua duratura e pressoché regolare carriera negli uffici comunali, era ormai stabilmente residente in città nella casa acquistata nel 1435. Manteneva la proprietà della casa a Peretola, sull'angolo di via del Motrone che affittava per 5 fiorini all'anno al nipote Michele, figlio di suo fratello Niccolò, che vi abitava con la famiglia. A carico di ser Amerigo si contavano inoltre pochi terreni tra San Martino a Brozzi e Peretola e qualche possedimento a Pescia, nella zona di provenienza della moglie.[59] La solidarietà esercitata da ser Amerigo nei confronti dei consanguinei più stretti si protrasse fino praticamente oltre la sua vecchiaia ricadendo sui suoi eredi. Quando anche il fratello Giovanni venne a mancare i suoi figli vennero accolti sotto l'ala protettiva dello zio notaio, come essi stessi rivelavano nel dichiarare di essere stati a catasto sotto il nome di ser Amerigo di Giovanni di Stagio nel 1470.[60] A distanza di piu di dieci anni la loro situazione non sembrava dare segni di miglioramento. Dediti tutti a professioni umili e sicuramente dalla scarsa redditività (questo l'elenco disarmante delle bocche: «Piero detto anni 48 mugnaio, Agnolo anni 42 non si sa se è vivo o morto, Stagio anni 36 fa el mugnaio, Michele anni 28 tesse panni lini a Peretola, Giuliano detto anni 21 fa el materassaio») i cinque fratelli dichiaravano di abitare «una casa che è di ser Nastagio Vespucci della quale non paghiamo prezzo alcuno perché siamo poveri, e lui ha compassione di noi chome nostro congiunto».[61]

Mancato il vecchio ser Amerigo, il loro più prossimo benefattore tra i parenti, aveva adesso le sembianze del figlio ser Nastagio, talmente compassionevole della loro condizione da non chiedere loro alcuna pigione.

A fronte di una evidente disomogeneità di profili, carriere e destini, il quadro documentario raccolto per la prima metà del secolo restituisce una certa coesione parentale e soprattutto una basica relazione di solidarietà tra i diversi Vespucci: solidarietà da parte degli strati più alti verso quelli più indigenti (si pensi alla pietà con cui Giuliano di Lapo e suo padre con-

59. Già precedentemente al 1442, Ser Amerigo aveva dichiarato di possedere alcune terre e vigne sparse nel comune di Pescia. Si trattava di una forma di assicurazione sulla dote della moglie che, come si ricorderà proveniva proprio dalla zona di Pescia: questi beni infatti, ser Amerigo dichiarava di averli ricevuti «per sicurtà da' maestri Michele e ser Nicholo di maestro Piero, suoi cognati, per resto di dota restava avere da loro» di sua moglie Nanna, loro sorella. Nel 1442 ser Amerigo, evidentemente entrato in possesso del residuo della dote, restituì la maggior parte di questi beni ai cognati.

60. ASF, *Catasto*, 1010, c. 403r (Vespucci Piero di Giovanni di Stagio).

61. *Ibidem*.

sentivano ai figli di Stagio di abitare le loro case senza corrispondere loro l'affitto), ma anche solidarietà da parte degli strati medi nei confronti di quelli più bassi come rivela la lunga e duratura attenzione per i cinque figli di Giovanni beneficiati dalla tutela di ser Amerigo prima e di suo figlio Nastagio poi. Al contempo si coglie anche una certa relazione di fiducia verso i più abbienti come dimostrato, per esempio, dal fatto che già nei primi anni Trenta i tre fratelli Amerigo, Niccolò e Giovanni, eredi per testamento del padre Stagio, avevano scelto come procuratore per certi loro affari il lontano cugino Piero di Simone.[62] L'ascesa recente della famiglia, l'assenza di una compatta tradizione professionale e identitaria, il processo di inurbamento tardivo e selettivo, la fortuna conclamata di pochi dei suoi esponenti a fronte di una diffusa medianità (e mediocrità) di condizioni sociali ed economiche degli altri, faceva sì che ancora una certa coesione parentale trovasse spazio tra i suoi membri. Il rancore e gli antagonismi interni, tipici delle casate ramificate più risalenti, si limitavano a interessare, come abbiamo visto, le dinamiche strettamente personali di quei pochissimi individui tra i Vespucci che si erano messi in gioco politicamente.

I discendenti di ser Nastagio di Amerigo, nuovi Vespucci di città

La compassione nei confronti dei congiunti più poveri, non deve indurre a credere che ser Nastagio di Amerigo, padre del futuro viaggiatore, alla metà del secolo navigasse nell'oro. Era, anzi, a capo di uno dei nuclei familiari più modesti tra quelli cognominati Vespucci.

Come primogenito, ser Nastagio aveva seguito le orme del padre e come lui si era specializzato nella professione notarile. Diversamente da lui invece, i due fratelli più piccoli avevano preso altre vie: Bartolomeo si era votato all'attività mercantile mentre Giorgio Antonio, portato per gli studi umanistici, aveva seguito la vocazione ecclesiastica fino a divenire, come è noto, canonico del Duomo per poi vestire, negli ultimi anni della sua vita, l'abito domenicano.

Notaio figlio di notaio, ser Nastagio aveva preso in moglie Lisabetta Mini, anche lei figlia di un notaio, ser Giovanni Mini, proveniente da Montevarchi. Fu dalle loro nozze che nella primavera del 1454, nacque Amerigo, terzo dei cinque figli che la coppia avrebbe messo alla luce. Insieme ai

62. ASF, *NAC*, 15590, c. 41r-v. 1431, 10 novembre.

genitori e ai suoi fratelli Amerigo risiedeva nell'attuale borgo Ognissanti in quella zona che appunto rappresentava il cuore dell'area di insediamento dei suoi antenati. Alla proprietà della casa ser Nastagio, inizialmente notaio dell'Arte dei Vaiai, aveva aggiunto nel 1470 un terreno a Brozzi e un altro a santa Maria a Peretola, mentre nella casa di Peretola, continuava ad abitare lo zio Giovanni (come da concessione del vecchio Amerigo suo padre, che Nastagio non aveva voluto interrompere). Nel 1480 ser Nastagio era diventato notaio dell'Arte del Cambio e aveva acquistato due nuovi poderi: uno a San Felice a Ema, l'altro a San Mauro a Signa. Insieme a lui abitavano la moglie Lisa, i quattro figli maschi Girolamo, Bernardo, Antonio e Amerigo e la moglie di Antonio, Caterina. La figlia Agnoletta era probabilmente morta nel frattempo. La famiglia tuttavia non godeva di grosse sicurezze economiche: il primogenito Antonio che come il padre e i due nonni aveva scelto la professione notarile era il solo ad avere un'occupazione regolare; Girolamo già in precedenza impiegato presso l'Arte della lana si definiva «iscioperato» e anche Bernardo il figlio minore, pure iscritto all'Arte della lana, figurava al tempo privo di una qualunque fonte di reddito. L'unico vero fattore di distinzione, in questo panorama familiare che la dichiarazione catastale mostrava come abbastanza desolante era rappresentato proprio da Amerigo che si trovava in Francia, lontano da casa, al seguito, come sappiamo, dello "zio" ambasciatore messer Guidantonio.[63]

In effetti gli stralci di corrispondenza superstite di cui si dispone per i fratelli di Amerigo ne confermano lo stato di precarietà: se pure non realmente «scioperati» come denunciato nel Catasto per occultare la loro reale attività, vivevano effettivamente uno stato di cose poco florido. Nel febbraio del 1488 per esempio Bernardo scrisse ad Amerigo da Buda, in Ungheria, dove alloggiava come contabile presso il maestro Chimenti. Il quadro che Bernardo descriveva era estremamente precario; come spesso accadeva in questi viaggi in realtà distanti, il suo destino era nelle mani di un protettore: nel suo caso, come degli altri italiani, in quelle del re che

63. Sulla biografia di Amerigo e dei congiunti parte del suo nucleo familiare, esiste una vasta e ormai consolidata produzione storiografica alla quale in questa sezione ci si rifà: Formisano, *Amerigo Vespucci. La vita e i viaggi*, pp. 68-97, Caraci, *Per lasciare di me qualche fama,* pp. 48 e ss., Caraci, *Amerigo Vespucci*, pp. 57-124 (in particolare le pp. 66-74) e anche l'introduzione di L. Perini a *Amerigo Vespucci, Cronache epistolari. Lettere 1476-1508*. Più in generale sulla questione vespucciana e sulla dimensione extrafiorentina di Amerigo, si vedano i saggi di V. Chegai, L. Formisano, S. Gentile e L. Rombai in *Vespucci, Firenze e le Americhe*. Si veda anche in merito Varela, *Colombo e i Fiorentini*.

al momento li tutelava. La protezione accordata loro dal sovrano non era evidentemente sufficiente a far sì che Bernardo si sentisse al riparo dai rovesci della sorte:

> Sollo questa per avisarti chome le chose pasano di qua. [...] E anche per altri ara' innteso la ventura mia non è anchora pasata, e no mi isbighotischo per anchora, e non feci mai la migliore pensata. Per me sollo è un dubio: se questo re morisi, saremo tutti italiani morti. [...] Siché priegho Idio per lui ongni matina chello mantengha sano, inperò noi no ci abiamo il magore amicho che lui.[64]

Pochi mesi dopo, a settembre, Amerigo riceveva una lettera dall'altro fratello, Girolamo che si trovava a Rodi come frate gerosolomitano, ordine del quale era entrato a far parte nella speranza di garantirsi un avvenire. La lettera era carica di rancore per la poca attenzione che i suoi parenti più stretti sembravano riservargli:

> io non posso fare non mi doglia di tuti voi di chasa, e questo si è che molto mi maraviglio faciate sì pocha istima di me; egli è piu di dua anni che mai non ho aùto nesuno aviso da nesuno di voi. Non so si sia la chagione; chredo sia lo pocho amore mi portate, non chredo che sieno e mia mali portamenti, che per la grazia di Dio infino a qui non v'ò fato verghognia nesuna.[65]

Parole dure che tradivano un senso di abbandono neanche troppo velato, forse una certa fragilità che lo stare lontano non aveva irrobustito e, certo, la consapevolezza di una coesione famigliare più formale che di sostanza come sembrava rivelare quel passaggio in cui Girolamo, quasi mettendosi sotto accusa, non riusciva a cogliere nel suo operato alcunché che potesse risultare biasimevole per i suoi congiunti. Al di là della delusione maturata verso un contesto di appartenenza da cui si sentiva ormai sradicato Girolamo, che si trovava in difficoltà economiche, scriveva anche per chiedere un aiuto materiale. E rammentando i due zii «messer Ghuido Antonio et messer Giorgio Antonio» i due consanguinei che al momento percepiva come quelli maggiormente provvisti di autorità ed influenza, e che sapeva essere entrambi vicini a suo fratello Amerigo, si raccomandava loro «che non mi voglino abandonare, et simile alla mia chara madre et a tutti». Poi, forse provato dalla lontananza, forse solo inasprito dalla sorte che gli era toccata, tornava a insistere sul malessere che la noncuranza dei suoi familiari gli generava:

64. ASF, *MAP*, LXVIII, n. 185 edita in Caraci, *Amerigo Vespucci, Tomo I, Documenti*, p. 33.
65. ASF, *MAP*, LXVIII, n. 191 edita ivi, p. 30 e ss.

> Io v'ò mandato avisare di mia necesità e bisogni, e vegho perdo tempo et fogli, che non ne fate niente: almancho le limosine che fanno l'anno volghile a me, che le aceterò per l'amor di Dio, che sono povero; meglio è che l'abi io, che sono de' vostri, che gli istrani.[66]

E ancora, proseguiva:

> ti prieghο che non ti inchresca lo ischrivermi qualche volta; egli è più di dua dua anni che da nesuno di voi nonn ho mai auto nesuna letera: istonne molto maravigliato. [...] Te lo riplicho dua volte, perché te ne richordi. Io non sono però in chapo del mondo che sia gran dificultà; qui tuto giorno venghono pasagi per la via di Vineza et per la via di Napoli, et hogniuno à letere, acceto che io.[67]

Girolamo insomma ricordava che Rodi non era poi così lontana da giustificare tanta negligenza e tanto inaccettabile silenzio: lamentava di avere inviato lettere rimaste senza risposta, di aver sprecato carta e di continuare a farlo, suo malgrado, per famigliari che evidentemente di lui non intendevano saperne niente.[68]

Nel raccomandarsi in particolare agli zii GiorgioAntonio e Guidantonio, individuava con precisione gli unici due membri della casa al tempo in grado di poter realmente intervenire per agevolare le sorti degli altri familiari. Fu in effetti proprio con costoro, per circostanza più che per pianificata deliberazione, che ebbe a che fare il giovane Amerigo. Diversamente dagli altri figli infatti egli era stato affidato fin da giovanissimo, dal padre Nastagio, alle cure di suo fratello maggiore Giorgio Antonio, l'umanista di casa. Giorgio Antonio si occupò dell'educazione e dei rudimenti letterari del giovane nipote offrendogli sicuramente insegnamenti fondamentali, venati di suggestioni anche geografiche e matematiche come egli stesso le aveva apprese dal Toscanelli.[69] L'aiuto offerto dallo zio non si limitò all'educazione vera e propria. Giorgio Antonio ebbe anche il merito di introdurre Amerigo a quel

66. *Ibidem.*
67. *Ibidem.*
68. Tornati a Firenze entrambi, Bernardo morì nel 1514 e Girolamo, che divenne nel frattempo domenicano in San Marco, venne a mancare dieci anni più tardi nel 1525. Antonio fu il solo tra i quattro fratelli a non allontanarsi mai da Firenze, se non per studiare legge a Pisa. Tenne per trenta anni l'ufficio di Cancelliere delle tratte e morì, infine, nel 1535. Formisano, *Amerigo Vespucci. La vita e i viaggi*, p. 79.
69. Ne è testimonianza per esempio un famoso quaderno di mano di Amerigo conservato in Biblioteca Riccardiana che contiene esercizi in latino e che risale probabilmente al 1476, ivi, pp. 82-85.

network di relazioni che avrebbe poi dato slancio alla sua carriera: quando nel 1476 egli scelse di condurre Amerigo con sé, presso la villa del Trebbio di Lorenzo di Pierfrancesco in Mugello, per sfuggire a un'epidemia di peste, approfittò della circostanza per metterlo in contatto con quelli che sarebbero diventati presto i suoi primi datori di lavoro. Fu probabilmente sempre lui che operò per segnalarlo all'altro cugino, Guidantonio, che si apprestava a compiere la sua ambasciata in Francia al posto di Donato Acciaioli. E di certo, se per la carriera di Amerigo si rivelarono assai più decisivi i rapporti coi Medici Popolani che non quelli col Magnifico, la tutela dello zio contribuì fortemente a distinguere la sua sorte da quella dei fratelli.[70]

Se Giorgio Antonio fu per Amerigo il primo lasciapassare per l'ambiente dei Medici Popolani che avrebbero poi fatto la sua fortuna, egli fu probabilmente l'ancora di salvezza anche per l'altro nipote, Giovanni di Bartolomeo. È il caso infatti di precisare come la situazione complessiva di questo nucleo Vespucci al Catasto del 1480 mostrasse, nella pure diffusa modestia di prospettive, forti disparità. Nastagio e Giorgio Antonio, prudenti, avevano trovato la loro collocazione nella turbolenta Firenze laurenziana operando scelte rassicuranti quali l'attività notarile il primo e la vestizione dell'abito religioso il secondo, mentre Bartolomeo, diversamente da loro, si era avventurato a seguire la tradizione mercantile. Mancato quando ancora non aveva 52 anni, al Catasto del 1480 egli lasciava un giovanissimo orfano costretto a vivere grazie alla misericordia dei parenti. Il piccolo Giovanni di Bartolomeo infatti, era classificato come «di età di anni 7, pupillo orfano et povero». A conferma di ciò il fatto che egli avesse rifiutato l'eredità del padre che quasi certamente consisteva in un mucchio di debiti e abitasse, «per non diviso», una casa con suo zio Giorgio Antonio di ser Amerigo.[71] L'unico bene dichiarato, una terra lavorativa e parzialmente vignata, che faceva parte di «un podere nel popolo di San Martino a Paperino», Giovanni lo possedeva praticamente a titolo di risarcimento della dote di sua madre Maria.[72]

70. Nel 1497 Giorgio Antonio ricevette l'abito domenicano in San Marco e nel marzo del 1499 fece la sua professione di fede all'ordine che mantenne fino alla morte nel 1514. Egli fu, oltre che un brillante umanista, un ottimo amministratore come già era stato Simone Vespucci. Lo rivelano gli atti rogati dal nipote notaio ser Antonio relativi alla compera e all'affitto di terre e delle sua partecipazione alla società delle mulina d'Ognissanti, ivi, pp. 79 e 97. Per la figura di Giorgio Antonio si rimanda al recente lavoro di Karl Schlebusch uscito mentre questo libro era in bozze.

71. ASF, *Catasto*, 1010, c. 28r e ss.

72. *Ibidem*.

Nonostante la prematura scomparsa di entrambi i genitori, la sorte arrise a Giovanni nella forma di quell'assistenzialismo parentale che ancora animava la casa e che, in questo caso, aveva il volto e i mezzi dello zio Giorgio Antonio. Invece di condurre un'esistenza di stenti e di miserie Giovanni venne accolto sotto la sua ala protettiva e sicuramente anche sotto i suoi insegnamenti attenti e preparati; nel giro di qualche anno anche lui fu introdotto all'ambiente ecclesiastico e proprio come canonico del Duomo lo ritroviamo menzionato, all'età di 25 anni o circa, in uno dei primi testamenti stesi da Giorgio Antonio alla data del 15 maggio 1497.[73] Al nipote, come lui canonico fiorentino, Giorgio Antonio lasciava una ricca serie di mobili e masserizie,[74] sopravesti da indossare orlate di pelliccia presumibilmente di un certo valore («1 mantello di panno pagonazzo con dua suoi cappucci, 1 colle pancie e l'altro col taffetta, uno altro mantello monachino nuovo col suo cappuccio foderato di pancie») e, infine, quella che ai suoi occhi figurava certo come la parte più cospicua del suo patrimonio, la libreria: il testamento elencava tra i lasciti destinati con formula esclusiva al nipote, una ricca serie di testi che spaziavano dal diritto canonico alla filosofia.[75] Gli destinava inoltre alcuni paramenti liturgici: «1 calice co' la sua patena nuovo non consecrato con smalti di nostro singnore nostra donna san Giovanni, san Zanobi e san Giorgio, tutte le sue cotte da preti» cui si aggiungevano oggetti della tradizone famigliare: «tutte le cose che sono in casa di detto testatore da mangiare e da bere, e' cucchiai d'argento

73. ASF, *NAC*, 10094, testamento di Giorgio Antonio Vespucci del 15 maggio 1497 alle cc. 331r-334v. Il testamento definitivo fu tuttavia quello successivo del 23 marzo 1499 alle cc. 346r-349v. più i codicilli del giorno seguente alla c. 350r-v. Una copia di questo atto, come segnala una scritta a fianco dell'intestazione, venne consegnata qualche mese più tardi il 24 ottobre a ser Antonio Vespucci come curatore.

74. «Uno lecto fornito de sacchone, materassa, coltrice et dua piumacci, 1 panno d'arazzo fiorito che fu di suo padre, 1 coltrone, 4 paia di lenzuola a sua scelta, 2 guanciali d'arazo et 4 altri guanciali con federa a sua scelta, 1 lectuccio con materassino, 1 tappeto a sua scelta, 2 paia di casse e la carriuola con suo fornimento», ivi, c. 331v e ss.

75. «Ad eiusdem domini Johannis usum e pro suo usu solum et dumtaxat niuno aliter [...] tutti e' testi di ragione canonica in migliore forma; 1 Bibbia in quatro volumi con Nicolo de Lira, tutte l'opere dell'arciveschovo Antonio in 4 volumi cioe la Somma, una altra Bibbia in uno volume sanza comento, notata d'oro e azuro in mangnibus legata et miniata con canti d'ottone, uno breviario grande et uno piccolo, uno messaletto legato a sua scelta, la pisanella, la somma evangelica, moralia Nicolai de Lira, moralia Sancti Gregorii, le 'pistole di san Giovanni in 2 volumi maggiori legati et miniati con canti d'ottone, Augustino De Civitate Dei, qualunche vuole de dua sermones et opuschula Augustini, san Tomaso contra gentiles miniato et legato con canti d'ottone coperto di moro giallo», ivi, c. 332r. e ss.

coll'arme de' Vespucci che furono di detto Bartolomeo, l'anello d'oro fu di detto Bartolomeo intagliato, una vespa coll'arme». Beni insomma che erano appartenuti al padre di Giovanni e che attestavano la nobilitazione che la famiglia si era conquistata nel tempo: un'acquisizione progressiva che si rendeva manifesta nella diffusa ostentazione di uno stemma risalente ad anni recenti e impiegato ora, alla stregua di un'insegna nobiliare, nello stovigliame d'uso privato e nei complementi di abbigliamento. Una scelta che si doveva certamente, come sembra di comprendere tra le righe del testamento di Giorgio Antonio all'abilità mercantile di suo fratello Bartolomeo, il mercante di famiglia che, sebbene avesse concluso i suoi giorni lontano dall'opulenza maturata negli anni, doveva avere condotto un'esistenza piuttosto agiata come rivelano appunto questi elementi di corredo, indicativi di un raggiunto livello di benessere.

L'operato di Giorgio Antonio si configurò dunque provvidenziale per il benessere di almeno due dei suoi nipoti, segno che non sempre i parenti erano nemici maldisposti e cupidi dalla cui avidità ci si doveva guardare (come sembrava suggerire il Morelli, memore della pessima esperienza vissuta da suo padre, nei suoi insegnamenti ai pupilli).[76] Kent rilevava diversi anni fa, che la tipologia "avuncolare", ovvero la famiglia con a capo uno zio, poco diffusa nelle famiglie di antica tradizione nelle quali prevaleva, semmai, il modello della fraternita, risultava più facile da ritrovarsi nelle famiglie di ascesa più recente.[77] Si tratta in effetti di una tendenza che non era affatto estranea all'universo vespucciano: abbiamo visto il caso di Giuliano di Lapo inizialmente affidato alle cure di Piero, la premura di ser Nastagio verso i nipoti meno abbienti e infine, l'attenzione mirata di Giorgio Antonio verso Amerigo o Giovanni di Bartolomeo. In questi casi lo zio operava a tutela di certi aspetti dei minori della casa, per un periodo circoscritto, esattamente come un *alter ego* del capofamiglia, perfettamente in linea con quanto intuito da Kent, per il quale la famiglia "governata da uno zio" era «nondimeno solo una fase temporanea sul ciclo di sviluppo che la maggior parte delle casate attraversava».[78] Certo va ricordato che, anche se lo zio in questione non figurava come capo della famiglia nucleare o di appartenenza fiscale (come nel caso di Giorgio Antonio con Amerigo) spesso aveva un peso (e non di minore importanza) come referente socia-

76. Morelli, *Ricordi*, pp. 140-142.
77. Si pensi per es. ai Ginori studiati da Kent, *Household and lineage*, p. 30 e ss.
78. Ivi, p. 33 (la traduzione dall'inglese è mia).

le. Valeva, insomma, come figura di riferimento in grado di introdurre ad ambienti nuovi, offrendo alle giovani leve le stesse garanzie di affidamento che avrebbe offerto loro la figura paterna, e agiva a tutela degli interessi dei nipoti più giovani non necessariamente sostituendosi a un genitore morto ma, piuttosto, alternandosi a lui su piani piu congeniali.

Canali di affermazione sociale

Nel testamento di Giorgio Antonio, tra le altre cose, si faceva riferimento a una cappella dei Vespucci nella chiesa di Ognissanti e, d'altronde, l'intera zona, con l'ospedale fondato dall'avo Simone e con la chiesa che ne ospitava le sepolture, costituiva uno tra i più significativi spazi identitari dei vari rami della famiglia. La cappella ricordata da Giorgio Antonio non era però la sola pertinente alla casata all'interno della chiesa di Ognissanti: in essa, infatti, dovevano esistere almeno tre cappelle fatte fare dai Vespucci. Il dato, che viene riportato dagli studi del Richa, trova conferma nelle lapidi e negli spazi sepoltuari di Ognissanti schedati con perizia qualche secolo prima da Cosimo Rosselli nel suo sepoltuario.[79] Procedendo nell'ordine in cui lo stesso Richa le elenca, una era quella nota come «cappella di Santa Lisabetta Regina d'Ungheria» (cosi detta, al tempo dello studioso savoiardo, per la tavola eseguita da Matteo Rosselli e posta nella Cappella Vespucci che a lungo occupò la parete scialbata sotto la quale erano occultati gli affreschi realizzati dal Ghirlandaio nella seconda metà del Quattrocento); la seconda, che si trovava in «testata» cioè in testa al transetto destro della chiesa, era la cappella del Santissimo nome di Gesù, dei Vespucci (che subì rimaneggiamenti nel Settecento), e infine, «allato alla sagrestia» vi era la terza cappella dei Vespucci contenente tra le cose di rilievo «un presepio colla capanna e la gloria degli angeli fatte da Agostino Veracini».[80]

La più antica tra queste è sicuramente la seconda cappella, quella in cui, come da testimonianza del Richa si trovava, ai piedi dell'altare del

79. Si veda Richa, *Notizie istoriche delle chiese fiorentine*, tomo IV, p. 252, *Lezione XXV, Della chiesa di Ognissanti*, I p. 259, e *Lezione XXVI, Della chiesa di Ognissanti*, II, pp. 266-270.

80. Il Richa prosegue con un terzo modulo della lezione su Ognissanti (*Lezione XXVII, Della chiesa di Ognissanti*, III, p. 279.

Gesù, una lapide con epitaffio «in memoria del fondatore». Questo è quanto si legge nell'iscrizione gotica incisa sul perimetro della lapide rettangolare: «sepulcrum Simonis Petri de Vespuccis, mercatoris ac filiorum et descedentium et uxoris que fieri ac pingi fecit totam istam cappellam pro anima sua. Anno MCCCLXXIII», con riferimento all'anno della costruzione della cappella, 1373, e non a quello della morte del suo fondatore Simone che, come sappiamo, avvenne dopo il 1400.[81]

Il primo committente della cappella, dunque, quello a cui se ne può ascrivere la fondazione originaria, fu sicuramente Simone di Piero: lo stesso mercante che aveva fatto costruire l'ospedale, scelse la chiesa di Ognissanti per edificarvi uno spazio destinato alla sua sepoltura e a quelle dei suoi discendenti. Nonostante che Simone avesse dato disposizioni per la decorazione della cappella oltre che per la sua edificazione, l'operazione fu probabilmente più lunga del previsto. Quasi cinquanta anni dopo, in un testamento del 1429 e poi di nuovo in un secondo del 1431, suo figlio Piero destinava una somma cospicua proprio per far dipingere la cappella voluta in Ognissanti da suo padre, segno che ancora la realizzazione dell'opera non era del tutto conclusa. Esattamente nello stesso periodo anche Giuliano di Lapo Vespucci (consanguineo di un altro ramo della casa, ma strettamente legato a Piero oltre che suo socio in affari), offriva il suo contributo alla causa destinando anche lui, in via testamentaria, una somma considerevole per gli affreschi della cappella. È probabile che Giuliano ancora a questa altezza cronologica facesse riferimento alla stessa cappella a cui si riferiva Piero, dal momento che il passo relativo a questa disposizione non aggiungeva altri dettagli. È però verosimile ipotizzare che, con un altro atto privato, o con un testamento successivo (quello del 1431 non fu certamente quello definitivo di Giuliano che morì nel 1466) egli avesse provveduto nel tempo a dotarsi di un nuovo spazio sepolcrale destinato alla propria discendenza, magari contiguo a quello già esistente dei Vespucci. E in effetti, proprio vicino alla sagrestia, una «iscrizione in un fondo di marmo pure dei Vespucci», come ricordava il Richa, recita «Juliano Vespuccis posterisque suis A.D. MCCCCLXVI».

Si può dunque concludere, ma restiamo nel campo delle ipotesi, che la seconda cappella Vespucci fu strettamente contigua alla prima e pertinente all'altro ramo protagonista dell'ascesa quattrocentesca della famiglia, quello appunto di Giuliano di Lapo.

81. La lettura dell'anno mccccxxvi del Richa è evidentemente errata, *ibidem*.

La terza e ultima cappella dei Vespucci che si trova nella chiesa di Ognissanti, sebbene oggigiorno sia senza dubbio la più famosa, fu invece probabilmente la più recente, l'ultima cioè in ordine di tempo ad essere commissionata e addobbata. Si tratta della seconda cappella visibile entrando sulla destra del corpo centrale della chiesa: fu affrescata da Domenico Bigordi detto il Ghirlandaio (e forse da qualche suo collaboratore) tra il 1471 e il 1472 ma gli affreschi furono riscoperti solo alla fine dell'Ottocento perché a lungo nascosti dietro una mano di scialbo. A lato della cappella una lapide oggi murata in verticale, ricorda la sepoltura di ser Amerigo, il padre di ser Nastagio e nonno del celebre navigatore: fu sua e dei suoi fratelli la commissione di questo terzo spazio di sepoltura vespucciana a suggellare definitivamente l'avvenuto accoglimento, se pure tardo, di questo nuovo nucleo Vespucci nel tessuto urbano della città.[82]

Una certa tradizione storico artistica ha creduto a lungo di riconoscere nei personaggi che fanno da corona inginocchiati attorno alla Vergine che con i lembi del mantello aperto li accoglie sotto la sua protezione, alcuni membri della famiglia Vespucci, separati per genere (gli uomini a sinistra le donne a destra) tra cui in particolare un giovanissimo Amerigo, subito a sinistra della Madonna e l'antenato Simone fondatore dell'ospedale vestito di rosso, e un po' di profilo in primo piano. Revisioni recenti di questa lettura sarebbero invece più portate a individuare il giovane Amerigo e lo zio Giorgio Antonio nelle due figure vestite rispettivamente di rosso e di scuro dipinte tra gli astanti dell'affresco della Pietà. Ciò confermerebbe l'idea di Giorgio Antonio come committente dell'opera. Si ritiene infatti che l'incarico al Ghirlandaio dell'affresco della Pietà di Cristo e di quello, nella lunetta soprastante, della Vergine della Misericordia provenisse proprio dal maestro e umanista Giorgio Antonio che afferiva allo stesso ambiente.[83] Negli anni in cui Ghirlandaio realizzò questi affreschi, era iscritto alla Compagnia di san Luca, la compagnia laicale che radunava al suo interno i pittori della città, e che si considera alle origini della successiva Accademia delle arti e del disegno,[84] alla quale partecipava negli stessi anni anche Sandro Botticelli. E al Botticelli effettivamente si rivolse Giorgio Antonio, sul finire del secolo, per la realizzazione di alcune decorazioni su un arco

82. Si veda Schlebusch, *Neue dokumente zur Vespucci-Kapelle in Ognissanti.*

83. *Ibidem.*

84. Vedi voce DBI, Bigordi Domenico detto il Ghirlandaio di M. Chiarini, vol. 10 (1969).

della cappella rimasto sguarnito. È probabile dunque che sia stato proprio su richiesta di Giorgio Antonio, che entrambi i due artisti ebbero modo di lavorare per la cappella Vespucci.

Il Vasari ricordava così l'opera svolta dal Ghirlandaio in Ognissanti:

> furono le sue prime pitture in Ognisanti la cappella de' Vespucci, dov'è un Cristo morto et alcuni Santi, e sopra uno arco una Misericordia nella quale è il ritratto di Amerigo Vespucci che fece le navigazioni dell'Indie; e nel refettorio di detto luogo fece un Cenacolo a fresco.[85]

Ed era ancora il Vasari a rammentare come anche Sandro Botticelli fosse intervenuto poco tempo dopo per affescare un tramezzo nella chiesa di riferimento vespucciana, ingaggiando una sorta di competizione personale proprio con l'opera del suo noto predecessore:

> in Ognissanti <il Botticelli> dipinse a fresco nel tramezzo, alla porta che va in coro, per i Vespucci un Sant'Agostino, nel quale cercando egli allora di passare tutti coloro ch'al suo tempo dipinsero ma particolarmente Domenico Ghirlandaio che aveva fatto dall'altra banda un San Girolamo –, molto s'affaticò.[86]

L'attribuzione a Giorgio Antonio di questo tipo di incarichi è sicuramente legata al fatto che in lui si poteva individuare il Vespucci più in vista tra i discendenti di ser Amerigo. Giorgio Antonio era un uomo colto, esperto di lettere, ma anche un insegnante privato che aveva accesso agli ambienti più esclusivi della città, era insomma quello del nucleo di Nastagio e Amerigo, maggiormente a contatto con le *élites* e in cui più facilmente la volontà di autopromozione appariva supportata dalla disponibilità di risorse necessaria al suo perseguimento.

Se Giorgio Antonio ebbe un ruolo decisivo nell'indirizzare e immortalare la fama del nucleo dei nuovi Vespucci di città di cui faceva parte, egli non fu certo il solo mecenate che la casa ricordi sul finire del secolo. Il primato per l'attenzione verso la produzione artistica spetta in questo senso alla famiglia di Guidantonio, intesa in senso allargato a comprendere almeno suo figlio Giovanni, suo fratello Simone e i figli di questi Niccolò e Antonia. Guidantonio si rivolse al Botticelli per decorare le pareti della nuova abitazione del figlio, commissionandogli una serie di spalliere e quadri decorativi per una camera del palazzo dei

85. Vasari, *Vite*, nella *Vita di Domenico Ghirlandaio*, vol. III, p. 476.
86. Ivi, nella *Vita di Botticelli*, vol. III, pp. 512-513.

Vespucci di Via de Servi. La repentina ascesa sociale che aveva interessato questo nucleo dei Vespucci, disceso direttamente dal capostipite Simone fondatore dell'Ospedale, si formalizzava in questo ulteriore scatto di qualità. A fronte di un tradizionale radicamento in Ognissanti, in atto ormai da almeno un secolo, adesso i nipoti e pronipoti di Simone acquisivano un'abitazione di prestigio, un palazzo come indicato nelle fonti, già proprietà della famiglia più in vista di Firenze: appartenuto a Piero il gottoso almeno dal 1469 e poi a suo figlio Lorenzo, fu proprio il Magnifico a venderlo, ad una data imprecisata, all'Arte del Cambio, e dall'Arte Guidantonio lo acquistò il 5 marzo del 1499 quando quella stessa famiglia Medici, a cui doveva molta della sua fortuna, era stata messa al bando. Poi incaricò il Botticelli delle decorazioni.[87] Così ricordava il Vasari: «Nella via de' Servi in casa Giovanni Vespucci – oggi di Piero Salviati – <Sandro Botticelli> fece intorno a una camera molti quadri, chiusi da ornamenti di noce per ricignimento e spalliera, con molte figure e vivissime e belle».[88]

Guidantonio non si limitò a ingaggiare il Botticelli. Un altro noto artista del tempo, Piero di Cosimo, lavorò alle decorazioni della camera di via dei Servi, dove si produsse in raffigurazioni di soggetti mitologici:

> <Piero di Cosimo> Lavorò per Giovan Vespucci, che stava dirimpetto a San Michele della via de' Servi, oggi di Pier Salviati, alcune storie baccanarie che sono intorno a una camera, nelle quali fece sì strani fauni, satiri e silvani, e putti e baccanti, che è una maraviglia a vedere la diversità de' zaini e delle vesti, e la varietà delle cere caprine, con una grazia et imitazione verissima. Èvvi in una storia Sileno a cavallo su uno asino con molti fanciulli, chi lo regge e chi gli dà bere, e si vede una letizia al vivo, fatta con grande ingegno.[89]

In entrambi i casi si ritiene che il promotore di tutte queste opere sia stato Guidantonio che le commissionò per suo figlio Giovanni,[90] ma in generale la gran parte dei più stretti familiari di Guidantonio mostrò di possedere una spiccata sensibilità per la committenza artistica. Sua nipote, Antonia (figlia del fratello Simone) e sposata ad Antonio Strozzi ricorse,

87. Davies, *Florence and its University during Renaissance*, p. 100. Il palazzo tuttavia non restò a lungo nelle mani dei Vespucci: dopo qualche decennio, al tempo in cui il Vasari scriveva, era già passato in mano alla famiglia Salviati.

88. Vasari, *Vite*, nella *Vita di Botticelli*, vol. III, p. 514.

89. Vasari, *Vite*, nella *Vita di Piero di Cosimo*, vol. IV, pp. 68-69.

90. Geronimus, *Piero di Cosimo: Visions beautiful and strange*.

agli inizi del secolo successivo, ad Andrea da Fiesole perché si occupasse della sepoltura del marito:

> Gli fu allogata da madonna Antonia Vespucci la sepoltura di messer Antonio Strozzi suo marito; ma non potendo egli molto lavorare da per sé, gli fece i due Angeli Maso Boscoli da Fiesole suo creato, che ha poi molte opere lavorato in Roma et altrove, e la Madonna fece Silvio Cosini da Fiesole; ma non fu messa su sùbito che fu fatta, il che fu l'anno MDXXII, perché Andrea si morì, e fu sotterrato dalla Compagnia dello Scalzo ne' Servi.[91]

E del resto anche il nipote di Guidantonio, Niccolò, cavaliere dell'ordine di Rodi, che di Antonia era fratello veniva rammentato dal Vasari come committente:

> Dove postolo in casa di messer Niccolò Vespucci cavaliere di Rodi, che stava in sulla coscia del Ponte Vecchio sopra la chiesa del Sepolcro, et accònciolo con Michelagnolo Buonarruoti, venne la cosa a notizia di Francesco, che allora stava nel chiasso di messer Bivigliano, dove suo padre teneva una gran casa a pigione, che riusciva il dinanzi in Vachereccia, e molti lavoranti.[92]

La casa sul Ponte Vecchio che Vasari indica come abitazione di Niccolò Vespucci doveva essere quella concessa alla Commenda dell'Ordine di Malta di cui Niccolò era effettivamente al tempo il rettore.[93]

91. Vasari, *Vite,* nella *Vita di Andrea da Fiesole, scultore*, vol. IV, pp. 258-259.

92. Vasari, *Vite,* nella *Vita di Francesco Salviati*, vol. V, p. 512.

93. È certamente quella che viene indicata come Casa carovana a n. 130 di Ponte Vecchio dal Fantozzi, *Pianta geometrica della città di Firenze*, pp. 237-38. Eccone la breve descrizione storica: «593. Casa Carovana (Ponte Vecchio n. 130). Circa il 1000 esisteva in questo luogo uno Spedaletto fondato da un ricco fiorentino detto Folco, il di cui figlio nel 1058 lo donò ai Monaci di S. Miniato al Monte. In progresso di tempo, non si sa come, divenne commenda de' Cavalieri Templari, e forse da essi prese il nome che ritenne nel 1299 di Chiesa del Santo Sepolcro. Soppressi i Templari nel 1311, in conseguenza delle scelleratezze alle quali alcun di essi si erano abbandonati, o forse per impossessarsi delle grandi loro ricchezze, Clemente V cede quest'oratorio e commenda alla Religione di Malta che ne prese possesso nel 1313. Da essa vi fu fabbricata quella comoda abitazione che, dopo la sua soppressione fu ridotta nel modo che si vede, e nella quale fu discussa e conclusa la pace fra Martino V e Fortebraccio Signore di Perugia l'anno. 1419. — Un altro avvenimento non meno celebre, ma fin qui ignoto accadde in queste mura, e di esso vado a parlare. L'anno 1513 solennizzandosi con pompa inusitata la festa di S. Giovan Battista per motivo della esaltazione al soglio pontificio di Leone X de' Medici, Lodovico Ariosto, quel genio sublime che tanto onora l'Italia nostra, si recò in Firenze non solo per godere di quello straordinario festeggiamento, ma per trattenervisi ancora onde apprendere la dolcezza della pronunzia toscana. — Il Cavaliere Niccolò Vespucci, che come rettore della commenda

Se erano parecchi, e tutti praticamente afferenti al medesimo nucleo, i Vespucci che Vasari rammenta a sostegno della committenza artistica a Firenze tra la fine del Quattrocento e l'inizio del secolo successivo, va detto che nella sua narrazione l'aneddoto di certo più curioso a carico di un Vespucci, è quello che ha per protagonista un giovanissimo Andrea Sansovino. Impiegato, da ragazzo, per portare le bestie al pascolo, costui non riusciva a sottrarsi al richiamo dell'arte e, cogliendo ispirazione dal mondo animale che lo circondava, si dilettava nel ritrarne le figure per terra o nella sabbia, con mezzi di fortuna. Simone Vespucci che, secondo il racconto del Vasari, si trovava a Monte Sansavino come Podestà, lo vide un giorno per caso mentre disegnava. Rimase talmente colpito dal talento del ragazzo che pensò di poterne valorizzare le capacità e la sensibilità artistica e lo condusse con sé a Firenze per metterlo sotto la guida di maestri esperti:[94]

> Tornato dunque Simone a Firenze, lo pose all'arte con Antonio del Pollaiuolo, appresso al quale imparò tanto Andrea che in pochi anni divenne bonissimo maestro; et in casa del detto Simone al Ponte Vecchio si vede ancora un cartone da lui lavorato in quel tempo, dove Cristo è battuto alla colonna, condotto con molta diligenza.[95]

La trama, come è evidente, non eccelle per originalità, e ricorda fortemente, come lo stesso Vasari ammette quasi a discolparsi preventivamente, la ben nota vicenda di Giotto da Bondone. Come sempre in questi casi, è difficile dire cosa ci sia di autentico e cosa di immaginato: nonostante la provata attendibilità del Vasari infatti, mancano evidenze documentarie di un Simone Vespucci che fosse Podestà del Monte San Savino in un tempo compatibile con quello della presunta giovinezza dell'artista.[96] La storio-

abitava in questa magione, vi ricevè l'amico poeta <Lodovico Ariosto>, e ve lo trattenne per sei mesi che per tanti rimase in Firenze».

94. «Onde avvenne che passando un giorno dove costui si stava guardando le sue bestiuole un cittadino fiorentino, il quale dicono essere stato Simone Vespucci, podestà allora del Monte, che egli vide questo putto starsi tutto intento a disegnare o formare di terra; per che chiamatolo a sé, poi che ebbe veduta l'inclinazione del putto et inteso di cui fusse figliuolo, lo chiese a Domenico Contucci, e da lui l'ottenne graziosamente, promettendo di volerlo far attendere agli studii del disegno per vedere quanto potesse quella inclinazione naturale aiutata dal continuo studio», Vasari, *Vite*, nella *Vita di Andrea del Monte Sansovino, scultore*, vol. IV, p. 272.

95. *Ibidem*.

96. ASF, *Tratte, Estrinseci*, 985, c. 61 e 986, c. 58: dagli anni Sessanta (quando l'artista ancora non era nato) fino almeno al 1491, non risulta siano mai stati in carica come

grafia ha dunque visto nella ricostruzione della dinamica della vicenda e nella caratterizzazione dei suoi protagonisti, gli elementi chiave della tipica situazione di mecenatismo di età laurenziana: un giovane artista del contado, il cui talento viene scoperto da un ufficiale di chiara fede medicea, viene condotto a Firenze e qui introdotto, grazie alle premure dell'ufficiale medesimo, nell'ambiente laurenziano che ne decreterà il successo e la fortuna su larga scala.[97] Il ragionamento fila certo in modo verosimile, e nella sua struttura quasi topica, rende in fondo supeflua l'identificazione del vero podestà mecenate se egli veramente ci fu. Va detto tuttavia che se si pensa a un Simone Vespucci che potesse ragionevolmente essere ufficiale di Monte San Savino, diciamo non oltre la metà degli anni Settanta – perche l'artista nato alla metà degli anni Sessanta era al tempo ancora fanciullo – egli non poteva essere altro che il fratello di Guidantonio. E che Vasari pensasse proprio a lui si comprende anche dal fatto che gli associava, come residenza, proprio una casa «al Ponte Vecchio» (dove Vasari sosteneva di avervi visto conservato un cartone di fattura sansoviniana), la stessa cioè attribuita, poche pagine prima, a quel Niccolò cavaliere di Rodi («che stava in sulla coscia del Ponte Vecchio sopra la chiesa del Sepolcro») che di Simone era appunto il figlio primogenito. È possibile insomma che all'epoca in cui il Vasari scriveva, la memoria dei Vespucci e della loro familiarità con l'arte si fosse sedimentata proprio attorno al nucleo allargato di Guidantonio, elemento laurenziano per eccellenza, come più volte si è sottolineato, al punto da investirne – in maniera se non veritiera certo verosimile – tutti i più stretti congiunti, dal figlio, al fratello, ai nipoti: e se Giovanni suo figlio aveva incaricato Botticelli e Piero di Cosimo delle pitture e delle tavole della propria camera da letto, e i suoi nipoti Antonia e Niccolò avevano commissionato lavori importanti ad artisti del calibro di Andrea da Fiesole, Jacopo Pontormo e Giulio Romano suo fratello Simone poteva ben prestare alla metà degli anni Settanta le sue sembianze per il ruolo del mecenate che aveva sottratto l'arte ancora in fieri del Sansovino a un drammatico anonimato.

La fine del secolo, dunque, e Vasari ne fu certamente il testimone più noto e attendibile, vide diversi membri Vespucci coinvolti nel patrocinio di importanti opere artistiche destinate a spazi privati cosi come a scopo

Podestà a Monte San Savino né un Simone Vespucci, né un altro Vespucci, né un altro Simone.

97. Baldini, *Andrea Sansovino: i documenti*, pp. 20-22, 231, 247.

devozionale. Oltre al caso, che abbiamo appena visto nel dettaglio, di Guidantonio e dei suoi eredi, che comunque discendevano dal ramo Vespucci più risalente quanto a tradizione cittadina, il fenomeno del mecenatismo interessò anche un Vespucci la cui famiglia vantava un'ascesa cittadina assai più recente, come fu il caso di Giorgio Antonio che incaricò il Botticelli e il Ghirlandaio per gli affreschi della cappella in Ognissanti e che destinò il suo cospicuo patrimonio librario, con esemplari di pregio accumulati nella sua lunga esistenza, alle biblioteche conventuali della città.[98]

98. Sulla biblioteca del Vespucci si veda Gallori, Nencioni, *I libri greci e latini dello scrittoio e della biblioteca di Giorgio Antonio Vespucci*, Gallori, *Un inventario inedito dei libri di Giorgio Antonio Vespucci*, e il recente Marcelli, *Un Plinio appartenuto a Giorgio Antonio Vespucci*.

6. Considerazioni conclusive

Nell'ampio panorama vespucciano che precedette l'arrivo di Amerigo, come si è osservato e più volte ripetuto, furono Piero di Simone e Giuliano di Lapo, e a seguire i loro eredi e discendenti, quelli che diedero l'impronta cittadina alla casa. Furono loro a rendere definitivo il processo di inurbamento dei Vespucci, furono loro a familiarizzare con la ricchezza, con la carriera mercantile, con l'imprenditoria marittima, con la partecipazione politica e con l'affiliazione ai ceti di governo. Furono loro anche quelli per i quali si è riscontrata l'esistenza di un rapporto diretto con gli aragonesi di Napoli, rapporto testimoniato sia nel caso di Giovanni di Simone di Piero (il padre di Guidantonio) sia nel caso di Piero di Giuliano di Lapo. I contatti più risalenti datano alla prima metà del XV secolo quando Giovanni, figlio del fondatore dell'ospedale di Ognissanti, venne inviato oratore a Napoli per trattare una lega con Alfonso di Aragona. In tale occasione, come ricorda Luzzana Caraci, l'aragonese lo nominò suo consigliere e gli concesse di poter apporre sul proprio stemma un vaso. La vicenda ha un evidente impatto suggestivo soprattutto se la si interpreta in un'ottica finalistica che ha come punto di approdo il sostegno di Ferdinando il Cattolico, un altro aragonese, nella spedizione verso le Indie occidentali che Amerigo intraprese alla fine del secolo. Di tale episodio i biografi di Amerigo, a partire dal Bandini si sono a lungo avvalsi, per ravvisarvi una sorta di influenza retrospettiva. Non c'è chiarezza tuttavia nell'identificazione appropriata dell'epoca a cui far risalire l'episodio, né dei suoi protagonisti.[1]

1. L'incontro tra Giovanni Vespucci e Alfonso di Aragona destinato a segnare l'avvio di una duratura relazione tra le due casate viene collocato a volte nel 1428 altre nel 1435; lo stesso protagonista, che fu con tutte le probabilità Giovanni, viene a volte confuso con suo padre Simone (in un evidente *lapsus mentis* degli autori che tramandano la

Non sappiamo dire con precisione da che cosa, inizialmente, tale rapporto prese le mosse, per quale motivo cioè il duca di Calabria fu indotto a fidarsi dell'oratore fiorentino al punto da nominarlo suo consigliere e insignirlo di un ulteriore dettaglio araldico: forse fu conseguenza della straordinaria capacità retorica e diplomatica rivelata dal Vespucci, forse, più probabilmente, una tale manifestazione di familiarita fu l'esito di proficui scambi commerciali con gli aragonesi, che già i Vespucci avevano avviati al tempo del padre di Giovanni, Simone. È incerto anche il rapporto di causa effetto, che ne scaturì, se fu cioè l'attestazione di fiducia del duca di Calabria a implementare lo sviluppo della dimensione marittima di alcuni membri della casa Vespucci, o invece, al contrario se fu proprio la pregressa dimestichezza col mare, su cui essi già potevano contare nei primi anni Venti del Quattrocento a promuovere lo sviluppo delle relazioni aragonesi. È certamente difficile dirlo, ma a sostegno della seconda ipotesi, che suona come la più verosimile, si ricorderà come, nel 1437, l'inventario stilato alla morte del fratello di Giovanni, Piero di Simone, elencasse anche diversi strumenti da navigazione.[2] Dunque è possibile, per quanto ci si muova sempre nel campo delle ipotesi, che al di fuori del rapporto ufficiale stabilitosi tradizionalmente al momento in cui Giovanni venne inviato ambasciatore ad Alfonso di Aragona nel 1428 (o 1435) le due famiglie avessero già avuto privati scambi commerciali in virtù dell'attività mercantile che Piero svolgeva. L'ipotesi non suonerebbe del tutto inappropriata anche tenuto conto del fatto che, pochi decenni più tardi, il vincolo di amicizia tra Vespucci ed Aragonesi di Napoli si venne a rinnovare proprio nel figlio di quel Giuliano di Lapo Vespucci che di Piero di Simone era stato socio in affari, famigliare, pseudo tutore e, infine, esecutore testamentario. Nella seconda metà del secolo, infatti, l'asse Vespucci Aragonesi di Napoli si rinvigorì nel rapporto tra Piero di Giuliano e Ferrante I d'Aragona, al quale, sebbene figlio illegittimo, Alfonso, morendo nel 1458,

vicenda) perché a entrambe le date Simone doveva già essere già morto, vedi *Sommario storico delle famiglie celebri toscane compilato da Demostene Tiribilli Giuliani*, vol. 3, che, alla voce Vespucci elenca le figure più note della casata, e le successive trasposizioni della notizia nel Bandini e poi in Caraci, *Per lasciare di me qualche fama,* pp. 47-48. Può darsi che l'ambasciata a cui si fa riferimento sia quella del 1438. Vedi *supra*, nota 13, p. 60.

2. Nella portata catastale del 1431, ASF, *Catasto*, 404, c. 325 si faceva riferimento a traffici marittimi: vedi nota 69, p. 45.

aveva lasciato in eredità la corona di Napoli. Abbiamo testimonianza di una lettera che Ferrante inviò il 18 luglio del 1467 all'imperatore dei Turchi per raccomandargli Piero, cittadino fiorentino e patrono della sua galeazza Ferrandina, che «navigava per ragioni di regio conto ne' mari soggetti a quell'impero».[3] Pochi anni dopo, in una successiva occasione, Piero Vespucci venne insignito da Ferrante dell'onore del cavalierato e della titolarità di un feudo, trasmissibile ai discendenti, delle terre di Laconia in Calabria, presso Nicastro.[4]

In entrambi i casi i rapporti tra i Vespucci, e i titolari della corona di Napoli, nati che fossero per motivi commerciali o meno, si configurarono come rapporti personali, di stampo squisitamente privato. Nonostante che nell'affabilità maturata tra Vespucci e Aragonesi di Napoli fossero assenti aspetti ufficiali di pubblica rilevanza per la Repubblica e per il regime, è probabile che i membri più in vista di casa Medici (tanto Cosimo quanto, soprattutto, suo nipote Lorenzo il Magnifico) abbiano tentato di sfruttarla opportunamente a proprio vantaggio. Di questa relazione cercò di approfittare certo il pater patriae Cosimo al tempo di Giovanni di Simone e cercò di approfittarne ancora di più Lorenzo il Magnifico, qualche decennio dopo, il cui tormentato rapporto con re Ferrante fu, come è noto, solo sporadicamente improntato alla benevolenza. È plausibile che questo stato di cose si sia protratto fintanto che per i Medici risultò possibile e conveniente pilotarlo, fintanto cioè che avere in casa individui così strettamente affiliati a uno dei più temibili dei loro antagonisti non rischiò di assumere contorni pericolosi. Anche per questo motivo, non è semplice valutare, nell'ottica dei Vespucci, se questa relazione, nella lunga durata, sia risultata alla casata più di utile o più di danno. Le dirette conseguenze di tanta acclarata familiarità furono sicuramente negative, poiché essa generò sospetto nei leader del regime, e dal sospetto derivò l'urgenza di isolare o neutralizzare quelle relazioni fino addirittura a operare per schiacciarle definitivamente laddove se ne intuì un potenziale distruttivo. E sicuramente non è un caso, anche se è impossibile in vicende di questa portata dimostrare l'evidenza di una relazione causa effetto, che gli unici due Vespucci per i quali siamo

3. Vedi *Codice Aragonese o sia Lettere regie ordinamenti ed altri atti governativi de' sovrani aragonesi in Napoli*, pp. 232- 233 dove si riporta con i medesimi contenuti, la lettera commendatizia a favore del Vespucci che venne inviata il giorno dopo al vicere di Sicilia (lettera del 19 luglio 1467).

4. *Consorterie politiche e mutamenti istituzionali,* p. 158.

a conoscenza di un periodo trascorso alle Stinche (e non per motivi fiscali, ma per sospetto di tradimento) siano gli stessi Giovanni e Piero per i quali sono documentate strette relazioni con la casa reale di Napoli.

Anche ammettendo una affinità tra i due casi, nel rispetto dei due distinti contesti storici – il clima di sospetto indiziario che colpì Giovanni negli anni Quaranta, durante il regime di Cosimo e quello della violenta repressione di Lorenzo di cui fu vittima Piero in seguito al fallimento della congiura dei Pazzi – non si può negare che il quadro di Piero fu ben più complesso di quello del lontano cugino Giovanni. A carico di Piero infatti, oltre alla familiarità con l'aragonese Ferrante (che in ultima istanza, giocò a favore della sua salvezza) vi erano numerosi altri elementi di disturbo, per lo meno nell'ottica laurenziana. E se accusarlo di avere preso parte alla congiura fu, forse, da parte di Lorenzo, una forma risolutiva un po' pretestuosa, erano sotto gli occhi di tutti i rapporti di affari che da tempo lo legavano proprio ai Pazzi, al suo nemico Urbinate e al Sanseverino.[5] Inoltre Piero era imparentato, dal lato materno, con un'altra famiglia chiave dell'opposizione al Magnifico come i Salviati.[6] Infine, bisognerà tener conto anche del fatto che, come si è ben documentato, Piero, con eccessiva indulgenza verso la propria natura, tendeva a manifestare a volte punte di presunzione, scatti di ira, e grandiose ambizioni che un teorico della dissimulazione come il Magnifico non poteva certo apprezzare per la loro genuinità: il suo carattere irregolare e il fatto che intorno a lui gravitassero molti nomi invisi a Lorenzo, davano vita a un quadro davvero troppo intricato per non percepirlo come un elemento doverosamente sacrificabile.

Agli antipodi di Piero, che era riuscito, certo involontariamente, a concentrare in sé numerosi aspetti sgraditi a Lorenzo, al cugino Guidantonio va invece riconosciuto il merito di essersi saputo perfettamente adeguare ai canoni che il Magnifico pretendeva dai fiduciari di cui amava circondarsi. Se se ne valuta l'estrazione sociale, certamente Guidantonio non può essere considerato alla stregua di quelli che il Guicciardini additava come uomini nuovi, venuti dai ceti più bassi e legati ai Medici da un vincolo di riconoscenza e di dipendenza *tout court* che ne garantiva l'affidabilità. Certo non era erede

5. Fubini, *Italia quattrocentesca*, pp. 96 e 285.

6. Bice Salviati sopravvisse al marito Giuliano e pure al figlio Piero. Sappiamo infatti che lasciò erede dei suoi beni il nipote Marco, figlio di Piero, al tempo già vedovo di Simonetta e sposato con la seconda moglie Gostanza Capponi, cfr. ASF, *NAC* 10198, c. 174 r e ss. + codicilli del maggio 1474, ivi c. 203.

di un lignaggio antico, né di una famiglia di potere, ma se pure erede di una famiglia priva di una datata tradizione, Guidantonio non veniva dal basso: discendeva anzi, da un ceppo di mercanti che avevano tentato, non senza successo, la via dell'affermazione politica. Suo padre Giovanni si era faticosamente conquistato, in tal senso, un ruolo dignitoso nei primi decenni del Quattrocento ma aveva finito per perderlo, cadendo in disgrazia agli occhi di Cosimo che lo aveva fatto imprigionare. Guidantonio però aveva studiato diritto e acquisito specifiche competenze professionali e seppe coltivare la sua smisurata ambizione con provvida cautela. È certo che a Guidantonio dovette giovare qualcosa del suo talento, qualche capacità spiccata dimostrata in campo giuridico consiliare, forse anche qualche finezza diplomatica che indusse fin dagli inizi il Magnifico a interessarsi a lui. Quali che fossero i motivi per cui Lorenzo si affidò al proprio intuito lasciandosi attrarre da questo giovane e brillante avvocato al punto da mettere nelle sue mani missioni di un certo rilievo, va detto che la sua fiducia non fu affatto male investita. Una volta dimostrato di voler porre le proprie capacità al servizio del regime e in particolare, di colui che ne occupava il vertice indiscusso, Guidantonio rivelò di essere l'uomo di Lorenzo per eccellenza. Scaltro, dotato di grandi aspirazioni, privo di amicizie o clientele filogovernative su cui poter fare conto, con l'ingombro per giunta di un cognome imbarazzante che nel pieno della stretta di potere laurenziana rischiava di associarlo al ricordo del padre Giovanni finito in disgrazia (se non, peggio ancora al cugino Piero accusato di tradimento), per Guidantonio poter godere della fiducia di Lorenzo era un onore da ripagare degnamente. E in questo senso era assimilabile alle creature laurenziane degli strati più bassi, così come le descriveva il Guicciardini.[7] Guidantonio era un fedele nel senso più esclusivo: a quella sorta di grazia che Lorenzo aveva scelto di esercitare nei suoi riguardi egli doveva la sua fortuna, e nel rapporto personale con costui, intuiva l'unica efficace garanzia per un successo futuro. Guidantonio possedeva, vuoi per natura vuoi per un processo di deliberata e selettiva acquisizione, tutte le caratteristiche intellettuali, professionali e relazionali, che legittimavano la sua ambizione a far parte di quella fascia alta alla quale non apparteneva per nascita: a garantirgli il successo contribuirono sicuramente anche la formazione giuridica, i titoli di studio acquisiti in gioventu e lo sfrenato desiderio di emergere, ma tutti questi elementi sarebbero certo valsi a poco senza l'avallo che Lorenzo

7. *Ricordo di Piero Guicciardini sullo scrutinio del 1484*, in Rubinstein, *Il governo fiorentino*, pp. 417-425, in particolare p. 422.

decise di fornirgli. L'abilità di Guidantonio, se vogliamo, fu quella di saper indirizzare la sua ambizione al servizio di un leader capace di valorizzarla e di accrescerla; l'abilità di Lorenzo, d'altro canto, fu quella ben nota di saper vedere oltre l'apparenza: fu, in altre parole, la lungimiranza di riconoscere in Guidantonio, non un potenziale antagonista figlio di un ex mediceo morto in odore di sospetto al regime, bensì un professionista abile e preparato, che avrebbe avuto molto da guadagnare nel mettergli a disposizione le sua capacità, ma molto di più avrebbe avuto da perdere nel rifiutarsi di farlo. La combinazione di due esigenze così perfettamente rispondenti diede vita a un sodalizio funzionale e indissolubile che solo la scomparsa di uno dei due poteva mettere a rischio, il che fu esattamente quello che accadde alla morte di Lorenzo. Quando infatti la forzatura della successione dinastica di Piero dei Medici scatenò le reazioni di quella parte dell'oligarchia medicea, già laurenziana, che non aveva più interesse a riconoscersi in un successore imposto (e inadeguato) ancorchè membro della famiglia Medici, Guidantonio cavalcò il momento. E colse l'occasione per agire in veste di ottimate e dismettere i panni del filomediceo, ponendo al servizio della nuova causa repubblicana (dietro alla quale si continuava a intuire una mai paga volontà di autoaffermazione) gli stessi meriti e gli stessi talenti con cui aveva servito Lorenzo e dei quali lo stesso Lorenzo si era saputo proficuamente avvalere. A dimostrazione del conclamato livello di ascesa che sul volgere del secolo Guidantonio aveva pienamente raggiunto si possono leggere anche operazioni dal forte significato simbolico (oltre che materiale) come l'acquisizione del palazzo di Piero il gottoso, cui si è fatto cenno nel capitolo precedente.

Se si prova ad affrontare una visione di insieme della famiglia Vespucci, dall'epoca dell'inurbamento a quella in cui Amerigo fece le sue prime esperienze di viaggio, il quadro che ne emerge è quello di una famiglia nuova interessata da una forte spinta alla mobilità sociale.[8] Si tratta di una famiglia che, nei suoi aspetti più indagati, insiste su un'antica vocazione mercantile, maturata nella seconda metà del Trecento e orientata sulla dimensione del commercio marittimo, fatto che la rese capace di dare vita nel giro di qualche decennio a una fortunata tradizione navigativa esplorativa. Diversamente da quanto veniva suggerito o consigliato dai più noti

8. Si veda anche il profilo di altri viaggiatori come Giovanni da Empoli e Andrea Corsali in Spallanzani, *Giovanni da Empoli* e, poi, in Tripodi, *Mercanti scrittori, mercanti viaggiatori*, pp. 123-139.

memorialisti del tempo (Rucellai, Morelli, ecc.) i Vespucci non mostrarono alcuna tendenza ad investire nella terra. Semmai qualcuno tra i membri più arretrati si vide costretto, ancora in pieno Quattrocento, a individuare nella conduzione della terra una forma, per quanto ridotta, di sostentamento.[9]

Ma in generale per i Vespucci, l'acquisto di beni e l'ampliamento del modesto patrimonio immobiliare di cui già disponevano agli inizi del Quattrocento, resta per tutto il secolo un fenomeno abbastanza contenuto e comunque limitato ai membri più abbienti. Nel caso dei nuclei periferici che abbiamo visto ancora residenti in contado non c'erano gli estremi per poter parlare di investimenti immobiliari. Nel caso invece di nuclei modesti come quello di ser Amerigo, che aveva intrapreso con prudenza e umiltà l'esercizio della professione di notaio, il ricavato della attività professionale specializzata venne solo parzialmente investito in qualcosa di stabile come la terra e il podere e parzialmente fu impiegato per sostenere la formazione e l'istruzione dei suoi esponenti più volonterosi (si pensi a Giorgio Antonio, lo zio di Amerigo e fratello di ser Nastagio, canonico e umanista).[10] Come famiglia nuova, insomma, i Vespucci rappresentarono nel XV secolo una casata dalle molte sfumature: a fianco di esistenze di spicco, se pure travagliate nel loro percorso di affermazione pubblica e individuale, come fu il caso di Piero, di Guidantonio, o anche di Giovanni di Simone (e probabilmente anche degli avi mercanti Simone, Piero e Lapo di Biagio) convivevano figure minori impegnate a sbarcare il lunario o comunque assestate su dimensioni, aspettative e ambizioni assai più modeste. Nel corso del lungo Quattrocento (lungo perché certamente vi furono enormi differenze tra le aperture sociali della Firenze di inizio secolo in cui i primi mercanti della casa diedero avvio alle proprie carriere, e quelle strettamente clientelari della fine del secolo, in pieno clima laurenziano, in cui per esempio si sviluppò la magistrale carriera di Guidantonio) i Vespucci furono dunque esposti a una fortissima dinamicità sociale e politica.

Bill Kent, il grande storico australiano scomparso da qualche anno, che fu tra i primi ad affrontare lo studio della famiglia come microsistema

9. Sappiamo che Biagio di Papo (Jacopo) Vespucci nel 1458 lavorava le terre a *le scabbie* nella zona di Peretola di proprietà di Giovanni di Scolaio Spini e ancora nel 1469 continuava a farlo insieme a suo fratello Domenico ASF, *Catasto*, 813, portata n. 10 dell'anno 1458 e *Catasto*, 918, c. 86 e ss. I due fratelli probabilmente possedevano nei pressi terre di loro pertinenza confinate con quelle degli Spini.

10. Si veda su questo tema il recente Pinto, *Firenze medievale e dintorni*, in particolare i primi due capitoli.

sociale, affermava che (traduco dall'inglese) «le casate non erano entità statiche ma organismi viventi la cui dimensione e natura mutavano col passare delle generazioni ed erano soggette ad un insieme complesso di pressioni e circostanze».[11] All'interno delle grandi casate Kent individuava nelle famiglie più ricche le strutture più stabili e congeniali alla trasmissione del *know how* oltre che della ricchezza, riteneva cioè che fosse soprattutto in esse che si riusciva «a trasmettere l'esperienza politica e la successione agli uffici, spesso attraverso un apprendistato interno alla casata di lunga vita e ben disciplinato».[12] Un fenomeno che, per esempio, si mostra evidente oltre che ben documentato, nel caso dei Rucellai una delle famiglie cardine tra quelle da lui studiate. E basterà pensare al caso di Giovanni di Pagolo Rucellai, al suo Zibaldone e ai suoi ponderati consigli agli eredi, al tentativo insomma di codifica informale di un sapere per lo più esperenziale e comportamentale, per comprendere l'importanza e il peso che a questo apprendistato si attribuiva.

I Vespucci, lo abbiamo ripetuto spesso, non erano certo una casata ricca o "nobile" o antica come quelle studiate da Kent. Certo il loro sapere non si trasmetteva, di padre in figlio, o di casa in casa, come un prezioso capitale sociale ereditario: era un sapere esso stesso in formazione, in evoluzione come era logico aspettarsi da una famiglia in ascesa, recente nell'inurbazione e recente nell'acquisizione (non omogenea) di ricchezza e di presenza politica per i pochi nuclei che la componevano. Tuttavia i Vespucci, inurbatisi nel tempo a poca distanza l'uno dall'altro, nei pressi dell'Ospedale del fondatore, non distanti dalla zona del contado da cui provenivano, avevano dato vita a dei nuclei cittadini che risiedevano in stretta contiguità, tutti nello stesso quartiere, e se pure diversi nel cogliere le opportunità e nel mettere a frutto i propri talenti, familiarizzavano più o meno con le stesse esperienze. È in questo senso dunque che, sebbene non fossero un organismo strutturato per agire all'unisono, tendevano a influenzarsi reciprocamente, anche solo per imitazione, ispirazione o opposizione.

Amerigo, proveniva da uno dei nuclei meno in vista tra i Vespucci del secondo Quattrocento, era nato in una famiglia di inurbamento molto recente, dalle contenute possibilità economiche e non particolarmente addomesticata alla politica. In questo panorama, egli rappresenta forse

11. Kent, *Household and lineage*, p. 59.
12. Ivi, p. 62.

più di chiunque altro tra i Vespucci, il più riuscito punto di incontro tra i due universi periferico e cittadino. Nonostante il suo nucleo di appartenenza si fosse inurbato solo alla metà degi anni Trenta del secolo, egli seppe giovarsi con efficacia delle sue parentele cittadine eccellenti. Nel suo destino certamente ebbero un ruolo fondamentale anche le peculiari circostanze storiche in cui visse, le variazioni di regime di cui Firenze fu protagonista negli ultimi anni del XV secolo. La contiguità di due familiari che erano anche individui di rilievo nella società del tempo, come il giurisperito Guidantonio e il canonico Giorgio Antonio, e che si avvalevano di relazioni personali rispettivamente con il Magnifico e coi suoi cugini Medici Popolani, giocò a suo favore. Furono insomma anche questi fattori ad indirizzarlo verso settori diversi da quell'arte notarile esercitata da suo nonno, da suo padre e poi dal suo fratello maggiore che ormai poteva dirsi un'avviata tradizione della sua casa. A giocare un ruolo importante vi fu anche la sua ambizione, la predisposizione a una vita avventurosa, lontana dalla città, spesa a lungo per mare, in navigazioni intraprese a scopo commerciale e presto sviluppatesi come occasioni di conoscenza, esplorazione, ricerca, in un'esperienza che, per lo meno a livello individuale, assunse caratteristiche sempre più cognitive e sempre meno mercantili. Amerigo ebbe il pregio e la fortuna di unire condizioni estrinseche favorevoli a una natura individuale curiosa e predisposta al viaggio, seppe combinare le proprie ambizioni con le esigenze del regime del momento, poté esperire in giovane età ambiti di conoscenza diversa: quello del viaggio diplomatico, quello degli studi umanistici, delle pertinenze cartografiche e di navigazione. Ebbe insomma il pregio e la fortuna di subire sollecitazioni in più direzioni per poi perfezionare, nella sola strada intrapresa, un'esperienza che necessariamente portava con sé qualcosa di tutte le altre vie fino ad allora sperimentate.

Uno dei più diffusi luoghi comuni dell'era contemporanea è che viaggiare apra la mente.[13] Guardando indietro, nella fattispecie guardando al caso di Amerigo, si potrebbe dire che forse la relazione tra queste due condizioni è inversa e che per viaggiare sia necessaria, ieri come

13. Questo era probabilnente vero anche all'inizio del Quattrocento a Firenze: basti pensare al celebre passo di Goro Dati in cui il cronista elogia il diffuso costume dei fiorentini di andare per il mondo e tornarne carichi di esperienza, si veda *L'istoria di Firenze di Goro Dati*, pp. 59-60. Si veda anche, per un inquadramento storico, il saggio di Pinto, *Cultura mercantile ed espansione economica di Firenze*.

oggi, una certa apertura mentale. Prima ancora di ampliare fisicamente i confini del mondo noto, aggiungendo gli spazi del mondo nuovo a una geografia ancora incompleta, Amerigo aveva oltrepassato l'orizzonte conosciuto anche in senso immateriale. Aveva saputo trascendere le regole base del suo contesto di origine e di appartenenza, di cui erano permeate tutte le esperienze, anche le più ardite, fatte fino ad allora, superando i limiti di quella stretta concezione fiorentinocentrica di cui anche il più cosmopolita degli ottimati era intriso. I nuovi mercati di cui andava in cerca erano, in fondo, nuovi squarci di futuro conquistati passo dopo passo, oltre i confini imposti dal legame personale, dalla dipendenza dal "primus", dalla perfetta adesione al regime.

Alberi genealogici

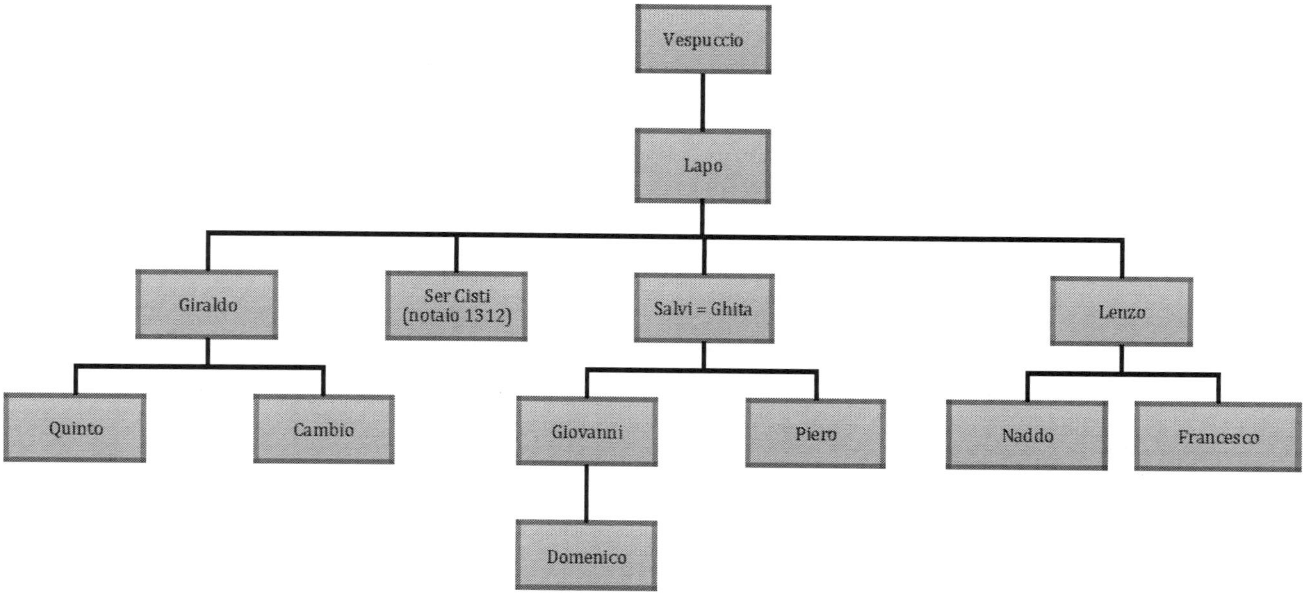

Tav. 1. Vespucci (ramo di Vespuccio).

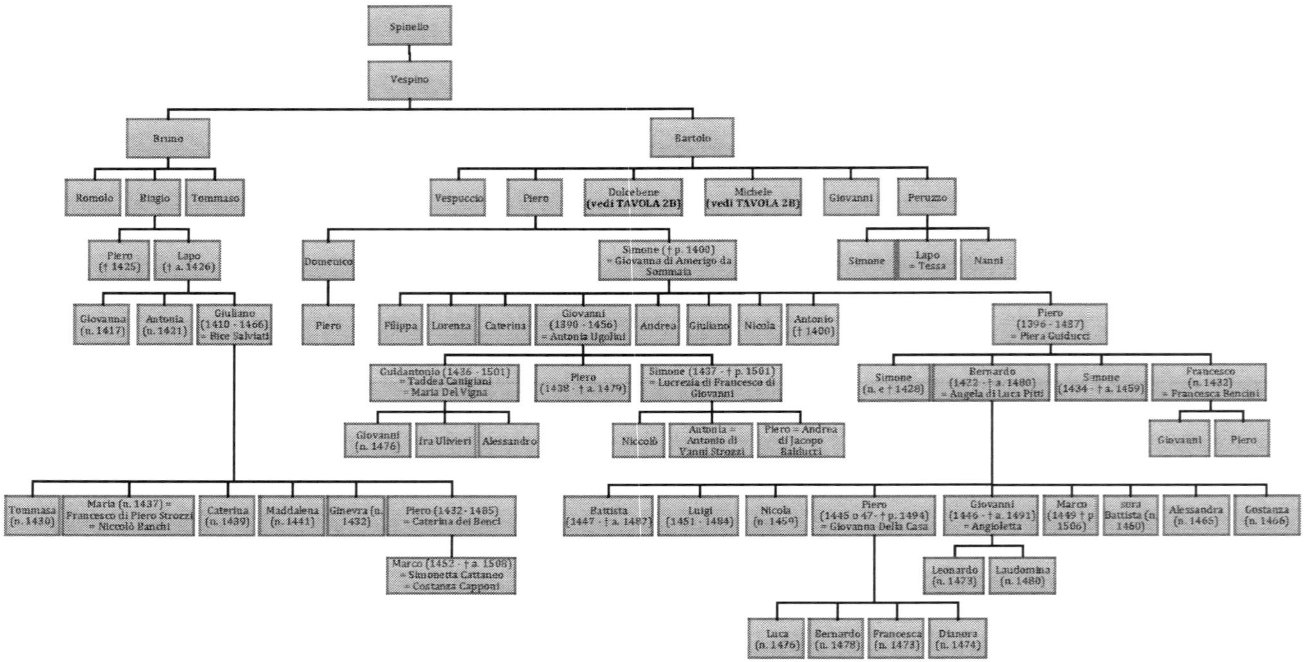

Tav. 2a. Vespucci, albero genealogico parziale (rami di Bruno e Bartolo di Vespino).

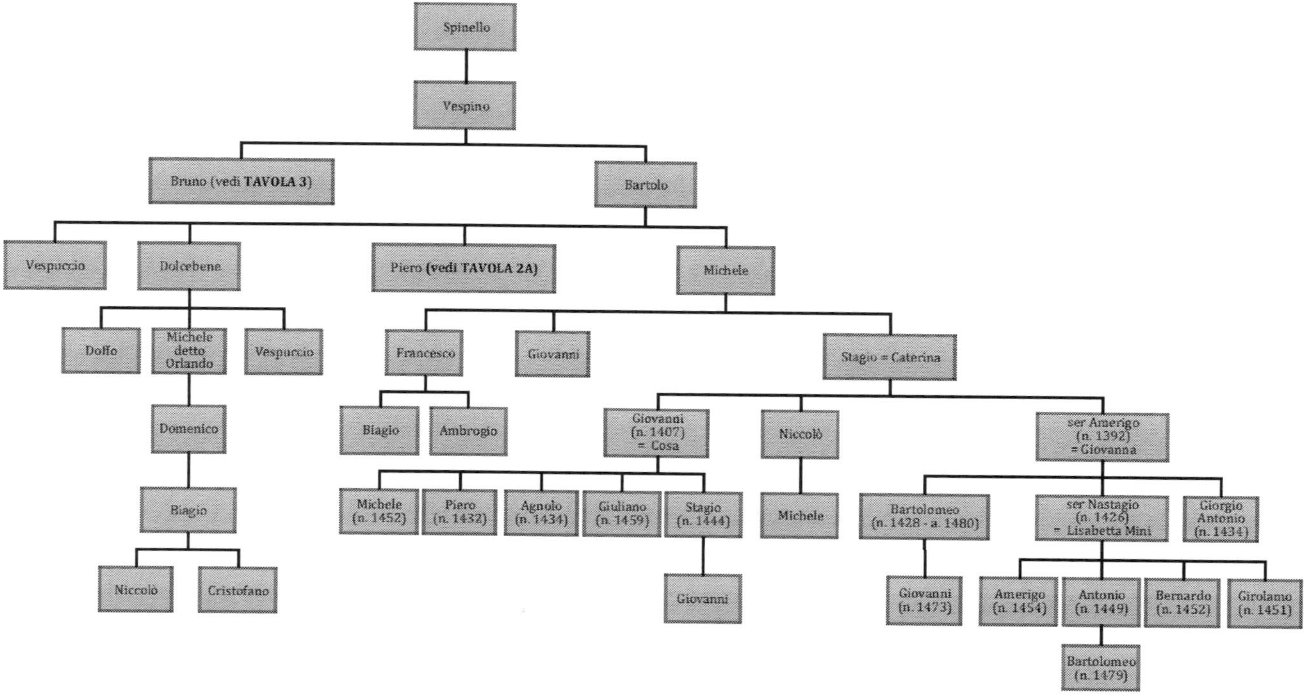

Tav. 2b. Vespucci, albero genealogico parziale (ramo di Dolcebene e Michele di Bartolo di Vespino).

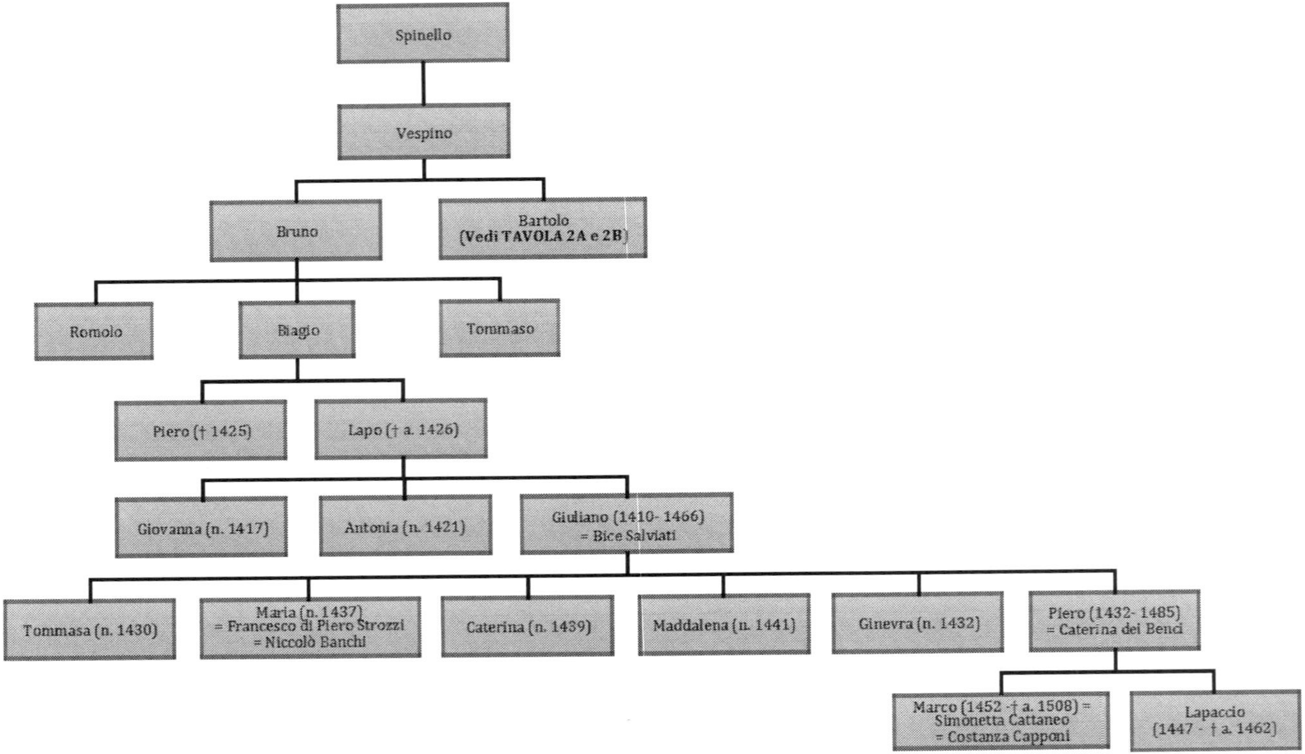

Tav. 3. Vespucci, albero genealogico parziale (ramo di Bruno di Vespino).

Fonti e bibliografia

Fonti inedite

ARCHIVIO DATINI PRATO
Fondaco di Genova, Carteggio commerciale, 798.01.50 / 313450; 758.28 / 313451; 761.41 / 313452

ARCHIVIO DELL'OPERA DI SANTA MARIA DEL FIORE
II, 1, 74, 75, 77 (archivio.operaduomo.fi.it/cupola/ITA/IN/INlist16075S0.HTM.)

ARCHIVIO DI STATO FIRENZE
Carte Strozziane, II, 76, c. 463
Catasto 75, 76, 77, 404, 608, 619, 813, 814, 917, 918, 1010
*Ceramelli Papi*ani, Famiglia da Rabatta fasc. 3909
Corporazioni religiose soppresse dal Governo francese, 78, 313; 78, 317, lettere nn. 48, 55, 57, 113, 174-179, 183, 186, 188-192, 204, 205, 207, 241, 242, 246, 247, 253, 254, 260, 261, 263, 264, 266, 267, 269, 271-273, 355; 89, 75
Estimo, 306, c. 103v
Gherardi Piccolomini d'Aragona, 139
Manoscritti 361, 542, 603, inserto 28 (ex Carte Pucci)
Mediceo avanti il Principato, Filza II, lettere nn. 447, 486; III, 193, 214; IV, 12; V, 487, 533, 731, 839; VI, 41, 317, 322; X, 599; XVII, 308, 425, 512; XX, 220, 340, 400, 419, 644; XXI, 96; XXII, 71, 74, 343, 355; XXIII, 260; XXIV, 297, 438, 439; XXVII, 14, 15, 221, 229; 296, 298, 317, 331, 340, 345, 359, 372, 425, 373, 381, 403, 406, 425, 537; XXVIII, 44; XXIX, 767, 822, 845; XXX, 162, 329, 382, 493, 768, 801, 841, 941, 1078; XXXI, 355; XXXII, 142, 459, 461, 477; XXXIII, 208, 266, 279, 290, 318, 324, 702, 905; XXXIV, 313, 410; XXXVI, 69, 204, 506, 658, 1405; XXXVII, 377, 652; XXXVIII, 12, 13, 104-108, 117, 124, 150, 168, 170, 204, 208, 211, 213, 224, 262, 416, 421;

XXXIX, 24, 38, 42, 43, 49, 60, 82, 137, 207, 208, 222, 226, 230, 233, 237, 239, 255, 275, 282-284, 302, 307, 316, 320, 322, 325, 327, 329, 336, 337, 420; LX, n. 259, 366, 385; LXVIII, 185, 191; LXXIII, 103, 114, 118; LXXV, 48, 50; XCIII, 394; XCVI, 52; XCVIII, 114, 247; CXXXVII, 238, 860

Monte Comune, 3734 , 3737, 3949

Notarile ante Cosimiano, 442, 1213, 1218, 1226, 5865, 6151, 10094, 10185, 10186, 10187, 10198, 12702, 14943, 15590, 15591, 15593, 21022, 21426, 21429, 21446, 21447, 21478

Ospedale Santa Maria Nuova, 70

Otto di Pratica, Responsive 1

Podestà, 5160

Prestanze, 1992

Provvisioni, Registri, 161 e 171

Signori, Dieci di Balia, Otto di Pratica, Legazioni e commissarie, Missive e responsive, 1

Signori, Legazioni e commissarie. Missive, Istruzioni e lettere a oratori, 6, 7, 9, 10, 15, 17, 21, 23

Tratte, Libri delle età, 80

Tratte, Uffici Estrinseci, 984-986

Tratte, Uffici Intrinseci, 900-905

Tratte Online, http://cds.library.brown.edu/, *Florentine Renaissance Resources: Online Tratte of Office Holders 1282-1532*, a cura di David Herlihy, R. Burr Litchfield, Anthony Molho e Roberto Barducci

Ufficiali della Grascia, 190

Fonti edite

Alberti, Leon Battista, *I Libri della famiglia*, a cura di R. Romano, A. Tenenti, Torino, Einaudi, 1969

Bartolommeo Cederni and his friends. Letters to an obscure florentine, Essay by F. W. Kent, Firenze, Olschki, 1991

Buoninsegni, Domenico, *Storia della città di Firenze dall'anno 1410 al 1460*, Firenze, nella stamperia de' Landini, 1637

Caraci, I.L., *Amerigo Vespucci*, *Tomo I, Documenti*, Roma, Istituto poligrafico e zecca dello Stato, 1996

Carteggi delle magistrature dell'età repubblicana, Otto di Pratica, Volume 1, Firenze, Olschki 1987

Codice Aragonese o sia Lettere regie ordinamenti ed altri atti governativi de' sovrani aragonesi in Napoli riguardanti l'amministrazione interna del Reame e le relazioni all'estero, per cura di Cav. Prof. Francesco Trinchera, Direttore

Generale degli archivi nelle province napoletane, Napoli, Stabilimento Tipografico di Giuseppe Caetaneo, 1866

Compagni, Dino, *Cronica delle cose occorrenti ne' tempi suoi*, a cura di G. Luzzatto, Torino, Einaudi, 1978

Consulte e pratiche della Repubblica fiorentina (1498-1505), 2 voll., a cura di D. Fachard, Geneve, Droz, 1993

Corrispondenza degli ambasciatori fiorentini a Napoli: Giovanni Lanfredini (13 aprile 1484-9 maggio 1485), vol. 1, a cura di E. Scarton, Napoli, Carlone, 2005

Cronaca Luganese di Niccolò Laghi, in «Periodico societa storica comense», 2 (1881), pp. 79-118

Dei, Benedetto, *La cronica dall'anno 1400 all'anno 1500*, a cura di R. Barducci, Firenze, Papafava, 1984

Diari di Cicco Simonetta a cura di A. R. Natale, in «Archivio Storico Lombardo», LXXV-LXXVI (1948-49) ser. VIII, vol. 1, pp. 80-114; LXXVII (1950) ser. VIII, vol. 2, pp. 157-180; LXXVIII-LXXIX (1951-1952), pp. 154-187; LXXX (1953), ser VIII, vol IV, pp. 186-217; LXXXI-LXXXII (1954-1955), ser VIII, vol. 5, pp. 292-318; LXXXIII (1956), Serie VIII, Volume 6, pp. 58-125; LXXXIV (1957), Serie VIII, Volume 7, pp. 277- 288

Documenti sulle relazioni delle città Toscane con l'Oriente Cristiano, a cura di R. Muller, Firenze, Società Multigrafica Editrice, 1879

Giovanni Rucellai ed il suo Zibaldone, I: Il Zibaldone quaresimale, pagine scelte, a cura di A. Perosa, London, The Warburg Institute, 1960

Goro Dati. Istoria di Firenze, dal 1380 al 1405 a cura di L. Pratesi, Norcia, Tipografia Tonti Cesare, 1904

Guicciardini, Francesco, *Storie fiorentine dal 1378 al 1509*, a cura di R. Palmarocchi, Bari, Laterza, 1931

Guicciardini, Francesco, *Storia d'Italia,* a cura di S. Seidel Menchi, Torino, Einaudi, 1971

I Giornali di ser Giusto Giusti d'Anghiari (1437-1482), a cura di N. Newbigin, in «Letteratura Italiana Antica», 3 (2002), pp. 41-246

Il Libro degli affari proprii di casa di Lapo di Giovanni Niccolini de Sirigatti, a cura di C. Bec, Paris, SEVPEN, 1969

Il libro di Ricordanze del Corsini (1362-1457), a cura di A. Petrucci, Roma, nella sede dell'Istituto palazzo Borromini, 1965

Istorie fiorentine scritte da Giovanni Cavalcanti, a cura di F. L. Polidori, Firenze, All'insegna di Dante, 1838-1839, voll. 2

Landucci, Luca, *Diario fiorentino dal 1450 al 1516*, a cura di I. Del Badia, Firenze, Studio Biblos, 1969

Lettere di Luigi Pulci a Lorenzo il Magnifico (1432-1484), a cura di S. Bongi, Lucca, Tipografia Giusti, 1886

Machiavelli, Niccolò, *Istorie Fiorentine*, in *Opere*, a cura di C. Vivanti, 3 voll., Torino, Einaudi, 1997-2005
Macinghi Strozzi, Alessandra, *Lettere di una gentildonna fiorentina del secolo XV ai figliuoli esuli*, a cura di C. Guasti, Firenze, 1877 (anast. 1972)
Martelli, Ugolino di Niccolò, *Ricordanze dal 1433 al 1483*, a cura di F. Pezzarossa, Roma, Edizioni di Storia e Letteratura, 1989
Medici, Lorenzo, *Lettere II (1474-1478)*, a cura di R. Fubini, Firenze, Giunti, 1977.
Medici, Lorenzo, *Lettere III (1478-1479)*, a cura di N. Rubinstein, Firenze, Giunti, 1977.
Medici, Lorenzo, *Lettere IV (1479-1480)*, a cura di N. Rubinstein, Firenze, Giunti, 1981
Medici, Lorenzo, *Lettere V (1480-1481),* a cura di M. Mallett, Firenze, Giunti, 1990
Medici, Lorenzo, *Lettere VI (1481-1482)*, a cura di M. Mallett, Firenze, Giunti, 1990
Medici, Lorenzo, *Lettere VII (1482-1484)*, a cura di M. Mallett, Firenze, Giunti, 1998
Medici, Lorenzo, *Lettere VIII (1484-1485)*, a cura di H. Butters, Firenze, Giunti, 2001
Medici, Lorenzo, *Lettere IX (1485-1486)*, a cura di H. Butters, Firenze, Giunti, 2002
Medici, Lorenzo, *Lettere X (1486- 1487)*, a cura di M. M. Bullard, Firenze, Giunti, 2003
Medici, Lorenzo, *Lettere XVI (settembre 1489-febbraio 1490)*, a cura di L. Boeninger, Firenze, Giunti, 2011
Morelli, Giovanni di Pagolo, *Ricordi* in *Mercanti Scrittori*, a cura di V. Branca, Milano, Rusconi, 1986, pp. 101-339
Pitti, Bonaccorso, *Ricordi*, in *Mercanti Scrittori*, a cura di V. Branca, Milano, Rusconi, 1986, pp. 341-503
Politiano, Agnolo, *Della congiura dei Pazzi (Coniurationis commentarum),* a cura di A. Perosa, Padova Antenore, 1958
Protocolli di Lorenzo il Magnifico per gli anni 1473-74 e 1477-92, a cura di M. Del Piazzo, Firenze, Olschki, 1956
Ricordo di Piero Guicciardini sullo scrutinio del 1484, in Rubinstein, *Il governo fiorentino sotto i Medici* [v], pp. 417-425
Ricordi storici di Filippo di Cino Rinuccini, dal 1282 al 1460, preceduti dalla storia genealogica della di lui famiglia e dalla descrizione della cappella gentilizia in Santa Croce, a cura di G. Aiazzi, Firenze, dalla stamperia Piatti, 1840
Rucellai, Giovanni di Pagolo, *Zibaldone*, a cura di G. Battista, Firenze, Sismel, 2013

The Trattato Politico Morale of Giovanni Cavalcanti 1381-c.1451. A Critical Edition and Interpretation, a cura di M. Grendler, Geneva, 1973
Vasari, Giorgio, *Le vite de' più eccellenti pittori, scultori ed architettori nelle redazioni del 1550 e del 1568*, a cura di R. Bettarini e P. Barocchi, Firenze, Sansoni, Studio per edizioni scelte, 11 voll., 1966-1997
Velluti, Donato, *La Cronica domestica scritta tra il 1367 e il 1370 con le addizioni di Paolo Velluti scritte fra il 1555 e il 1560*, a cura di I. Del Lungo e G. Volpi, Firenze, Sansoni, 1914
Villani, Giovanni, *Nuova Cronica*, a cura di G. Porta, vol. III, Fondazione Pietro Bembo, Parma, Guanda, 1991

Studi

Amerigo Vespucci, la vita e i viaggi, a cura di L. Formisano, G. Fossi, P. Galluzzi, S. Gentile, R. Pasta, Firenze, Giunti, 1991
Amerigo Vespucci. Cronache epistolari. Lettere 1476-1508, a cura di L. Perini, Firenze, FUP, 2013
Andrea Sansovino. I documenti, a cura di N. Baldini- R. Giulietti, Firenze, Maschietto & Musolino, 1999
Arrighi, V., Klein, F., *Dentro il palazzo: cancellieri ufficiali, segretari*, in *Consorterie politiche e mutamenti istituzionali in età laurenziana* [v], pp. 77-102
Arrighi, V., *Vita di Giovanni de' Medici, un papa del Rinascimento*, in *Nello splendore mediceo. Papa Leone X a Firenze* [v], pp. 45-58
Barducci, R., *Dei Benedetto*, in DBI, vol. 36, 1988
Bellinazzi, A., Cotta, I., *Controllo sociale e repressione del dissenso. Gli Otto di Guardia e Balìa*, in *Consorterie politiche e mutamenti istituzionali in età laurenziana* [v], pp. 151-167
Benigni, P., Toccafondi, D., *Mutamenti e riforme istituzionali*, in *Consorterie politiche e mutamenti istituzionali in età laurenziana* [v], pp. 17-39
Boeninger, L., *Notes on the Last Year of Luigi Pulci (1477-1484)*, in «Rinascimento», XXVII (1987), pp. 259-271
Brown, A., *Ideology and Faction in Savonarolian Florence*, in Id., *Medicean and Savonarolian Florence* [v], pp. 201-222
Brown, A., *Insiders and Outsiders. The Changing Boundaries of Exile*, in Id., *Medicean and Savonarolian Florence* [v], pp. 177-200, già edito in *Society and Individual*, in *Renaissance Florence*, a cura di W. Connell, Berkeley, University of Calfiornia Press, 2001
Brown, A., *Medicean and Savonarolian Florence. The Interplay of Politics, Humanism, and Religion*, Turnhout, Brepols, 2011

Brucker, G.A., *Renaissance Florence*, University of California Press, Berkeley Los Angeles, London, 1969
Brucker, G.A., *The Civic World of Early Renaissance Florence*, Princeton U.P., Princeton, 1977
Busi, G., *Lorenzo de' Medici, Una vita da Magnifico*, Milano, Mondadori, 2016
Caraci, I.L., *Per lasciare di me qualche fama. Vita e viaggi di Amerigo Vespucci*, Roma, Viella, 2007
Carocci, G., *I dintorni di Firenze, Vol. 1*, Firenze, Galletti e Cocci 1906
Carrai, S., *Le muse dei Pulci. Studi su Luca e Luigi Pulci,* Napoli, Guida editori, 1985
Cavallar, O., *Il tiranno, i* dubia *del giudice e i* consilia *dei giuristi*, in «Archivio Storico Italiano», CLV (1997), pp. 265-345
Cecchi, C., *Documenti sugli Schiattesi*, in *Il Capitolo di San Lorenzo nel Quattrocento*, Firenze, Olschki, 2006, pp. 265-271
Chabod, F., *Carlo VIII*, in *Enciclopedia Treccani*, 1931
Chabot, I., *Ricostruzione di una famiglia. I Ciurianni di Firenze fra XII e XV secolo*, Firenze, Le Lettere, 2012
Chegai, V., *Amerigo allo specchio della critica moderna. I riflessi di 500 anni di ricerca storica, geografica e letteraria*, in *Vespucci, Firenze e le Americhe* [v], pp. 285-299
Chiarini, M., *Bigordi Domenico detto il Ghirlandaio*, in DBI, vol. 10, 1969
Cirri, V., *Porta al Prato e il suo rione*, Firenze, 1977
Cohn, S. K., *The Laboring Classes in Renaissance Florence*, New York, Academic Press, 1980
Connell, W., *La città dei crucci: Fazioni e clientele in uno stato repubblicano del '400,* Firenze, Nuova Toscana Editrice, 2000
Consorterie politiche e mutamenti istituzionali in eta laurenziana, a cura di M.A. Morelli Timpanaro, R. Manno Tolu, P. Viti, Milano, Silvana editoriale, 1992
Corti, G., *Una lista di personaggi del tempo di Lorenzo il Magnifico, caratterizzati da un motto o da una riflessione morale,* in «Rinascimento», III (1952), pp. 153-157
Covini, M.N., Figliuolo, B., Lazzarini, I., Senatore, F., *Pratiche e norme di comportamento nella diplomazia italiana: i carteggi di Napoli, Firenze, Milano, Mantova e Ferrara tra fine XIV e fine XV secolo,* in *De l'ambassadeur. Les écrits relatif à l'ambassadeur et à l'art de négocier du Moyen Âge au début du XIXe siècle*, a cura di S. Andretta, S. Péquignot, J.C. Waquet, Roma, École française de Rome, 2015, pp. 113-161
Covini, M.N., *Feste e cerimonie milanesi tra città e corte. Appunti dai carteggi mantovani* in «Ludica. Annali di storia e civiltà del gioco», VII (2001), pp. 122-150, Fondazione Benetton Studi e Ricerche/Viella, ora distribuito in formato digitale da «Reti Medievali», www.retimedievali.it

Covini, M.N., *Guerra e relazioni diplomatiche in Italia (secoli XIV-XV): la diplomazia dei condottieri* in *Guerra y Diplomacia en la Europa occidental, 1280-1480, Actas de la XXXI Semana de Estudios Medievales de Estella, 19-23 julio 2004*, Gobierno de Navarra, Pamplona 2005, pp. 163-198, distribuito in formato digitale da «Reti Medievali», www.retimedievali.it

D'Addario, A., *Acciaioli, Donato*, in DBI, vol. 1, 1960

Davidsohn, R., *Storia di Firenze*, 8 voll., Firenze, Sansoni, 1977-78 (ed. originale col titolo *Geschichte von Florenz*, 4 voll., Berlin, 1896-1908)

Davies, J., *Florence and its University during Renaissance*, Brill, Leiden Boston, 1998

De Angelis, L., *Lorenzo a Napoli* in Ead., *La Repubblica di Firenze tra XIV e XV secolo, Istituzioni e lotte politiche nel nascente stato territoriale fiorentino*, Firenze, Nardini, 2009, pp. 137-157

De Caro, G., *Bentivoglio Giovanni*, in DBI, vol. 8, 1966

De Roover, R., *Il banco Medici dalle origini al declino (1397-1494)*, Firenze, La Nuova Italia, 1988

Decaria, A., *Pulci Luigi*, in DBI, 2016

Del Lungo, I., *La donna fiorentina del buon tempo antico,* Firenze, R. Bemporad e figlio editori di Firenze, 1906

Del Treppo, M., *Le avventure storiografiche della Tavola Strozzi* in *Fra storia e storiografia. Scritti in onore di Pasquale Villani*, a cura di P. Macry, A. Massafra, Bologna 1994, pp. 483-515, distribuito in formato digitale da «Reti Medievali», www.retimedievali.it

Della Misericordia, M., "*Como se tuta questa universitade parlasse". La rappresentanza politica delle comunità nello stato di Milano, XV secolo*, Sondrio, Ad fontes edizioni, 2010, pp. 1-92

Dizionario Geografico Fisico storico della Toscana contenente la descrizione di tutti i luoghi del Granducato di tutti i luoghi del Granducato, Ducato di Lucca, Garfagnana e Lunigiana, a cura di E. Repetti, Firenze, presso l'autore e editore coi tipi di A. Tofani, 1833

Esposito, A., *Estouteville, Guillaume d'*, in DBI, vol. 43, 1993

Fabbri, L., *Alleanza matrimoniale e patriziato nella Firenze del '400. Studio sulla famiglia Strozzi*, Firenze, Olschki, 1991

Fantozzi, F., *Pianta geometrica della città di Firenze alla proporzione di 1 a 4500 levata dal vero e corredata da storiche annotazioni*, Firenze, coi tipi della Galileiana, 1843

Filippini, F., Zucchini, G., *Miniatori e pittori a Bologna,* Roma, Accademia Nazionale dei Lincei, 1968

Fiumi, E., *L'impresa di Lorenzo de' Medici contro Volterra 1472*, Firenze, Olschki, 1948

Formisano, L., *Amerigo Vespucci. La vita e i viaggi* in *Amerigo Vespucci la vita e i viaggi* [v], pp. 68-201

Formisano, L., *Le lettere di Amerigo Vespucci e la 'questione vespucciana': bilancio di un trentennio*, in *Vespucci, Firenze e le Americhe* [v], pp. 269-283

Frati, L., *Un cronista fiorentino del Quattrocento alla corte milanese* in «Archivio Storico Lombardo», 1 (1895), pp. 98-115

Fubini, R., *Classe dirigente ed esercizio della diplomazia nella Firenze Quattrocentesca. Rappresentanza esterna e identità cittadina nella crisi della tardizione comunale*, in *I ceti dirigenti nella Toscana del Quattrocento* [v], pp.117-189

Fubini, R., *Italia Quattrocentesca. Politica e diplomazia nell'età di Lorenzo il Magnifico*, Milano, Franco Angeli, 1994

Gallori, F., Nencioni, S., *I libri greci e latini dello scrittoio e della biblioteca di Giorgio Antonio Vespucci,* introduzione e catalogo con premessa di G. Savino, in «Memorie Domenicane», XXVIII (1997), pp. 155-359

Gallori, F., *Un inventario inedito dei libri di Giorgio Antonio Vespucci,* in «Medioevo e Rinascimento», n.s., IX (1995), pp. 215-231

Gasparolo, F., *Pietro Vespucci, Podestà di Alessandria e Commissario Cispadano (1485)*, in «Rivista di storia, arte e archeologia della provincia di Alessandria», I (1892), pp. 3-46

Gentile, M., *La vendetta di sangue come rituale. Qualche osservazione sulla Lombardia tra Quattro e Cinquecento* in *La morte e i suoi riti in Italia tra medioevo e prima età moderna,* a cura di F. Salvestrini, G.M. Varanini, A. Zangarini, Firenze, FUP, 2007, pp. 209-241

Gentile, M., *La volontà d'impotenza. Rapporti di forza e gestione del "disordine" nel ducato sforzesco*, a stampa in *Le polizie informali. Atti del Seminario di studi (Messina, Università degli Studi, 28-29 novembre 2003)*, a cura di Livio Antonielli, Soveria Mannelli (CZ), Rubbettino, 2010, pp. 45-63, distribuito in formato digitale da «Reti Medievali», www.retimedievali.it, pp. 1-13

Gentile, S., *Da Paolo Dagomari a Vespucci: gli studi astronomici e geografici a Firenze tra Tre e Quattrocento*, in *Vespucci, Firenze e le Americhe* [v], pp. 141-155

Geronimus, D., *Piero di Cosimo: Visions beautiful and strange,* New Haven, Yale University Press, 2006

Ghinzoni, P., *Rettifiche alla storia di Bernardino Corio a proposito di Cristiano I re di Danimarca*, in «Archivio storico lombardo» VIII (1891), pp. 60-71

Gilbert, F., *Bernardo Rucellai and the Orti Oricellari. A study on the Origin of Modern Political Thought,* in «Journal of the Warburg and Courtauld Institutes», XII (1949), pp. 101-131

Goldthwaite, R.A., *L'economia della Firenze Rinascimentale*, Bologna, il Mulino, 2013

Guidi Bruscoli, *Mercanti banchieri fiorentini tra Londra e Bruges nel XV secolo*, in *Mercatura è arte: uomini d'affari toscani in Europa e nel Mediterraneo tardomedievale*, a cura di L. Tanzini, S. Tognetti, Roma, Viella, 2012, pp. 11-44

I ceti dirigenti nella Toscana del Quattrocento a cura del Comitato di studi sulla storia dei ceti dirigenti in Toscana, Atti del V e VI Convegno, Firenze, 10-11 dicembre 1982 e 2-3 dicembre 1983, Firenze, Papafava editore, 1987

Il carteggio della Signoria fiorentina all'epoca del cancellierato di Carlo Marsuppini (1444-1453), a cura di R. Zaccaria, Roma, Ministero dei beni e delle attività culturali e del turismo - Direzione generale archivi, 2015

Ingeborg, W., *Lorenzo il Magnifico e il suo tempo*, Roma, Donzelli, 2005

James, C., *Giovanni Sabbadino degli Arienti. A litterary career,* Firenze, Olschki, 1996

Kent, D., *The Rise of Medici: Faction in Florence 1426-1434*, Oxford, Oxford University Press, 1978

Kent, F.W., *Giovanni Rucellai. An epitaph,* in «Journal of the Warburg and Courtauld Institutes», XLVI (1983), p. 107

Kent, F.W., *Household and Lineage in Reinassance Florence: the Family Life of the Capponi Ginori and Rucellai*, Princeton N.J., Princeton University Press, 1977

Kent, F.W., *Il ceto dirigente fiorentino e i vincoli di vicinanza nel Quattrocento*, in *I ceti dirigenti nella Toscana del Quattrocento* [v], pp. 63-78

Kent, F.W., *Lorenzo de Medici and the art of Magnificence*, Baltimore, The Johns Hopkins University, 2004

Kent, F.W., *Princely Citizen, Lorenzo de' Medici and Renaissance Florence*, a cura di C. James, Turnhout, Brepols, 2013

Klapisch Zuber, Ch., *La famiglia e le donne nel Rinascimento a Firenze*, Bari, Laterza, 1988

L'Archivio di Francesco di Marco Datini Fondaco di Avignone. Inventario, a cura di E. Cecchi Aste, Roma, Ministero per i beni e le attività culturali - Direzione generale per gli archivi, 2004

Leverotti, F., *Gli officiali del ducato sforzesco* in «Annali della Classe di Lettere e Filosofia della Scuola Normale Superiore», serie IV, Quaderni I (1997), pp. 17-77 distribuito in formato digitale da «Reti Medievali», www.retimedievali.it

Leverotti, F., *Organizzazione della corte sforzesca e produzione serica,* in Catalogo Multimediale, http://www.setainlombardia.org/files/Leverotti_Organizzazione%20corte%20sforzesca.pdf>, pp. 1-27 (ma anche in versione ridotta in *Seta, oro, cremisi, Segreti e tecnologia alla corte dei Visconti e degli Sforza*, a cura di C. Buss, Milano, Silvana editoriale, 2009, pp. 18-24

Lubkin, G., *A Renaissance court: Milan under Galeazzo Maria Sforza*, University of California Press, University of California Press, Berkeley Los Angeles, London, 1994

Luzzati, M., *Capponi Neri*, in DBI, vol 19, 1976
Mallett, M., *Capponi Piero*, in DBI, vol. 19, 1976
Mallett, M., *Guicciardini Luigi*, in DBI, vol. 61, 2004
Mallett, M., *The Florentine Galleys in the Fifteenth Century with the Diary of Luca di Maso degli Albizi Captain of the Galleys 1429-1430*, Oxford, Clarendon Press, 1967
Marcelli, N., *Un Plinio appartenuto a Giorgio Antonio Vespucci*, in *Rara Voluminia*, 1-2, Lucca, Pacini Fazzi ed., 2010
Martines, L., *La congiura dei Pazzi, Intrighi politici, sangue e vendetta nella Firenze dei Medici*, Milano, Mondadori, 2004
Martines, L., *Lawyers and Statecrafts in Renaissance Florence,* Princeton, Princeton University Press, 1968
Marucelli, A., *L'educatorio della SS. Concezione detto "di Fuligno" di Firenze. Il suo archivio, la sua storia: inventario,* Firenze, All'insegna del Giglio, 1999
Meli, P., Tognetti, S., *Il Principe e il mercante nella Toscana del Quattrocento. Il magnifico Signore di Piombino e le aziende Maschiani di Pisa*, Firenze, Olschki, 2006
Morandini, F., *Il conflitto tra Lorenzo il Magnifico e Sisto IV dopo la congiura de' Pazzi. Dal carteggio con Girolamo Morelli, ambasciatore fiorentinoa Milano*, in «Archivio Storico Italiano», CVII (1949), pp. 113-154
Moretti, A., *Da feudo a baliaggio: la comunità delle pievi della Val Lugano nel XV e XVI secolo,* Roma, Bulzoni, 2006
Moscati, R., *Alfonso V di Aragona*, in DBI vol. 2, 1960
Motta, E., *Guelfi e ghibellini nel Luganese, seguito alla memoria I Sanseverino feudatari di Lugano e Balerna 1434-1484*, in «Periodico Società Storica Comense», 4 (1884), pp. 69-198
Motta, E., *I Sanseverino feudatari di Lugano e Balerna 1434-1484*, in «Periodico Società Storica Comense», II (1882), pp. 153-212
Najemy, J., *Storia di Firenze*, Torino, Einaudi, 2014
Negotiations diplomatiques de la France avec la Toscane, documents recuillies par Giuseppe Canestrini et publiee par Abel Desjardins, Tomo 1, Paris, Imprimerie Impériale 1859
Nello splendore mediceo. Papa Leone X a Firenze, a cura di N. Baldini e M. Bietti, Sillabe, Livorno, 2013
Orvieto, P., *In margine all'edizione e commento delle Opere minori di Luigi Pulci*, in «Interpres», VI (1986), pp. 91-123
Pampaloni, G., *Bandini Bernardo*, in DBI, vol. 5, 1963
Pampaloni, G., *Il giuramento pubblico in Palazzo Vecchio a Firenze e un patto giurato degli antimedicei (maggio 1488),* in «Bullettino Senese di storia Patria», 71 (1964), pp. 212-238
Pandimiglio, L., *Famiglia e memoria a Firenze*, I, *Secoli XIII-XVI*, II, *Secoli XIV-XXI*, Roma, Edizioni di storia e letteratura, 2010-2012

Pandimiglio, L., *Giovanni di* Pagolo *Morelli e la continuità familiare*, in «Studi medievali», s. III, XXII (1981), pp. 129-181

Pandimiglio, L., *Giovanni di Pagolo Morelli e la ragion di famiglia*, in *Studi sul medioevo cristiano* offerti *a Raffaello Morghen*, vol. II, Roma, Istituto storico italiano per il Medio Evo, 1974, II, pp. 553-606

Pandimiglio, L., *Giovanni di Pagolo Morelli e le strutture familiari*, in «Archivio storico italiano», CXXXVI (1978), pp. 3-88

Pandimiglio, L., *Memoria familiare e nobilitazione: esempi fiorentini*, Perugia, Università di Perugia, 1997

Passerini, L., *Genealogia e storia della famiglia Ginori,* Firenze, Cellini, 1876

Pellegrini, G., *L'umanista Bernardo Rucellai e le sue opere storiche,* Livorno, Giusti, 1921

Pezzarossa, F., *La tradizione fiorentina della memorialistica*, in G.M. Anselmi, F. Pezzarossa, F., Avellini, L., *La memoria dei mercatores. Tendenze ideologiche, ricordanze, artigianato in versi nella Firenze del Quattrocento*, Bologna, Patron, 1980

Pinto, G., *Cultura mercantile ed espansione economica di Firenze*, in Id., *Firenze medievale e dintorni*, [v], pp. 27- 40, già in *Vespucci, Firenze e le Americhe* [v], pp. 3-18

Pinto, G., *Firenze medievale e dintorni*, Roma, Viella, 2016

Pinto, G., *Il libro del biadaiolo. Carestie e annona a Firenze dalla metà del 200 al 1348* Firenze, Olschki, 1978

Pinto, G., *Robert Davidsohn e la memoria storica della Firenze medievale*, in Id., *Firenze medievale e dintorni*, [v], pp. 163-168

Renouard, Y., *De' Benci, Giovanni di Amerigo*, in DBI, vol. 8, 1966

Richa, G., *Notizie istoriche delle chiese fiorentine divise ne' suoi quartieri*, 10 voll., Firenze, Viviani, 1754-1762

Rochon, A., *La jeunesse de Laurent dei Medici (1449-1478),* Paris, Les Belles Lettres, 1963

Rombai, L., *Le possibili basi geografiche e cartografiche di Amerigo Vespucci e degli altri navigatori fiorentini*, in *Vespucci, Firenze e le Americhe* [v], pp. 157-182

Rubinstein, N., *Il Governo fiorentino sotto i Medici*, Firenze, La Nuova Italia, 1999

Rubinstein, N., *La confessione di Francesco Neroni e la congiura antimedicea del 1466*, in «Archivio Storico Italiano», CXXVI (1968), pp. 373-387

Salvadori, P., *Dominio e patronato. Lorenzo dei Medici e la Toscana nel Quattrocento,* Roma, Edizioni di Storia e Letteratura, 2000

Sapori, A., *I mutui dei mercanti fiorentini del Trecento e l'incremento della proprietà fondiaria cittadina nella Toscana tardomedievale,* in A. Sapori, *Studi di storia economica*, 2 voll., Firenze, 1955-1967, vol. 1, pp. 191-221

Scarton, E., *Giovanni Lanfredini. Uomo d'affari e diplomatico nell'Italia del Quattrocento*, Firenze, Olschki, 2004

Scharf, G.P., *Borgo san Sepolcro a metà del Quattrocento. Istituzioni e società 1440-1460*, Firenze Olschki, 2003
Scharf, G.P., *Fra economia urbana e circuiti monetari* intercittadini: il ruolo degli ebrei a Borgo San Sepolcro *a metà del Quattrocento*, in «Archivio Storico Italiano», CLVI (1998), pp. 447-477
Schlebusch, K., *Giorgio Antonio Vespucci (1434-1514). Maestro canonico domenicano*, Firenze, Nerbini, 2017
Schlebusch, K., *Neue dokumente zur Vespucci- Kapelle in Ognissanti und zur familie Domenico Ghirlandaios*, in «Mitteilungen des Kunsthistorischen Institutes in Florenz», LIII, 2/3 (2009), pp. 364-374
Senatore, F., *"Uno mundo de carta": forme e strutture della diplomazia sforzesca,* Napoli, Liguori, 1998
Simonetta, M., *Rinascimento segreto*, Milano, Franco Angeli, 2004
Sommario storico delle famiglie celebri toscane compilato da Demostene Tiribilli Giuliani, vol. 3, a cura di L. Passerini, Firenze, Ed. Diligenti, 1864
Spallanzani, M., *Giovanni da Empoli, mercante navigatore fiorentino*, Firenze, SPES, 1984
Storia di Bologna, Bologna nell'età moderna. Istituzioni, forme del potere, economia e società, a cura di A. Prosperi, Bologna, Bononia University Press, 2009
Strehlke, C.B., *Cenni di Francesco, the Gianfigliazzi and the Church of Santa Trinita in Florence*, in «The Paul Getty Museum Journal», XX (1992), pp. 11-40
Sznura, *L'espansione urbana di Firenze nel Dugento*, Firenze, La nuova Italia, 1975
Tanzini, L., *I Medici, Lorenzo e l'ultima conquista* in *Nello splendore mediceo. Papa Leone X a Firenze* [V], pp. 31-42
Tognetti, S., *Da Figline a Firenze. Ascesa economica e politica della famiglia Serristori (secoli XIV-XVI)*, Firenze, Opus Libri, 2003
Tognetti, S., *Il Banco Cambini. Affari e mercati di una compagnia mercantile-bancaria nella Firenze del XV secolo*, Firenze, Olschki, 2001
Tripodi, C., *Gli Spini tra XIV e XV secolo. Il declino di un antico casato fiorentino*, Firenze, Olschki, 2013
Tripodi, C., *I Cerchi tra trasmissione documentaria e oscillazioni sociali: dal «Quadernuccio» di spese di messer Consiglio (1275-1294) ai registri di Bindaccio (secc. XV-XVI)* in *Città e campagne del basso medioevo. Studi sulla società italiana offerti dagli allievi a Giuliano Pinto*, Firenze, Olschki, 2014, pp. 174-200
Tripodi, C., *«Tieni senpre con chi tiene e possiede il palagio e la signoria»: 'ricordi' e ascesa al reggimento. Il caso dei Morelli*, in «Archivio storico italiano», CLXV (2007), pp. 203-266

Tripodi, C., *Mercanti scrittori, mercanti viaggiatori tra città e famiglia: Firenze e le famiglie Vespucci, da Empoli, Corsali, da Verrazzano*, in *Vespucci, Firenze e le Americhe* [v], pp. 123-139
Trotta, G., *Il Prato d'Ognissanti a Firenze. Genesi di uno spazio,* Firenze, Alinea, 1988
Varela, C., *Colombo e i Fiorentini*, Firenze, Vallecchi, 1991
Vespucci, Firenze e le Americhe, a cura di G. Pinto, L. Rombai, C. Tripodi, Firenze, Olschki, 2014
Vita e lettere di Amerigo Vespucci, gentiluomo fiorentino raccolte e illustrate dall'abate Angelo Maria Bandini, Firenze, Nella stamperia all'insegna di Apollo, 1745
Volpi, G., *Luigi Pulci. Studio biografico*, in «Giornale storico della letteratura italiana», XXII (1893), pp. 1-64
Von Albertini, R., *Firenze dalla Repubblica al Principato*, Torino, Einaudi, 1970
Zaccaria, R. M., *Politica e controllo dei sistemi elettorali*, in *Consorterie politiche e mutamenti istituzionali in età laurenziana* [v], pp. 41-75

Indice dei nomi

Indice dei luoghi

Finito di stampare
nel mese di febbraio 2018
dalla Grafica Editrice Romana s.r.l.
Roma